Nina Ort
Objektkonstitution als Zeichenprozeß

Nina Ort

Objektkonstitution als Zeichenprozeß

Jacques Lacans Psychosemiologie und Systemtheorie

Mit einem Geleitwort von Prof. Dr. Georg Jäger

Springer Fachmedien Wiesbaden GmbH
1998

Die Deutsche Bibliothek – CIP-Einheitsaufnahme

Ort, Nina:
Objektkonstitution als Zeichenprozeß : Jacques Lacans Psychosemiologie und
Systemtheorie / Nina Ort. Mit einem Geleitw. von Georg Jäger. –
Wiesbaden : DUV, Dt. Univ.-Verl., 1998
   (DUV : Sprachwissenschaft)
   Zugl.: München, Univ., Diss., 1997
   ISBN 978-3-8244-4276-8

Gedruckt auf säurefreiem Papier

ISBN 978-3-8244-4276-8   ISBN 978-3-663-08156-2 (eBook)
DOI 10.1007/978-3-663-08156-2

Geleitwort

Den Leser erwartet eine Grundlagenarbeit, in der die Lacansche „Psychosemiologie" mit systemtheoretischen und konstruktivistischen Vorstellungen kritisch verglichen wird. Die Vergleichbarkeit der Psychosemiologie mit den Modellen von Luhmann und Glanville liegt zum einen in dem gemeinsamen differenztheoretischen Ausgangspunkt – dem Primat der Differenz vor der Identität – und zum anderen in der Dreigliedrigkeit.

Von der Systemtheorie unterscheidet sich die Psychosemiologie durch den Begriff des Begehrens und die Annahme eines Unbewußten. Indem die psychische Struktur auf einer Leerstelle als ihr Zentrum gründet (das „Ding" als der Inbegriff des „Realen" in der Terminologie Lacans), wird der Zeichenprozeß über Mangel und Begehren motiviert. In den Worten von Nina Ort: Nur die Psychosemiologie vermag zu erklären, „warum es zur Semiose kommt und was, metaphorisch ausgedrückt, der Motor ist, der Semiose in Gang hält". Demzufolge sieht Nina Ort den ,theoriebautechnischen' Hauptvorteil der Psychosemiologie darin, daß die zugrunde liegende Paradoxie als treibende Kraft des psychischen Prozesses angesetzt (und nicht, wie bei Luhmann, in der Form des unendlichen Regresses, logisch beschreibend konstatiert) wird.

Mit der Annahme einer „Urseparation", die das Subjekt als Effekt des Signifikanten konstituiert, scheint es zudem möglich, Bedeutungen ohne Attribuierungen zu konzipieren. Im Rahmen der Psychosemiologie gehen Eigenschaften bzw. Qualitäten auf die Interaktion der an der psychischen Struktur beteiligten Elemente zurück. Dem nie einholbaren, weil durch eine Leerstelle gesetzten, Begehren des Subjekts entspricht somit der retrospektive bzw. zirkuläre Charakter aller Eigenschaften – ein Prozeß, der mit dem Terminus „Sekundarisierung des Primären" beschrieben wird. Zurecht kritisiert Nina Ort an dem Begriff des Codes, mit dessen Hilfe Luhmann Systeme differenziert, daß er nicht ohne Attribute auskommt, die im jeweiligen Programm ausgearbeitet werden. Im Zeitalter der Digitalisierung, in dem sich das Problem der Rückführung aller Bedeutung auf bedeutungsfreie Unterscheidungen stellt, ist dies ein wichtiges Argument. Nina Ort macht es für die Bestimmung der ästhetischen Erfahrung als Grenzphänomen der Psychosemiotik fruchtbar. Demzufolge stellt sich ästhetische Erfahrung als Begegnung mit dem „Ding" in Form von „Ersatzobjekten", oder in den Worten von Nina Ort „als eine durch das subjektive Begehren strukturierte Begegnung mit den eigenen psychischen Existenzbedingungen" dar.

Der Struktur ihres Gegenstandes, der Topologie des Psychismus als „Konstellation" funktional aufeinander bezogener Faktoren, trägt die Arbeit in ihrer Anlage Rechnung. Kapitel I führt in die Paradoxie des Beobachtens ein. Da die Psychosemiologie das Subjekt aus seiner Entfremdung ableitet, bietet sie den Vorteil, den unendlichen Regreß des Beobachtens (logisch) zu terminieren und die zugrunde liegende Paradoxie (sachlich) zu begründen. Aus dem „Subjekt des Reflexionsverhältnisses" wird bei Lacan das „Subjekt des Begehrens". In Abgrenzung von den unklaren Begriffen des Beobachtens, Bezeichnens und Unterscheidens werden die intrapsychischen Instanzen des Psychismus als kommunizierende „Eigenobjekte" mit „Modellfähigkeit" im Sinne Glanvilles beschrieben. Das Moebiusband – auf das Lacan wie Glanville referieren – legt zudem die Vorstellung einer Selbstunterscheidung mit fließenden Übergängen der Innen- und Außenseite (z.B. des Signifikanten und Signifikats oder des imaginären und symbolischen Bereichs) nahe. Das zweite Kapitel stellt systematisch die Psychogenese des Subjekts dar. Dabei betont Nina Ort die topologische bzw. strukturelle Anlage des Psychismus, dessen Elemente und Beziehungen in formalen Schemata zusammengefaßt werden, weil sie unterschiedlich besetzt werden können (nicht nur mit den geläufigen ‚Platzhaltern' Mutter, Vater, Kind, Kastration, Vatermord etc.). Abgehoben wird auf die linguistische bzw. semiotische Rekonstruktion der Psychogenese, d.h. auf die sprachliche Verfaßtheit des Subjekts als „Signifikanteneffekt". Das dritte Kapitel konzipiert Beobachtung als Wechsel zwischen Objekt- und Selbstbeschreibung. Das methodische Ziel dieser Modellbildung ist es, den Effekt oder die Funktion von Eigenschaften ohne den Rückgriff auf eine irgendwie geartete Substantialität zu erklären. Der Begriff der Interaktion wird in diesem Sinne definiert als „eine Operation zwischen zwei Objekten, die sich gegenseitig durch eben diese Interaktion konstituieren"; Eigenschaften werden zu „Regelmäßigkeiten der Beziehungen bzw. der Interaktion zwischen Beobachter und Beobachtetem". Auf diese Weise setzt die Modellbildung den differenzlogischen Startpunkt konsequent in Grundzüge einer Theorie des Verstehens um.

Nina Ort entfaltet Schritt für Schritt den differenzlogischen Ausgangspunkt und legt auf diese Weise einen Problemaufriß der Psychosemiologie vor, auf den literatur-, kultur- und medienwissenschaftliche Studien aufbauen und mit deren Hilfe sie sich selbst konzeptionell kontrollieren können. Die intensiv diskutierten strukturellen Homologien und parallelen Problempunkte, in denen sich Psychosemiologie und konstruktivistische Systemtheorie treffen, tragen zum wechselseitigen Verständnis dieser schwierigen Theoriebildungen bei.

München, März 1998   Prof. Dr. Georg Jäger

VI

Inhalt

Glossar:

Kapitel 0:
Einleitung: Was will die Psychosemiologie?

> „Das Begehren ist in letzter Instanz die Interpretation selbst." (Sem XI/S.:184)

Die Situation, in der sich die Psychosemiologie[1] von Jacques Lacan im deutschsprachigen Raum befindet, ist paradigmatisch für die Situation der Psychoanalyse nach Freud insgesamt. Abgesehen von vereinzelten Rezipienten (-gruppen), die sich von dem Lacanschen Text faszinieren ließen und lassen, muß man feststellen, daß die Annäherung an Lacan im Stil einer „primären Abwehr" (→ Kap.: II.2.1, sowie → Glossar: 5) geschieht.

Lacan beginnt in einer Zeit zu publizieren, in der die Psychoanalyse aus Deutschland – insbesondere wegen ihres „skandalösen" intellektuellen Charakters – durch die Nazis „vertrieben" wurde. Lacan beginnt zu dieser Zeit mit seinem Vorhaben einer Relektüre der Texte Freuds[2], die ohnehin in der Psychoanalyse „so gut wie nicht erwähnt"[3] werden. Keine Psychoanalyse! – und wenn schon, dann zumindest nicht Freud!

Nach dem Krieg sieht sich die Psychosemiologie Lacans mit zwei Gegnern konfrontiert. Die (exakten) Wissenschaften stehen der Psychoanalyse mit derselben grundsätzlich kritischen Haltung gegenüber, da für sie die psychoanalytischen Grundannahmen des Unbewußten und des Triebs

---

[1] Den Begriff „Psychosemiologie" übernehme ich von Michael Wetzel, da ich ihn für geeignet halte, die „Konvergenz von Semiologie und Psychoanalyse" in der Lacanschen Theorie terminologisch zu fundieren. Anders als Wetzel, der unter diesem Titel die Ansätze von Freud, Lacan, Derrida und Deleuze subsumiert, behalte ich den Ausdruck der Lacanschen Psychosemiologie vor. (vgl.: Wetzel, Michael (1985): Psychosemiologie. Zur Anwendung zeichentheoretischer Methoden auf die Erforschung psychischer Prozesse. hrsg v. Wissenschaftliches Zentrum II der Gesamthochschule Kassel. Kassel)

[2] Das Problem der Übersetzung wird in der vorliegenden Arbeit des öfteren angesprochen. Die Übersetzung Freuds ins Französische, Lacans Beibehaltung einzelner „Freudscher" Ausdrücke im Deutschen sowie die Rückübersetzung der Lacanschen Texte ins Deutsche gewinnt durch die Tatsache, daß es sich um psychoanalytische Texte handelt eine weitere Dimension (vgl.: das Problem der Traumdeutung).
Zu dem Problem der Übersetzung sagt Lacan: „[...] ces petits jeux entre le français et l'allemand servent à élasticiser le bavardage mais la bavardage garde toute sa colle [...]. La langue, c'est du chewing-gum. L'inouï c'est qu'elle garde garde ses trucs [...]." (Lacan, Jacques (1977): Ouverture de la section clinique. In: Ornicar?. Nr. 9. Paris)

[3] Schrübbers, Christiane (1978): Aus der Geschichte der psychoanalytischen Bewegung. Erste Bemerkungen. In: Der Wunderblock. Zeitschrift für Psychoanalyse. Nr.1. hrsg. v. N. Haas, V. Haas, L. Mai, Ch. Schrübbers. Verlag der Wunderblock. Berlin. S.:27-33. hier S.:29
Dominique Janin erinnert an die damalige Situation in Deutschland: „Genau in jener Epoche [etwa zwischen 1933 und 1938; Anm. N.O.] unternimmt dasselbe Ministerium (*Reichsministerium für Volksaufklärung und Propaganda*) einen Feldzug gegen die Psychoanalyse als «jüdisch-marxistische Schweinerei» und schreitet zur Verbrennung ihrer Werke: «Gegen seelenzerfasernde Überschätzung des Trieblebens. Für den Adel der menschlichen Seele: ich übergebe dem Feuer die Schriften des Sigmund Freud» (schreit Göbbels).
Die Propaganda merzt den Begriff der Psychoanalyse aus und führt an seiner Stelle den der «Tiefenpsychologie» oder der «angewandten Charakterologie» für die individuelle Psychotherapie ein." (Janin, Dominique (1994): Nach Berlin. Zur Ausstellung «Entartete Kunst». In: Die Rückkehr der Psychoanalyse über den Rhein. Lacan und das Deutsche. hrsg. v. J. Prasse und C.-D. Rath. Kore Verlag. Freiburg i. Br. S.:236-241. hier S.:240)

(bei Lacan des Begehrens) mit dem wissenschaftlichen Postulat der „Objektivität" und der idealistischen Vorstellung von der Freiheit der Vernunft kollidieren.
Innerhalb psychoanalytischer und philosophischer Theorien sind die Gegner nun aber vor allem die Antipsychiatrie, die Lacan vorwerfen, eine „Ideologie des Mangels" entwickelt zu haben[4], oder etwa die Dekonstruktion mit ihrem „Pallogozentrismus"-Vorwurf[5].
In der traditionellen psychoanalytischen Theorie wird Lacans Werk fast durchweg ignoriert (vgl. hierzu → Glossar: 4). Lacan spricht von „mentale[r] Anexorie" (Sch I/S.:190), womit die (leidenschaftliche) Ignoranz gegenüber seiner Lehre und mithin der Psychoanalyse Freuds ausgedrückt werden kann, insofern es dabei um Vermittlung von Wissen geht, die, gemäß Lacan, immer auf Widerstände stößt:

> „Ich bleibe dabei: Es ist die Liebe, die sich ans Wissen richtet. Nicht Begehren: denn was den *Wißtrieb* angeht, man kann da zweimal hinsehen, träte er auch auf versehen mit dem Gütezeichen Freuds, es gibt ihn überhaupt nicht. Und zwar gibt es ihn so wenig, daß hier der Grund ist für die Hauptleidenschaft des sprechenden Wesens, die nicht Liebe ist und auch nicht Haß, sondern Ignoranz. Ich rühre da jeden Tag daran." (Sch II/S.:13)[6]

Die sich erst allmählich verbreitende Rezeption von Lacan und die produktive Beschäftigung mit seiner Lehre im deutschsprachigen Raum, wie sie sich in Publikationen und Assoziationen widerspiegelt, faßt Claus-Dieter Rath zusammen:

> „Einige Daten zu Organisationen und Publikationen: 1978 ist in Berlin die Sigmund-Freud-Schule entstanden, die 1987 aufgelöst wurde. 1988 wurde in Berlin die *Psychoanalytische Assoziation «Die Zeit zum Begreifen»* gegründet. In Hamburg wurde 1992 die *Le( )rstelle* eingerichtet; 1993 entstand aus überregionalen Arbeitskontakten die *Assoziation für die Freudsche Psychoanalyse.*
> Die Zeitschrift *Der Wunderblock* (Berlin) erscheint seit 1978, *Fragmente* (Kassel) seit 1981, *RISS* (Zürich) seit 1986, *BRIEF der Psychoanalytischen Assoziation* (Berlin) seit 1988 *DISKURIER* (Karlsruhe) seit 1992, *texte* (Wien) seit 1993."[7]

Zu nennen wäre noch das 1993 gegründete *Lacan-Archiv, Psychoanalytische Bibliothek* in Bregenz und – da sie insbesondere durch den Verlag Turia & Kant (Wien, Berlin) dem deutschsprachigen Bereich zugänglich gemacht wurden – das Werk Slavoj Zizeks sowie die Schriftenreihe *Wo Es war.*

---

[4] so z.B.: Deleuze Gilles, Guattari, Félix (1977): Anti-Ödipus. Kapitalismus und Schizophrenie I. Suhrkamp Verlag. Frankfurt/Main. S.:381 et passim

[5] vgl. z.B.: Kittler, Friedrich (1980): Einleitung. In: Austreibung des Geistes aus den Geisteswissenschaften. Programme des Poststrukturalismus. hrsg. v. F. A. Kittler. UTB Schöningh. Paderborn, München, Wien, Zürich. S.:7-14. hier S.:11

[6] Anzumerken ist hierbei, daß Lacan diese Zeilen im Vorwort zur deutschen Ausgabe der Schriften II schreibt, das heißt, daß er sich damit gezielt an „das deutsche Publikum" (Sch II/S.:9) wendet, dessen Rezeption seiner Texte ihm demnach nicht gleichgültig ist.

[7] Rath, Claus-Dieter (1994): Zur Einführung: Die Olympiade 1936. In: Die Rückkehr der Psychoanalyse über den Rhein. Lacan und das Deutsche. hrsg. v. J. Prasse und C.-D. Rath. Kore Verlag. Freiburg i. Br. S.:11-27. hier S.:12

Abgesehen von den Publikationen der Zeitschrift *Der Wunderblock* muß man feststellen, daß eine breitere Lacan-Rezeption – zumindest im deutschsprachigen Raum (in Frankreich ist das anders!) – erst nach dessen Tode im Jahr 1981 einsetzte. 1978 konstatiert Norbert Haas: „Es gibt verstreut ein Dutzend Bücher und Aufsätze auf deutsch, die für die literaturwissenschaftliche und philosophische Adaption Lacanscher Theoreme stehen. Und es gibt ein paar Analytiker, die Lacan lesen, die aber wenig von sich hören lassen."[8] Neben allen anderen Hindernissen gibt es schließlich auch eine Sprachbarriere, die für diese Situation verantwortlich zu machen ist[9].

Es gibt, abgesehen von vereinzelten psychoanalytischen Adaptionen, etwa seit den 70er Jahren eine literaturwissenschaftliche Beschäftigung mit Lacan, für die paradigmatisch die Namen Samuel Weber (Komparatist), Julia Kristeva (Sprachwissenschaftlerin), Friedrich A. Kittler (Germanist), insbesondere auch der Herausgeber und Übersetzer der deutschen Lacan-Ausgaben: Norbert Haas stehen können. Implizit, erratisch oder zumindest durch Erwähnung seines Namens taucht Lacans Lehre zunehmend in der Literaturwissenschaft auf. Um die Wichtigkeit der Lacanschen Theorie für die Zeichentheorie sowie für die Sprach- und Literaturwissenschaft, von der ich überzeugt bin, zu plausibilisieren, schließe ich meine Arbeit diesen Interpretationen und Adaptionen an.

Mit der vorliegenden Arbeit verfolge ich das Ziel, die Fruchtbarkeit der Lacanschen Psychosemiologie für zeichentheoretische Ansätze herauszuarbeiten. Es geht mir dabei nicht darum, das psychosemiotische Theoriedesign gegen andere zeichentheoretische Ansätze abzugrenzen. Indem

---

[8] Haas, Norbert (1978): Vorwort. In: Der Wunderblock. Zeitschrift für Psychoanalyse. Sondernummer: Lacan Lesen. Ein Symposium. hrsg. v. N. Haas, V. Haas, L.M. Mai, Ch. Schrübbers. Verlag Der Wunderblock. Berlin. S.:5-9. hier S.:7 f.
Erst nach Fertigstellung der vorliegenden Arbeit erscheint auf deutsch die Biographie: JACQUES LACAN von Elisabeth Roudinesco. (Elisabeth Roudinesco (1996): Jacques Lacan. Bericht über ein Leben. Geschichte eines Denksystems. übers. v. Hans-Dieter Gondek. Kiepenheuer & Witsch. Köln) Dieser Biographie zufolge genoß Lacan in Frankreich große Berühmtheit und hatte eine große Anhängerschaft.

[9] Norbert Haas, der sich große Teile der Übersetzungsarbeit aufgebürdet hat, berichtet von entsprechenden Schwierigkeiten bereits auf der editorischen Seite:
„Übersetzer für Einzelnes waren zu finden, es war aber so, daß sie einen Aufsatz, ein Seminar übersetzten und dann ein Nie wieder! signalisierten. Bis auf wenige Ausnahmen (Vreni Haas und Hans-Joachim Metzger)."
Haas, Norbert (1985): Antworten an Poinçon. In: Der Wunderblock. Zeitschrift für Psychoanalyse. Nr. 13. Verlag Der Wunderblock. Berlin. S.:6-18. hier S.:8)
Es ist aber auch wichtig, auf das „Restorfer Gespräch über die Lacan-Edition" hinzuweisen, in dem die Schwierigkeiten diskutiert werden, die sich seit Lacans Tod durch die französische Verlagspolitik ergeben. Norbert Haas stellt fest:
„Unter den wilden sind aber wirklich gute Übersetzungen, oder solche, an denen es sich zu arbeiten lohnt. Da hätten wir gerne den einen oder anderen eingeladen mitzuarbeiten. Aber wir konnten nicht. Wir konnten nicht, weil Miller seit dem Tod von Lacan weitere *Schriften*-Bände blockiert." (Haas, Norbert (1994): Restorfer Gespräch über die Lacan-Edition, Herbst 92. In: Der Wunderblock. Zeitschrift für Psychoanalyse. Nr. 20/21. hrsg. v. N. Haas, V. Haas, L. Mai u. H. Naumann. Verlag der Wunderblock. Berlin. S.:73-144. hier S.:78)
Warum die deutsche Ausgabe der Texte Lacans nur schleppend vorankommt, erläutert Haas:
„Man kann sagen, Lacan hat mir, und für die letzte Zeit auch Jochen, alles überlassen, er hat sich nicht eingemischt, er hat sich informieren lassen, aber er hat sich nicht eingemischt. Der *Wunderblock* damals hat kleinere Arbeiten gedruckt, man brauchte Lacan nur zu informieren, er hat ja nie etwas dagegen gehabt, es war halt sein wirklich souveräner Umgang mit seinen Schrieben. Macht nur, si vous êtes assez fous. Das hat sich schlagartig geändert, als da auf einmal ein Rechteinhaber war, im juristischen Sinn, eingesetzt von Lacan und für das ganze corpus Lacanscher Schriften und Seminare." (Haas, 1994. S.:77)

ich mich auf eine Konfrontation mit (vornehmlich der Luhmannschen) Systemtheorie und Konstruktivismus (insbesondere nach Glanville) beschränke und diese drei Modelle interagieren lasse, möchte ich vielmehr auf die Produktivität des Lacanschen Ansatzes aufmerksam machen. Es geht mir weniger um Abgrenzungen, als um Interaktion[10], die zugleich einen aktuellen zeichentheoretischen Zugang zum Werk Lacans ermöglichen soll. Damit ist zweierlei gemeint: Zum einen sollen Vorbehalte zeichentheoretischer Ansätze gegen psychoanalytische Grundannahmen abgebaut werden. Zum anderen soll damit die prinzipielle Übersetzbarkeit von Texten angezeigt werden. Goldschmidt schreibt:

> „Was die Psychoanalyse vor allem gezeigt haben dürfte, ist, daß es das Unübersetzbare nicht gibt. [...] Auf gleiche Weise – wenn auch der «Inhalt» ein ganz anderer sein sollte – geht es in allen Sprachen um die Aufdeckung des Unbewußten; die Sprachwerdung fängt gerade da an, wo eine Sprache der anderen gegenüber als lückenhaft erscheint."[11]

Die psychoanalytische Beschäftigung mit dem Unbewußten legt es nahe, statt von Interpretationen von Übersetzungen zu sprechen. Die in der vorliegenden Arbeit vertretene Annahme der prinzipiellen Unentscheidbarkeit der Rollenzuschreibung, welche Texte welche Texte interpretieren, wird durch den psychoanalytischen Begriff der Übersetzung impliziert. Texte übersetzen Texte.

Systemtheorie und Konstruktivismus (insbesondere vertreten durch S. J. Schmidt) haben sich in der Literaturwissenschaft bereits etabliert. Da sie sich mit sprachwissenschaftlichen Prämissen zu einer Literaturtheorie beschäftigen, schaffen sie einen Brückenschlag zwischen Linguistik und Literaturwissenschaft. Der Nachweis der Berechtigung und Notwendigkeit, der Psychosemiologie in der Sprach- und Literaturwissenschaft einen Platz einzuräumen, muß demgegenüber noch erbracht werden. Dies soll in der vorliegenden Arbeit geleistet werden. Die Lacansche Psychosemiologie als zeichentheoretisch fundierte Psychoanalyse schätze ich als kompetenten Partner der Sprachwissenschaft ein: wenn es außerhalb der Linguistik Spezialistentum bezüglich der Sprache und des Sprechens gibt, dann muß es in der Psychosemiologie gesucht werden. „Der Psychoanalytiker", schreibt Lacan, „ist kein Erforscher unbekannter Kontinente oder großer Tiefen, er ist ein Linguist [...]."[12]

---

[10] Deutlicher vielleicht: um Wechselwirkungen oder um solche Wirkungen, wie sie durch Übersetzungsarbeit erreicht werden, gerade dort, wo ein Text im „Lückenhaften" eines anderen Textes „injiziert" wird (lese: nicht zuletzt mit der sexuellen Konnotation, wie sie im Begriff der Injektomanie anklingt).

[11] Goldschmidt, Georges-Arthur (1994): Mit der Tür ins Haus fallen. In: Die Rückkehr der Psychoanalyse über den Rhein. Lacan und das Deutsche. hrsg. v. J. Prasse und C.-D. Rath. Kore Verlag. Freiburg i. Br. S.:35-39. hier S.:35

[12] Lacan, Jacques (1992): „Schlüssel für die Psychoanalyse". Ein Gespräch mit Jacques Lacan. In: Frag-Mente. Schriftenreihe zur Psychoanalyse. Nr. 39/40: Das andere Denken. Zur Ethik der Psychoanalyse. hrsg. v. Wissenschaftliches Zentrum für Psychoanalyse, Psychotherapie und psychosoziale Forschung (WZ II) der Gesamthochschule Kassel. Verlag Senior und Pressler. Kassel. S.:291-306. hier S.:293

Der zentrale Begriff, den ich in die Zeichentheorie einbaue, ist der Lacansche Begriff des Begehrens[13]. Ich gehe davon aus, daß mit Hilfe dieses Begriffs bestimmte Schwächen und Inkonsistenzen der Systemtheorie und des Konstruktivismus überwunden werden können[14]. Claus v. Bormann schreibt über den Begriff des Begehrens bei Lacan:

> „Lacans Prägung des Begriffs «Begehren», «désir» [...] knüpft an die antike Tradition an, insofern das Begehren den Menschen ausmacht, ihm zugrundeliegt; und sie läßt sich in der Hinsicht vom modernen metaphysikkritischen Denken herleiten, daß das Begehren keine Erfüllung kennt, sondern nur anthropologische Bedingung ist, allerdings bei Lacan keine empirische."[15]

Lacans Zugang zu sprachwissenschaftlichen Problemen wird also durch die Annahme eines grundsätzlich begehrenden Subjekts geleistet. Diese Intransivierung des Begehrens-Begriffs bei Lacan ist keine stilistische Eigenwilligkeit, sondern für das Subjekt konstitutiv: Das Subjekt begehrt immer, ob ausdrücklich oder in der Verdrängung; was es begehrt ist andererseits schwer anzugeben. Das Begehren ist multipel, erratisch, zum großen Teil unbewußt und vor allem ambivalent. Zugleich muß sich dieses Begehren auf irgendeine Art ausdrücken. Lacan geht nicht von einem bestimmten Semiotik-Modell aus, sondern konzipiert das Subjekt zeichentheoretisch, das heißt: als sprachlich verfaßt. Ausgangspunkt aller seiner Betrachtungen ist somit stets das begehrende Subjekt als Sprachwesen. Dies ermöglicht eine neue Perspektive auf sprach- und literaturwissenschaftliche Fragen.

Das Begehren als anthropologische Bedingung des Subjekts impliziert drei Grundannahmen, die ich hier in Form von Behauptungen zusammenfasse:

1. Es erklärt den Impetus für Semiose bzw. für Beobachten.
   Dieser Baustein fehlt in Systemtheorie und Konstruktivismus. Er weist außerdem darauf hin, daß es in der Lacanschen Psychosemiologie um den Psychismus im allgemeinen, nicht nur um eine Psychopathologie geht.
2. Es zeigt die sprachliche Verfaßtheit des Psychismus bzw. des Subjekts.
   Das Subjekt ist ein „Sprachwesen" und konstituiert sich aus denselben Elementen wie ein sprachliches Zeichen, gemäß triadischer Zeichenmodelle. Sein Begehren wird durch den

---

[13] Lacan schreibt: „Gleichwohl bleibt, daß die Analyse eine Erfahrung darstellt, durch die die fruchtbare Funktion des Begehrens wieder zu höchster Gunst gebracht worden ist." (Sem VII/S.:9) Eben diese Erfahrung soll in der vorliegenden Arbeit für die Zeichentheorie nutzbar gemacht werden.

[14] Lacans Insistenz auf dem Begriff des Begehrens ist in gewissem Sinne undiplomatisch. Das Begehren ist immer sexuelles Begehren. Es ist aber notwendig, den provokanten Charakter dieses Begriffes aufrechtzuerhalten. Ähnlich schreibt Haas über Übersetzungsversuche, die sich um akzeptablere Begriffe bemühen: „Ich hab das nicht immer toll gefunden, was ich da zu lesen bekam, beispielsweise, wenn man für désir Verlangen setzen wollte oder für demande Bitte, also unsere Übersetzung zurückgedreht hat beispielsweise auf ein pietistisch-empfindsames Vokabular." (Haas, 1994. S.:77 f.)

[15] Bormann, Claus von (1994): Begriffsschicksal «Wunsch - Begehren». In: Die Rückkehr der Psychoanalyse über den Rhein. Lacan und das Deutsche. hrsg. v. J. Prasse und C.-D. Rath. Kore Verlag. Freiburg i. Br. S.:67-77. hier S.:75

Mangel der signifikanten Verweisungsstruktur (metonymische Struktur der Signifikanten-Kette) hervorgerufen[16].

3. Es indiziert ein dem semiotischen Prozeß determiniertes Subjekt.

Das Begehren setzt kein Subjekt als Agens voraus. Es ist großenteils unbewußt. Das Begehren ist der Effekt einer ursprünglichen Teilung des Subjekts und somit ist das Subjekt dem Begehren ebenso unterworfen wie dem Signifikanten. Dies mag dem wissenschaftlichen Denken als inakzeptabel und möglicherweise sogar aporetisch erscheinen. Vielleicht liegt in der Vorstellung, das Begehren müsse „bewußtseinsfähig" sein, von einem Subjekt erzeugtes und von ihm kontrollierbares Begehren, die Abneigung nicht-psychoanalytischer Theoriedesigns gegen eine solche Konzeption begründet.

Um die Erläuterung dieser drei Prämissen und deren Plausibilisierung innerhalb systemtheoretischer und konstruktivistischer Theoriedesigns wird es in der vorliegenden Arbeit wesentlich gehen. Über die Integration psychosemiologischer Grundannahmen in systemtheoretische und konstruktivistische Ansätze läßt sich vorläufig mit Lacan zusammenfassen: „Die Psychologie konstituiert sich als Wissenschaft, im Augenblicke, da die Relativität ihres Objektes von Freud gesetzt ist, wenn auch beschränkt auf die Tatsachen des Begehrens" (Sch III/S.:17).

Kapitel 0.1

Die Korrelierung der Lacanschen Psychosemiologie mit Systemtheorie und Konstruktivismus

> „Freud selber sagte, als er den Fuss auf amerikanischen Boden setzte: Ich bringe ihnen die Pest."[17]

Lacans Titel KANT MIT SADE (Sch II/S.:133-163) impliziert die Vorstellung, den einen „mit" dem anderen zu lesen, das heißt, Sade als Instrument zu verwenden, so „[...] wie man ein Problem *mit* einer Schreibfeder aufstellt oder wie der Mensch bei Aristoteles *mit* seiner Seele denkt." (Sch II/S.:46). In diesem Sinne versuche ich in der vorliegenden Arbeit die Wechselwirkungen zwischen Systemtheorie, Konstruktivismus und Psychosemiologie zu erproben, wobei unentschieden bleiben soll, wen (Text) ich mit wem (Instrument) lese, bzw. welcher Text welchen Text übersetzt.

---

[16] Küchenhoff/Warsitz schreiben: „Lacans Re-volution, Rück-drehung der Psychoanalyse liegt insbesondere darin, Trieb- und Sprachentwicklung miteinander zu verbinden. Die Psychoanalyse ist eine «Theorie des Mangels», der das Sprechen ebenso wie die Geschlechtlichkeit auszeichnet. Im Geschlechterunterschied wird die Unaufhebbarkeit der Differenz ebenso deutlich wie in der formalen Struktur des Sprechens als eines Verweisungszusammenhangs von Signifikanten." (Küchenhoff, Joachim; Warsitz, Peter (1989): Sprachkörper und Körpersprache. psychoanalytische Psychosentherapie nach Lacan. In: Arsenale der Seele. Literatur- und Medienanalyse seit 1870. hrsg.v. F. A. Kittler, G. Ch. Tholen. Bd. 1. München. S.:117-137. hier S.:120) Mangel und Begehren sind in der Lacanschen Psychosemiologie zwei komplementäre Begriffe: Anstatt Lacans Theorie als „Theorie des Mangels" zu bezeichnen, wie dies häufig - insbesondere auch aus kritischer Perspektive - geschieht, schlage ich vor, sie als eine „Theorie des Begehrens" zu charakterisieren.

[17] Juranville, Alain (1994): Der psychoanalytische Diskurs nach Lacan. übers. v. H.-D. Gondek, A. K. Ulrich, P. Widmer. In: RISS-Extra 1. RISS-Verlag. Zürich. S.:51

Möglicherweise erschiene es naheliegender, Lacan mit Kant[18], Hegel[19], Heidegger oder mit der französischen Existenzialphilosophie[20] zu lesen. Naheliegender vielleicht auch, ihn mit den Philosophen zu lesen, deren Denken ohne die Lacansche Psychosemiologie gar nicht vorstellbar wäre, obgleich sie selten auf Lacan rekurrieren: mit Foucault oder mit Derrida.

Gerade die zeichentheoretische Dimension des Lacanschen Denkens sowie deren grundlagentheoretischen Prämissen, die bislang noch kaum erschlossen sind, zeigen jedoch interessante Homologien mit der Systemtheorie und dem Konstruktivismus, denen ich daher die vorliegende Arbeit widmen werde.

Neuere zeichentheoretische sowie literatur- und sprachwissenschaftliche Ansätze nach dem Strukturalismus, wie sie beispielsweise im systemtheoretischen oder im konstruktivistischen Theoriedesign formuliert werden, beziehen ihren Reiz aus der extrem weit vorangetriebenen Formalisierung ihrer Theoriebausteine. Diese Formalisierung ermöglicht es, bei der Beschreibung von Sachverhalten weitgehend ohne attributive Urteile auszukommen. Damit soll in bezug auf Kunst (bzw. Literatur) dem Problem adäquat begegnet werden, daß Kunst zwar durchaus als Kunst wahrgenommen werden kann, daß es jedoch zunehmend schwer fällt, Systemgrenzen des Kunstsystems festzustellen oder plausibel zu beschreiben.

Noch grundsätzlicher werden jedoch bereits auf semiotischer Ebene die Probleme des Beobachtens und Operierens reformuliert. Gemeinsam ist diesen Ansätzen eine Verlagerung ihres eigentlichen Gegenstandes: In dem Maße, in dem es problematisch wird, beispielsweise von „Welt" oder „Realität" zu sprechen, tritt das Problem realitätskonstituierender bzw. realitätskonstruierender Beobachtung in den Vordergrund. Beobachtung resp. Operation ist dabei nicht mehr an ein Subjekt als Agens gebunden, sondern – zumindest bei Luhmann – an einen Systembegriff[21]. Gefragt wird nicht mehr danach, was Welt sei, sondern wie sie beobachtbar werde. Diese Frage läßt sich mit der Formulierung „Systeme verstehen Systeme" zusammenfassen; sie wird jedoch

---

[18] vgl hierzu etwa: Gondek, H.-D. u. Widmer, P. (Hrsg.) (1994): Ethik und Psychoanalyse. Vom kategorischen Imperativ zum Gesetz des Begehrens: Kant und Lacan. Fischer Verlag. Frankfurt/Main.

[19] vgl. hierzu etwa: Zizek, Slavoj (1995): Hegel mit Lacan. übers. v. N. Schneider. In: RISS-Extra 2. RISS-Verlag. Zürich.

[20] Soweit ich die Literatur überblicke, steht eine Untersuchung der Einflüsse der Existenzialphilosophie - die man mit Sicherheit annehmen kann - auf Lacans Theorie noch aus, obgleich sie bereits angefragt wurde. vgl.: Haas: „Später hat man dann gefragt [...]: wo sind die existentialistischen Einflüsse?" (Haas, 1994. S.:97)

[21] Beobachtung wird dann zunächst als Eigenbeobachtung beschrieben, womit die Probleme der Reflexivität bzw. der Selbstreferenz impliziert sind. Der zentrale Begriff, den Luhmann in diesem Zusammenhang verwendet, ist der von Maturana und Varela entlehnte Begriff der Autopoiesis. In seinem maßgeblichen Text „Soziale Systeme" schreibt Luhmann: „Dabei wird der Begriff der Selbstreferenz (Reflexion, Reflexivität) von seinem klassischen Standort im menschlichen Bewußtsein oder im Subjekt gelöst und auf Gegenstandsbereiche, nämlich auf reale Systeme als Gegenstand der Wissenschaft, übertragen." (Luhmann, Niklas (1991): Soziale Systeme. Grundriß einer allgemeinen Theorie. 4. Auflage. Suhrkamp Verlag. Frankfurt/Main. S.:58) Anders bemüht Luhmann sich jedoch in dem Text „Die Autopoiesis des Bewußtseins" um eine Integration des Bewußtseins-Begriffs in sein Modell der Autopoiesis: „In erster Linie kommt es darauf an, eine empirische Theorie selbstreferentieller Systeme auf ihren Allgemeinheitsgrad hin zu überprüfen. Die Frage ist daher, ob sie das Bewußtsein, vielleicht mit dem traditionellen Namen »Subjekt«, ausklammern muß oder ob sie es als einen ihrer Anwendungsfälle mitbetreuen und in einer besonderen Operationsweise verständlich machen kann." (Luhmann, Niklas (1987): Die Autopoiesis des Bewußtseins. In: Selbstthematisierung und Selbstzeugnis: Bekenntnis und Geständnis. hrsg. v. A. Hahn u. V. Kapp. Suhrkamp Verlag. Frankfurt/Main. S.:25-94. hier S.:25) Auf das Problem, welche Begriffe durch die Systemtheorie unter welcher Perspektive jeweils „mit-betreut" werden können, werde ich in der vorliegenden Arbeit eingehen.

auch in der von Luhmann herausgegebenen, gleichnamigen Textsammlung noch nicht zufriedenstellend beantwortet[22]. Niklas Luhmann beschreibt die damit einhergehende Reflexivierung des Begriffs der Beobachtung als „[...] Übergang von Was-Fragen zu Wie-Fragen [...]“[23], womit das Problem des Beobachtens jedoch noch nicht erschöpfend geklärt ist[24].

Das bedeutet zunächst, daß sich neuere Theoriedesigns zunehmend mit Grundlagenforschung beschäftigen, um dadurch zu Prämissen für zeichentheoretische und, im Anschluß daran, literaturwissenschaftliche Aussagen zu gelangen. Schwierigkeiten, Schwächen und Folgeprobleme, die sich aus diesen Methoden ergeben, werden in der vorliegenden Arbeit dort angesprochen, wo sie sich konkret stellen.

In der vorliegenden Arbeit soll Beobachtung mit dem Prozeß der Semiose gleichgesetzt werden. Dabei werden die Begriffe erster und zweiter Beobachtung, wie sie Luhmann verwendet, mit den beiden Bereichen des Imaginären und des Symbolischen bei Lacan korreliert (→ Kap.: I). Der eigentliche Ausgangspunkt meiner Überlegungen, und gleichzeitig der Grund dafür, die Psychosemiologie von Jacques Lacan als überzeugendsten Ansatz innerhalb moderner Theorieangebote zu wählen, liegt in der prinzipiellen Frage, warum es zur Semiose kommt und was, metaphorisch ausgedrückt, der Motor ist, der Semiose in Gang hält.

Diese Frage finde ich weder in systemtheoretischen noch in konstruktivistischen Ansätzen formuliert, geschweige denn auch nur ansatzweise beantwortet. In →Kap.: IV.1.2 komme ich, im Anschluß an Lacan, zu einer Formulierung, die erklären könnte, warum diese Ansätze sich diese Frage methodologisch nicht stellen können. Vorweggreifend sei hier darauf hingewiesen, daß es gerade der Status der Wissenschaftlichkeit ist, den die oben angesprochenen Theoriedesigns für sich reklamieren, der sich eben dieser Frage in den Weg stellt.

Die Hinwendung zu den Problemen der Reflexivität und der „[...] Selbstparadoxierung allen Beobachtens ohne Ausnahme [...]“[25], wie Luhmann sich ausdrückt, erscheint als eine neue Art und Weise, sich an Grenzbereichen des (zeichentheoretisch und literaturwissenschaftlich) Beobachtbaren zu bewegen, um auf diese Weise Systemgrenzen plausibilisieren zu können. Gemäß F. A. Kittlers Feststellung, nach der „Erst ein Nullwert [...] Gedächtnisleistungen quantifizierbar [...]“[26] mache, macht sich die wissenschaftliche Beobachtung damit einen neuen „Nullwert“ verfügbar, der in der „Paradoxie der Form“ besteht. Mit Form ist hierbei insbesondere die von George Spencer-Brown konzipierte Form gemeint (→ Kap.: I)[27]. Systemgrenzen, zum Beispiel Grenzen des (Sub-)Systems Kunst, werden also weitgehend nicht mehr an jenen beiden Polen von Kunst gesucht, wo diese entweder in Alltagsweltliches oder in „Pathologisches“ übergeht – ein Ordnungskonzept, das stets attributive Urteile bzw. an einer definierten Norm orientierte Urteile erfordert –, sondern, gewissermaßen ergänzend, auch dort, wo man auf zeichentheoretische

---

[22] vgl.: Systeme verstehen Systeme. hrsg. v. N. Luhmann u. K. E. Schorr (1986). Suhrkamp Verlag. Frankfurt/ Main

[23] So auch noch in dem aktuellen Text: Luhmann, Niklas (1996): Die Kunst der Gesellschaft. 2. Auflage. Suhrkamp Verlag. Frankfurt/Main. S.:322

[24] Die Beobachtungsgegenstände sind zunehmend Beobachtungsstrukturen, nicht jedoch Objekte. Allein eine Umstellung auf „Wie-Fragen“ gewährleistet jedoch noch keine Vorgehensweise ohne attributive Urteile, da die „Wie-Fragen“ durch binäre Codierung weitgehend selbst objektiviert werden.

[25] Luhmann, Niklas (1993a): Die Paradoxie der Form. In: Kalkül der Form. hrsg. v. Dirk Baecker. Suhrkamp Verlag. Frankfurt/Main. S.:197-212. hier S.:206

[26] Kittler, Friedrich A. (1987): Aufschreibesysteme 1800 - 1900. 2. erw. u. korr. Auflage. Wilhelm Fink Verlag. München. S.:212

[27] vgl.: Spencer-Brown, Georges (1979): Laws of Form. E.P. Dutton. New York

Paradoxien als Grenzen oder Ursprünge des Beobachtbaren stößt. In der vorliegenden Arbeit wird zu überprüfen sein, ob die methodologische Umstellung der Luhmannschen Systemtheorie auf eine Differenztheorie die in Hinblick auf die Paradoxie allen Beobachtens konzipiert wurde, das damit angestrebte Ziel erreicht, aus dem identitätslogischen Denken hinauszugelangen und beispielsweise Kunst „differenzlogisch" erklären zu können[28].

Die Lacansche Psychosemiologie verbindet auf eindrucksvolle Weise die Frage nach dem „Motor" der Semiose mit dem Problem der Paradoxie. Lacan schreibt:

> „Weil das Subjekt sich situiert und konstituiert im Verhältnis zum Signifikanten, entsteht in ihm dieser Bruch, diese Teilung, diese Ambivalenz, auf deren Ebene die Spannung des Begehrens ihren Platz hat." (Sem VII/S.:378)

Alles in dem Lacanschen Ansatz steht und fällt mit der Grundannahme der konstitutiven Gespaltenheit des Subjekts. Denn diese Gespaltenheit ist der paradoxe Ursprung des Psychismus, und aus ihr geht auch das Begehren des Subjekts als „Motor" der Semiose hervor. Man muß diese psychoanalytische Prämisse akzeptieren, um das Theoriedesign, das Lacan daraus entwickelt, nachvollziehen zu können. Gerade dies mag in einem wissenschaftlichen Zusammenhang schwerfallen, denn es impliziert die Annahme des Unbewußten und der nicht-linearen Zeitlichkeit des Subjekts (→ Kap.: II; → Glossar: 2)[29]. Ziel meiner Arbeit ist es daher, Begriffe wie den des Begehrens (dem „Motor" der Semiose) und des Unbewußten so zu beschreiben, daß sie als gut fundiertes Instrumentarium eine Ergänzung zu zeichentheoretischen und literaturwissenschaftlichen Ansätzen bieten können. Denn diese psychoanalytischen Begriffe bilden die Matrix, auf der Lacans psychosemiologischer Ansatz zweierlei Konzeptionen errichten kann, die für eine aktuelle Zeichentheorie relevant sind: zum einen eine quasi-konstruktivistische Konzeption des „Selbst" und zum anderen eine Reformulierung der Relation zwischen Signifikant und Signifikat, wie sie durch Saussure und den Strukturalismus eingeführt worden sind.

Die Integration des Begehrens in die Theorie impliziert eine Kritik am Begriff der Wissenschaft und insbesondere an den Versuchen zeichentheoretischer sowie sprach- und literaturwissenschaftlicher Methoden, Wissenschaftlichkeit einzuführen resp. für sich zu beanspruchen.

Die hier vorgeschlagene Alternative soll nicht auf Pseudo-Wissenschaftlichkeit oder Essayistik hinauslaufen, sondern auf eine gewisse Relativierung wissenschaftlicher Vorgehensweisen. Lacan geht von der sprachlichen Verfaßtheit des Subjekts aus, das heißt, er spricht nicht vom Menschen der Wissenschaft (im Anschluß an den Begriff der Humanwissenschaften), womit der autonome Status des Menschen impliziert wird, sondern vom Subjekt, wobei dieses Subjekt wesentlich durch Sprache determiniert sei:

---

[28] Gleichermaßen wird der methodologische Status des Begriffs der Differenztheorie im Zusammenhang mit der Luhmannschen Systemtheorie zu erläutern sein. Niklas Luhmanns Position läßt sich hier knapp zusammenfassen: „Am Anfang steht also nicht die Identität, sondern Differenz." (Luhmann, 1991. S.:112)

[29] Ähnlich mutmaßt Sciacchitano: „Eine idealistische Kultur wird Schwierigkeiten haben, den Seinsmangel und das Begehren zu akzeptieren." (Sciacchitano, Antonello (1994): Lacan und die schlechte Unendlichkeit. In: Die Rückkehr der Psychoanalyse über den Rhein. Lacan und das Deutsche. hrsg. v. J. Prasse und C.-D. Rath. Kore Verlag. Freiburg i. Br. S.:142-148. hier S.:147) Der Begriff des Seinsmangels wird in → Kap.: II.1.3 der vorliegenden Arbeit erläutert.

„Die Psychoanalyse ist weder eine *Weltanschauung** noch eine Philosophie, die vorgibt, den Schlüssel zum Universum zu liefern. Sie wird regiert von einer besonderen Absicht, die historisch durch die Herausarbeitung des Subjektbegriffs definiert ist. Sie setzt diesen Begriff neu, indem sie das Subjekt auf seine signifikante Abhängigkeit zurückführt." (Sem XI/S.:83 f.)

Die „Selbstparadoxierung allen Beobachtens", die in der Systemtheorie sowie im Konstruktivismus „Im Endeffekt" auf sie „selbst angewandt werden"[30] muß, wird in der Lacanschen Psychosemiologie um eine entscheidende perspektivische Drehung erweitert, die eine Art zirkulärer Kausalität darstellt: Das Subjekt ist der Effekt der Paradoxien und Regresse, die es erzeugt. Der konstruktivistische Ansatz Ranulph Glanvilles kommt dieser Konzeption einer „zirkulären Kausalität" äußerst nahe, weswegen ich vor allem auf ihn rekurrieren werde.
Neuere Theoriedesigns, wie die Systemtheorie (aber auch zum Beispiel die Dekonstruktion), können als „Supertheorien"[31], beinahe an jedem Text „verifiziert" werden: es entsteht dabei die Frage, ob die Theorie den Text, oder der Text die Theorie interpretiert[32]. Üblicherweise liegt hierin auch der entscheidende Kritikpunkt gegenüber diesen Theorien, wie ihn beispielsweise Walter L. Bühl explizit gegen Luhmanns Systemtheorie vorgebracht hat[33].
In → Kap.: III.1 beschreibe ich die „Sekundarisierung des Primären", das heißt die Annahme, daß es keine „authentische" Beobachtung gibt, sondern nur retrospektive Interpretationen, als eine Perspektive, die für zeichentheoretische Modelle zunehmend plausibel wird. Daher möchte ich mich auch nicht dieser Kritik an „Supertheorien" anschließen. Möglicherweise entsteht diese Kritik nur in Hinblick auf einen gewissen wissenschaftlichen Anspruch an Theoriedesigns, der offenkundig verfehlt ist. Denn wenn eine Theorie ein Instrumentarium zur Interpretation, Analyse, oder allgemein ausgedrückt, der Beobachtung von Texten ist, kann sie bestenfalls Aspekte sichtbar machen, die vorher nicht sichtbar waren, weil sich die Bedingungen der Interaktion verändern[34]. Dies würde meine in → Kap.: III.1 angestellte Überlegung bestätigen, daß „Eigen-

---

[30] vgl.: Jäger, Georg (1994): Systemtheorie und Literatur Teil I. Der Systembegriff der Empirischen Literaturwissenschaft. In: Internationales Archiv für Sozialgeschichte der deutschen Literatur IASL. 19. Bd. 1. Heft. hrsg. v. W. Frühwald, G. Jäger, D. Langewiesche, A. Martino. Niemeryer Verlag. Tübingen. S.:95-125. hier S.:125

[31] Den Begriff der „Supertheorie" erläutern Marius/Jahraus: „Supertheorien treten als Theorien auf, für die gilt, daß es aus immanenten Gründen keine theorieinterne Limitation des intendierten Objektbereichs der Theorie geben kann." (Marius, Benjamin /Jahraus, Oliver: Systemtheorie und Dekonstruktion. Die Supertheorien Niklas Luhmanns und Jacques Derridas im Vergleich. LUMIS-Schriften 48. Siegen 1997. S.:5)

[32] vgl. z.B. den Titel von Schwanitz (1987): Zeit und Geschichte im Roman - Interaktion und Gesellschaft im Drama: *zur wechselseitigen Erhellung von Systemtheorie und Literatur.* In: Theorie als Passion. Niklas Luhmann zum 60. Geburtstag. hrsg. v. D. Baecker et al. Suhrkamp Verlag. Frankfurt/Main. S.:181-213. [Hervorhebung von mir; N.O.] Schwanitz scheint dies für ein Charakteristikum der Systemtheorie zu halten. Ähnlich argumentiert aber beispielsweise Kittler für das Verhältnis zwischen Psychoanalyse und Literatur: „Seit der Epoche, in der Freud die Literatur als einzigen »Bundesgenossen« anrief, [...] scheint die Literatur nur mehr eine leere Verdopplung, ein »Beweis« mehr »für die Richtigkeit der Psychoanalyse«." (Kittler, Friedrich A. (1977): »Das Phantom unseres Ichs« und die Literaturpsychologie: E. T. A. Hoffmann - Freud - Lacan. In: Urszenen. Literaturwissenschaft als Diskursanalyse und Diskurskritik. hrsg. v. F.A. Kittler und H. Turk. Frankfurt/Main. S:139-166. hier S.:139] Ich möchte in der vorliegenden Arbeit die Möglichkeit der wechselseitigen Interpretationen resp. Übersetzungen zwischen Texten welcher Art auch immer generalisieren.

[33] siehe etwa: Bühl, Walter L. (1992): Grenzen der Autopoiesis. In: Zeitschrift für Soziologie und Sozialpsychologie Nr. 39. S: 225-253

[34] Ähnlich obsolet erscheint es unter dieser Perspektive, den Begriff der „Überinterpretation" beibehalten zu wollen. Zizek schreibt beispielsweise über seine Interpretation der Filme Hitchcocks: „Für echte Hitchcock-Aficionados

schaften" oder Qualitäten weder in den jeweiligen Texten selbst, noch im Beobachter liegen, sondern durch deren Interaktion erzeugt werden.(Und präzise das macht dann zum Beispiel eine dekonstruktivistische Lektüre eines romantischen Textes möglich, ohne daß sich die – wahrscheinlich müßige – Anschlußfrage stellt, ob denn in der Romantik tatsächlich bereits dekonstruktivistische Ideen antizipiert worden seien.)

Auch in diesem Punkt bin ich der Meinung, daß die Lacansche Psychosemiologie einen „realistischeren" Anspruch an die eigene Methode stellt. Da sie aus der Psychoanalyse stammt, verfolgt sie einen konkreten Zweck, der, wie in → Kap.: IV.2 ausgeführt wird, wenn nicht in der Heilung von Leiden[35], so doch zumindest in einer Lebenssteigerung des Subjekts besteht. Dabei unternimmt die Psychosemiologie von Lacan nicht mehr, als dem Subjekt zu seiner „subjektiven Wahrheit", bzw. zur „Realisierung seines Begehrens" zu verhelfen, das bedeutet, ihm die Gelegenheit zu geben, sich über seine Existenzbedingungen – und das heißt bei Lacan wesentlich: über sein Begehren – bewußt zu werden (→ Kap.: IV.2). Man begegnet hierbei derselben paradoxen und retrospektiven (bzw. zirkulären) Struktur, die in der Literaturwissenschaft irritiert, sofern diese teleologisch vorgeht: Denn die subjektive Wahrheit ist eine perspektivische Wahrheit, die ihre Konsistenz allein einem jeweils aktuellen Blickwinkel verdankt, die der Begehrensstruktur des Subjekts entspricht. Am Beispiel des (neurotischen) Symptoms (→ Glossar: 2), das der zum Teil artikulierte Ausdruck des (verdrängten) Begehrens ist, kann deutlich gemacht werden, inwieweit das Symptom sich in bezug auf ein Ereignis der Vergangenheit konstituiert, das nur der retrospektive Anlaß des (späteren) Symptoms ist: wird das Symptom in der Analyse aufgelöst, verschwindet auch das Ereignis (als Anlaß) der Vergangenheit.

Insofern ergeben sich Homologien zwischen der Psychosemiologie und dem Diskurs der Kunst, wie Lacan ihn definiert (→ Kap.: IV.2). In → Glossar: 6 beschreibe ich avancierte Formen von Kunst, die extrem „entsemantisiert" sind. Ähnlich funktioniert die analytische Arbeit: Dadurch, daß es keinen Blickkontakt zwischen Analytiker und dem Analysanden gibt, dadurch, daß sich der Analytiker (wie Freud es als Grundlage des analytischen Gesprächs formuliert hat) jeden Urteils enthält, wird er zur reinen, leeren Spiegelfläche für das Subjekt. Ebenso wie beim Betrachten beispielsweise von Bildern Marc Rothkos (→ Glossar: 6), kann das Subjekt in dieser Situation nichts anderes beobachten als seine eigene Begehrensstruktur. Im Verlauf der vorliegenden Arbeit werde ich nachweisen, inwiefern es das Begehren ist, das attributive Zuweisungen vorstrukturiert bzw. determiniert.

Wenn Lacan den Diskurs der Wissenschaft kritisiert – und dieser Kritik schließe ich mich an –, dann zielt seine Kritik nicht auf gewisse Unzulänglichkeiten bezüglich der Erkenntnisleistung wissenschaftlicher Theorieansätze. Vielmehr fragt Lacan nach dem Begehren des Psychoanalyti-

---

hat in seinen Filmen *alles Bedeutung*, der scheinbar einfachste Handlungsverlauf verbirgt unerwartete philosophische Delikatessen (das vorliegende Buch nimmt, sinnlos es zu leugnen, uneingeschränkt an diesem Wahn teil). Aber ist Hitchcock darum schon ein »Postmodernist« *avant la lettre?*" (Zizek, Slavoj (1992a): Einleitung: Alfred Hitchcock oder Die Form und ihre geschichtliche Vermittlung. In: Zizek, Slavoj (Hg): Ein Triumph des Blicks über das Auge. Psychoanalyse bei Hitchcock. übers. v. I. Charim, Th. Hübel, R. Pfaller, M. Wiesmüller. Verlag Turia und Kant. Wien. S.:9-21. hier S.:10)

[35] Denn dies ist, wie Lacan häufig betont, ein äußerst heikler Anspruch, der ohne Referenz auf irgendeine Norm fast nicht umsetzbar ist. Lacan formuliert vorsichtig: „Sagen wir: sie mühen, sie plagen sich bei dieser Art der Befriedigung zu sehr/ils se donnent trop de mal. Bis zu einem gewissen Grad liegt in diesem *Zu viel Mühe* die einzige Berechtigung für unser Eingreifen." (Sem XI/S.:175)

kers resp. des Wissenschaftlers, das üblicherweise im Diskurs der Wissenschaft ignoriert wird[36]. Denn durch das Begehren wird die Erkenntnisleistung relativiert[37]. In diesem Sinne formuliert Lacan als „[...] unser erster, wenn nicht gar einziger Vorschlag [...]: man muß zu einer generellen Freigabe von wissenschaftlichen Behauptungen aufgrund einer Klärung ihrer Prinzipien gelangen." (Sch I/S.:75). In der vorliegenden Arbeit bemühe ich mich, diesem Vorschlag nachzukommen. Eine Konsequenz hieraus ist der disruptive Stil, mit dem ich in dieser Einleitung einzelne Begriffe und Fragestellungen einführe.

Die ähnlich auch von v. Foerster formulierte Kritik, derzufolge der „[...] Anspruch auf Objektivität unsinnig ist!"[38], wird bei Lacan systematisiert und bildet durch den Einbezug des Begriffs des Begehrens einen konstitutiven Baustein – nicht nur der Theorie sondern auch des „Objekts" der Theorie. Lacan liefert nicht nur programmatische Vorschläge, sondern setzt sie von vornherein in seiner Psychosemiologie um.

In der vorliegenden Arbeit gehe ich davon aus, daß sich bestimmte Mechanismen, Funktionsweisen und Operationsweisen, soweit sie mit dem Subjekt verbunden sind, ohne psychosemiologische Grundannahmen nicht adäquat beschreiben lassen. Ziel dieser Arbeit ist es daher einerseits, Homologien zwischen den verschiedenen Ansätzen darzustellen und andererseits, Vorteile der Lacanschen Theorie aufzuzeigen. Eine Kombination aus systemtheoretischen, konstruktivistischen und psychosemiologischen Elementen bilden die Grundlage für ein Theoriedesign, das sich – in Anlehnung an den Untertitel der SOZIALEN SYSTEME von Luhmann – GRUNDRISS EINER RELATIVITÄTS-THEORIE DES SUBJEKTS nennen könnte (– wobei mit dem Zusatz „Relativität" impliziert sein soll, daß es sich bei der Lacanschen Psychosemiologie um keine „Weltanschauung" und keine „Supertheorie" handelt).

Die Parallelisierung der Konstituenten des Psychismus mit semiotischen Konstituenten, wie sie Lacan entwickelt, bietet die Möglichkeit, kognitive und soziale Komponenten der Realitätskonstruktion zu integrieren. Das Subjekt konstituiert sich – ähnlich wie die „Eigenobjekte" bei von Foerster – als Intersubjektivität und als „Sprachwesen", wodurch die soziale Dimension bereits vorstrukturiert wird. Andersherum können alle in den neueren Zeichentheorien auftretenden Probleme der Paradoxie (und deren Entfaltung) auf Subjekt-Konstituenten zurückgebogen und dort fundiert werden. Die Lacansche Psychosemiologie bietet somit eine Alternative zu systemtheoretischen Theoriedesigns, die entweder Kommunikationen (Luhmann) oder Individuen (Schmidt) als „Basiskomponenten" annehmen, woraus schwer zu lösende Folgeprobleme entstehen. Georg Jäger stellt einen entsprechenden Lösungsvorschlag am Beispiel der Konzeption von Hejl vor:

---

[36] Lacan schreibt: „Wenn wir die Psychoanalyse an den Zug der modernen Wissenschaft wieder anhängen können, trotz der essentiellen Einwirkung von seiten des Begehrens des Analytikers, das ja im Werden ist, stellen wir zu Recht die Frage nach dem Begehren hinter der modernen Wissenschaft." (Sem XI/S.:168)

[37] Eine solche Wahrnehmung des wissenschaftlichen Arbeitens legitimiert sich dabei durch die Revalorisierung des Begriffs des Begehrens. Obwohl Heinz v. Foerster der Begriff des Begehrens fehlt, zielt seine Objektivitäts-Kritik dennoch in einen ähnliche Richtung, die charakteristisch für das Denken der „Kybernetik zweiter Ordnung" ist: „Wie Sie sich erinnern können, erfordert die Objektivität, daß die Eigenschaften des Beobachters nicht in die Beschreibung seiner Beobachtungen eingehen. Indem das wesentliche des Beobachtens, nämlich der Prozeß der Wahrnehmung, eliminiert wird, wird der Beobachter zu einer Kopiermaschine degradiert, und der Begriff der Verantwortung wurde dadurch erfolgreich eskamotiert." (Foerster, Heinz v. (1993a): KybernEthik. übers v. B. Ollrogge. Merve Verlag. Berlin. S.:74)

[38] Ebd. S.:88

12

„Obige Bestimmung sozialer Systeme besetzt die Organisationsstelle also doppelt: kognitiv durch eine Wirklichkeitskonstruktion oder ein Realitätsmodell, sozial durch ein Handlungsmuster oder ein Rollengefüge. Dies wirft mehrere Fragen auf: Woraus rechtfertigt sich diese doppelte Ansetzung der Systemorganisation? In welchem Verhältnis stehen der kognitive und der soziale Bereich zueinander? Welche Möglichkeiten eröffnet diese Konzeption für die systemtheoretische Modellierung von Kultur und Literatur?"[39]

In der vorliegenden Arbeit soll die Lacansche Konzeption der Konvergenz kognitiver und sozialer Bereiche in der Subjektkonstitution plausibilisiert werden. Ähnlich wie bei Hejl wird das Subjekt bei Lacan konzipiert als „[...] Komponente sozialer Systeme wie als eigenes System."[40] Durch den Einbezug der psychoanalytischen Komponente des Begehrens können darüber hinaus Semiose, Dynamik und Wandel auf kognitiver wie auf sozialer Ebene erklärt (und nicht nur konstatiert) werden.

Lacans prinzipielle Ausgangsfrage ist stets: Was (und von wo aus) will (begehrt) das Subjekt? Seine Antworten werden demnach stets über die Perspektive des Subjekts seinem Objekt des Begehrens gegenüber Auskunft geben. An die Stelle von bestimmten Systemen (und ihren Systemgrenzen) setzt Lacan bestimmte Diskurstypen, die sich durch bestimmte grundsätzliche, perspektivische Relationen zwischen Subjekt und Objekt (des Begehrens) charakterisieren lassen. In bezug auf Kunst bzw. Literatur hat die Lacansche Psychosemiologie damit die Auflösung des Systembegriffs zur Folge: sie kann jedoch den Begriff der „ästhetischen Erfahrung" rehabilitieren, ohne ihn an einen systematisierten Literaturbegriff binden zu müssen, da sie ihn gleichermaßen als perspektivisches Problem begreift[41].

---

[39] Jäger, 1994. S.:100

[40] Jäger. 1994. S.:104 f.

[41] Die Frage nach einer möglichen Definiton des Literatursystems wird in der vorliegenden Arbeit ausgeblendet: gezeigt wird allein, warum eine solche Definition durch die Systemtheorie nicht zufriedenstellend gelingt. Es ist möglicherweise nur eine Frage meines persönlichen Geschmacks, zu einer Perspektive zu neigen, die ästhetische Erfahrungen nicht an einen Kunstbegriff binden will. Jäger schreibt: „Die holistische Perspektive gibt die leitende Idee von Systemen mit homogenen Elementen, einer inneren Struktur, einer Grenze zur Umwelt sowie spezifizierbarer Funktion und Leistung weitgehend auf." (Jäger, 1994. S.:119) Für die vorliegende Arbeit sind weniger die Rahmenbedingungen bzw. der Anlaß für eine ästhetische Erfahrung relevant, als vielmehr die Beschreibung einer ästhetischen Erfahrung selbst. Damit will ich nicht mit „atheistischem Gestus" behaupten: „Die Kunst ist tot!". Allein die Frage nach der Kunst (bzw. Literatur) als System ist in der vorliegenden Arbeit irrelevant. (Ich beziehe hinsichtlich dieser Frage - gemäß Lacan - „Laienposition": „Das Amüsante ist offenbar - ich habe Ihnen das schon erzählt, aber Sie haben nicht zugehört - daß der Atheismus vertreten werden kann nur von den Geistlichen. Viel schwieriger bei den Laien, deren Unschuld in diesen Dingen total bleibt." (Sem XX/S.:117))

Kapitel 0.2

Vorgehensweise und Ziele der vorliegenden Arbeit

Die vorliegende Arbeit, die sich auf diese operationale und perspektivische Struktur einläßt, muß den Leser daher – ähnlich wie Lacan von seinen Texten sagt – in mancher Hinsicht „[...] komisch unbefriedigt lassen, da das, was wir deutlich machen möchten, genau das ist, womit wir es, jeder und alle, auf die unoperationalste Weise zu tun haben." (Sem VII/S.:129) Die theoretische Beschreibung des Gegenstands der Psychosemiologie Lacans kann sich, paradox formuliert, allenfalls mit Effekten ihres „Objekts" beschäftigen. Das hat wissenschaftstheoretische Konsequenzen, die ich in → Kap.: IV beschreiben werde.

Samuel Weber vergleicht die Vorgehensweise Lacans bei der Erstellung seiner Texte und seines gesamten Werkes mit den „Hexenbriefen" bei Kierkegaard:

> „Ein Hexenbrief, so teilt uns der Herausgeber Kierkegaards mit, ist „ein Bilderheft mit mehreren durchgeschnittenen Bildern von Menschen und Tieren, von denen viele verschiedene Figuren zusammengestellt werden können." Man entfaltet die Segmente, um sie anders wieder zusammenzustellen."[42]

Daraus ergibt sich für die vorliegende Arbeit die Aufgabe, den komplexen, paradox angelegten Text Lacans nicht in einen linearen Text rückzuübersetzen. Paradoxien sind hier nicht als periphere Erscheinungen des logischen Denkens, sondern gewissermaßen als der zentrale „Nabel" des Subjekts sowie der Psychosemiologie zu denken. Es wäre daher ein Fehler, den Lacanschen Text „entwirren" zu wollen, denn dies würde auf eine entstellende Reduktion seines Werkes hinauslaufen. Im Verlauf meiner Arbeit habe ich festgestellt, daß man mit einem solchen Versuch an Lacan scheitern müßte[43]. Hieraus ergibt sich notwendig ein teilweise fast aporetischer Stil. Dem „Esoterik-Verdacht", dem sich die vorliegende Arbeit deswegen in einigen Passagen stellen muß,

---

[42] Weber, Samuel (1990): Rückkehr zu Freud. Jacques Lacans Ent-stellung der Psychoanalyse. Passagen Verlag. Wien. S.: 195

[43] Das Gefühl des Ungenügens stellt sich dann auch regelmäßig bei Lektüren propädeutischer Texte über Lacan ein, beispielsweise Samuel Weber oder Malcolm Bowie (vgl.: Bowie, Malcolm (1994): Lacan. übers. v. K. Laermann. Steidl Verlag. Göttingen). Obwohl beispielsweise Weber diese Schwierigkeit im Umgang mit den Texten Lacans sieht (und im Untertitel deswegen auch die „ Lacans Ent-stellung der Psychoanalyse" nennt), setzt er die daraus resultierenden Konsequenzen in seinem Text nicht um. Nach der Lektüre entsteht dennoch der Eindruck, man könne nun Begriffe wie das Ich oder das Subjekt definitorisch eingrenzen und beschreiben, das heißt, wie Fohrmann sich ausdrückt, „[...] das, was der Text gesagt haben soll, sauber nach Hause tragen [...]." (Fohrmann, Jürgen (1988): Der Kommentar als diskursive Einheit der Wissenschaft. In: Diskurstheorien und Literaturwissenschaft. hrsg v. J. Fohrmann u. H. Müller. Suhrkamp Verlag. Frankfurt/Main. S.:244-257. hier S.:247) In gewissem Sinne bin ich erleichtert, eine ähnliche Einschätzung bei Norbert Haas zu finden, der in einem Gespräch über die Lacan-Edition sagt: „Für mich ist das Lesen bei Lacan immer ein Fort/ Da-Spiel gewesen [zum Begriff des Fort/Da-Spiels siehe → Kap.:II.1; Anm. N.O.], also Freude beim Erscheinen von etwas Schrieb und wegschmeißen, wenn es wieder verschwunden ist. Die «Einführungen», die auf dem Markt sind, haben meist das Dumme an sich, daß in ihnen nur erscheint, und das ist dann auch noch oft eher gestemmt als gehoben, und daß sie das Schwinden nicht vermitteln. Sie tragen eben schwarz auf weiß etwas nach Hause..." (Haas, 1994. S.:91)

kann man jedoch vielleicht gerade durch das Aufzeigen der Vorteile aporetischen Schreibens in einem dennoch theoretischen Text begegnen[44].

Hieraus erklärt sich der Aufbau der Arbeit: Einzelne Theoriebausteine der drei von mir verglichenen Ansätze (Luhmannsche Systemtheorie, Glanvillescher Konstruktivismus, Lacansche Psychosemiologie) werden unter verschiedenen Aspekten in den einzelnen Kapiteln kombiniert, so daß sich hieraus keine einheitliche Argumentationslinie ergibt, sondern eine kombinatorische Struktur. Aus demselben Grund kann es zu dieser Arbeit auch keinen „Ausblick" oder „Schluß" geben: die einzelnen Kapitel verweisen aufeinander und erklären sich gegenseitig. Die Struktur der vorliegenden Arbeit ist zirkulär und bleibt „nicht-ganz"[45].

Da zentrale Begriffe bei Lacan („Blick", *„Ding"*, „Symptom" etc.) multifunktional verwendet werden, da es sich bei ihnen um Heterotopien handelt, ist es schwierig, bei der Beschreibung der Lacanschen Theorie einzelne Aspekte kohärent darzustellen. Um andererseits diese multifunktionalen Begriffe – und ihre Multifunktionalität spielt bei jedem Vorkommnis immer zumindest latent eine Rolle – nicht zu verkürzen, stelle ich der Arbeit eine Art Glossar bei, das solche Begriffe erklärt. Gleichermaßen dient das Glossar dazu, einzelne Probleme des systemtheoretischen Ansatzes zu präzisieren sowie die Lacansche Psychosemiologie von der traditionellen Psychoanalyse abzugrenzen. Im fortlaufenden Text werden also ständig Verweise auf diese Glossare eingeflochten, wodurch es ermöglicht werden soll, den Lacanschen Text querzulesen. Außerdem wird immer dort auf andere Kapitel verwiesen, wo sich Schnittstellen ergeben. Diese Vorgehensweise soll einerseits der Verständlichkeit und Übersichtlichkeit dienen und andererseits die spezifisch Lacansche Vorgehensweise weiterentwickeln, wonach infinite Regresse generiert werden können (→ Kap.: I.1.1 et passim). Wiederholungen – die genaugenommen keine Wiederholungen sind – lassen sich auf diese Weise nicht vermeiden. Ich schließe mich Lacans Formulierung an:

> „Was Gutes ist, nicht wahr, in dem, was ich erzähle, ist, daß es immer dasselbe ist. Nicht daß ich mich wiederhole, das ist da nicht die Frage. Es ist, weil das, was ich früher gesagt habe, seinen Sinn annimmt nachher." (Sem XX/S.:40)

Einzelne Aspekte werden aus wechselnden Perspektiven beleuchtet, um so allmählich ein komplexes Bild erscheinen zu lassen.

Die Arbeit beschränkt sich im wesentlichen auf zwei Aspekte. Zum einen werden zeichentheoretische Prämissen erarbeitet, die aufgrund ihres hohen Abstraktionsniveaus als Prämissen für Wissenschaftstheorie im allgemeinen fungieren können. Dieser Problembereich ist als Voraussetzung für semiologische Grundannahmen im weiteren auch für literaturwissenschaftliche Fragestellungen relevant, setzt jedoch bereits auf einem wesentlich fundamentaleren Niveau an. In diesem

---

[44] Erst nach Abschluß der Arbeit stoße ich auf den Text „Aporetische Theologie" von Gregor M. Hoff. Natürlich hat Theologie traditionell, beispielsweise bei dem Begriff der Trinität, mit Aporien zu tun. Dennoch stellt die Arbeit einen bemerkenswerten Beitrag dazu dar, aporetischen Stil in wissenschaftliche Texte sinnvoll einzubringen. (vgl.: Hoff, Gregor Maria (1997): Aporetische Theologie. Skizze eines Stils fundamentaler Theologie. Schöningh Verlag. Paderborn, Müchen, Wien, Zürich).

[45] Die Arbeit könnte als eine Art „Bauklotz-System" charakterisiert werden. Deswegen muß sich auch die Lektüre nicht an die (aus formalen Gründen notwendig) vorgegebene Abfolge der einzelnen Kapitel halten.

Sinne stellt die vorliegende Arbeit einen Beitrag zur Grundlagenforschung dar[46]. Aus diesem Grunde nimmt die Beschreibung der Psychogenese des Subjekts einen breiten Raum ein: Ich möchte mich nicht mit einer Interpretation Lacans begnügen, sondern plausibilisieren, inwiefern der Einbezug psychosemiologischer Grundbegriffe in zeichentheoretische Ansätze auf diesem grundlegenden Niveau relevant ist.

Zum anderen bemühe ich mich um eine Rehabilitierung des Begriffs der ästhetischen Erfahrung. Damit überspringe ich den eigentlichen Bereich der Literaturtheorie und beschäftige mich nur mit deren beiden Extrempolen. Harro Müllers Vorschlag einer Diskurstheorie beschreibt paradigmatisch die immer noch gültige Problemstellung der Literaturtheorie:

> „Man geht also von einer schmalen – syntaktischen – Identitätsannahme aus, diesseits aller Semantik und Pragmatik. Wenn logische, semantische und pragmatische Präsuppositionen ins Spiel kommen, die massiv durch das Wissenschaftssystem vorstrukturiert sind, werden Deutungshypothesen geliefert, die nicht mit Hilfe einer wie auch immer funktionierenden Korrespondenztheorie abgesichert werden können, zumal es zumindest prinzipiell möglich ist, die Kontextargumentationen intern und extern unbegrenzt fortzusetzen."[47]

Konkret geht es in der Literaturtheorie um die Frage, welche Eigenschaften und Funktionen dem Text, welche dem Rezipienten und welche der Interaktion beider zugeschrieben werden können, wobei tendenziell die letzte Möglichkeit bevorzugt wird. In der konstruktivistischen Perspektive S. J. Schmidts läuft diese Problemstellung auf die Annahme hinaus, daß „[...] »Interpretationen« als Anschlußhandlungen interessant [...]"[48] werden. In dieser Konzeption sehe ich nur eine Verlagerung des Problems. Eine befriedigende Lösung des Problems der Literaturtheorie, nämlich eine adäquate Beschreibung des Literarischen in der Literatur (ihrer „Literarizität") gerät zunehmend aus dem Blickfeld und steht weiterhin aus.
In der vorliegenden Arbeit geht es nicht darum, an diese Diskussion anzuschließen, da sie mir als nicht sehr fruchtbar erscheint. Die Frage nach der „Poetizität" bzw. „Literarizität" möchte ich daher in dem Begriff der ästhetischen Erfahrung engführen. Unter dem Blickwinkel der Lacanschen Psychosemiologie beschreibe ich die ästhetische Erfahrung als eine durch das subjektive Begehren strukturierte Begegnung mit den eigenen psychischen Existenzbedingungen. Denn eine solche Begegnung mit den eigenen Existenzbedingungen ist in einem präzisen Sinne nicht symbolisierbar und somit nicht interdiskursivierbar. Das bedeutet, ich liefere keine alternative Beschreibung dafür, wie Literatur „funktioniert", sondern ich begründe, warum es keine derartige Beschreibung geben kann.

---

[46] Die unkonventionelle Form meiner Arbeit wird durch ihr Thema vorgegeben: Die semiotischen Basisannahmen, zu denen ich gelange, zeigen eine Art „zirkulärer Kausalität". Aus diesem Grunde gebe ich eine lineare Beschreibungsform auf.

[47] Müller, Harro (1988): Einige Notizen zu Diskurstheorie und Werkbegriff. In: Diskurstheorien und Literaturwissenschaft. hrsg. v. J. Fohrmann u. H. Müller. Suhrkamp Verlag. Frankfurt/Main. S.:235-243. hier S.:240

[48] Schmidt, Siegfried J. (1988): Diskurs und Literatursystem. Konstruktivistische Alternativen zu diskurstheoretischen Alternativen.In: Diskurstheorien und Literaturwissenschaft. hrsg. v. J. Formann u. H. Müller. Suhrkamp Verlag. Frankfurt/Main. S.:150

Ursprünglich hatte ich für die vorliegende Arbeit eine Literaturanalyse schizophrener Texte geplant. Dazu sollte auch die teilweise hochgradige Poetizität von als pathogen ausgegrenzter Literatur nachgewiesen werden. Im Verlauf der Arbeit bin jedoch zu der Überzeugung gelangt, daß ein solches Vorhaben nicht sinnvoll ist. Noch immer ist zu wenig bekannt über die Krankheit selbst, über ihre Entstehungsbedingungen und über Therapieformen, als daß der Nachweis der Poetizität bzw. Ästhetizität ihrer Ausdrucksweisen nennenswerte positive Folgen haben könnte. In der gegenwärtigen soziokulturellen Tendenz, ästhetische Erfahrungen immer weniger an rigide Vorstellungen über ein Kunstsystem oder über einen (genialen) Künstler zu binden, fällt es nicht schwer, auch schizophrene Texte ästhetisch zu rezipieren. Diese werden sich dann den jeweils gleichen Kriterien unterworfen zeigen, wie andere Texte auch. Pathogenität ist dabei irrelevant. Folgenschwerer erscheinen mir zwei andere Aspekte der Beschäftigung mit dem Phänomen der Psychosen: Zum einen ist dies Lacans Entwurf einer zeichentheoretischen Erklärung der Psychosen. Dieser Entwurf gibt die reine Beschreibung auf der symptomalen Ebene auf und beschreibt den psychotischen Mechanismus als strukturelles bzw. operatives (prozessuales) Problem, das sich aus einer besonderen funktionalen Bezogenheit der Konstituenten des Psychismus aufeinander ergibt. Dieser Entwurf läßt Rückschlüsse auf andere psychische Entwicklungen sowie auf den „normalen" Psychismus zu, die aufgrund ihrer zeichentheoretischen Grundlage für die Sprachwissenschaft von Bedeutung sind.

Zum anderen liefert die von Lacan beschriebene Homologie zwischen dem paranoiden Mechanismus und dem Diskurs der Wissenschaft ein interessantes (und provokantes) Argument für die gegenwärtige Wissenschaftlichkeits-Debatte der Geisteswissenschaften.

Ich beschränke die Auswahl der Texte Lacans auf den in deutscher Sprache erschienen corpus[49]. Dies soll der Verständlichkeit der ohnehin schwierigen Texte Lacans dienen. Diese Entscheidung rechtfertige ich durch die weiter oben angesprochene Annahme der „prinzipiellen Übersetzbarkeit" von Texten – insbesondere aus psychosemiologischer Perspektive[50].

Ein auffälliger Aspekt des Umgangs mit der Sprache Freuds ist Lacans Verwendung einzelner Ausdrücke in deutscher Sprache: je vehementer Lacan sich dabei auf den Text Freuds beruft, desto fragwürdiger ist es, ob Freud tatsächlich diese jeweiligen Ausdrücke mit derselben Intention verwendet habe (vgl. insbesondere den zentralen Begriff der Verwerfung, der nicht von Freud, sondern von Lacan eingeführt worden ist → Kap.: II.2).

In jedem Falle ist auch meine Lacan-Lektüre eine Übersetzung. Ich hoffe, daß sich in der vorliegenden Arbeit Goldschmidts Annahme bestätigt, daß die „[...] Sprachwerdung gerade da [anfängt], wo eine Sprache der anderen gegenüber als lückenhaft erscheint."[51]

---

[49] Die Ausnahme bildet: Le Séminaire Livre III: Les Psychoses. (1955-1956) das zur Zeit der Fertigstellung der vorliegenden Arbeit in deutscher Sprache noch nicht vorlag.

[50] Auch rückversichere ich mich bei dem Übersetzer Lacans, Norbert Haas, der schreibt: „Das nächste Thema für mich ist meine deutsche Sprache. Lacan hat mich mal gefragt, ob er mich in seine Schule aufnehmen soll. Ich habe damals nein gesagt und gewußt, daß das keine politische Entscheidung war, sondern - ich habe ihm das auch gesagt - daß ich meine Sache in Berlin machen wollte und in deutscher Sprache. [...] Gut, man sagt Freud und die Nazis, die Bücherverbrennung, daß die Nazis Freud vertrieben haben... Daß man die Psychoanalyse hier, in der deutschen Sprache, im Umkreis der deutschen Sprachen, kaputt gemacht, verhindert hat, daß sie stattfindet, das war nicht das Werk der Nazis sondern das von Psychoanalytikern in den zwanziger Jahren. Dann kam Lacan und seine Rückübersetzung Freuds." (Haas, 1994. S.:98 f.)

[51] Goldschmidt, 1994. S.:35

Kapitel 0.3

**Lacans kombinatorisches Schema L, der Psychismus als Komplex
und die Abgrenzung der Psychosemiologie gegen die Psychologie**

Einige Grundannahmen über Lacans kombinatorisches Schema L und den Psychismus als Komplex sind Voraussetzungen für das Verständnis der vorliegenden Arbeit. Da eine Kenntnis dieser Grundannahmen nicht präsupponiert werden kann, gebe ich an dieser Stelle einen kurzen Überblick.

Lacan entwirft den Psychismus als intersubjektive Konstellation, so daß sich bereits intrapsychisch (auf kognitiver Ebene) die Möglichkeiten abzeichnen, die dem Individuum zur Kontaktaufnahme und Interaktion mit seiner Umwelt (auf sozialer Ebene) zur Verfügung stehen werden. Das „innere Objekt" (Sem XI/S.:149 et passim) zum Beispiel, mit dem sich das Subjekt „doubliert", konstituiert eine intersubjektive Relation, die das Modell und die Möglichkeitsbedingung für Beziehungen zu „externen" Objekten abgibt. Alle möglichen Formen von Beziehungen zur „Umwelt", wie sie insbesondere von der traditionellen Psychologie katalogisiert werden, erhalten ihre Möglichkeitsbedingungen durch die Struktur des Psychismus, dargestellt in Lacans Schema L:

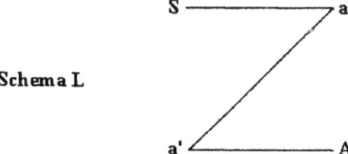

Schema L

Dieses Schema bildet den Psychismus mit seinen drei konstitutiven Bereichen ab: dem Bereich des Imaginären (das Dreieck S–a–a'), des Symbolischen (das Dreieck (a–a'–A) und des Realen (die „Linie" a–a'). Das Subjekt wird

> „[...] bei allen vier Ecken des Schemas gezogen [...], namentlich beim S als seiner unaussprechlichen und stupiden Existenz, beim *a*, seinen Objekten, beim *a'* als seinem Ich, das heißt bei dem, was sich von seiner Form in seinen Objekten spiegelt, und beim A als dem Ort, von dem aus die Frage nach seiner Existenz sich an es richten kann." (Sch II/S.:82)

Alle drei Bereiche des Psychismus konstituieren sich wechselseitig. Hieraus ergeben sich Schwierigkeiten bei ihrer Beschreibung. Zum einen, da der imaginäre Bereich zwar für bestimmte „frühe" bzw. regressive psychische Dispositionen oder Zustände eine wesentliche Rolle spielt und im Psychismus stets persistiert, der unmittelbaren Beobachtung jedoch unzugänglich bleibt. Er ist imaginär, aber nicht symbolisch (das heißt: zeichenhaft) verfaßt. Er kann nur retrospektiv durch den symbolischen Bereich beschrieben werden. Zum anderen ist auch der Bereich des Realen für die unmittelbare Beobachtung unzugänglich: er ist weder imaginär, noch symbolisch verfaßt. Er bildet jedoch die Begründung der beiden anderen Bereiche. Der symbolische Bereich ist zwar symbolisch, das heißt interdiskursivierbar, zum großen Teil jedoch unbewußt, das heißt verdrängt.

Grob zusammengefaßt ermöglicht der imaginäre Bereich alle Imaginationen und Phantasmen des Subjekts bezüglich seiner Existenz und seiner Realität. Diese Imaginationen entstehen durch phantasmatische, identifikatorische Spiegelungen in *a*, dem „alter ego" des Subjekts[52]. Das Objekt *a*, selbst ein Phantasma, ist der „Pool" aller Signifikatswirkungen. Daher rühren seine paradoxen Funktionalisierungen: als Ich-Ideal sowie als Idealich, als „verlorengegangenes" Objekt sowie als Objekt des Begehrens etc. Sein fundamentaler (und in gewissem Sinne zufälliger) Charakter wird weiter unten beschrieben.

Mit dem Begriff des Ödipuskomplexes bezeichnet Lacan den Übergang vom imaginären zum symbolischen Bereich (→ Kap.: II). Der symbolische Bereich ist der Bereich des Unbewußten der Sprache, des Signifikanten, das heißt, des Systematischen und Gesetzmäßigen. Er ermöglicht dem Subjekt, aus der dualen „Beziehung" zu seinem Objekt *a* in eine triadische Beziehung zu treten, die durch den Signifikanten vermittelt wird. Lacan beschreibt den Psychismus homolog zu triadischen Zeichenmodellen.

Der Bereich des Realen, der im Schema L durch die beiden Bereiche des Imaginären und des Symbolischen eingeschlossen wird, bezeichnet nicht die externe Realität als Umgebung des Subjekts[53]. Er bezeichnet vielmehr den traumatischen Ursprung des Subjekts, aus dessen Spaltung die beiden anderen Bereiche hervorgehen konnten. Der Bereich des Realen wird also strikt in operationaler Relation zu den beiden anderen Bereichen konstituiert. Als traumatischer Ursprung liegt er nicht nur in der Vermittlungsposition der beiden anderen Bereiche, sondern bildet auch das (unerreichbare) Ziel des Begehrens.

Dieses kombinatorische Schema L wird im Schema R erweitert, das verschiedene Funktionalisierungen der hier beschriebenen Positionen darstellt (→ Kap.: II.1.4).

Der Gegenstand der Lacanschen Theorie ist somit der Psychismus des Subjekts als ein Komplex. Dieser Komplex konstituiert sich aus den erwähnten Elementen, die so aufeinander bezogen sind, daß sie als einzelne nicht destillierbar sind. Insofern ist der Psychismus bei Lacan nicht analysabel.

Wenn Lacan sagt, „le grand secret de la psychanalyse, c'est qu'il n'y a pas de psychogenèse." (P/S.:15), so meint dies wohl, daß sich weder der Psychismus aus einzelnen Grundbausteinen

---

[52] Lacan erläutert: „Die imaginäre Funktion bestimmt nach der Formulierung Freuds die Objektbesetzung als eine narzißtische. Darauf haben wir unsererseits zurückgegriffen, als wir zeigten, daß das Spiegelbild den Kanal bildet, durch den die Transfusion der Libido des Körpers zum Objekt stattfindet. (Sch II/S.:199)

[53] Lacan zweifelt die „externe Realität" keineswegs an. Er betont aber den sozusagen semiotischen Status von Realität: „Es gibt nicht die mindeste prä-diskursive Realität, aus dem guten Grund, daß das, was Gemeinschaft macht, und was ich genannt habe die Männer, die Frauen und die Kinder, nichts besagen will als prä-diskursive Realität. Die Männer, die Frauen und die Kinder, das sind nur Signifikanten." (Sem XX/S.:37) Und in einem anderen Zusammenhang schreibt Lacan: „Hier bietet sich mir die Gelegenheit, einem Jemand zu antworten, daß ich auch, natürlich, eine Ontologie habe - warum nicht! - wie jedermann eine hat, naiv oder elaboriert. Mit Sicherheit aber erhebt, was ich in meinem Diskurs nachzuzeichnen versuche [...] nicht den Anspruch, das ganze Feld der Erfahrung abzudecken." (Sem XI/S.:78)

emergent und allmählich entwickelt (bzw. „ausdifferenziert"), noch daß er von der Theorie so adäquat beschrieben werden könne. Einen Konstituenten des Psychismus beschreiben heißt, immer alle anderen Konstituenten mitbeschreiben.

Obgleich Lacan auf Freud rekurriert und beispielsweise dessen Grundbausteine des Psychismus, das Ich, das Es und das Überich, aufnimmt und ersetzt durch die Begriffe des moi, des je und des Autre, werden bei ihm diese Elemente gleichzeitig so weit funktionalisiert und dynamisiert, daß sie nicht mehr sinnvoll als einzelne, voneinander abgrenzbare oder eindeutig definierbare Elemente beschrieben werden können. Alle Konstituenten des Psychismus tendieren bei Lacan dazu, zu reinen Platzhaltern zu werden, sobald man sie einzeln untersucht: erst in den unterschiedlichen Kombinationen, die sie miteinander eingehen, das heißt, erst in bestimmten Funktionalisierungen erzeugen sie beschreibbare Effekte[54]. Einzeln betrachtet unterliegen sie demselben Schicksal, das Lacan dem Subjekt an sich zuschreibt: das Subjekt ist stets „schwindend". Lacan spricht vom „*fading* des Subjekts" (Sem XI/S.:218 et passim).

Der Psychismus als paradoxaler Komplex soll im folgenden mit Hilfe des Aufsatzes DIE NATUR DES FUNDAMENTALEN, ANGEWENDET AUF DIE FUNDAMENTE DER NATUR von Ranulph Glanville kurz erläutert werden, um deutlich zu machen, inwiefern die Begriffe des Paradoxalen und des Fundamentalen verwendet werden sollen. Glanville legt zunächst fest:

> „Etwas, das grundlegend ist, ist nicht-reduzierbar. Jeder Versuch, es abzuleiten, involviert Selbstreferenz, falls es grundlegend ist, denn wenn es nicht unterteilt werden kann, dann kann es nur in Begriffen beschrieben werden, an deren Hervorbringung es selbst teilhat."[55]

Das bedeutet, etwas Fundamentales kann nicht analysiert werden, weil es keine Struktur aufweist, das heißt, keine reduziertere Beschreibungsform zuläßt. Glanville weist im übrigen darauf hin, daß dies die Definition des Zufalls sei, da der Zufall „eine Serie von Zufallszahlen [sei], für die es kein kürzeres Mittel der Ableitung gibt."[56] In Lacans Psychosemiologie ist die Objektursache des Begehrens, repräsentiert durch das Objekt klein *a*, das Fundamentale (als das Zufällige). Diese Ursache ist die ursprüngliche Gespaltenheit des Subjekts, aus der der imaginäre und der symbolische Bereich erst hervorgehen können. Sie wird unter verschiedenen Aspekten in den einzelnen Kapiteln der vorliegenden Arbeit behandelt werden. In dem Begriff des Objekts klein *a* – Lacan bemüht sich um eine an die Mathematik angelehnte Formalisierung seiner Begriffe[57] – treffen die Charakterisierungen des Fundamentalen und des Zufälligen zusammen. Da dieses Objekt *a* potentiell alle, das heißt, auch antagonistische Eigenschaften (bzw. Bedeutungen) in sich birgt, bildet es das (paradoxe) Fundament, aus dem sich Strukturen herausbilden können.

---

[54] So sagt Lacan beispielsweise in bezug auf die Aufgabe des Analytikers: „*Das einzige Objekt*, das dem Analytiker zugänglich ist, *ist die imaginäre Beziehung*, die ihn mit dem Subjekt als Ich (moi) verbindet." (Sch I/S.:92) [Hervorhebungen von mir; N.O.]

[55] Glanville, Ranulph (1988): Objekte. hrsg. u. übers. v. D. Baecker. Merve Verlag. Berlin. S.:48

[56] Ebd. S.:48

[57] Kaltenbeck berichtet von einem Vortrag Lacans: „In einem am 10. November 1978 in St. Anne gehaltenen Vortrag sagte Lacan: «Ich wurde nach und nach zu einer Präsentation des Unbewußten geführt, die von mathematischer Ordnung ist.»" (Kaltenbeck, Franz (1978): Wahrheit als Ursache. In: Der Wunderblock. Zeitschrift für Psychoanalyse. Sondernummer: Lacan Lesen. Ein Symposium. hrsg. v. N. Haas, V. Haas, L.M. Mai, Ch. Schrübbers. Verlag Der Wunderblock. Berlin. S.:38-48. hier S.:48)

Das Objekt klein *a* markiert gleichermaßen den Unterschied der Lacanschen Psychosemiologie zu systemtheoretischen und konstruktivistischen Ansätzen, die – in gewisser Hinsicht – noch dem formallogischen Denken entsprechen. Lacan schreibt über das Schema L:

> „Die Nützlichkeit dieses Schemas erweist sich, wenn man als Vergleich heranzieht, zu welch absurden Behauptungen ein bloß formallogisches Denken führt, etwa zu der Behauptung einer Antinomie der Vernunft in der Aussage *ich lüge*, wo doch ein jeder weiß, daß davon keine Rede sein kann.
> Es ist vollkommen falsch, auf dieses *ich lüge* zu antworten, daß einer, der sagt: *ich lüge*, die Wahrheit sagt und also nicht lügt, und so fort. Es ist vollkommen klar, daß dem *ich lüge*, ungeachtet seiner Paradoxie, volle Geltung zuzusprechen ist." (Sem XI/S.:145)

Die Ambivalenz des Objekts klein *a* meint präzise diese paradoxe Koexistenz antagonistischer Bedeutungen. Es ist diese Koexistenz, die die Ähnlichkeit mit Glanvilles Fundamentalem ausmacht.

Hierin liegt zugleich eine Begründung dafür, Lacans Psychosemiologie als konstruktivistisches Theoriedesign zu bezeichnen, da in ihr Ausdifferenzierung (dieses Fundamentalen) nur als „kreationistisch" (vgl.: Sem VII/S.:313) bzw. konstruktivistisch beschrieben werden kann.

Daher bemüht sich Lacan um eine rein funktionale bzw. operative Bestimmung der Konstituenten des Psychismus. Er schreibt:

> „Les choses devenaient intéressantes, rappelez-vous, à partir du moment où nous établissions la structure des groupes de trois. Mettre des groupes de trois ensemble, c'est en effet les instaurer dans la simultanéité. La naissance du signifiant, c'est la simultanéité, et aussi bien son existence est une coexistence synchronique." (P/S.:204)

Dreier-Gruppen können beschrieben werden als die elementare Form eines Komplexes, das heißt eines Ensembles, das mit einem Schlag, simultan signifikant wird und damit den Regreß als das „Nicht-Ganze" einführt (→ Kap.: I.1). Dies entspricht dem triadischen Zeichenmodell, wie es bereits Peirce eingeführt hat. In seinem Text WAHRHEIT ALS URSACHE weist Franz Kaltenbeck auf den Lacanschen Ausdruck der Kollektion hin, den Jean-Claude Milner folgendermaßen charakterisiert habe (→ Kap.: III.3):

- „In einer Kollektion gibt es von vornherein keine Beziehung zwischen einem ihrer Elemente und ihrem ganzen.
- ein Objekt kann nicht aufgrund der Attribuierung einer Eigenschaft zu einer Gruppe gehören.
- ein Objekt kann nur Element einer Kollektion werden aufgrund seiner Beziehungen zu jedem aller anderen Elemente.
- eine Kollektion wird hinsichtlich eines entscheidenden Unterschiedes konstruiert, der jedoch nicht als Qualität erkennbar ist."[58]

---

[58] Ebd. S.:46. Lacan schreibt in „Die logische Zeit und die Assertion der antizipierten Gewißheit": „*Tres faciunt collegium*, sagt das Sprichwort, und die *Kollektivität* ist bereits integral in der Form des Sophisma dargestellt, denn sie definiert sich als eine von den reziproken Relationen einer endlichen Zahl von Individuen gebildete

Dieser Unterschied, der in der Kollektion vorgezeichnet wird, ist der Signifikant. Somit wäre der Bereich des Imaginären mit dem Fundamentalen gleichzusetzen; sobald der Signifikant erscheint, der das „Nicht-Ganze" des infiniten Regresses begründet, kann man Strukturen feststellen[59]. Lacan betont:

> „J'ai dit un *ensemble*, je n'ai pas dit une *totalité*. En effet, la notion de structure est analytique. La structure s'établit toujours par la référence de quelque chose qui est cohérent à quelque chose d'autre, qui lui est complémentaire. Mais la notion de totalité n'intervient que si nous avons affaire à une relation close avec un correspondant, dont la structure est solidaire." (P/S.:207)

Eine solche Dreier-Gruppe ist außerdem vergleichbar mit dem, was Glanville im Anschluß an von Foerster ein „Eigen-System" nennt: Eigen-Systeme sind Objekte, „[...] die ihre eigene Beschreibung enthalten, wobei es ein Beobachtungsmittel dem Objekt erlaubt, aus den wechselseitig komplementären Rollen des Beobachters und des Beobachteten gebildet zu werden [...]: Objekte, die genau wie eine Zufallszahl essentiell einzigartig sind." (→ Kap.: I.3 und → Kap.:IV)[60] Dabei erfüllt der Signifikant in der von Lacan beschriebenen Dreier-Gruppe die Rolle des „Beobachtungs-mittels". Lacan schreibt:

> „En fin de compte, [...] la notion de structure et celle du signifiant apparaissent inséparables. En fait, quand nous analysons une structure, c'est toujours, au moins idéalement, du signifiant qu'il s'agit." (P/S.:208)

Der Psychismus als Komplex soll in diesem Sinne verstanden werden als ein Ensemble – und nicht als Totalität (das wäre nur der imaginäre Bereich) – bestehend aus mindestens drei Konstituenten, wobei der dritte, der Signifikant, das Beobachtungsmittel darstellt. Er bildet ein Paradox, weil er aus einer Struktur besteht, die dennoch irreduzibel bleibt, reine Selbstbeschreibung ist. Er ist keine Totalität, weil er gerade aufgrund dieser triadischen Konstellation ermöglicht, einen infiniten Regreß zu generieren und unabhängige, also Fremdbeobachtungen zu vollziehen[61]. Diese Konzeption des Psychismus beschreibt die Aufeinanderbezogenheit des imaginären und des symbolischen Bereichs. Der Psychismus ist somit der Effekt einer Ursache, die er erzeugt.

Gruppe, im Gegensatz zur *Allgemeinheit*, die sich als eine Klasse definiert, die abstrakt eine unendliche Zahl von Individuen enthält." (Sch III/S.:119)

[59] Denn der imaginäre Bereich ist selbst eine Kollektion aus drei Elementen: „Mit anderen Worten, sie sind drei, aber in Wirklichkeit sind sie zwei plus *a*. Dieses zwei plus *a*, im Punkt des *a*, reduziert sich, nicht auf die zwei anderen, sondern auf ein Ein plus *a*." (Sem XX/S.:54) Der Unterschied zur analytischen Struktur, die durch den Signifikanten eingeführt wird, liegt darin, daß der symbolische Bereich eine zeichenhafte, signifikante Vermittlung zuläßt, das heißt, daß aus einer unbeobachtbaren Dreierstruktur eine beobachtbare Dreierstruktur wird.

[60] Glanville, 1988. S.:55

[61] Der Begriff der Komplexität wird hier also abgegrenzt gegen die Art und Weise, wie ihn die Systemtheorie nach Niklas Luhmann verwendet, wenn es bei ihm beispielsweise heißt: „Ein System ist komplex, wenn es nicht mehr jedes seiner Elemente mit jedem anderen verknüpfen kann; wenn es also in der Relationierung seiner Elemente selektiv verfahren muß." (Luhmann, Niklas (1980): Gesellschaftsstruktur und Semantik. Studien zur Wissenssoziologie der modernen Gesellschaft. Bd. 1. Suhrkamp Verlag. Frankfurt/Main. S.:21)

Aus einer solchen Konstitution des Psychismus ergeben sich erhebliche Schwierigkeiten für eine klassisch-wissenschaftliche Analyse. Lacans Theorie behandelt den Psychismus eines Subjekts, das zu seiner Konstituierung in sich gebrochen, gespalten sein muß. Er schreibt:

> „Dieses Etwas [woraus der Psychoanalytiker; Anm. N.O.] jemand machen will, ist dasselbe: das geht auf die Persönlichkeit höchstpersönlich, die ganze, wie man gelegentlich daherkotzt. Die geringste Erinnerung an das Unbewußte fordert jedoch, an diesem Platz den Zweimand aufrechtzuerhalten [...]." (R-T/S.:17)

Diese Gespaltenheit als Grundverfaßtheit des Subjekts schließt jeden Versuch aus, den „Zweimand" auf einen „Jemand", auf ein autonomes Subjekt zurückzuführen – einer der Gründe, weshalb sich Lacan gegen psychologische Ansätze verwahrt, die daraufhin ausgerichtet sind, das „Ich" zu stärken[62].

Was das Subjekt zu einem „Zweimand" macht, das sind – im allgemeinsten Sinne – seine Objekte. Fritz Linnemann und Tristan Rohlfs schreiben in dem Aufsatz PSYCHOANALYTISCHE ZU-GANGSWEGE ZUR PSYCHOSENTHERAPIE IN DER PSYCHIATRISCHEN PRAXIS:

> „Das Ich ist nicht denkbar ohne die Objekte. Beide können nur zusammen als Gegensatzpaar vorkommen, weil sie einem gemeinsamen Vorläufer entstammen, [...] der keine Unterscheidung kennt zwischen Innen und Außen, Ego und Alterego."[63]

Ein „Zweimand", der sich in dieser Weise durch die reziproke oder vielmehr zirkuläre Beziehung zu (seinen) Objekten konstituiert, kann mit den bei Glanville beschriebenen „Eigen-Objekten" verglichen werden. Das heißt, warum ein „Zweimand" nicht zurückgeführt werden kann auf einen „an sich" existierenden Beobachter (zum Beispiel das Subjekt) und ein „an sich" existierendes Beobachtetes (zum Beispiel das Objekt), erklärt sich gerade aus ihrer Reziprozität, bzw. ihrer Zirkularität, und daraus, daß die Rollen des Beobachtens und des Beobachtetwerdens nicht dem einen oder dem anderen zugeschrieben werden können, sondern oszillieren und gerade aufgrund dieser Oszillation die wechselseitige Konstituierung beider Pole bzw. Rollen resultiert.

Geht man jedoch von einem solchen „Zweimand" aus, so muß man eine Kontrollinstanz, bzw. ein „Beobachtungsmittel" nach Glanvilles Formulierung mitannehmen.

Martin Feuling begründet diese, zumindest in den neueren Zeichentheorien durchaus geläufige methodologische Notwendigkeit, in seinem Text BE-MANGELN:

> „Die Funktion der Drei ist basal in der Logik des Menschlichen: zwei Elemente können nicht miteinander in Beziehung gesetzt d.h. verglichen werden, wenn es nicht ein abstraktes, transzendentes Drittes als Maßstab der Äquivalenz gibt [...]."[64]

---

[62] So schreibt er etwa: „Mit der *Vorstellung** haben wir es in der Psychologie zu tun, wenn nämlich die Gegenstände der Welt irgendwie in die Klammer eines Subjekts gesetzt werden, in der die ganze Reihe von a, a', a'' sich entfalten soll. Hier ist der Ort für die Subjektivität, an die sich die Erkenntnistheorie hängt." (Sem XI/ S.:232)

[63] Linnemann, Fritz; Rohlfs, Tristan (1991): Psychoanalytische Zugangswege zur Psychosentherapie in der psychiatrischen Praxis. In: Frag-Mente. Schriftenreihe zur Psychoanalyse. Heft 37: Die Psychosen. Einschlüsse und Auswege. hrsg. v. Wissenschaftliches Zentrum für Psychoanalyse, Psychotherapie und psychosoziale Forschung (WZ II) der Gesamthochschule Kassel. Verlag Senior und Pressler. Kassel. S.:81-94. hier S.:82

[64] Feuling, Martin (1991): Be-Mangeln. Der Mangel als wirksames Instrument der institutionellen Betreuung/Behandlung psychotischer Menschen. In: Frag-Mente. Schriftenreihe zur Psychoanalyse. Heft 37: Die Psychosen.

24

Ich würde konkretisieren: Eine Beziehung zwischen zwei Elementen kann als Beziehung nicht beobachtet werden, gerade weil die Beziehung das dritte Element ist, das aus der Perspektive der Zweierbeziehung ausgeschlossen bleibt.

Tatsächlich muß dieses notwendige „transzendente" Dritte, wie ich in → Kap.: I.1.2 und → Kap.: I.3 zeigen werde, als Eigenbeschreibung von Eigen-Objekten, also als Element der Kollektion gedacht werden. Das hat Folgen für Lacans Psychosemiologie, die sich damit explizit gegen andere psychologische und psychoanalytische Konzepte abgrenzt. In ähnlichem Sinne scheint Feuling zu argumentieren, wenn er schreibt:

> „Diese Termini [der drei Elemente; Anm. N.O.] erfordern sich also primär *durch die Notwendigkeit der Struktur* selbst und gehen nicht in historisch kontingenten Konstellationen der Familie nach dem Muster Papa-Mama-Ich auf, wie sie häufig noch in der Psychoanalyse gedacht werden."[65] [Hervorhebung von mir; N.O.]

Dieser Kritikpunkt an herkömmlichen psychoanalytischen Theorien zeigt zugleich die radikale Formalisierung des Lacanschen Ansatzes an. Tatsächlich interpretiert die Psychoanalyse üblicherweise die sich zum Beispiel im Ödipuskomplex ergebenden Konstellationen nach dem familalen Schema, was in der Folge kaum lösbare Probleme und grobe Reduktionen mit sich bringt (→ Kap.: II). Soweit ich die psychoanalytische Literatur überblicke, ist Lacans Ansatz der einzige überzeugende Versuch, sich durch eine semiotische Fundierung der Psychoanalyse und eine Formalisierung ihrer Konstituenten von diesem familalen Schema zu lösen. Explizit stellt Lacan die Forderung nach einer Formalisierung der psychoanalytischen Theorie in seinem Text FUNKTION UND FELD DES SPRECHENS UND DER SPRACHE IN DER PSYCHOANALYSE. Er sagt dort:

> „Die Psychoanalyse wird ihre Theorie und Technik wissenschaftlich nur begründen können, indem sie die wesentlichen Dimensionen ihres Erfahrungsbereichs adäquat formalisiert. Das sind neben der historischen Theorie des Symbols, die intersubjektive Logik sowie die Zeitlichkeit des Subjekts." (Sch I/S.:131)

In → Kap.: II und → Kap.: IV.2-4 zeige ich einige Aspekte der sich aus dieser Forderung ergebenden wissenschaftstheoretischen Konsequenzen (vgl. aber auch → Kap.: III.3).

Ebenso wie Lacan eine „Ich-Psychologie" ablehnt, da sie eben nur einen Konstituenten des Psychismus irrtümlich hypostasiere, wendet er sich auch gegen eine Psychologie, die ausschließlich das Unbewußte als ihren Gegenstand betrachtet und damit die gleichermaßen einseitige Gegenposition einnimmt. Lacan schreibt:

> „So wäre also das Wissen über das Objekt *a* die Wissenschaft der Psychoanalyse? Genau diese Formulierung gilt es zu vermeiden, denn dieses Objekt *a* ist, wie wir wissen, in die Teilung des Subjekts zu inserieren [...]." (Sch II/S.:242)

Einschlüsse und Auswege. hrsg. v. Wissenschaftliches Zentrum für Psychoanalyse, Psychotherapie und psychosoziale Forschung (WZ II) der Gesamthochschule Kassel. Verlag Senior und Pressler. Kassel. S.:141-169. hier S.:149

[65] Ebd. S.:149

Das Subjekt erscheint als Subjekt erst in seiner fundamentalen Gespaltenheit. Lacans Insistenz auf dieser Grundannahme gilt auch gegenüber genealogischen oder historischen Entwicklungshypothesen. So warnt er außerdem – in Anspielung auf die Theorie von C. G. Jung – vor Versuchen, „[...] ein Subjekt zu restaurieren, das in den Tiefen gründet, [...] was darauf verweist, daß es sich um ein Subjekt handelt, das aus einem sogenannt archetypischen Verhältnis zum Wissen besteht [...]." (Sch II/S.:235). Lacan betont:

> „Eines ist sicher: Wenn also das Subjekt im Knoten der Differenz da ist, wird jede humanistische Referenz darauf überflüssig, denn gerade sie unterbindet es ja." (Sch II/S.:235)

Und er bestimmt:

> „Daß das Subjekt, mit dem die Psychoanalyse operiert, nur das Subjekt der Wissenschaft sein kann, diese Aussage mag paradox anmuten[66]. Und doch muß gerade hier eine Abgrenzung vorgenommen werden, ohne die alles sich vermengt und jene Unehrlichkeit beginnt, die man woanders objektiv nennt: was aber nur Mangel an Mut beweist und zeigt, daß es nicht gelungen ist, das entgleitende Objekt festzuhalten. Für unsere Subjekt-Position sind wir immer verantwortlich. Man mag das, wo man will, Terrorismus nennen. [...]
> Wie dem auch sei, ich behaupte, daß jeder Versuch, jede Versuchung – worin die gängige Theorie sich immer wieder verfängt –, die Inkarnation des Subjekts weiter vorzulagern, in die Irre geht – immer schwanger geht mit Irrtum und als solche fehlgeht." (Sch II/S.:236 f.)

Lacan vertritt eine – von ihm so genannte – strukturalistische Position, die das komplexe Subjekt folgendermaßen definiert:

> „In jede «Humanwissenschaft» (in Anführungsstrichen), die er [der Strukturalismus; Anm. N.O.] erobert, führt er einen ganz besonderen Modus des Subjekts ein, für den wir nur einen topologischen Index finden, das generative Zeichen des Moebiusbandes, dem wir den Namen der inneren Acht geben.
> Das Subjekt ist, wenn man so sagen kann, in innerem Ausschluß seinem Objekt eingeschlossen." (Sch II/S.:239)

Sinn und Funktion des Möbiusbandes in der Lacanschen Theorie werden in → Kap.: I.2 der vorliegenden Arbeit erläutert. Wichtig ist an dieser Stelle Lacans Ausdruck des topologischen Index als Modus des Subjekts, der auf die komplexe Verfaßtheit des Subjekts hinweist.

Das Subjekt bei Lacan ist in einer vereinfachten Zusammenfassung das Subjekt, seine Objekte und der Signifikant als sein „Beobachtungsmittel". Es durchläuft in diesem Sinne keine geneti-

---

[66] Hierzu erläutert er ein wenig später: „Es gibt keine Wissenschaft des Menschen, was etwa so aufzufassen ist wie: aus nichts wird nichts. Es gibt keine Wissenschaft des Menschen, weil es nur das Subjekt, nicht aber den Menschen der Wissenschaft gibt. Bekanntlich hege ich seit je eine Abneigung gegen die Bezeichnung Humanwissenschaften; sie scheint mir der Appell der Unterwerfung schlechthin zu sein." (Sch II/S.:237)

sche Entwicklung, sondern ist vielmehr, gleichzeitig mit seiner Konstituierung, eingeschrieben in die Sprache, in „lalangue" (Sem XX/S.:143 et passim). Lacan schreibt:

> „Nebenbei gesagt: in der Psychoanalyse ist die Geschichte eine andere Dimension als diejenige der Entwicklung – und der Versuch, jene in dieser aufzulösen, ist abwegig. Die Geschichte verläuft im Kontratempo zur Entwicklung." (Sch II/S.:255)

Deswegen verwendet Lacan häufig das französische Futur II („es wird gewesen sein"), um die retrospektive Beschreibung durch die Psychosemiologie sowie die retroaktive Struktur des Handelns (i.e. des Operierens bzw. des Beobachtens) des Subjekts abzubilden. Am Beispiel des (neurotischen) Symptoms wird die retroaktive Struktur in → Glossar: 2 erläutert. Eine topologische Darstellung zeigt die von Lacan verwendete Figur des Möbiusbandes (→ Kap.: I.2).

Die Konstituenten des Psychismus, die sich im imaginären und im symbolischen Bereich entfalten, sind Effekte einer Ursache, die als solche nicht positiv bestimmt, sondern nur nachträglich, durch eben diese Effekte gesetzt werden kann: „Ursache ist nur, wo es hapert." (Sem XI/S.:28)

Kapitel I

Einführung in die Probleme der Paradoxie des Beobachtens

Die Begegnung mit den LAWS OF FORM von George Spencer-Brown hat die Systemtheorie dazu veranlaßt, auf eine Differenztheorie umzustellen. Die schlichte Aufforderung: „Draw a distinction."[67], mit der Spencer-Browns Text beginnt, löst systemtheoretische Spekulationen über die Begriffe der Unterscheidung und der Möglichkeiten der Beobachtungen dieser Unterscheidung aus, die insbesondere in den beiden Bänden KALKÜL DER FORM und PROBLEME DER FORM zusammengestellt und seither aus keinem systemtheoretischen Text wegzudenken sind. Die Aufforderung, eine Unterscheidung zu treffen, führt zu Paradoxien oder zu infiniten Regressen, die sich zum Beispiel mit der Frage formulieren lassen: Was (oder wer) unterscheidet die Unterscheidung? Sie führt auch das Merkmal des „operationalen Konstruktivismus"[68] in die Systemtheorie ein. Die Systemtheorie wendet sich mit diesen Problemen ihren eigenen Grundlagen und den Möglichkeitsbedingungen ihrer Theoriebausteine unter der Perspektive der Paradoxie zu. Wo sie bisher mit Systemen gearbeitet hat, die Systeme beobachten, stellt sie nun die grundsätzliche Frage nach der Paradoxie der Form, als der Grundbedingung eines Systems, und nach der Beobachtung in Hinblick auf die beiden Begriffe der Operation und der Unterscheidung. Die systemtheoretischen Interpretationen oder Kalküle, die an die LAWS OF FORM von Spencer-Brown anschließen, beziehen sich zumeist auf die ersten Sätze dieses Textes:

- „We take as given the idea of distinction and the idea of indication, and that we cannot make an indication without drawing a distinction. We take therefore, the form of distinction for the form."
- „Distinction is perfect continence."
- „Call the state not marked with the mark the unmarked state."[69]

Die „Primitivität" dieser ersten Anweisungen bzw. Bestimmungen lassen einer Interpretation einen weiten Spielraum. Im folgenden sollen die systemtheoretischen Folgerungen problematisiert werden. Ich gehe in meiner Interpretation Spencer-Browns von der Grundüberlegung aus, daß die Primitivität dieser Sätze beizubehalten sei, das heißt, ich versuche eine Unterscheidung zu konzipieren, ohne zum Beispiel die Anschlußfrage zu formulieren, *was* und/oder *wovon* unterschieden werden soll. Diese Anschlußfragen werden durch die schematische Abbildung der Unterscheidung als einem Kreis suggeriert[70]. In der vorliegenden Arbeit werde ich mich darum

---

[67] Spencer-Brown, 1979. S.:3

[68] Baecker, Dirk (1993): Vorwort. In: Kalkül der Form. hrsg. v. D. Baecker. Suhrkamp Verlag. Frankfurt/Main. S.:7

[69] Spencer-Brown, 1979. S.:1 ff.

[70] In Kapitel 2: „Forms taken out of the Form" verwendet Spencer-Brown allerdings keinen Kreis, sondern einen einfachen Winkel zur Veranschaulichung der Unterscheidung. In diesem Kapitel spricht er stets von dem „marked" bzw. „unmarked state", anstatt von „space". Der Ausdruck „state" bietet die Möglichkeit einer „primitiveren" Interpretation.

bemühen, nachzuweisen, daß die Figur eines Möbiusband demgegenüber gestattet, diese Anschlußfragen zu vermeiden, da es keine Innen- und Außenseite hat (→ Kap.: I.2). Die Figur eines Möbiusbandes wäre in diesem Sinne die primitivere Figur, als die eines Kreises.

Die aus der Spencer-Brownschen Unterscheidung resultierenden Probleme können als Probleme der Fundierung eines Zeichenbegriffs reformuliert werden. Im folgenden möchte ich diese Problemstellung erörtern, da sie sich mit den wesentlichen Konstituenten des Lacanschen Psychismus korrelieren lassen und somit für das Konzept einer Psychosemiologie relevant sind.

Kapitel I.1.

Homologien zwischen der systemtheoretischen und konstruktivistischen Zeichentheorie
und der Lacanschen Psychosemiologie

In dem Aufsatz ZEICHEN ALS FORM[71] versucht Niklas Luhmann, mit Hilfe des Formkalküls von George Spencer-Brown, eine Zeichentheorie aus der Perspektive der Systemtheorie zu reformulieren. Um die semiotische Unterscheidung zwischen Signifikant und Signifikat in den Griff zu bekommen, stellt er sie in Analogie mit der Unterscheidung zwischen Innenseite und Außenseite der Form. Er schreibt:

> „Das Zeichen ist mithin keine umkehrbare Unterscheidung. Wenn man die andere Seite, die Außenseite der Form, nicht nur mitführen, sondern bezeichnen will, muß man dafür ein eigenes Zeichen einsetzen, in allgemeinster Form das Zeichen »Bezeichnetes«."[72]

Diese Aussage beinhaltet das gesamte Paradox des Formkalküls, die „Selbstparadoxierung allen Beobachtens ohne Ausnahme"[73], wie Luhmann an anderer Stelle bemerkt.

Unterscheidung und Beobachtung konstituieren sich wechselseitig und dies bewirkt, daß sich bei jeder Beobachtung das Problem des Paradoxes wiederholt:

> „Wir kommen nicht zur Operation, wenn nicht die Unterscheidung von Unterscheidung und Bezeichnung in die Unterscheidung hineincopiert wird."[74]

Sobald also diese „Außenseite der Form" als „Bezeichnetes" bezeichnet wird, eröffnet sich auch für das „Bezeichnete" wieder das ganze paradoxe Tripel des Formkalküls, das nach Glanville besteht aus „[...] beobachtende[m] Selbst, [dem] beobachtete[n] Selbst und [der] Modellfähigkeit."[75]

---

[71] Luhmann, Niklas (1993b): Zeichen als Form. In: Probleme der Form. hrsg v. Dirk Baecker. Suhrkamp Verlag. Frankfurt/Main. S.:45-69

[72] Ebd. S.:58

[73] Luhmann, 1993a. S.:206

[74] Ebd. S.:200

[75] Glanville, Ranulph (1993): Das Selbst und das andere: Der Zweck der Unterscheidung. In: Kalkül der Form. hrsg v. Dirk Baecker. Suhrkamp Verlag. Frankfurt/Main. S.:86-95. hier S.:93

Das Problem der Theorie des Zeichens, das, wie Luhmann bemerkt, damit „nicht am Ende, sondern am Anfang"[76] steht, läßt sich mit Hilfe der Psychosemiologie Jacques Lacans entfalten. Auf ungewöhnliche Weise wird hier die Begriffsbestimmung der Semiotik aufgelöst in ein dynamisches Modell, das in der Lage ist, den verschiedenen möglichen Funktionalisierungen der semiotischen Terme Rechnung zu tragen. Daß hierbei dann, wie Luhmann feststellt, „[...] der Beobachter nicht mehr wissen kann, wo er steht, wohl aber wissen kann, wie er sich bewegt."[77] – und zwar sowohl der Beobachter als Element dieses Modells als auch als der Benutzer dieses Modells – eröffnet erst die Möglichkeit einer oft geradezu akrobatischen Handhabung der Semiotik durch die Psychosemiologie.

Kapitel I.1.1

Die Unterscheidung in der Luhmannschen Systemtheorie

Zunächst soll die Position Luhmanns in dem Aufsatz ZEICHEN ALS FORM näher erläutert werden. Luhmann akzeptiert die Theorie des dreiwertigen Zeichens. Er schreibt:

> „Wenn das Zeichen selbst die Unterscheidung von Bezeichnendem und Bezeichnetem ist, so ist es weder das Bezeichnende noch das Bezeichnete, sondern etwas Drittes."[78]

Dieses Dritte wird in Zusammenhang gebracht mit dem Begriff des „Interpretanten" von Peirce und durch den Ausdruck „Beobachten" ersetzt, so daß Beobachten der „[...] Gebrauch einer Unterscheidung zum Zwecke der Bezeichnung der einen (und nicht der anderen) Seite [...]"[79] genannt wird. Da „[...] jede Operation auf der Innenseite der Form bleibt [...]"[80] kommt Luhmann zu der Folgerung, mit dem Beobachten der Unterscheidung zwischen Bezeichnendem und Bezeichnetem, den Signifikanten als Innenseite, das Signifikat jedoch als Außenseite des Zeichens als Form zu setzen.

Dieses Problem entsteht, da Luhmann an der starren Zuweisung von Funktionen an die Termini der Semiotik festhält. Die Möglichkeit einer Lockerung dieser Fixierungen legt jedoch schon das Formkalkül von Spencer-Brown nahe.

Die Reziprozität des Konstituierungsverhältnisses zwischen Unterscheidung und Beobachtung bedeutet nämlich, daß die Funktionen der einzelnen „Elemente" eines jeden Tripels aus Beobachtendem, Beobachtetem und „Transferunterscheidung"[81], oder in semiotischer Terminologie, Signifikant, Signifikat und Interpretant, innerhalb dieses Tripels nicht definitiv festgelegt werden

---

[76] Luhmann, 1993b. S.:46
[77] Luhmann, 1993a. S.:206
[78] Luhmann, 1993b. S.:52
[79] Ebd. S.:53
[80] Ebd. S.:63
[81] Glanville, 1993. S.:93

können[82]. Der Beobachter in einem Tripel kann zum Beispiel genauso als Beobachtetes oder als Transferunterscheidung fungieren. Oder anders ausgedrückt: Man kann jedes Beobachtete auch als Beobachtendes beobachten. Ich komme auf diesen Punkt zurück.

Die durchaus auch über die Systemtheorie hinaus sinnvolle Vermischung der semiotischen mit der systemtheoretischen Terminologie muß hier erläutert werden.
Die Operation der Unterscheidung setzt ein Agens voraus, das neutral „Beobachter" genannt werden kann. Ich setze also „Beobachter" mit „Beobachtung" gleich, da für mich ausschließlich der operative Aspekt der Beobachtung relevant ist. Um der Forderung nach der Reziprozität der Konstituierung von Unterscheidung und Beobachtung zu genügen, definiere ich vorläufig den Beobachter als die Grenze oder den Rand der Unterscheidung.
Die Gleichsetzung von Beobachter und Beobachtung löst das Problem der Situierung des Beobachters. Wäre er nicht Konstituent der Unterscheidung, so könnte er nur auf der Außenseite der Form angenommen werden, also als Kontingenz. Kontingenz in diesem strikten Sinne, als „unmarked space" oder als Systemumwelt enthält jedoch nach Luhmann „[...] überhaupt keine Zeichen, ja nicht einmal Unterscheidungen; sie enthält auch keinerlei Information [...]"[83] und kann daher sicher nicht operieren oder beobachten. Auch Luhmann schreibt daher, daß „das Bezeichnende [...] Struktur [...] eines operationsfähigen Systems"[84] sein müsse. Auf der operativen Ebene dieser Feststellungen ist eine Gleichsetzung von „Bezeichnendem" und „Beobachter" möglich.
Da alles Beobachtete oder Bezeichnete – wie eingangs aus Luhmann zitiert – sich wiederum beobachten läßt als komplexe Unterscheidung zwischen Unterscheidung und Beobachtung, kann die Unterscheidung von Unterscheidung und Beobachtung auch beschrieben werden als Unterscheidung zwischen Beobachter und System, und so ad infinitum.
Man kann nun sagen: Ein Beobachter repräsentiert ein System für einen anderen Beobachter.
Und aufgrund der Reziprozität des Konstituierungsverhältnisses zwischen Beobachter und System kann man den Satz auch umdrehen und sagen: Ein System repräsentiert einen Beobachter für ein anderes System.
Diese beiden Sätze verdeutlichen, daß jede Beobachtung zweiter Ordnung, auf der Ebene der sogenannten 2nd-order-Cybernetic, keinen Ebenensprung darstellt, sondern jenen Positionswechsel, der immer vorgenommen werden kann, indem man ein System nicht als System, sondern als einen Beobachter beobachtet (→ Kap.: I.3).
Die Unterscheidung zwischen Beobachtungen erster und zweiter Ordnung stellt operativ wieder dasselbe Paradox dar wie das der ersten Unterscheidung. Anders formuliert: Das Problem der Systemtheorie ist es, eine Beobachtung erster Ordnung zwar annehmen zu müssen, sie aber nicht beobachten zu können, da jede Beobachtung den infiniten Regreß der Paradoxierung des Beobachtens auslöst.

---

[82] So aber bereits bei Peirce. vgl. z.B.: Peirce, Charles S. (1993): Phänomen und Logik der Zeichen. hrsg. u. übers. v. H. Pape. 2. Aufl. Suhrkamp Verlag. Frankfurt/Main. S.:67 ff.
[83] Luhmann, 1993b. S.:48
[84] Ebd. S.:48

Das Paradox des Formkalküls auf diesem Niveau der Unterscheidung zwischen Beobachtungen erster und zweiter Ordnung ist im Kern das Problem, mit dem sich die Psychosemiologie Lacans beschäftigt. In dem Text RADIOPHONIE – TELEVISION formuliert es Lacan mit folgender Frage:

> „Wenn der Signifikant ein Subjekt repräsentiert, zufolge Lacan (nicht ein Signifikat), und zwar für einen anderen Signifikanten (was besagen will: nicht für ein anderes Subjekt), wie kann er dann, dieser Signifikant, zum Zeichen geraten, das seit Logikergedenken etwas repräsentiert für jemand?" (R-T/S.:16)

Die Grundthese Lacans, die er an vielen Stellen seines Werkes wiederholt, lautet also: „[...] ein Signifikant ist, was ein Subjekt repräsentiert [...] für einen anderen Signifikanten [...]." (Sem XI/S.:208) Hält man sich an die oben vorgenommenen Gleichsetzungen von Signifikant mit Bezeichnendem und Beobachter, so entspricht diese Aussage dem Satz: Ein Beobachter repräsentiert ein System für einen anderen Beobachter.

Dies bedeutet erstaunlicherweise jedoch, daß dem Subjekt der Status des Beobachteten, des Repräsentierten zugewiesen wird und nicht, wie man annehmen könnte, der Status des Beobachters. Diese „Kränkung", die die Psychoanalyse dem Subjekt durch diese Entthronung zufügt, wird im Verlauf der vorliegenden Arbeit nicht nur wichtiger inhaltlicher Bestandteil sein, sondern als zeichentheoretisch notwendige Grundannahme reformuliert werden.

Außerdem zieht Lacan eine Grenze zwischen dem Signifikantensystem und dem Zeichensystem. Die beiden wesentlichen Terme seines Signifikantensystems sind dabei der Signifikant und das Subjekt, anstelle des Signifikats.

Einerseits wird also die Unterscheidung von Unterscheidung und Beobachtung ersetzt durch die Unterscheidung von Signifikant (Bezeichnendem) und Subjekt (Bezeichnetem/Beobachtetem) und andererseits das Subjekt als Resultat – als Effekt, wie Lacan sagt – der Operation der Unterscheidung definiert.

Dem Subjekt wird damit der Status des Signifikats gemäß der herkömmlichen semiotischen Theorien zugeschrieben.

Lacan bezieht sich in seinen Ausführungen auf Saussures Darstellung des Verhältnisses von Signifikant und Signifikat, die er gleich einem mathematischen Bruch anschreibt[85]:

$$\underline{S} \qquad \text{(Signifikant)}$$
$$s \qquad \text{(Signifikat)}$$

Diese Linie zwischen Signifikant und Signifikat wird von Lacan als Balken beschrieben, wobei das Signifizierte durch das Subjekt (in einer bestimmten Funktion) substituiert wird:

---

[85] Lacan erläutert dabei: „Es ist nicht unbedingt illegitim, wenn man meint, dieser Balken markiere in bestimmten Momenten im Verhältnis des Signifikanten zum Signifizierten den Hinweis auf einen Wert, den dieser Balken als Bruchstrich im mathematischen Sinn des Ausdrucks besitzt. Sicher aber ist das nicht die einzige Bedeutung. Es gibt zwischen Signifikant und Signifiziertem ein anderes Verhältnis, das Verhältnis der Sinnwirkung." (Sem XI/S.:261)

„Dieses Überschreiten [des Balkens, Anm. N.O.] drückt die Bedingung für den Übergang des Signifikanten ins Signifizierte aus, dessen Moment ich oben bezeichnet habe, indem ich es provisorisch mit dem Platz des Subjekts vertauschte.
Bei der in dieser Weise eingeführten Funktion des Subjekts müßten wir nun einhalten; sie stellt den Kreuzpunkt unseres Problems dar." (Sch II/S.:41)

Aus dieser hier provisorisch genannten Substitution des Signifikats durch das Subjekt erklärt sich auch Lacans Kritik an Saussures Begriff der Arbitrarität des Signifikanten (→ Kap.: IV.2.2). Lacan sagt: „[...] daß der Signifikant sich nur von daher setzt, kein Verhältnis zu haben mit dem Signifikat. [...] Das Arbiträre ist nicht das, was paßt." (Sem XX/S.:34) Und an anderer Stelle:

„Das ist es ohne Zweifel, was, eher als es als arbiträr zu qualifizieren, Saussure hätte versuchen können zu formulieren – der Signifikant, besser wäre es gewesen, ihn vorzubringen von der Kategorie des Kontingenten her." (Sem XX/S.:45)

In dieser Formulierung wird also das Subjekt dem Signifikanten buchstäblich unterworfen, es wird zum Effekt des Signifikanten. Daß sich Signifikant und Subjekt jedoch gleichfalls wechselseitig konstituieren, wie im Formkalkül Spencer-Browns Unterscheidung und Beobachtung, wird bei Lacan durch das Spiegelstadium und die Funktion des Blicks erklärt. Das Spiegelstadium bezeichnet zunächst ein bestimmtes Niveau in der Psychogenese des Subjekts[86]. Lacan schreibt:

„Man kann das Spiegelstadium *als eine Identifikation* verstehen im vollen Sinne, den die Psychoanalyse diesem Terminus gibt: als eine beim Subjekt durch die Aufnahme eines Bildes ausgelöste Verwandlung. [...]
Die jubilatorische Aufnahme seines Spiegelbildes durch ein Wesen [...] wird von nun an – wie uns scheint – in einer exemplarischen Situation die symbolische Matrix darstellen, an der das *Ich* (je) in einer ursprünglichen Form sich niederschlägt, bevor es sich objektiviert hat, in der Dialektik der Identifikation mit dem andern und bevor ihm die Sprache im Allgemeinen die Funktion eines Subjekts wiedergibt.
Diese Form könnte man als *Ideal-Ich* bezeichnen [...]." (Sch I/S.:64)

Das Spiegelstadium bezeichnet nicht nur eine Entwicklungsstufe des Subjekts, sondern setzt sich als topologische Struktur fort, als eine für das Subjekt konstitutive Struktur.
Das heißt, Lacan wendet den Begriff zugleich in einem weit ausgedehnten und metaphorischen Sinne an. So bedeutet bei ihm das Spiegelstadium nicht nur eine psychogenetische Phase, die das Kind durchläuft, sondern vielmehr eine topologische Struktur des Psychismus – er nennt das Spiegelstadium daher oft „Spiegel-*stadion*"[87] –, die das Subjekt als ein konstitutiv gespaltenes bestimmt.

---

[86] Der Begriff der Psychogenese ist hierbei etwas problematisch, da Lacan keine lineare Entwicklung des Psychismus annimmt. Im aktuellen Zusammenhang stört der Begriff jedoch nicht. In → Kap.: II beschreibe ich die Problematik des Begriffs der Psychogenese bei Lacan ausführlicher.

[87] Lacan schreibt beispielsweise, daß: „[...] das Subjekt in einer Regression, die oft bis zum Spiegelstadium zurückführt, [...] die Umgrenzung eines Stadions [wiederfindet], in dem sein Ich (moi) seine imaginären Heldentaten bewahrt [...]." (Sch I/S.:123)

Bei einem „zweiten Blick" in den Spiegel kann das Subjekt beobachten, daß es seinerseits von seinem anderen (alter) im Spiegel beobachtet wird. Dieses Verhältnis des Erblicktseins im Beobachten setzt Lacan für alles Beobachtbare überhaupt an. Er schreibt:

> „Ich meine [...], daß wir im Schauspiel der Welt angeschaute Wesen sind. Was uns zum Bewußtsein macht, das setzt uns auch mit demselben Schlag ein als *speculum mundi*." (Sem XI/S.:81)

Das Spiegelstadium kann daher verglichen werden mit der (hypothetischen) Operation einer ersten Unterscheidung, also dem Niveau von Beobachtungen erster Ordnung. Das bedeutet, daß die Unterscheidung nur immer wieder in die Unterscheidung hineincopiert werden kann, was eine tautologische Struktur hervorbringt. In der psychosemiologischen Konzeption wird damit der imaginäre Bereich des Psychismus eröffnet, der auf identifikatorischen Phantasmen beruht. Luhmann tendiert dazu, Beobachtungen erster Ordnung auf eine notwendige Annahme zu reduzieren. In ähnlichem Sinne ist auch der imaginäre Bereich bei Lacan zu begreifen: er wird erfahr- und beschreibbar erst vermittels des symbolischen Bereichs, das heißt retrospektiv: „Das Imaginäre ist da. Aber es ist uns absolut unzugänglich. Es ist uns zugänglich nur von seinen Realisierungen beim Erwachsenen aus." (Sem I/S.:277

Die Theorie des 'Sehens' (wie ich sie hier zur systematischen Unterscheidung bezeichnen möchte) eröffnet hingegen das Niveau von Beobachtungen zweiter Ordnung (→ Glossar: 1). Sie ermöglicht die Flexibilität der Funktionalisierungen der Begriffe des Beobachtenden und des Beobachteten, das bedeutet, sie ermöglicht erst Beobachten im eigentlichen Sinne (→ Kap.: I.3). Zugleich läßt sie das Subjekt als Unterworfenes entstehen, da dieses immer schon angeblickt und also determiniert ist. Auf dem Niveau des 'Sehens' erst erscheint der symbolische Bereich und damit das Zeichen als Einheit der Unterscheidung zwischen Signifikant und Subjekt. Bei Lacan heißt es:

> „Der Signifikant [...] ist dadurch charakterisiert, ein Subjekt zu repräsentieren für einen anderen Signifikanten. Worum handelt es sich beim Zeichen? Seit je bemüht die kosmische Theorie der Erkenntnis, die Weltauffassung, das berühmte Beispiel vom Rauch, den es nicht gibt ohne Feuer. [...]
> Der Rauch kann genausogut das Zeichen des Rauchers sein. Und sogar, er ist es immer, dem Wesen nach. Es gibt Rauch nur als Zeichen des Rauchers. [...]
> Das Zeichen ist also nicht das Zeichen von etwas, sondern von einem Effekt, der das ist, was sich unterstellt als solches aus einem Funktionieren des Signifikanten. Dieser Effekt ist [...] das Subjekt." (Sem XX/S.:54)

Tatsächlich stellt sich also auch für die zeichentheoretische Konzeption Lacans das Problem des Paradoxes des Formkalküls zwischen dem Beobachten erster und zweiter Ordnung. Denn auf diesem Niveau kann man feststellen, daß sich auch Signifikant und Symbol (das heißt: Zeichen) wechselseitig konstituieren.

Die Lacansche Konzeption zeigt hier jedoch zwei maßgebliche Vorteile: Zum einen kann die Psychosemiologie den Regreß der Operation der Unterscheidungen historisch terminieren und damit die Paradoxie begründen (anstatt sie nur zu konstatieren). Vor dem Spiegelstadium gibt es keine Unterscheidung und vor dem Erreichen des symbolischen Bereichs gibt es keine Unterscheidung von Unterscheidung und Beobachtung. Das Subjekt (oder besser: das Wesen, da sich das Subjekt erst durch Unterscheidungen konstituiert) stellt eine Totalität dar, aus der es erst durch das Spiegelstadium (also die erste Unterscheidung) gewissermaßen vertrieben wird. Das Subjekt entsteht also erst durch einen Akt der Zerstörung, der Dezentrierung, durch einen Bruch seiner selbst, mit anderen Worten: durch die Generierung eines infiniten Regresses. Daher benutzt Lacan die Saussuresche Trennungslinie, die bei diesem Signifikant von Signifikat trennt, häufig als „Barre", mit der das Subjekt „gebarrt" wird. Er schreibt als Formel für das Subjekt: S . Der Effekt dieser „Alienation", die dem Subjekt im Spiegelstadium widerfährt, wird daher auch oft beschrieben als „Ex-sistenz" (Sem XX/S.:83 et passim).

Die Systemtheorie kann theoretisch den Regreß der Unterscheidungen nicht aufhalten. In der eingangs zitierten Passage schreibt Luhmann, daß man nach der Unterscheidung zwischen Signifikant und Signifikat, für das Signifikat ein eigenes Zeichen einsetzen müsse (– eben „Signifikat"). Damit erhält das Signifikat wieder die Konstitution eines kompletten Tripels aus Bezeichnendem, Bezeichnetem und Transferunterscheidung. Dieser Prozeß müßte sich logisch fortsetzen lassen. Der systematische Status der Unterscheidung zwischen Bezeichnendem und Bezeichnetem, den sie in einer Semiotik erhalten soll, wäre hierdurch gefährdet, weil eine hinreichende Begründung verlorenginge.
Tatsächlich scheint die Systemtheorie vor diesem Problem zu kapitulieren. Bei Glanville heißt es:

> „Ich habe immer schwach gehofft, die letzte Unterscheidung getroffen zu haben, und hatte dabei einen vorübergehenden Erfolg, der sich dann als schlecht begründet herausstellte."[88]

Daher setzt Glanville einfach fest:

> „Eine Unterscheidung ist ihre eigene Motivation, ohne die sie nicht werden oder fortfahren zu werden würde. Der Zweck der Unterscheidung ist sie selbst: ihr eigenes Werden."[89]

Die Motivation des eigenen Werdens scheint mir jedoch nicht auszureichen, um damit zu erklären, weshalb eine Unterscheidung ihr eigenes Werden wollen sollte. Die Systemtheorie bezieht sich bei der Frage nach der Motivation auf die Beschreibungen der Biologie oder der Evolutionstheorie. Luhmann schreibt:

> „Die Weisung [gemeint ist Spencer-Browns Weisung: „draw a distinction."; Anm. N. O.] verlangt ein »Motiv«, sie auszuführen, das aber im weiteren Verlauf der Operationen keine Rolle spielt. Aufgrund des bloßen Unterscheidens kommt die Operationssequenz quasi selbstläufig in Gang. Ihr Anfangsmotiv bleibt, wie auch die Evolu-

---

[88] Glanville, 1993. S.:94 f. Das Problem einer ersten Unterscheidung kann mit dem Problem einer letzten Unterscheidung gleichgesetzt werden.
[89] Ebd. S.:94

tions-theorie bestätigen würde, ein Zufall und für den Aufbau von Ordnung irrelevant. Jeder Zufall würde genügen."[90]

Für die Psychosemiologie Lacans erweist sich gerade dieser Zufall als äußerst interessant (→ Kap.: 0.3). Aus diesem Zufall ergibt sich dann im Gegenteil eine unzufällige, sehr präzise Motivation, die die Psychogenese restringiert, und daher auch analysabel macht (→ Kap.: II). Dies unterscheidet die Psychosemiologie von einer Supertheorie.
Luhmann delegiert das Problem an eine vermeintlich kompetentere Instanz:

> „Mit all dem bleibt eine wesentliche Frage offen: Wenn nicht die Logik eine Letztzuständigkeit für die Paradoxie der Form in Anspruch nehmen kann, dann vielleicht die Religion?"[91] (→ Kap.: IV.1)

Tatsächlich bietet die Möglichkeit, eine erste Unterscheidung zu begründen, zugleich auch die Möglichkeit, Motivationen für weitere Unterscheidungen, also die Semiose, und die Gerichtetheit (als unspezifische Zieldrift) von Unterscheidungen zu beschreiben. Die Psychosemiologie Lacans kann hierzu – und dies ist ihr anderer Vorteil – plausible Erklärungen geben[92]. Lacan schreibt: „Es geht eben darum, daß das Subjekt, das hier gemeint ist, nicht das Subjekt des Reflexionsbewußtseins ist, sondern das Subjekt des Begehrens." (Sem XI/S.:95 f.) Das Subjekt eines einfachen Reflexionsverhältnisses ist das Problem, an dem die Systemtheorie scheitern muß, will sie Initiation und Prozeß des Operierens begründen. Das Spiegelstadium konstituiert und definiert das Subjekt als ein gebrochenes, als ein durch den Signifikanten „schräggestrichenes" Subjekt, denn was es im Spiegel sieht, sein anderes, sieht es nicht dort, wo es selbst ist. THE SAME IS DIFFERENT, der Titel eines Aufsatzes von Glanville[93], beschreibt insofern den Status des Subjekts. Lacan schreibt:

> „Als formaler Träger rührt der Signifikant an ein anderes als das, was er ist, ganz roh, er, als Signifikant, ein anderes, das er affiziert und das somit zum Subjekt gemacht ist oder doch zumindest es zu sein gilt. Eben darin ist das Subjekt dann, und zwar nur für das sprechende Sein, ein Seiendes, dessen Sein stets anderswo ist, wie das Prädikat es zeigt. Das Subjekt ist je nur punktuell und schwindend, denn es ist Subjekt allein durch einen Signifikanten, und für einen anderen Signifikanten." (Sem XX/S.:155)

Gerade jedoch diese notwendige Bedingung für die Konstituierung des Subjekts, getrennt zu sein von dem Ort, an dem es sich erkennt, löst das Begehren aus. Dieses Begehren richtet sich im Kern immer darauf, diese „Urseparation" zu überwinden, oder, was realistischer ist, zumindest

---

[90] Luhmann, 1996. S.:55
[91] Luhmann, 1993a. S.:212
[92] Allerdings ist dies auch ihre Einschränkung: die Psychosemiologie ist keine Supertheorie. Sie beschäftigt sich mit dem Subjekt, das, gemäß Lacan, ein konstitutiv begehrendes Subjekt ist. Wie ich in → Kap.: IV ausführen werde, konstituiert sich der Diskurs der Psychoanalyse relativ - und in gewisser Weise komplementär - zu anderen Diskurstypen.
[93] vgl.: Glanville, 1988

zu kompensieren[94]. Das Objekt, das das Subjekt im Spiegel sieht, wird damit zum Repräsentanten der Ursache des Begehrens. Es kann in den verschiedensten „Gestalten" bzw. Funktionen erscheinen. Auf der imaginären Ebene der Spiegelbeziehung nennt Lacan es Objekt klein *a*:

> „Hier behaupte ich, daß das Interesse des Subjekts an seiner eigenen Spaltung an das gebunden ist, was diese Spaltung determiniert – nämlich ein privilegiertes Objekt, das aus einer Urseparation entstanden ist, aus so etwas wie einer durch das Nähern des Realen induzierten Selbstverstümmelung, wofür wir in unserer Algebra die Bezeichnung Objekt *a* haben." (Sem XI/S.:89)

Auf der symbolischen Ebene nennt Lacan das Objekt das „groß Andere":

> „Was ist also dies andere, an dem ich mehr hänge als an mir, bewegt es mich doch im Innersten meiner Identität mit mir selbst?
> Seine Gegenwart ist nur zu begreifen in einem zweiten Grad der Andersheit, der es selbst in eine Vermittlungsposition bringt in bezug auf meine eigene Verdoppelung mit mir selbst als mit einem Meinesgleichen." (Sch II/S.:50 f.)

In Lacans Konzeption des Psychismus fungieren klein *a* und groß A jedoch nur als Variablen; sie zeigen bestimmte Positionen, mit denen das Subjekt jene Relationen entfalten kann, die es konstituieren.
Lacans Bestimmung des Subjekts ist also keine ontologische. Da das Subjekt durch den signifikanten Prozeß hervorgebracht wird, kann sein Status auch nur auf dem operativen Niveau der Semiologie festgemacht werden. Lacan sagt:

> „Sagen, daß da ein Subjekt ist, ist nichts anderes als sagen, daß da Hypothese ist. Der einzige Beweis, den wir dafür haben, daß das Subjekt mit dieser Hypothese zusammenfällt und daß es das sprechende Individuum ist, das es stützt, ist, daß der Signifikant Zeichen wird." (Sem XX/S.:155)

Auch Luhmann bestimmt den Zeichenprozeß rein operativ: „Zeichen gibt es nicht »an sich«, sondern nur als Formen im operativen Gebrauch eines sie verwendenden Systems."[95] Bereits hier wird jedoch ein wesentlicher Unterschied zwischen den Ansätzen von Lacan und Luhmann deutlich: Luhmann spricht von zeichenverwendenden Systemen, was ihn in der Folge vor das Problem stellt, den Beobachter als Agens aufrechtzuerhalten. Die Aufrechterhaltung des Beobachters ist nur hierdurch, also schwach motiviert. Ich werde auf das Problem in → Kap.: IV zurückkommen. Lacan hingegen setzt den Beobachter nicht souverän. Das Subjekt ist zunächst der Effekt des Signifikantenprozesses. Es ist nicht Erzeuger der Sprache, sondern muß sich in ihr zurechtfinden.

---

[94] In → Kap.: II.1 wird die Urseparation eingehender erläutert. Die hier gemeinte Kompensation erfolgt, in psychoanalytischer Terminologie, über Mechanismen der Verdrängung und Sublimierung: die verschiedenen Formen der Sublimierung nach Lacan beschreibe ich in → Kap.: IV.1

[95] Luhmann, 1993b. S.:48

Bei Luhmann werden Zeichen und Zeichenprozeß als systeminterne Strukturen beschrieben, so daß auch ihre einzige Seinsbestimmung innerhalb desselben operationsfähigen Systems legitimiert werden kann. Luhmann sagt:

> „Die Systemumwelt enthält überhaupt keine Zeichen, ja nicht einmal Unterscheidungen; sie enthält auch keinerlei Information; sie ist wie sie ist, und mehr läßt sich über sie nicht sagen."[96]

Beschreibungen von Dingen „an sich" können über diesen – zumindest aus der Perspektive der Logik – tautologischen Status also nicht hinausgelangen. Als eine „zweite Außenseite", nämlich „[...] an die Außenseite der Differenz von Bezeichnendem und Bezeichnetem [...], an die Außenseite des Zeichens."[97] setzt Luhmann also „Welt".

Tatsächlich argumentiert Lacan in seiner Kritik an der Ontologie mit derselben Strategie:

> „Die Ontologie ist das, was in der Sprache zur Geltung gebracht hat den Gebrauch der Kopula, sie isolierend als Signifikant. [...]
> Um sie auszutreiben, genügte es vielleicht vorzubringen, daß, wenn man sagt von was immer, daß es ist, was es ist, nichts in irgendeiner Weise dazu nötigt, das Verb *sein* zu isolieren. Das spricht sich aus *es ist was es ist*, und es könnte sich ebensogut schreiben *esiswasesis*. Man würde bei diesem Gebrauch der Kopula nur Flimmern sehen." (Sem XX/S.:36)

Kapitel I.1.2
Probleme der systemtheoretischen Begriffsbestimmung
und das Konzept eigenbeobachtender Objekte nach Glanville

Prinzipiell scheinen Luhmann und Lacan in ihrer Kritik an einer ontologisch fundierten Zeichentheorie übereinzustimmen. Verwirrend wirkt bei Luhmann jedoch der Gebrauch des Begriffes der Kontingenz, der auf verschiedene Weisen Möglichkeiten der Bezugnahme von Zeichen bzw. von Beobachtungen konditionieren soll. In manchmal nicht sorgfältig differenzierter Weise werden bei Luhmann zwei verschiedene Bedeutungen von Kontingenz eingesetzt. Versucht man diese beiden Begriffsverwendungen zu systematisieren, so stößt man auf Kontingenz als Außenseite der Form, die „mitgeführt" wird. Bezogen auf das Zeichen als Form schreibt Luhmann:

> „Systeme, die im Medium Sinn operieren und dadurch gehalten sind, Verweisungen auf sich selbst und auf die Umwelt zu beachten und simultan zu prozessieren, können als Zeichen-prozessierende Systeme beschrieben werden, die sich darauf beschränken können, sich nur mit Bezeichnendem zu befassen, weil dank der Form des Zeichens Bezeichnetes dadurch immer mitgeführt wird."[98]

---

[96] Ebd. S.:48
[97] Ebd. S.:60 f.
[98] Ebd. S.:65

Kontingenz als Außenseite der Form bedeutet hierbei also einen Überschuß an nicht-aktualisierten Unterscheidungen. Dies wäre dann Welt, „[...] die dem Undsoweiter aller sinnhaften Verweisungen mit Einschluß ihres Zurückführens auf sich selbst einen aktuell nie vollziehbaren Abschluß gibt."[99]

Hiervon unterscheidet sich jedoch ein anderer Gebrauch des Begriffs der Kontingenz, der meines Erachtens bei Spencer-Brown mit dem Ausdruck „unmarked state"[100] wesentlich gemeint ist. Luhmann scheint sich auf eine solche zweite Lesart zu beziehen, wenn er schreibt:

> „Nun muß noch an eine zweite Außenseite gedacht werden, nämlich an die Außenseite der Differenz von Bezeichnendem und Bezeichnetem, an die Außenseite der Einheit dieser Differenz, an die Außenseite des Zeichens."[101]

Und auch hierzu fügt Luhmann an: „Dies wäre dann die Welt."[102] Bezieht man sich jedoch auf die erste Bestimmung von Kontingenz, so kann diese zweite Einheit der Differenz von Bezeichendem und Bezeichnetem eben nicht aktualisiert werden und damit keine neue Form erscheinen, da ja die Außenseite der „ersten Form" nicht aktualisierbar sein soll. Logisch muß eine „zweite Außenseite" möglich sein, sie kann jedoch nicht aktualisiert werden. Die „zweite Außenseite" kann nur konzipiert werden als eine Art Unverhältnis. Die Kontingenz, die hierbei gemeint ist, ist die, von der Luhmann sagt, sie enthalte gar keine Information.

Das Problem bei Luhmann, einerseits zum Beispiel das Signifikat als Außenseite der Form von Bezeichnendem und Bezeichnetem zu bestimmen und gleichzeitig auch als Kontingenz, kann nur durch eine systematische Differenzierung zweier Begriffe von Kontingenz gelöst werden[103].

Mit diesem Problem hängt bei Luhmann gleichermaßen das Problem der Konstitution des Beobachters zusammen. Luhmann sagt: „Die Operationen bleiben auf der Innenseite der Form."[104] Das heißt, daß damit auch der Beobachter auf der Innenseite der Form situiert werden muß. Das wiederum hieße dann aber, Formen können sich nur auf der Innenseite, also intern ausdifferenzieren. Es ergäbe sich eine Art Prozeß, den man als Binnendifferenzierung bezeichnen kann[105].

Wenn es gleichzeitig jedoch möglich sein soll, die Einheit der Differenz von Innen- und Außenseite zu beobachten, also zum Beispiel das Zeichen als Form, so bedeutet das, daß hier gleichwohl Außenseiten von Formen mitthematisiert werden können. Tatsächlich schlägt Luhmann auch vor:

> „Um den Ausdruck »Interpretant« vollständig [...] zu ersetzen, wollen wir den Gebrauch einer Unterscheidung zum Zwecke der Bezeichnung der einen (und nicht der

---

[99] Ebd. S.:62

[100] Spencer-Brown, 1979. S.:5

[101] Luhmann, 1993b. S.:60 f.

[102] Ebd. S.:61

[103] Diese Art von Begriffsverdoppelung erscheint in seinem Text DIE KUNST DER GESELLSCHAFT beim Begriff der Form wieder, wobei das eine Problem der Begriffsbestimmung natürlich mit dem anderen zusammenhängt. Da es in diesem Text explizit das Problem kunsttheoretischer Aussagen betrifft, widme ich dem Problem des Begriffs der Form ein eigenes → Glossar: 3.

[104] Luhmann, 1993b. S.:63

[105] Siehe hierzu etwa die Kritik Walter Bühls: Bühl, 1992. S.:232

anderen) Seite *Beobachten* nennen. Das eröffnet die Möglichkeit, den Benutzer einer Unterscheidung als Beobachter zu bezeichnen (zu bezeichnen!).“[106]

Das oben bereits erwähnte Problem der Annahme eines Beobachters, das sich in Luhmanns Konzept hartnäckig immer wieder stellt, hängt mit dem Problem des Begriffes von Kontingenz eng zusammen. Die grundsätzliche Schwierigkeit scheint dabei zu sein, die Außenseite der Form so zu konzipieren, daß man mit dem infiniten Regreß sinnvoll umgehen kann, das heißt, daß man ihn operabel machen kann[107].
Eine Möglichkeit hierfür wird bei Luhmann zwar berührt, leider jedoch nicht weiter verfolgt. Der Symbolbegriff, den Luhmann im letzten Kapitel seines Aufsatzes ZEICHEN ALS FORM einführt, scheint mir eine solche Möglichkeit zu bieten und zugleich eine größtmögliche Annäherung Luhmanns an Lacan anzudeuten. Den Begriff des Symbols leitet Luhmann etymologisch her:

> „Symbolon war ursprünglich Darstellung oder Beweis einer Einheit, vor allem: des durch Gastfreundschaft erworbenen Status, mit Hilfe von Trennstücken, die zusammenpassen. Also Repräsentation eines Zusammenhangs durch Getrenntes.“[108]

In dieser Interpretation eignet sich der Begriff des Symbols dazu, das Paradox der Form semiotisch als „Selbstbezeichnung des Zeichens“[109] zu bezeichnen.
Zwar erwähnt Luhmann, daß der Begriff des Symbols „vom Begriff des Zeichens kaum noch zu unterscheiden ist“[110], jedoch scheint er auf einer Differenz beharren zu wollen. Diese Differenz zwischen Symbol und Zeichen beschreibt aber genau das Problem der Konstituierung der Außenseite einer Form, das sich bereits im Zusammenhang mit dem Beobachter und der Kontingenz ergeben hat.

Mit dem Begriff des Zeichens bezeichnet Luhmann die Einheit der Differenz zwischen Bezeichnendem und Bezeichnetem, die – wie bereits beschrieben – einen infiniten Regreß nach beiden Richtungen eröffnet, da einerseits jeder Konstituent des Zeichens selbst als komplettes Tripel beobachtet werden kann und andererseits auch die Außenseite des Zeichens ein neues Zeichen erfordert, das sie als Außenseite beobachten kann. Der Begriff des Symbols hingegen impliziert, daß mit diesem besonderen Zeichen gerade die Einheit der Differenz, also die Gesamt-Konstitution des Zeichens, thematisiert wird. Damit wäre das Symbol als ein selbstbeschreibendes und selbsterzeugendes System dargestellt, wie es ähnlich in konstruktivistischen Ansätzen verlangt wird.

Ich gehe davon aus, daß sprachliche Zeichen im Allgemeinen in diesem Sinne als Symbole zu begreifen sind. Wie durch einen solchen Ansatz gleichzeitig mit dem Problem des infiniten Re-

---

[106] Luhmann, 1993b. S.:53
[107] Meiner Ansicht nach verschiebt Luhmann dieses Problem aus dem Blickfeld, indem er beispielsweise schreibt: „Von Beobachtung soll (im Anschluß an die Logik von George Spencer Brown) immer dann die Rede sein, wenn eine Operation eine *Unterscheidung* verwendet, um innerhalb dieser Unterscheidung die eine oder die andere Seite *bezeichnen* zu können.“ (Luhmann, 1987. S.:32) (→ Glossar: 3)
[108] Luhmann, 1993b. S.:67
[109] Ebd. S.:67
[110] Ebd. S.:66

gresses umgegangen werden kann, möchte ich im folgenden mit Hilfe der Textsammlung OBJEKTE von Ranulph Glanville erläutern.

Den beschriebenen Theorieansätzen ist gemeinsam, daß sie methodologisch von einer Differenz ausgehen, das heißt, daß sie ihr Wissenschafts- oder Beobachtungs-Objekt konstruieren, im Unterschied zu Theorien, die von einem Objekt – im Sinne einer Identität – ausgehen, das dann analysiert werden kann. Mit dieser Herangehensweise stimmt Spencer-Brown überein, wenn er sagt: „We cannot escape the fact that the world we know is constructed in order to see itself."[111]

Für Luhmann bedeutet dies die ursprüngliche Differenz zwischen einer Innenseite und einer Außenseite einer Unterscheidung. Dabei taucht jedoch das Problem der Unterscheidung zwischen Selbstreferenz und Fremdreferenz auf, das Glanville folgendermaßen formuliert:

> „[...] grundsätzlich verlangen wir von einem selbstreferentiellen System immer, daß es Normen und Gesetzen gehorche und sich wie ein fremdreferentielles System verhalte. In fremdreferentiellen Systemen tritt jedoch jener endlose Regreß auf immer neuer [neue; korr. N.O.] Referenzen auf [...]."[112]

Glanville versucht daher im Anschluß an Francisco Varela und Gordon Pask die Differenz zwischen Innen- und Außenseite, bzw. dem „Selbst" und dem „Anderen" als „Konsequenz einer Interaktion"[113] zu fassen, um somit die logischen Probleme der Selbstreferentialität vermeiden zu können. Er sagt:

> „Die Distinktheit eines Objekts läßt sich nicht mit einem Kreis vergleichen, der einen Raum abtrennt (wie Spencer Brown behauptet), sondern diese Distinktheit existiert aus sich selbst heraus, und dies so unräumlich wie etwa ein Möbiusband (das von oben gesehen gleichwohl wie ein Kreis aussehen kann)."[114] (→ Kap.:I.2)

Ausgehend von der Annahme, daß Selbstreferenz und Fremdreferenz Begriffe sind, die auf prinzipiell unterschiedlichen theoretischen Ebenen anzusetzen sind, behauptet Glanville, daß sich gerade aus der sprachlichen Vermischung beider Begriffe eben jene Paradoxien ergeben, auf die Luhmann in seiner Argumentation trifft.

Glanvilles konstruktive Kritik an dem Formkalkül Spencer-Browns erscheint mir als eine vielversprechende Basis für eine Weiterentwicklung der semiotischen Theorie. Er geht von einem „Selbst" aus, das über ein Modellvermögen verfügt, das heißt, das zugleich beobachten kann, also Modelle bilden kann, als auch beobachtet wird, also Modell steht, und zwar zunächst (durch) sich selbst. Das sich hieraus ergebende Paradox entfaltet Glanville über Zeit. Das Selbst wird konzipiert als eine Art „Oszillator"[115], in dem Beobachten und Beobachtetsein als zwei verschiedene Rollen, bzw. als zwei Phasen eines Zyklus beschrieben werden, der insgesamt das „Selbst" ist. Glanville sagt:

---

[111] Spencer-Brown, 1979. S.:105
[112] Glanville, R.: 1988. S.:9
[113] Ebd. S.:10
[114] Ebd. S.:12
[115] Ebd. S.:25

„Die Übernahme der einen Rolle läßt die andere Rolle frei werden, die darauf wartet, besetzt zu werden, und umgekehrt: eine Möglichkeit, einen infiniten Regreß durch eine Objektbeschreibung zu produzieren, die einen infiniten Regreß erzeugt, und nicht durch die Beschreibung des Regresses selbst."[116]

Die beiden Konstituenten der Unterscheidung, nämlich Operation und Beobachtung, werden also in einem „Selbst" angesetzt, das sich in zwei Zustände spaltet, nämlich in „ich beobachte (mich selbst)" als dem operativen, aktiven Konstituenten und in „ich werde beobachtet (durch mich selbst)" als dem beobachtenden, passiven Konstituenten.
Werden diese beiden Konstituenten oder Zustände über Zeit zu einem zweiphasigen Zyklus gedehnt, so ergibt sich in jedem Halbzyklus eine freie, zu besetzende Stelle. Auf diese Weise kann Fremdreferenz reformuliert werden:

„[...] wir beobachten, wenn das Objekt, das wir beobachten, sich simultan mit unserer Selbstbeobachtung in seiner Rolle der Selbstbeobachtung befindet, und [...] diese Beobachtung eines anderen Objektes durch uns nicht dasselbe ist wie die Selbstbeobachtung des Objektes, noch dasselbe wie unsere Selbstbeobachtung: denn eine Beobachtung hängt vom Beobachter ab, ebenso wie das beobachtete Objekt."[117]

Dieser Ansatz steht dem Radikalen Konstruktivismus, wie er von Heinz von Foerster entwickelt worden ist, näher als der Systemtheorie Luhmanns[118]. Mit seiner Hilfe können verschiedene Schwierigkeiten gelöst werden, die sich jedoch auch in der systemtheoretischen Ausarbeitung des Spencer-Brownschen Formkalküls ergeben. Tatsächlich erscheinen diese Schwierigkeiten aufgrund der systemtheoretischen Unterscheidung zwischen Selbst- und Fremdreferenz, bzw. dem Konzept von Innen- und Außenseite einer Unterscheidung. Glanville faßt sie zusammen, wobei er jedoch auch bei von Foerster methodologische Mängel aufzeigt:

„Mir scheint, daß es in dieser Realisierung des Kalküls Spencer Browns [der von Heinz von Foerster, Anm. N.O.] drei Schwächen gibt [...].
Was unterscheidet dann den Agenten (den Unterscheider)? Das ist die erste Schwäche. Und Unterscheidungen setzen einen Raum voraus, in dem sie getroffen werden. Was unterscheidet dann den Raum? Das ist die zweite Schwäche. Und schließlich ist die Unterscheidung eine Markierung, die einen Wert bezeichnet. Was unterscheidet dann zwischen Markierung und Wert, zwischen Unterscheidung und dem, was in ihr enthalten ist (ihrer Innenseite)? Das ist die dritte Schwäche."[119]

Alle drei Schwächen bergen in sich das Problem des infiniten Regresses. Indem Glanville, wie oben bereits dargestellt, die Unterscheidung als eine Interaktion auffaßt, die Beobachter (Objekt)

---

[116] Ebd. S.:25
[117] Ebd. S.:29
[118] v. Foerster schreibt: „Diese Wechselbeziehung kann vielleicht verglichen werden mit der Wechselbeziehung zwischen dem Huhn, dem Ei und dem Hahn. Man kann nicht sagen, welches von ihnen das erste und welches das letzte war. Man braucht alle drei, damit es alle drei gibt." (von Foerster, 1993a. S.:85) Die Annahme dieser Triade impliziert eine Zeitdimension: allerdings eine zirkuläre, nicht-lineare, erzeugte Zeit, wie die des Glanvilleschen Oszillators.
[119] Glanville, 1988. S.:150

und Beobachtetes (Objekt) erst konstituiert, kann er den infiniten Regreß operabel machen. Die erste von ihm genannte Schwäche wird dadurch überwunden, daß der Agent (der Beobachter) erst als seine eigene Unterscheidung entsteht. Der „Unterscheider" unterscheidet sich durch sich selbst.

Glanville fragt außerdem nach einer Unterscheidung, die nicht ihre Innenseite unterscheidet, und wie sie in diesem Falle aussehen könnte. Eine solche Unterscheidung

> „[...] müßte eine Grenze sein, die weder Innenseite noch Außenseite hätte, sondern sich lediglich selbst definiert. Eine derartige Grenze veranschaulicht zum Beispiel ein Möbiusband [...]."[120]

Und er ergänzt:

> „In diesem Fall würde eine getroffene Unterscheidung keinen Raum brauchen, in dem sie getroffen wird, sondern eher den Raum schaffen, den sie in ein Kontinuum unterteilen würde."[121]

Auf diese Weise kann die zweite angeführte Schwäche überwunden werden. Gleichzeitig bedeutet jedoch die Konzeption der Unterscheidung, wie sie durch ein Möbiusband illustriert werden kann, daß eine Unterscheidung nur sich selbst, jedoch keine Innenseite unterscheidet. Selbstreferenz in dieser strengen Formulierung löst somit auch die dritte Schwäche der Unterscheidung zwischen Markierung und Wert einer Innenseite. Auf diese Weise gelangt Glanville zu einer konzisen Definition:

> „[...] die einzige „Eigenschaft" eines Objektes ist es selbst, sein eigenes Treffen seiner eigenen Unterscheidung."[122] (→ Kap.: III)

Diese Präzisierung hilft, die für die vorliegende Arbeit wesentliche Unterscheidung zwischen Beobachtungen erster und zweiter Ordnung zu reformulieren. Denn ausgehend von dieser Definition kann die Frage nach einer ersten Beobachtung, bzw. einer ersten Operation beantwortet und somit der Regreß terminiert werden. In → Kap.: II.1 beschreibe ich die Vollendung des Ödipuskomplexes als den Eintritt in den symbolischen Bereich und damit in den Bereich, in dem das Subjekt sich als gespaltenes konstituiert. „Objekte werden", so schreibt Glanville, „als Selbstbeobachter beschrieben." Wenn es jedoch die einzige Eigenschaft eines Objektes ist, es selbst zu sein, wenn es also keinen analysablen Inhalt hat, so ergibt sich aus der Sicht der Logik für ein solches Objekt, daß es eine Tautologie enthält, das heißt, daß es nur durch sich selbst beschrieben werden kann (vgl.: Ludwig Wittgenstein: TRACTATUS LOGICO-PHILOSOPHICUS[123]).

---

[120] Ebd. S.:153

[121] Ebd. S.:153

[122] Ebd. S.:160

[123] „6.1251: Darum kann es in der Logik auch *nie* Überraschungen geben. 6.126: Ob ein Satz der Logik angehört, kann man berechnen, indem man die logischen Eigenschaften des *Symbols* errechnet. [...] Der Beweis der logischen Sätze besteht darin, daß wir sie aus anderen logischen Sätzen durch successive Anwendung gewisser Operationen entstehen lassen, die aus den ersten immer wieder Tautologien erzeugen. (Und zwar *folgen* aus ei-

Die Formulierung eines Objektes als Selbstbeobachter läßt sich gut in Verbindung bringen mit dem Konzept des Psychismus bei Lacan. Die Frage nach einer Entfaltung des Paradoxes der Form wird bei ihm ähnlich problematisiert:

> „Wie von da [dem Ein, Anm. N.O.] aus situieren die Funktion des Anderen? Wie, wenn, bis zu einem gewissen Punkt, es einfach von den Knoten des Ein her ist, daß sich trägt, was von aller Sprache bleibt, wenn Sie sich schreibt, wie eine Differenz setzen? Denn es ist klar, daß das Andere sich nicht addiert zu dem Ein. Das Andere differenziert sich daraus nur. [...] Denn das Andere [...] das ist das Ein-weniger." (Sch XX/S.:138)

Es wäre interessant, in diesem Zusammenhang ein Differenzierungsmodell zu untersuchen, das nicht nach der Vorstellung von Differenzierung nach dem Muster der Zellteilung, sondern nach dem Muster der Verschmelzung vorgeht. Lacan scheint einen entsprechenden Vorschlag zu machen, wenn er schreibt:

> „Das ist offenkundig Metapher, erlaubt für Freud durch die glückliche Entdeckung der zwei Einheiten des Keims, des Ovulums und des Spermatozoons, von denen man grob sagen könnte, daß es aus ihrer Verschmelzung ist, das sich erzeugt was? – ein neues Sein. Bis auf dies, daß die Chose nicht geht ohne eine Meiose [...]." (Sem XX/S.:74)

Lacan geht von einer ursprünglichen Teilung des Subjekts aus, die dieses erst konstituiert. Dieses Subjekt ist insofern vergleichbar mit dem Oszillator Glanvilles. Vor dem Hintergrund des Spiegelstadiums, das diese Teilung bewirkt, kann das Subjekt dann als Effekt des Signifikanten beschrieben werden, wenn es den symbolischen Bereich erschlossen hat, da dieser eine Konstellation einführt, die die totale Reflexivität in ein zeichenhaftes, relatives Aufeinander-Bezogensein des Subjektes mit sich selbst überführt. Diese Wechselbeziehung des Psychismus mit dem sprachlichen Zeichen beschreibt Lacan folgendermaßen:

> „Als Psychoanalytiker ist es das Zeichen, dessen ich kundig bin. Wenn es mir das Etwas signalisiert, das ich zu behandeln habe, weiß ich, da ich an der Logik des Signifikanten den Trug des Zeichens zu brechen gefunden habe, daß dieses Etwas die Teilung des Subjekts ist: welche Teilung daran hängt, daß der andere es sei, was den Signifikanten macht, wodurch er ein Subjekt nur zu repräsentieren vermag, indem er einer nur vom anderen ist." (R-T/S.:16)

Auch Lacan verwendet das Modell des Möbiusbandes, um die Konstitution des Subjekts zu charakterisieren. Das konstitutiv gespaltene Subjekt erscheint in einem Modus,

> „[...] für den wir nur einen topologischen Index finden, das generative Zeichen des Moebiusbandes, dem wir den Namen der inneren Acht geben.

---

ner Tautologie nur Tautologien.)" (Wittgenstein, Ludwig (1963): Tractatus logico-philosophicus. Logisch-philosophische Abhandlung. Suhrkamp Verlag. Frankfurt/Main. S.:100)

Das Subjekt ist, wenn man so sagen kann, in innerem Ausschluß seinem Objekt eingeschlossen." (Sch II/S.:239)

Ebenso wie das Subjekt als paradoxe Einheit aus (selbst-)beobachtendem und (selbst-)beob-
achtetem System konzipiert wird, sind auch die Begriffe Signifikant und Signifikat nur die beiden Halbphasen des Zeichens als Zyklus. Da die Operation der Beobachtung vorgängig ist (diese
Vorgängigkeit bestätigt den Primat der Differenz vor der Identität – es ist damit noch nicht gesagt, von welcher Position die Beobachtung ausgeht), kann man mit Lacan auch erklären, warum
jedes Signifikat ursprünglich ein Signifikant gewesen sein muß (→ Kap.: III):

> „Aber all dieses Signifikante, wird man sagen, kann doch nur wirken, indem es im
> Subjekt gegenwärtig ist. Genau dies meine ich, wenn ich annehme, *daß es auf die
> Ebene des Signifizierten übergegangen ist.* Wichtig ist nämlich nicht, daß das Sub-
> jekt mehr oder weniger davon weiß." (Sem II/S.:29) [Hervorhebung von mir, N.O.]

Der Begriff der Transferunterscheidung oder der Modellfähigkeit, wird verwendet, um Beobachtungen zweiter Ordnung zu beschreiben. Vernachlässigt man seine Position im Form-Kalkül,
so erhält man eine zirkuläre Struktur von Beobachter und Objekt, die in etwa dem entspricht, was
sich nach Lacan auf der imaginären Ebene des Psychismus abspielt: eine Art autoerotischer Gra-
vitation. Anstelle dieser beiden Termini bietet es sich jedoch an, einen zweiten Beobachter, bzw.
eine zweite Beobachtung zu konzipieren.
Die Annahme eines zweiten Beobachters wird unmittelbar plausibel, wenn man sich das Paradox
der Form als ein Black Box-Modell vorstellt. Glanville schreibt über ein solches Modell:

> „So haben wir eine Situation, in der die Box für jene, die in das Anfangssystem in-
> volviert sind, weiß und für den zweiten Beobachter schwarz ist. [...]
> Wir können daher nun sagen, daß die Außenseite jeder White Box schwarz ist, wäh-
> rend die Innenseite jeder Black Box weiß ist; die Weiße besteht aus zwei Black Bo-
> xes, so daß gilt: Jede Black Box ist innen weiß. [...] Die Form solcher gekoppelter
> Black Boxes ist mehr oder weniger die Form, die ich an anderer Stelle ein Objekt ge-
> nannt habe [...]." [124]

Die Annahme eines zweiten Beobachters vereinfacht das Modell und macht zugleich anschau-
lich, daß es sich nur aus verschiedenen Phasen der beiden Modi Beobachten und Beobachtetwer-
den konstituiert. Der Unterschied zwischen Beobachtungen erster und zweiter Ordnung kann so
in Analogie gebracht werden mit Lacans Konzept des imaginären und des symbolischen Bereichs
im Psychismus. Die Spiegelrelation als Metapher für Eigenbeobachtung verdeutlicht, wie bei
Lacan das Paradox mit Hilfe eines „zweiten Beobachters" entwickelt wird:

> „Was ist also dies andere, an dem ich mehr hänge als an mir, bewegt es mich doch im
> Innersten meiner Identität mit mir selbst?
> Seine Gegenwart ist nur zu begreifen in einem zweiten Grad der Andersheit, der es
> selbst in eine Vermittlungsposition bringt in bezug auf meine eigene Verdoppelung
> mit mir selbst als mit einem Meinesgleichen." (Sch II/S.:50 f.)

---

[124] Glanville, 1988. S.:130 ff. Auf Black Box-Modelle wird in → Kap.: I.3 gesondert eingegangen.

Der Andere bezeichnet in Lacans Konzeption des Psychismus jene Position, von der aus die Einheit der Differenz von Signifikant und Signifikat bzw. von Subjekt und Objekt (klein *a*) beobachtbar wird, also die Position des Zeichens bzw. eben des zweiten Beobachters. Die Determiniertheit des Subjekts durch die Sprache oder jene Position des Anderen, die das Subjekt als Effekt der Signifikanten erscheinen läßt, beschreibt Lacan wie folgt:

> „Es spricht im Andern, sagen wir, und bezeichnen mit dem «Andern» eben den Ort,
> den der Rückgriff auf das Sprechen evoziert in jeder Beziehung, in die er interve-
> niert. Wenn Es im Andern spricht, egal, ob das dann vom Subjekt mit den Ohren
> vernommen wird oder nicht, dann deswegen, weil das Subjekt in ihm seine signifi-
> kante Stellung findet durch etwas, das jedem Erwecken des Signifikats logisch vor-
> aufgeht. Die Entdeckung, was das Subjekt an diesem Ort, d.h. im Unbewußten, arti-
> kuliert, läßt uns begreifen, auf Kosten welcher Spaltung* es sich konstituiert hat.“
> (Sch II/S.:125)

Die Annahme eines ersten Beobachters, die in der Systemtheorie tendenziell auf eine methodologische Notwendigkeit reduziert wird, spielt bei Lacan eine wichtige Rolle. Er ist – systemtheoretisch ausgedrückt – unbeobachtbar, dies aber, weil der imaginäre Bereich nicht symbolisch verfaßt ist. Er ist da, er wirkt, aber diese Wirkungen können nur als Effekte im symbolischen Bereich beobachtet werden.

Der infinite Regreß, der in Luhmanns systemtheoretischer Konzeption mit dem zweiten Beobachter einsetzen würde, stellt bei Lacan ein Problem des symbolischen Bereichs des Psychismus dar. Gerade das Erscheinen des zweiten Beobachters bzw. des Anderen ist der Grund, weshalb Lacan darauf insistiert, daß sich das Subjekt nur als gespaltenes erfahren bzw. beobachten kann. Erst durch die Existenz des Anderen als einem Konstituenten des Psychismus, beobachtet sich das Subjekt als die Einheit einer grundlegenden Differenz, als *ex-sistierendes* (vgl.: Sem XX/S.:83 et passim) Subjekt.

Der Übergang vom imaginären in den symbolischen Bereich bedeutet den Übergang von einem selbstreferentiell operierenden in ein fremdreferentiell operierendes System.

Der konstruktivistische Ansatz geht, wie Glanville sagt, davon aus, daß:

> „[...] die Wirklichkeit „dort draußen“ nicht „dort draußen“ [ist] – sie ist Konsequenz
> einer Interaktion (die, so würde ich behaupten, sowohl uns, das Selbst, als auch die
> Wirklichkeit „dort draußen“, das Andere, hervorbringt, und zwar in allem, was unse-
> re Erfahrungen und kognitiven Einsichten je auszeichnet.[...]).“[125]

Dieser Ansatz läßt sich gut mit der Konzeption des Psychismus bei Lacan korrelieren. Außer dem imaginären und dem symbolischen Bereich wird der Psychismus nach Lacan noch vom Bereich des Realen konstituiert. Was von diesem realen Bereich zu erwarten ist, ist allerdings keine wie auch immer geartete, externe Realität. Das Reale, so betont Lacan, ist das Unmögliche. Er sagt,

---

[125] Ebd. S.:10 f.

„[...] daß das Reale zunächst nicht ist, um gewußt zu werden.
Als Wahrheit ist das eben der Deich, den geringsten Versuch von Idealismus abzu-
halten. [...]
Aber das ist keine Wahrheit, das ist die Grenze der Wahrheit.
Denn die Wahrheit situiert sich, das zu unterstellen, was vom Realen im Wissen, das
sich hier (zum Realen) hinzufügt, Funktion macht." (R-T/S.:45)

Wahrheit und Wissen sind also Unterstellungen. Sie ergeben sich aus den welterzeugenden Operationen des Psychismus als einem selbstbeobachtenden System und ihre Aussagen haben nur so
lange Gültigkeit, bis sie widerlegt werden. Das Reale als externe Wirklichkeit, die durch Wissen
erreicht werden kann, ist jedoch eine Illusion. Bei Lacan ist das Reale nur ein Rest – allerdings
ein konstitutiver Rest: „Der Rest ist, menschlicher Bestimmung nach, immer fruchtbar. Die
Schlacke ist der erloschene Rest. Den Ausdruck «Schlacke» verwende ich hier durchweg negativ." (Sem XI/S.:141) Diese Auffassung weicht insofern von dem konstruktivistischen Ansatz ab,
der das Reale als die Systemumwelt beschreiben würde, die logisch angenommen werden kann,
die aber bei selbst- und welterzeugenden Systemen keine Rolle spielt. Möglichkeiten der Bezugnahme – und hier gibt es wieder eine Homologie zwischen beiden Ansätzen – gibt es nur im
Rahmen von Selbst- und Fremdreferenz oder, in der Terminologie Lacans, auf der Ebene des
imaginären und des symbolischen Bereichs des Psychismus, das heißt zeichenvermittelt, als Intersubjektivität. Lacan sagt:

> „Das muß uns nicht überraschen, wenn der *Weg*, wie ich gesagt habe, durch das *Zei-*
> *chen (signe)* führt. Wenn sich da eine Ausweglosigkeit *(impasse)* zeigt – ich sage
> ausdrücklich, sich bestätigt indem sie sich zeigt –, dann liegt da unsere Chance, daß
> wir darin das reine und simple Reale treffen, als das, was hindert, davon die ganze
> Wahrheit zu sagen." (R-T/S.:84)

Entsprechend der Annahme Glanvilles, daß Beobachten auf einer Interaktion beruht, kann man
also auch mit Lacan sagen, Wirklichkeit sei eine Leistung des Beobachters (→ Kap.: III). Das
Reale ist das, was die Möglichkeiten zu beobachten eingrenzt und den Beobachter auf seine eigene operative Geschlossenheit verweist.

Ebenso wie Glanville bei der Entfaltung des Formkalküls die Logik abweist, da sie mit Wahr-
heitswerten operiert, die in der Geschlossenheit eines solchen „beobachteten/beobachtenden Systems"[126] untauglich werden, lehnt Lacan die (klassische) Wissenschaft oder zumindest die Psychoanalyse als Wissenschaft ab. Denn Wissenschaft übersieht, nach Lacan, die radikale Relativität ihrer Aussagen, da diese an dieselben Möglichkeitsbedingungen gebunden seien, wie
deren jeweiliges Objekt:

> „Dadurch daß die Wissenschaft einen bestimmten Bereich der subjektiven Alienation
> einfach elidiert, ausläßt, absondert und sich genau an dem Punkt ansiedelt, den ich
> als Separationspunkt definiert habe, ermöglicht sie die Existenz des Gelehrten, des
> Manns der Wissenschaft. [...] [Dieser] erscheint [...] als jemand, der sich durch ver-

---

[126] Ebd. S.:107

schiedene Vorsichtsmaßnahmen eine Reihe von Fragen vom Leib hält, die den Status der Wissenschaft betreffen, deren Diener er ist." (Sem XI/S.:278 f.)

Lacans Wissenschaftskritik und die von ihm vorgeschlagene Alternative einer Psychosemiologie werde ich in → Kap.: IV eingehend interpretieren.

Die hier beschriebenen Homologien zwischen systemtheoretischen und konstruktivistischen Theoriedesigns und der Lacanschen Psychosemiologie wurden mit Hilfe der Vorstellung von Zeit als Operator veranschaulicht. Dies steht in keinem Widerspruch zu Lacans Annahme der grundsätzlich nicht-linear ablaufenden subjektiven Zeit sowie seiner Annahme, daß es keine Psychogenese gebe. Für die oszillatorische Bewegung des Bewußtseins, das heißt der Oszillation zwischen Bewußtseinsvollzug und Bewußtseinsprodukt, ist Zeit notwendig – sie ist jedoch nicht gegeben, sondern nur operational erklärbar. Zeit ist eine Projektionsweise des Bewußtseins, das als Bewußtsein konstitutiv selbstbewußt sein muß.

Das psychosemiologische Modell Lacans kann auf ein sehr einfaches zeichentheoretisches Konzept reduziert werden. Wie ich in → Glossar: 3 erläutere, kann die Konzeption eines eigenbeobachtenden Objekts, das aus zwei Halbphasen besteht, so beschrieben werden, daß ein drittes Element „automatisch" mitangenommen werden muß (→ Kap.: I.3). Das folgende Schema soll diese Überlegung verdeutlichen:

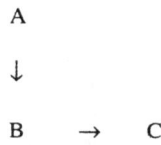

Wenn A B beobachtet, dann kann A durch einen autologischen Schluß annehmen, daß B ein C beobachtet: obwohl A C nicht zu beobachten braucht (C kann außerhalb des Beobachtungshorizonts von A liegen), hat A gleichwohl durch die Beobachtung von B einen Zeichenbegriff von C. Psychosemiologisch reformuliert: „[...] sie sind drei, aber in Wirklichkeit sind sie zwei plus a. Dieses zwei plus a, im Punkt des a, reduziert sich, nicht auf die zwei anderen, sondern auf Ein plus a." (Sem XX/S.:54) Diese Überlegungen könnten den Ausgangspunkt einer psychosemiologischen Konzeption bilden, die, ähnlich wie Glanville (und von Foerster), von einer zirkulären „(Eigen-)Zeit"[127] ausgeht, die durch Interaktion bzw. Intersubjektivität generiert wird. In einer eigentümlichen Textsammlung G. Spencer-Browns, DIESES SPIEL GEHT NUR ZU ZWEIT[128], die die persönlichen Entstehungsumstände seiner LAWS OF FORM beschreibt sowie die Haltung, die Spencer-Brown dem Formkalkül gegenüber inzwischen eingenommen hat, geht dieser davon aus, daß Zeit „ein Konstrukt"[129] sei und daß „wir" Zeit „erzeugen"[130]: „Es erfordert nur einen Augenblick des Nachdenkens, um zu sehen, daß das, was wir Zeit nennen, in Wirklichkeit eine

---

[127] Ebd. S.:189 et passim
[128] Spencer-Brown, Georges (1994): Dieses Spiel geht nur zu zweit. übers. v. Andreas Baar. Bohmeier Verlag. Soltendieck
[129] Ebd. S.:125
[130] Ebd. S.:129

Blindheit in einer Richtung ist; die blinde Seite wird „Die Zukunft" genannt."[131] Anders als bei Luhmann, der eine andere Dimension benötigt, um die Zeitdimension asymmetrisch zu denken[132], wird hier von einer an sich asymmetrisch verlaufenden Zeit ausgegangen, die es ermöglicht, Zeit als Konstruktion zu begreifen.

Vermutlich hängt es mit der bei Luhmann ungeklärten Situation des Beobachters zusammen, daß sich in der Systemtheorie die Vorstellung eines autonom und bewußt agierenden Beobachters durchsetzt. Gerade dadurch, daß bei Lacan hingegen das Subjekt als Effekt des Signifikanten-Prozesses konzipiert wird, gelingt ihm ein generativer Ansatz. Interessant ist in diesem Zusammenhang Spencer-Browns Hinweis: „It may be helpful to realize that the primary form of mathematical communication is not description, but injunction."[133] Die Möglichkeiten, die sich daraus ergeben, anstelle von Beschreibungen Befehle zu geben, das heißt, generativ zu operieren, soll im weiteren Verlauf in der Psychosemiologie Lacans dargestellt werden. Die psychosemiologische Version des Befehls wird der Appell sein.

Kapitel I.2
Das Möbiusband: Innen und Außen bilden keine orientierbaren Seiten

Die Figur des Möbiusbandes spielt in der vorliegenden Arbeit eine wesentliche Rolle, da sie nicht nur von Glanville verwendet wird, sondern auch von Lacan, der damit die Beziehung zwischen Signifikant und Signifikat bildhaft darstellt. Ein Möbiusband ist ein zum Kreis geschlossenes Band, das ein Mal in sich gewendet oder gedreht wird. Anders als ein einfacher Kreis hat ein solches Band daher keine Innen- und keine Außenseite. Die beiden Seiten gehen kontinuierlich ineinander über[134]. Mit Hilfe des Möbiusbandes läßt sich gleichermaßen der Bereich des Realen, also die Realität des Subjekts, im Schema R darstellen[135]. Denn dieser Bereich des Realen ist weniger ein Bereich, als ein Schnitt, der den Bereich des Imaginären und den Bereich des Symbolischen trennt. Zizek schreibt:

---

[131] Ebd. S.:130

[132] So heißt es bei Luhmann: „Die Zukunft ist Zukunft nur als Zukunft einer Gegenwart-mit-Vergangenheit; aber sie ist nicht die Vergangenheit und geht auch nicht (wie das Kreismodell suggeriert hatte) letztlich in sie über. [...] In dem Maße aber, in dem die Differenz der Sinndimension [...] etabliert ist, können Interdependenzen zwischen den Dimensionen zur Konditionierung und Enttautologisierung der Selbstreferenzen dienen. Die Zirkel werden unterbrochen. Die Sachwelt zwingt dazu, die Zeit asymmetrisch zu denken." (Luhmann, 1991. S.:113)

[133] Spencer-Brown, 1979. S.: 77

[134] Ein Möbiusband läßt sich einfacher herstellen, als beschreiben: Schneiden Sie einen Streifen Papier aus. Kleben Sie die beiden Enden des Streifens so aneinander, daß sie einen Ring bilden. Wenden Sie aber das eine Ende des Streifens vor dem Zusammenkleben einmal um. Markieren Sie einen Punkt auf dem so entstandenen, einmal in sich gewundenen Band. Ziehen Sie von dieser Markierung aus einen Strich der Länge nach auf dem Band. Sie werden den Markierungpunkt wieder erreichen, wobei „beide Seiten" des Bandes durch den Strich erfaßt sein werden: Innen- und Außenseite sind nicht voneinander getrennt.

[135] Dieses Schema wird in → Kap.: II.1 und in → Kap.: Kap.: II.2 erläutert und auf Seite 104 widergegeben. Im aktuellen Zusammenhang ist nur die generative Figur des Möbiusbandes wichtig, die der reale Bereich in Lacans Schema darstellt.

„Das Reale fungiert hier nicht als etwas, das sich der Symbolisierung widersetzt, als ein bedeutungsleerer Rest, der nicht in das symbolische Universum integriert werden kann, sondern, im Gegenteil, als dessen entscheidende Stütze."[136]

In dem Text EINIGE BEMERKUNGEN ÜBER DIE PSYCHOTISCHE REALITÄT beschreibt Kleiner die Bedeutung des Möbiusbandes bei Lacan:

„Denn die Linien, die das Feld R im Schema aufspannen – die jeweiligen Basen des imaginären und des symbolischen Dreiecks –, sie sind keine wohlunterschiedenen und mit sich in ihrem Feld identischen Linien. Vielmehr sind sie zwei nicht-orientierbare Linien, der einzige Rand eines Moebiusbandes. Dessen Struktur ist identisch mit dem reinen Schnitt, d.h. mit dem Schnitt, der nicht sekundär zu etwas ist, das er schnitte, sondern der die Voraussetzung selbst ist für den durch ihn bestimmten Raum."[137]

Diese Formulierung erlaubt es, einen Anschluß an die Form der Unterscheidung bei Spencer-Brown herzustellen.
Ich möchte daher zunächst die Bedeutung des Möbiusbandes bei Spencer-Brown und Glanville erläutern, ehe ich auf die Lacansche Konzeption näher eingehe.
Ranulph Glanville beschäftigt sich in dem Text YOUR INSIDE IS OUT AND YOUR OUTSIDE IS IN mit der Frage der Spencer-Brownschen Unterscheidung in Zusammenhang mit dem Möbiusband. Er schreibt:

„Im Gegensatz zu einem Kreis hat ein Möbiusband weder Innen noch Außen. Das aber heißt: wenn wir nicht an die Bedeutungen von Innen und Außen gebunden sind, dann verschwinden unsere Paradoxien natürlich, denn sie sind nichts als eine Konsequenz dieser Vorstellung von Innen und Außen. Und da Spencer Brown explizit einen Kalkül vorschlägt, der auf einem einzigen primitiven Akt beruht („Draw a distinction"!), gehen wir davon aus, daß nicht nur die Kreisform, sondern auch die Form des Möbiusbandes akzeptiert werden kann, und sei es nur aufgrund ihrer vergleichbaren Einfachheit (das heißt Primitivität)."[138]

Tatsächlich trennt also die Spencer-Brownsche Unterscheidung nicht etwas, das vorher schon da ist, sondern konstituiert erst – wie Kleiner formuliert – den Raum, den sie unterscheidet.
In ähnlicher Weise führt Lacan in seinem Text FADENRINGE (Sem XX/S.:127-147) an das Modell des Möbiusbandes heran. Er zeigt die Skizze einer Schlinge oder eines Knotens und erläutert:

„[...] diese Schrift stellt Ihnen die Plättung eines Knotens dar. So ist diese Linie, dieser Faden durchaus etwas anderes als die Linie, die wir eben im Hinblick auf den

---

[136] Zizek, Slavoj (1991): Liebe Dein Symptom wie Dich selbst! Jacques Lacans Psychoanalyse und die Medien. In: Peter Weibel: Perspektiven der Technokultur. Merve Verlag. Berlin. S.:68
[137] Kleiner, Max (1991): Einige BEMERKUNGEN ÜBER DIE PSYCHOTISCHE REALITÄT. In: Frag-Mente. Schriftenreihe zur Psychoanalyse. Heft 37: Die Psychosen. Einschlüsse und Auswege. hrsg. v. Wissenschaftliches Zentrum für Psychoanalyse, Psychotherapie und psychosoziale Forschung (WZ II) der Gesamthochschule Kassel. Verlag Senior und Pressler. Kassel. S.:171-186. hier S.:174
[138] Glanville, 1988. S.:170

Raum als einen Schnitt definiert haben und die ein Loch macht, das heißt ein Inneres und ein Äußeres trennt." (Sem XX/S.:132)

Das Problem läßt sich anhand der Spencer-Brownschen Unterscheidung zwischen der Markierung der Unterscheidung und ihrem Wert verdeutlichen. Glanville schlägt vor, von „Selbstmarkierung" und „Selbstwert"[139] zu sprechen, so daß eine Unterscheidung keinen Inhalt habe außer sich selbst[140]. Um die entsprechende Unterscheidung zu treffen, bedarf es also eines externen Beobachters, der

> „[...] die Unterscheidung im Sinne der hier verwendeten Analogie als die Projektion eines Kreises (das heißt von außen) und nicht eines Möbiusbandes sieht. Indem er derart beobachtet, trennt er in der Tat die Markierung vom Wert und bringt er nicht nur das hervor, was unterschieden wird, sondern auch dessen eigentliche *Unzugänglichkeit* [...] wie auch alle Vorstellungen von Prozeß und Zeit, da immer eine weitere Unterscheidung getroffen wird: das heißt, das Unterschiedene wird als etwas gesehen, das von Unterscheidung auf Unterscheidung (Zeit) immer wieder und wieder (Prozeß) unterschieden wird."[141]

In diesem Sinne können die zwei nicht-orientierbaren Linien der Basen des imaginären und des symbolischen Dreiecks im Schema R Lacans, wie bei Kleiner dargestellt, als jene „Selbstmarkierungen" von „Selbstwerten" bei Glanville verstanden werden, die eine „Selbstunterscheidung ohne Innenseite und Außenseite"[142] konstituieren.
„Die Form aller Dinge ist identisch und kontinuierlich."[143] Glanville schreibt:

> „[...] für Selbste gibt es kein[e] Innen- und Außenseiten, während der Umstand, daß externe Beobachter immer wieder Innenseiten und Außenseiten sehen, die Kontinuität des Wiedereintritts eben darum notwendig macht, weil der Akt des Unterscheidens immer-noch-eine-weitere Unterscheidung impliziert."[144]

Die Konzeption der Selbstunterscheidung ohne Innen- und Außenseite, wie sie das Möbiusband abbildet, illustriert die Relation, die Aufeinander-Bezogenheit von Signifikant und Signifikat im Psychismus bei Lacan. Der Signifikant geht kontinuierlich ins Signifikat über, wobei dieser Übergang zwar durch die Lacansche „Barre" angezeigt wird, beide Bereiche jedoch nicht als absolut distinkt vorgestellt werden dürfen. Lacan gibt für diesen kontinuierlichen Übergang eine Formel an:

---

[139] Ebd. S.:171
[140] Tatsächlich markiert der Strich längs des Möbiusbandes (siehe Bastelanleitung weiter oben) nur das Band selbst, jedoch keine Innen- oder Außenseite des Bandes. Somit illustriert das Möbiusband Spencer-Browns Definition der Unterscheidung: „*Distinction is perfect continence.*" (Spencer-Brown, 1979. S.:1)
[141] Glanville, 1988. S.:171
[142] Ebd. S.:172
[143] Ebd. S.:167
[144] Ebd. S.:172

„[...] für die Metaphernstruktur, die anzeigt, daß in der Substitution des Signifikanten durch einen Signifikanten ein Bedeutungseffekt erzeugt wird [...]. Das Zeichen «+» [– es wird in Lacans Formel benutzt, die für diesen Zusammenhang jedoch nicht relevant ist, Anm. N.O.] [...] manifestiert hier das Überschreiten des Balkens «–» und den konstituierenden Wert, den dieses Überschreiten für das Zutagetreten der Bedeutung hat.
Dieses Überschreiten drückt die Bedingung für den Übergang des Signifikanten ins Signifizierte aus [...].“ (Sch II/S.:41)

Für die Tatsache, daß es diesen Übergang vom Signifikanten ins Signifikat gibt, obgleich er, anders als in herkömmlichen Zeichentheorien, nie definitorisch festgelegt bzw. lokalisiert werden kann, sondern als operativer Begriff gefaßt werden muß, führt Lacan den Begriff der Metapher ein. In einer Präzisierung des bereits bei Freud eingesetzten Begriffs der Verdichtung[145] beschreibt der Begriff der Metapher bei Lacan nicht die Überlagerung zweier (oder mehrerer Bedeutungen) im Sinne rhetorischer Definitionen (zum Beispiel die Metapher als Übertragung einer Wortbedeutung), sondern vielmehr als das Zustandekommen dessen, was er Signifikation nennt: die aktuelle Verknüpfung von Signifikant und Signifikat.

> „La métaphore suppose qu'une signification est la donnée qui domine, et qu'elle infléchit, commande l'usage du signifiant, si bien que toute espèce de connexion préétablie, je dirais lexicale, se trouve dénouée. [...] Et pourtant, il est clair que l'usage de la langue n'est susceptible de signification qu'à partir du moment où on peut dire *Sa gerbe n'était point avare, ni haineuse*, c'est-à-dire où la signification arrache le signifiant à ses connexions lexicales.
> C'est là l'ambiguïté du signifiant et du signifié.“ (P/S.:248)
> „[...] le signifiant et le signifié sont toujours dans un rapport que l'on peut qualifier de dialectique.“ (P/S.:254)

Negativ erläutert Kleiner am Beispiel des psychotischen Subjekts:

> „Das Fehlen eines wirklich metaphorischen Effektes in der Psychose begründet im übrigen die oft beklagte Unempfänglichkeit der Psychotiker selbst für die geistreichste Deutung. Da die subjektive Realität als Feld und als Schnitt nicht die Form des Moebiusbandes aufweist, ist die Voraussetzung für die Wirkung der Deutung nicht gegeben, nämlich die jederzeitige Möglichkeit des Umkippens von Symbolischem und Imaginärem, von Signifikant und Signifikat, von Unbewußtem und Bewußtem. In der psychotischen Struktur des Wahns ist die barré, der Balken zwischen Signifikant und Signifikat, nicht überschreitbar, die beiden Bereiche sind völlig getrennt voneinander [...].“[146]

---

[145] vgl.: Freud, Sigmund (1972): Die Traumdeutung. In: Studienausgabe Bd.II. hrsg. v. Th. v. Uexküll und I. Grubrich-Simitis. 8. Auflage. Fischer Verlag. Frankfurt/Main. Die Freudschen Begriffe der Verschiebung und der Verdichtung werden bereits im Russischen Formalismus mit denen der Kontiguität bzw. der syntagmatischen Achse und der Ähnlichkeit bzw. der paradigmatischen Achse in Verbindung gebracht. Die Verschiebung zeigt die Figur der Metonymie, die Verdichtung zeigt die Figur der Metapher. (siehe auch: Holenstein, Elmar (1975): Roman Jakobsons phänomenologischer Strukturalismus. Suhrkamp Verlag. Frankfurt/Main. S.:143 et passim)
[146] Kleiner, 1991. S.:182 (→ Kap.: II.2)

Umgekehrt kann also durch das Fehlen einer Innen- und Außenseite bei einem Möbiusband eben der Modus der Relationierbarkeit von Signifikant und Signifikat beschrieben werden.

Tatsächlich bedarf es auch bei Lacan eines „externen Beobachters", nämlich des groß Anderen, damit sich die beiden Dreiecke des Imaginären und des Symbolischen Bereichs stabil aufspannen und den Bereich oder den Schnitt des Realen umreißen können. Durch die Konzeption des Möbiusbandes werden bei Lacan Beobachtungen zweiter Ordnung beschrieben. Er sagt:

> „Aber all dieses Signifikante, wird man sagen, kann doch nur wirken, indem es im Subjekt gegenwärtig ist. Genau dies meine ich, wenn ich annehme, daß es auf die Ebene des Signifizierten übergegangen ist." (Sch II/S.:29)

Das Funktionieren des Umkippens von Signifikant und Signifikat auf diesem Niveau kann mit Glanville erläutert werden:

> „Was ist eine (scheinbare) Extension der Außenseite? Was ist eine (scheinbare) Intension der Innenseite?
> Diese Frage führt zum notwendigen nächsten Schritt, der eine formale Konsequenz der Form der Herstellung einer Form (die Unterscheidung) ist. So finden wir an den Extremen, daß es keine Extreme gibt. Die Ränder lösen sich auf, *weil* die Formen selbst kontinuierlich sind – sie treten in sich selbst wieder ein und drehen Schleifen um- und ineinander."[147]

Diese Oszillation der nicht orientierbaren Ränder wird in anderem Zusammenhang bei Glanville als die zwei Phasen des Zyklusses eines selbstbeobachtenden Objekts beschrieben. Die hier zitierte Passage evoziert das Bild eines Gewebes, das dem entsprechen dürfte, das Lacan mit seinem Bild der Fadenringe (vgl.: Sem XX/S.:132 ff.) beschreibt:

> „So artikuliert sich das Unbewußte aus dem, was vom Sein zum Sagen kommt.
> Das, was von der Zeit ihm Stoff macht, ist nicht von Imaginärem entlehnt, sondern eher von einem Textil, wo Knoten nichts als Löcher besagen würden, die sich darin finden." (R-T/S.:29)

Das Modell des Möbiusbandes bei Lacan und Glanville veranschaulicht eine grundsätzlich andere Perspektive auf die Probleme der Paradoxie und des infiniten Regresses als die der Systemtheorie. Über die Spencer-Brownsche Unterscheidung gelangt die Systemtheorie zur Paradoxie; sie stößt sich an der Paradoxie, da die grundsätzliche systemtheoretische Operation die (binäre) Codierung ist.

Lacan und Glanville gehen demgegenüber von der Paradoxie aus, das heißt, von der Annahme, daß es kein Innen oder Außen gibt, daß aber die Produktion von Innen und Außen (also binäre Codierung) die Operationsweise des Subjekts sind. Anders formuliert: die binäre Codierung als Operationsweise des Subjekts ist die Entfaltung bzw. Generation der Paradoxie durch Zeit. Durch die Operation der (autoreflexiven) Differenzialisierung von Bewußtseinsvollzug und Be-

---

[147] Glanville, 1988. S.:172

wußtseinsprodukt wird Zeit erzeugt. Um Glanvilles Ausdrücke zu verwenden: Das Subjekt ist ein Selbst, es kann davon jedoch nichts wissen, sondern nur als externer Beobachter operieren. Im folgenden → Kap.: I.3 möchte ich zur Verdeutlichung versuchen, mit Hilfe des Glanvilleschen Black Box-Modells das Subjekt als Selbst, bzw. als Eigenobjekt zu skizzieren.

Kapitel I.3.

Black Boxes: Analyse ist Konstruktion

Die Beschreibung des konzisen Entwurfs von Black Boxes bei Glanville soll dazu dienen, eine möglichst schlichte Grundkonzeption des Modells des Lacanschen Psychismus aus einer operativen Perspektive zu liefern. Über die Eigenschaften einer Black Box wird angenommen:

> „(a) sie sei distinkt,
> (b) sie habe beobachtbare (und relationierbare) Inputs und Outputs,
> (c) sie sei schwarz (das heißt, für den Beobachter opak)."[148]

Das Glanvillesche Modell der Black Box – einem in der Kybernetik wichtigen Konzept – fasziniert mich in dem Zusammenhang mit der Lacanschen Psychosemiologie deshalb, weil, wie Glanville sagt,

> „[...] mit der Black Box keinerlei Beziehungen zwischen ihrem beobachteten Verhalten und irgendetwas anderem unterstellt wird, was in ihr dieses Verhalten bewirken könnte. In der Konsequenz führt diese Idee so weit, daß wir nichts über das Innere eine[r] Black Box wissen, es sei denn, daß es sich wiederum um eine Black Box handeln muß."[149]

Ein Anknüpfungspunkt an das Lacansche Konzept ergibt sich zum einen hinsichtlich der paradoxalen Konstitution des Psychismus und zum anderen hinsichtlich der intrapsychischen Objekte klein a und dem groß Anderen, die von Lacan nirgends substanziell beschrieben werden, sondern stets nur über ihre Funktionalisierungen, über ihre Beziehungen mit dem Subjekt (→ Kap.: 0.3). Mit anderen Worten: Ähnlich wie bei der Beschäftigung mit Black Boxes erfährt man auch bei Lacan nichts über die Objekte klein a oder groß A „an sich", sondern nur über deren Relationen zum Subjekt sowie über die Effekte, die diese Relationen bewirken. Im folgenden sollen einige Homologien zwischen den Relationen Beobachter/Black Box und Subjekt/Objekt a und A aufgezeigt werden.

Glanville geht in seinen Überlegungen von dem Entwurf einer primitiven Black Box aus:

---

[148] Ebd. S.:120
[149] Ebd. S.:14

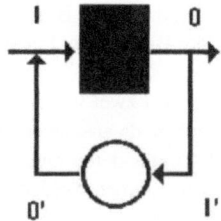

Er schreibt über diese Black Box:

> „Unter diesen Umständen ist der Output der Black Box (O) der Input des Beobachters (sagen wir I') und der Output des Beobachters (O') der Input (I) der Black Box. Es gibt also eine Reziprozität zwischen Black Box und Beobachter und eine Zweideutigkeit darüber, ob ein Signal ein Input oder ein Output ist, die nur mit Verweis auf eine Rolle gelöst werden kann.
> In diesem Sinne interagieren die beiden Systeme, und die Frage ist, wer kontrolliert wen."[150]

Eine derartige Beschreibung des Verhältnisses zwischen Beobachter und Black Box kann leicht mißverstanden werden: Wichtig ist zu betonen, daß es hier um kein geschlossenes, totales System geht. Nach wie vor weiß der Beobachter nichts über die Black Box selbst, er beschreibt nichts weiter als einen beobachtbaren Transformationsprozeß. Insofern wäre es auch müßig, darüber nachzudenken, ob die Black Box noch über weitere, aktuell nicht beobachtete In- und Outputs verfügt, das heißt, ob sie ein offenes oder ein geschlossenes System ist. Gerade solche Überlegungen würden die Black Box wieder „substanzialisieren", was hier gerade vermieden werden soll.

Folgende drei Abbildungen sollen das reziproke Verhältnis zwischen Beobachter und Black Box verdeutlichen:

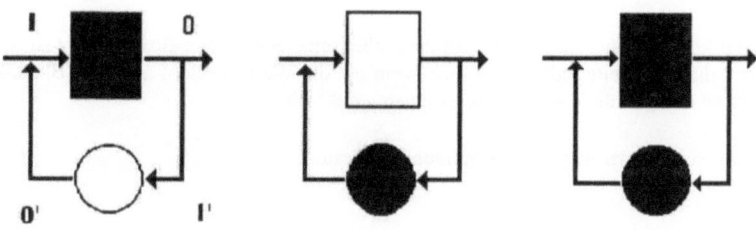

---

[150] Ebd. S.:127

Aus diesen Abbildungen geht hervor, daß sich die Black Box dem Beobachter gegenüber genauso verhält, wie der Beobachter gegenüber der Black Box: Für die Black Box ist der Beobachter schwarz und demnach eine Black Box.

Diese Konzeption der Black Box impliziert noch zwei weitere Forderungen. Zum einen muß es eine Differenz zwischen Input und Output geben, da ansonsten die Black Box nicht erkannt würde, bzw. einfach nicht beobachtbar wäre[151]. Zum anderen muß eine gewisse historische Stabilität der beobachteten Input-Output-Differenz angenommen werden, denn Stabilität wird gerade dann erreicht, „[...] wenn ein interagierender Beobachter und eine Black Box eine funktionierende Beschreibung generieren."[152] Diese Stabilität kann als Weiße, bzw. als 'Whitening of the Black Box' beschrieben werden:

> „Diese Weiße kommt durch die Interaktion der Black Box und des eine offenkundig stabile Beschreibung anfertigenden Beobachters zustande. Aber sie existiert nur dank der Interaktion beider. Somit ist gesagt, daß Weiße in der Beziehung zwischen Beobachter und Black Box existiert und nirgends sonst."[153]

Daher kann Glanville sagen:

> „Demnach besteht jede White Box aus zwei Black Boxes, die derart interagieren, daß die eine (und, das ist impliziert, die andere) über eine funktionierende Beschreibung der anderen (oder der einen) vorliegt."[154]

Dieses Modell eröffnet einen infiniten Regreß in beiden Richtungen. Für jeden (zweiten) Beobachter bleibt die White Box schwarz, und er bildet mit ihr zusammen für jeden weiteren (zweiten) Beobachter eine Black Box, sofern er mit ihr eine stabile Beschreibung generiert. Strukturhomolog ist dieser Regreß mit dem des Beobachters zweiter Ordnung in der Systemtheorie, der immer auch eine Beobachtung erster Ordnung vollzieht. Systemtheoretisch ausgedrückt handelt es sich hier um den Regreß des Beobachtens der Einheit von Differenz und Einheit (→ Glossar: 3).

Jede White Box besteht außerdem aus zwei Black Boxes, deren jeweilige Innenseiten weiß sind und so ad infinitum. Glanville faßt zusammen:

> „Wir können daher nun sagen, daß die Außenseite jeder White Box schwarz ist, während die Innenseite jeder Black Box weiß ist; die Weiße besteht aus zwei Black Boxes, so daß gilt: Jede Black Box ist innen weiß."[155]

Dieses Verhältnis wird in der folgenden Abbildung dargestellt:

---

[151] Diese Forderung entspricht der systemtheoretischen Annahme des Primats der Differenz vor der Identität.

[152] Ebd. S.:134

[153] Ebd. S.:128. Vorwegnehmend sei darauf hingewiesen, daß Lacan analog für die Psychoanalyse bestimmt: „Das einzige Objekt, das dem Analytiker zugänglich ist, ist die imaginäre Beziehung, die ihn mit dem Subjekt als Ich (moi) verbindet." (Sch I/S.:92)

[154] Glanville, 1988. S.:128

[155] Ebd. S.:135

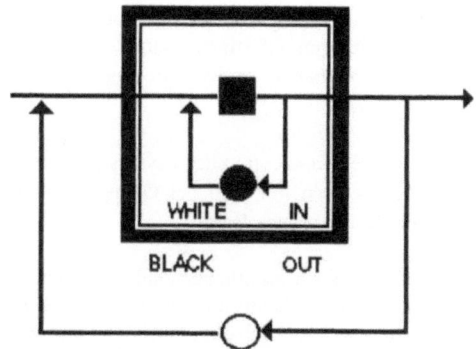

In der von Glanville gegebenen Beschreibung liegt die Begründung für die Annahme eines zweiten Beobachters – Ausgangspunkt der Überlegungen der „Second-order-Cybernetics" –, die die kybernetische Frage nach der Kontrolle ausweitet auf die prinzipielle und kaum zu beantwortende Frage: „wer kontrolliert wen?". Denn diese Frage berücksichtigt, daß sich die Kybernetik mit Problemen beschäftigen muß, „[...] in die der Beobachter eingeschlossen ist."[156]

Aus der hier wiedergegebenen Abbildung folgen zwei interessante Konsequenzen hinsichtlich des infiniten Regresses in beiden Richtungen.

Zum einen muß ein zweiter Beobachter (ich nenne ihn B) annehmen, daß er, wenn er eine Black Box beobachtet, ein zweiter Beobachter ist; das heißt, er muß einen „ersten" Beobachter (ich nenne ihn A) annehmen. Mit anderen Worten: Ein Beobachter weiß nie, durch welche Faktoren ein beobachteter Input determiniert ist. Gerade deswegen muß er jedoch prinzipiell immer annehmen, daß ein „erster" Beobachter existiert, daß er also eine White Box beobachtet, die für ihn schwarz ist (und zwei Black Boxes enthält), daß er also bei jeder Beobachtung davon auszugehen hat, bereits ein „zweiter" Beobachter zu sein. Der erste Beobachter ist ebenso wie die Black Box selbst nur eine Annahme eines immer schon zweiten Beobachters.

Zum anderen ergibt sich: der Input von B verändert den Input, den A verändert. Das bedeutet, jeder Beobachter B muß annehmen, daß der Input, den er beobachtet, von einem weiteren (zweiten) Beobachter B determiniert ist, bzw. daß er für einen weiteren Beobachter die Position eines A einnimmt. Spinnt man diese Überlegung weiter, so könnte man von ihr ausgehend ein plausibles Modell für Sozialität entwickeln. Jeder Beobachter kann als Mitglied einer Gesellschaft davon ausgehen, daß das, was er beobachtet, durch die Beobachtungen anderer determiniert und beobachtbar wird.

Eine andere Beschreibung des Regresses lautet also: Sobald ein Beobachter eine Black Box beobachtet, muß er annehmen, weder der erste, noch der letzte Beobachter der Black Box zu sein.

---

[156] Ebd. S.:138. So aber auch von Foerster: „[...] die Kybernetik zweiter Ordnung ist [...] die Kybernetik von beobachtenden Systemen." (von Foerster, 1993a. S.:89)

Glanville übernimmt nun für Systeme, das heißt, für einen Beobachter und eine Black Box, die übereinander stabile Beschreibungen anfertigen können, den Begriff 'Eigenobjekte' und für ihr Verhalten den Begriff 'Eigen-Verhalten' von von Foerster. Glanville sagt über solche Systeme: „Das ist die Bedeutung des Selbst."[157]

Homologien mit der Lacanschen Konzeption des Psychismus sind hierbei augenfällig. Das Spiegelstadium läßt sich so vergleichen mit dem bei Glanville anfangs beschriebenen reziproken Verhältnis des Beobachters und der Black Box:

> „So ist, und dies ist ein wesentlicher Punkt, die erste Wirkung der *Imago*, die beim menschlichen Wesen erscheint, eine Wirkung der *Entfremdung* des Subjekts. Es ist der andere, in dem sich das Subjekt identifiziert und sogar allererst erfährt. [...]
> Sogar das Begehren des Menschen konstituiert sich, wie er [Hegel; Anm. N.O.] uns sagt, im Zeichen der Vermittlung, es ist Begehren, sein Begehren anerkennen zu machen. Es hat zum Objekt ein Begehren, das des anderen [...]." (Sch III/S.:158 f.)

Das Spiegelstadium als Möglichkeitsbedingung der Konstitution des Subjekts (das heißt, des vollständigen Psychismus) wird bei Lacan also gleichermaßen als paradoxe Konstellation gedacht. „[...] la première synthèse de l'*ego* est essentiellement *alter ego*, elle est aliénée." (P/S.:50) Die Objekt-Ursache des Begehrens erweist sich jedoch als narzißtische Täuschung – es stellt eine Leerstelle, einen Fluchtpunkt des Begehrens dar: „Das Objekt *a* ist keinerlei Sein." (Sem XX/ S.:135) Ähnlich wie in dem Glanvilleschen Entwurf einer primitiven Black Box wird bei Lacan das Verhältnis zwischen Subjekt und Objekt *a* beschrieben; das heißt, im Grunde ist nur das Begehren beschreibbar, das zwischen beiden oszilliert und dessen Oszillation der Stabilität der Beschreibung zwischen Beobachter und Black Box entspricht. Slavoj Zizek beschreibt Lacans Konzept des „konstituierenden Paradoxon des Subjekts"[158] folgendermaßen:

> „Ebenso müssen wir die entsprechende Vorstellung von einem Subjekt als der Instanz, die das wirkungs- und sinnlose An-sich „subjektiviert", formt und ihm Sinn verleiht, ablehnen. Das Objekt *a* als Ursache ist ein An-sich, das sich der Subjektivierung-Symbolisierung widersetzt, doch weit davon entfernt ist, „unabhängig vom Subjekt zu sein"; vielmehr ist es *stricto sensu* der Schatten des Subjekts unter den Objekten, eine Art Platzhalter für das Subjekt, eine reine Form, die jeder eigenen Konsistenz entbehrt. Mit anderen Worten, wenn das Subjekt zum Vorschein kommen soll, muß es sich einem paradoxen Objekt, das real ist und das nicht subjektiviert werden kann, entgegensetzen."[159]

Lacan schreibt:

---

[157] Glanville, 1988. S.:134. Er erläutert: „Wenn wir aber annehmen - und das tun wir -, daß Black Boxes stabil sind (ohne diese Annahme wird das ganze Modell absurd - ein epistemologisch wertloser, wenn auch möglicherweise unterhaltsamer Witz), dann müssen wir auch annehmen, daß sie für sich selbst als weiß erscheinen. Das liegt daran, daß Stabilität, wie wir festgehalten haben, erreicht wird, wenn ein interagierender Beobachter und eine Black Box eine funktionierende Beschreibung generieren. Das ist die Bedeutung des Selbst." (Ebd. S.:133 f.)
[158] Zizek, 1995. S.:59
[159] Ebd. S.:59

„Hier behaupte ich, daß das Interesse des Subjekts an seiner eigenen Spaltung an das gebunden ist, was diese Spaltung determiniert – nämlich ein privilegiertes Objekt, das aus einer Urseparation entstanden ist, aus so etwas wie einer durch das Nähern des Realen induzierten Selbstverstümmelung, wofür wir in unserer Algebra die Bezeichnung Objekt *a* haben." (Sem XI/S.:89)

Der Motor des Begehrens wird auf diesem Niveau der psychischen Entwicklung in der Psychoanalyse allgemein durch die primärprozeßhaften Triebbedürfnisse erklärt, das heißt, den zur unmittelbaren Befriedigung drängenden Triebregungen[160]. Im Unterschied zu konventionellen Konzeptionen der Libido als einem energetischen Potential, wird Libido bei Lacan jedoch mit jenem Objekt *a* identifiziert, also einer Ursache des Begehrens[161]. So bestimmt Lacan:

„[...] das *Ich** als Apparat, der eine gewisse Homöostase anstrebt – die freilich nicht die niedrigste sein kann, denn das würde den Tod bedeuten. [...] *Lust** bildet kein Feld im strengen Sinn. Sie ist eigentlich Objekt, Lustobjekt, das sich als solches im Ich spiegelt. Dieses Spiegelbild, dieses bi-univoke Korrelat zum Objekt ist das purifizierte *Lust-Ich**, [...] es ist, was vom Objekt im Ich zur Befriedigung gelangt als Lust. (Sem XI/S.:253)

Erst wenn das Subjekt über das Spiegelstadium hinausgelangt, erst durch das Passieren des Ödipuskomplexes, erschließt sich ihm der symbolische Bereich: Hier wird das 'menschliche Wesen' zum eigentlichen Subjekt, zum Sprachwesen. Dies entspricht jenem Moment, in dem bei Glanville der 'zweite Beobachter' erscheint und mithin das Feld der 2nd-order-cybernetics. Der 'zweite Beobachter' ist in Lacanscher Terminologie der Andere mit großem A, Träger des symbolischen Bereichs, also des Bereichs der Signifikanten. Lacan schreibt:

„So entsteht ein Verhältnis der Komplementarität in der Instauration des Subjekts durch das Signifikante, das sowohl dessen Spaltung* erklärt wie auch die Bewegung des Eingreifens, in der diese sich vollendet." (Sch II/S.:129)

Aus psychoanalytischer Perspektive bringt Ciompi diesen wesentlichen Schritt der Entfaltung des Psychismus bzw. der Komplexitätssteigerung des Psychismus auf denselben Nenner:

„Die ursprüngliche, symbiotisch-fusionelle Zweierbeziehung resp. Einheit zwischen Mutter und Kind hat durch das Auftreten eines Dritten, des Vaters nämlich [...] eine dramatische Ausweitung und Komplizierung erfahren."[162]

---

[160] vgl. z.B. Ciompi, Luc (1994): Über die Struktur der Psyche und ihre Entwicklung. Ein Beitrag zur Schizophrenieforschung. Klett-Cotta. Stuttgart. S: 50 et passim
[161] Bei Slavoj Zizek heißt es: „Objekt *a* bedeutet, daß die Libido nicht als Fundus frei flottierender Energie begriffen werden darf, sondern als ein Objekt, ein „unkörperliches Organ" („Lamella"). Wir haben es hier mit einer Ursache zu tun [...]." (Zizek, 1995. S.:60)
[162] Ciompi, 1994. S.:38

Bedauerlicherweise verteilt Ciompi hierbei die Rollen auf das überkommene und substanzifizierende „Mama-Papa-Kind-Schema" (→ Kap.: 0.3 und → Kap.: II), von dem Lacan abstrahiert. Das Spiegelstadium bedeutet bei Lacan in jedem Fall, daß das Kind bereits Objekte wahrnehmen kann: Es kann sie nur nicht von seinem Selbst unterscheiden, was gerade jene paradoxe Konstituierung ausmacht, die Glanville für Beobachter und Black Box ansetzt[163], oder, wie es bei Zizek heißt: „Dieses *a* ist ein Objekt, das an-sich nur insoweit ist, als es gesetzt ist; als Ursache des Subjekts ist es vollständig durch das Subjekt gesetzt."[164] So lautet die psychoanalytische Version der Annahme des Primats der Differenz vor der Identität. Ciompis praxis-, das heißt, therapieorientierter Ansatz setzt die Mutter an die Stelle jenes Objekt *a*, was durch gewisse (klinischsoziale) Erfahrungstatsachen gerechtfertigt werden kann. Auch ihm geht es an dieser Stelle weniger um die reale Person der Mutter bzw. des Vaters, als vielmehr um die formale Struktur einer Dreierbeziehung. Er schreibt im Anschluß:

> „Die Ausweitung von einem relationellen Zweiersystem – das ja in Wirklichkeit für lange Zeit eher einem „Einersystem" gleicht – zu einem Dreiersystem bedeutet, kombinatorisch gesehen, einen ungemeinen Gewinn an Freiheit, der schon rein mathematisch offensichtlich ist. [...] Damit, daß eine Tür aufgeht zu einem Dritten, wird ja zum ersten Mal die Möglichkeit erlebt, daß es überhaupt etwas „anderes" gibt: *Alles* andere, *jede* Mehrzahl [...]."[165]

In der Position des Vaters, dem groß Anderen oder dem Glanvilleschen 'zweiten Beobachter', ist die Möglichkeitsbedingung gegeben, daß Signifikation zustandekommt, mit anderen Worten: daß Stabilität zwischen der Zweierbeziehung, dem „Zweimand" (R-T/S.:17)[166] und dem zweiten Beobachter als dem Dritten generiert wird. Tatsächlich geht es zunächst also um die formale Möglichkeit einer Dreierbeziehung und nicht um die objektive Besetzung der involvierten Elemente:

> „Les choses devenaient intéressantes, rappelez-vous, à partir du moment où nous établissions la structure des groupes de trois. Mettre des groupes de trois ensemble, c'est en effet les instaurer dans la simultanéité. La naissance du signifiant, c'est la simultanéité, et aussi bien son existence est une coexistence synchronique." (P/S.:204)

In diesem Augenblick verändert sich auch der Modus des Begehrens: es ist nicht mehr Begehren des Begehrens, sondern Begehren nach Anerkennung des Begehrens. Lacan schreibt:

> „Es erscheint nirgendwo deutlicher, daß das Begehren des Menschen seinen Sinn im Begehren des anderen findet. Und das nicht so sehr, weil der andere den Schlüssel zum begehrten Objekt besitzt, sondern vielmehr weil sein erstes Objekt darin besteht, vom anderen anerkannt zu werden." (Sch I/S.:108)

---

[163] Auch bei v. Foerster findet sich folgende Stelle: „Ich und du erzeugen sich gegenseitig; keiner wird ohne den anderen; oder noch anders ausgedrückt: man sieht sich selbst mit den Augen des Anderen." (Heinz von Foerster (1991): Erkenntnistheorien und Selbstorganisation. In: Der Diskurs des radikalen Konstruktivismus. hrsg. v. S.J. Schmidt. 4. Auflage. Suhrkamp Verlag. Frankfurt/Main. S:133-158. hier: S.:155

[164] Zizek, 1995. S.:68

[165] Ciompi, 1994. S.: 38 f.

[166] Dieser Zweimand wird bei Lacan definiert durch eine logische Vereinigung, „[...] die sich anschreibt: entweder der eine oder der andere." (R-T/S.:17)

Dieser Ansatz erklärt nicht nur die zeichenhafte Konstitution des Subjekts als „Sprachwesen", bzw. seine Determiniertheit durch den Signifikanten, insofern Anerkennung stets symbolisch, nicht aber imaginär ist. Denn das Begehren nach Anerkennung des Begehrens des Subjekts läuft immer über einen zeichenhaften Regreß. Er könnte darüber hinaus eine Reformulierung des Subjekts als einem sozialen Wesen erlauben (da sich das Subjekt als Intersubjektivität konstituiert). Linguistisch drückt Lacan das Begehren als Metonymie aus und sagt, es ist

> „[...] die Struktur der Metonymie, die anzeigt, daß die Verbindung des Signifikanten mit dem Signifikanten die Auslassung möglich macht, durch die das Signifikante den Seinsmangel (*manque de l'être*) in die Objektbeziehung einführt, wobei es sich des Verweisungswerts der Bedeutung bedient, um ihn mit dem Begehren zu besetzen, das auf diesen Mangel zielt, den es unterhält." (Sch II/S.:41)

Die paradoxe Verfaßtheit des Selbst tritt immer dann zutage, wenn sich das Subjekt selbst bestimmen will (worin sich Lacans Kritik an der cartesischen Auffassung des Subjekts widerspiegelt):

> „Wenn ich nun gegen die Nostalgie [...] die Waffe der Metonymie kehre und mich weigere, irgendwelchen Sinn jenseits der Tautologie zu suchen, und wenn ich im Namen des «Krieg ist Krieg» und «ein Sou ist ein Sou» mich entschließe, eben nur das zu sein, was ich bin, wie werde ich mich dann von der augenscheinlichen Gewißheit losreißen, daß ich in eben diesem Akt bin?
> Nicht minder kann ich, wenn ich mich auf den anderen, den metaphorischen Pol der signifikanten Suche begebe und mich bestimme, das zu werden, was ich bin, also zum Sein kommen will, oder: dazu kommen will, es zu sein (*à venir à l'être*), nicht daran zweifeln, daß ich gerade, wenn ich mich dabei verliere, eben darin bin." (Sch II/S.:43)

Lacans Subjekt wird ähnlich konzipiert wie die „Eigenwerte"[167] bei Heinz v. Foerster: um der einfachen tautologischen Bestimmung des Subjekts zu entgehen, bleibt nur das Paradox als Erklärungsmodell. In Anlehnung an Hegels Satz von der „Substanz als Subjekt" erklärt Zizek:

> „[...] der Gipfel der Dialektik der Notwendigkeit wird erreicht, indem sich der kontingente Charakter der Notwendigkeit als solcher geltend macht[168]. Wie ist das zu verstehen? Die elementare Matrix liefert die *Narrativierung*, also jener Modus, in welchem die Kontingenz vergangener Ereignisse in eine homogene symbolische Struktur transponiert wird. [...] Und genau *hier* treten die Freiheit und das Subjekt auf den Plan: Freiheit ist *stricto sensu* die Kontingenz der Notwendigkeit, das heisst, sie ist in dem ursprünglichen „Wenn..." enthalten, in der (kontingenten) Wahl der Modalität, mittels derer wir das kontingente Reale symbolisieren oder ihm irgendeine narrative Notwendigkeit zusprechen. „Substanz als Subjekt" bedeutet, dass eben die

---

[167] von Foerster, 1991. S.:137

[168] Der kontigente Charakter der Notwendigkeit ist eine alternative Ausdrucksweise zu der der Entsprechung von Zufall und Notwendigkeit, wie sie in → Kap.: 0 beschrieben wurde.

Notwendigkeit, die die Kontingenz aufhebt, indem sie sie als ihr ideales Moment setzt, selbst kontingent ist."[169]

Obwohl die Grundverfaßtheit des Subjekts ein Paradox bildet, kann also die Oszillation der beiden Seiten der Paradoxie nutzbar gemacht werden. Was Zizek mit dem Begriff „Narrativierung" ausdrückt, stellt auch Glanville für sein Black Box-Modell als „Eigenzeit"[170] fest: „Wie auch immer, wir bekommen so eine neue Möglichkeit zu evaluieren, was wir im Wechsel zwischen weiß und schwarz beobachten."[171] Eine eingehendere Darstellung dieser „Eigenzeit" wird in → Kap.: III gegeben.

Die Darstellung der Homologien zwischen Glanvilles Black Box-Konzept und dem Lacanschen Konzept des Psychismus erklärt zwei Aspekte: einerseits läßt sich das intrapsychische Geschehen als Interaktion beschreiben, das homolog zu interpsychischen Interaktionen funktioniert (→ Kap.: II), und andererseits läßt sich in diesem Sinne der Begriff der (Lacanschen Psycho-)Analyse rektifizieren als einer, der vielmehr Konstruktion meint (→ Glossar: 2). Die Analyse konstruiert retroaktiv ihr Objekt.

Die Beziehung des Ich zu seinem Spiegel-Ich kann als einfache Beziehung eines (hypothetischen) ersten Beobachters zu einer Black Box beschrieben werden. Der imaginäre Bereich des Spiegelstadiums kann nur hypothetisch angenommen werden, da er durch den symbolischen Bereich nicht erfaßt ist: man kann darüber nichts sagen: „Wenn Sie glauben, das Kind sei dem Imaginären verhafteter als dem Rest, dann haben Sie in gewissem Sinne recht. Das Imaginäre ist da. Aber es ist uns absolut unzugänglich." (Sem I/S.:277). Da die Objekte a bei Lacan immer mit dem Begriff der Ähnlichkeit[172] verbunden sind (Ähnlichkeit und Rivalität zwischen Subjekt und Objekt a könnte im kybernetischen Zusammenhang mit Selbstähnlichkeit verglichen werden), ist das Subjekt des imaginären Bereichs ein Eigenobjekt, ohne dies jedoch wissen zu können. Das Subjekt der Spiegelbeziehung ist ein 'Zweimand'. Erst durch die Vermittlung des symbolischen Bereichs, tritt er ein in ein triadisches Modell, das Beobachtung ermöglicht. Durch den Eintritt in den symbolischen Bereich, den Bereich der Zeichenvermitteltheit, wird das Subjekt aus dem Sein vertrieben oder: kann es beobachten, daß es aus dem Sein vertrieben ist[173]. Lacan schreibt:

> „Seit jeher stellte man sich vor, daß das Sein eine Art Fülle enthalten müsse, die ihm eigen sei. Das Sein, das ist ein Körper. Von da eben war man, in der ersten Näherung des Seins, ausgegangen und man hatte peinlichst herausgearbeitet eine ganze Hierarchie von Körpern." (Sem XX/S.:152)

Und an anderer Stelle:

---

[169] Zizek, 1995. S.:66

[170] Glanville, 1988. S.:155

[171] Ebd. S.:132

[172] Diese Ähnlichkeit beruht auf einer fundamentalen (imaginären) Täuschung. Es soll also keineswegs wieder der Primat der Identität vor der Differenz eingeführt werden. Die „vorgetäuschte" Ähnlichkeit beruht auf der Differenz, auf der „Ex-sistenz".

[173] Um den Status des Subjekts als einem aus dem Sein vertriebenen zu kennzeichnen, spricht Lacan auch von dem „par-être" (Sem XX/S.:49) des Subjekts.

„Aber gibt es das Sein? [...] was ich sage, das ist dies, das es nicht gibt. Das Sein ist, wie man sagt, und das Nicht-Sein ist nicht. Es gibt, oder es gibt nicht. Dieses Sein, man unterstellt es je nur gewissen Wörtern – Individuum zum Beispiel, oder Substanz. Für mich ist das nur eine Tatsache von Gesagtem.
Das Wort *Subjekt*, das ich verwende, nimmt daher einen anderen Akzent an.
Ich unterscheide mich von der Sprache des Seins. Dies impliziert, daß es Wortfiktion geben könne – ich will sagen, ausgehend vom Wort." (Sem XX/S.:127)

Ähnlich wie Glanville, spricht Lacan dem Sein jede Bedeutung ab (was nicht meint: jede Existenz!), denn Sein und Subjekt sind inkompatibel, was Lacan mit dem Begriff des Seins-Verfehlens anzeigt (→ Kap.: II.1.3)[174]. Homolog zu Glanvilles Annahme, daß Weiße nur in der Beziehung zwischen Beobachter und Black Box erzeugt werden kann, ist für Lacan Wissen – und damit auch Wissen über das Sein – radikal sprachlich verfaßt. Lacan sagt:

„Die Welt ist symmetrisch zum Subjekt, die Welt dessen, was ich das letzte Mal das Denken genannt habe, ist das Äquivalent, das Spiegelbild, des Denkens. Deshalb ja hat es nichts gegeben als Phantasma bezüglich der Erkenntnis bis zur Heraufkunft der modernsten Wissenschaft." (Sem XX/S.:136)

In diesem Sinne, und das ist die zweite Konsequenz des Vergleichs des Glanvilleschen mit dem Lacanschen Ansatz, ist die Psychosemiologie Lacans vielmehr eine konstruktivistische Theorie als eine analytische. Beobachtet werden bei Lacan vor allem bestimmte kommunikative Strukturen, sowohl im intrapsychischen als auch im interpsychischen Bereich. Das Zeichen ist nicht Zeichen *von* etwas, sondern repräsentiert etwas *für* jemand (vgl.: R-T/S.:18). Lacan sagt:

„Alle Ambiguität des Zeichens besteht darin, daß ein Zeichen etwas für jemanden repräsentiert. Dieser Jemand kann vieles sein, beispielsweise das Universum insgesamt [...]." (Sem XI/S.:217)

Hierin liegt ein Grund für Lacans Kritik an der (Ich-)Psychologie[175]. Er schreibt:

„Das Subjekt in der analytischen Praxis in bezug auf die Realität auszumachen, die uns konstituieren soll, und nicht in bezug auf den Signifikanten, heißt schon auf jene Degradierung zurückfallen, die sich das Subjekt in der psychologischen Konstituierung gefallen lassen muß." (Sem XI/S.:148)

Lacan spricht in diesem Sinne also nicht über die Realität sondern über „Diskurstatsachen", das heißt, über die „historisch stabile Weiße", die in der Interaktion zweier Systeme besteht.

---

[174] Lacan schreibt: Wenn wir das Sein wählen, schwindet das Subjekt, es entwischt uns, fällt in den Nicht-Sinn [...]."(Sem XI/S.:222) Auf diese Weise gelangt er zu der zweideutigen Formel: „Dieses *oder* exisitiert" (Sem XI/S.:223)

[175] Ausdrücklich heißt es bei Lacan: „Jene Funktion, die die Psychoanalyse bei der Propagierung eines Lebensstils übernommen hat, der sich selbst den *american way of life* nennt, entspricht diesem meinem Begriff des Obskurantismus sehr genau. Sein Kennzeichen ist die Revalorisierung von Begriffen, die im Bereich der Psychoanalyse seit langem widerlegt sind: beispielsweise die dominierende Rolle der Ich-Funktionen." (Sem XI/ S.:133)

Die systemtheoretische Unterscheidung zwischen einem (hypothetischen) ersten Beobachter und einem zweiten Beobachter, läßt sich nach Lacan reformulieren als Unterscheidung zwischen einem Subjekt des imaginären Bereichs (im Spiegelstadium), das seine Existenz nicht beobachten kann, und dem Subjekt des symbolischen Bereichs, das nur seine „Ex-sistenz" beobachten kann. Es gibt keine „Dinge" sondern nur Verhältnisse; Verhältnisse produzieren Dinge, die jedoch von den Verhältnissen abhängen, nur durch sie sind (Signifikate), und keinerlei autonome Konsistenz haben. Eher könnte man sagen: Verhältnisse produzieren Verhältnisse, weshalb ein Signifikant ein Subjekt repräsentiert für einen anderen Signifikanten.

Kapitel II

Psychogenese des Subjekts und Psychopathogenese der Psychosen

> „Der Ödipuskomplex ist Freuds Traum. Wie jeder
> Traum muss er gedeutet werden."[176]

Die in der Systemtheorie und im Konstruktivismus aktuellen Probleme der Paradoxie können durch die Psychosemiologie plausibel fundiert werden. Lacans Beschreibung der Psychogenese des Subjekts liefert eine Begründung für das Konzept von „Eigenobjekten", die „Eigenverhalten" aufweisen. In der Psychosemiologie finden diese – in der Systemtheorie sehr abstrakten – Annahmen eine konkrete Bestimmung. Auch hier könnte man die Frage stellen, ob Lacan die Gedanken der Systemtheorie und der Kybernetik antizipiert habe. Tatsächlich beschäftigt sich Lacan häufig mit der „Spieltheorie" (vgl.: Sch I/S.:44 ff., aber auch das „Gefangenengleichnis" →
Kap.: III.3), mit der Logik und mit mathematischen Formalisierungen. Aufgrund dieser formalen Theoriebausteine und aufgrund der zeichentheoretischen Beschreibung des Psychismus kann seine Psychosemiologie gut mit der Systemtheorie und dem Konstruktivismus korreliert werden. Lacans Beschreibung der Psychogenese erlaubt darüber hinaus zu erklären, warum sich der Psychismus notwendigerweise als „Eigenobjekt" konstituiert. Im folgenden werde ich diese Psychogenese eingehend darstellen, da sie eine Begründung für die Semiose liefert, das heißt, daß sie erklärt, wie es zur Semiose kommt und welcher Impetus Semiose in Gang hält. Die Psychopathogenese der Psychosen soll im Anschluß daran zeigen, was im Psychismus geschieht, wenn bestimmte strukturelle Veränderungen eintreten, und insbesondere die Funktion des Begehrens als konstitutiv für die Semiose hervorheben. Die Psychose zeigt das Subjekt als ein nicht nur dem Signifikanten unterworfenes, sondern buchstäblich als ein der Sprache zum Opfer gefallenes.

Kapitel II.1

Psychogenese nach Jacques Lacan

Die Lacansche Beschreibung der Psychogenese ist gemäß des Vorhabens seiner Psychosemiologie eng mit den Funktionen des Signifikanten und des Signifikats verwoben. Lacans Zugang zur Psychogenese sowie zum Problem der Psychosen ist ein linguistischer bzw. semiotischer. Er weicht durch die strukturale Beschreibung von herkömmlichen psychoanalytischen Ansätzen ab. Das von Lacan für den Psychismus eingeführte „Schema R" (siehe Seite: 82) hat den Anspruch, eine explikatorische Theorie der Psychogenese – im Gegensatz zu einem deskriptiven Modell – zu ermöglichen. Lacan konzipiert das Subjekt als Sprachwesen. Alle psychischen Konstituenten des Psychismus können daher als sprachliche Konstituenten gemäß einer triadischen Zeichentheorie reformuliert werden. Dies gewährleistet eine radikale Entsubstanzialisierung und

---

[176] Lacan, Jacques. In: Der Wunderblock Nr. 5/6. Berlin. 1980. zitiert nach: Juranville, 1994. S.:41

Multifunktionalisierung der Konstituenten des Psychismus. Lacans Konzeption bedeutet damit zugleich eine Revalorisierung der Freudschen Theorie. Das Subjekt ist Effekt des Signifikanten, es konstituiert sich gemäß den metonymischen und metaphorischen Mechanismen. Seine Psychogenese läßt sich durch den Ödipuskomplex beschreiben, der in erster Linie ein Mythos ist, das heißt, eine sprachliche Fiktion. Diese Sprachlichkeit ist für Lacan die Seinsbedingung des Subjekts. Lacan schreibt:

> „Alles, was sich artikuliert hat vom Sein, unterstellt, daß man sich dem Prädikat verweigern könne und sagen zum Beispiel *der Mensch ist*, ohne zu sagen, was. Was es auf sich hat mit dem Sein, ist eng gebunden an diese Abtrennung des Prädikats. Demnach kann nichts darüber gesagt werden, es sei denn durch Umwege im Unweg, Beweise logischer Unmöglichkeit, wodurch kein Prädikat genügt." (Sem XX/S.:15 f.)

Im folgenden werde ich diese sprachliche Verfaßtheit des Subjekts und seine Genese erläutern. Dies ist notwendig, da eine solche Konzeption des Subjekts das Verständnis des Verhältnisses zwischen Mensch und Sprache vollkommen subvertiert.

Kapitel II.1.1
Der Ödipuskomplex

Von zentraler Bedeutung für die Genese der Psychose ist bei Lacan der Ödipuskomplex, den er aus der Freudschen Theorie übernimmt. Der Ödipuskomplex stellt das Subjekt vor die – frustrierende und traumatisierende – Erkenntnis seiner zweifachen Gespaltenheit: einerseits erkennt es seine „Alienation" bzw. sein „Seins-Verfehlen" („*manque de l'être*" (Sch II/S.:41 et passim)), das heißt, daß es ein „aus dem Sein vertriebenes Subjekt" ist, und andererseits seine „Separation" bzw. sein „Haben-Verfehlen" („*manque à avoir*" (Sch II/S.:130 et passim)), das heißt, daß es einem von zwei Geschlechtern angehört.

Die Überwindung des Spiegelstadiums und der Eintritt in den symbolischen Bereich durch den Ödipuskomplex bedeutet sowohl das Erleiden eines grundsätzlichen Mangels, als auch die Entfaltung des gesamten Psychismus. Da die (Selbst-)Erfahrung des Menschen ein interaktiver, resp. Intersubjektiver Prozeß ist (→ Kap.: I.3)[177], kann sich dieser Mangel nur als imaginärer, symbolischer oder realer Objektmangel darstellen (gemäß der drei psychischen Bereiche, wie sie in → Kap.: 0.3 beschrieben werden)[178]. In ihrem Buch »SCHEIßERZIEHUNG« beschreibt Maud Mannoni die drei Typen des Objektmangels, die Lacan der menschlichen Erfahrung und der Konstitution des Psychismus zuweist:

---

[177] So auch Deleuze: „Daher ist das Subjekt wesentlich intersubjektiv." (Deleuze, Gilles (1992): Woran erkennt man den Strukturalismus? übers. v. E. Brückner-Pfaffenberger u. D. W. Tuckwiller. Merve Verlag. Berlin. S.:55

[178] Lacan betont diesen Objektmangel an allen Stellen seines Werkes. Beispielsweise schreibt er: „Die menschliche Beziehung zur Welt hat etwas tief, initial, anfänglich Lädiertes." (Sem II/S.:214)

„Er unterscheidet zwischen: der Kastration, der Beziehung des Kindes zum Vater, dem symbolischen Mangel eines imaginären Objekts; der Frustration, der Beziehung des Kindes zur Mutter, dem imaginären Mangel eines realen Objekts (Brust); und der Versagung, dem realen Mangel eines symbolischen Objekts."[179]

Bereits im imaginären Bereich des Spiegelstadiums gibt es für das Subjekt Objekte: „Damit es eine Beziehung zum Objekt gibt, muß es schon eine narzißtische Beziehung des Ich zum anderen geben." (Sem II/S.:124) – und außerdem ein drittes Element, das die Totalität der dualen Beziehung stört. Allerdings, und dies ist ein entscheidender Aspekt, kann dieses dritte Element noch nicht symbolisiert, sondern nur imaginiert werden, weil der Bereich des Symbolischen noch nicht erschlossen ist: Das dritte Element ist auf diesem Niveau ein phantasmatisches. Lacan schreibt über die in der dualen Beziehung im imaginären Bereich beteiligten Partner „[...] sie sind drei, aber in Wirklichkeit sind sie zwei plus a. Dieses zwei plus a, im Punkt des a, reduziert sich, nicht auf die zwei anderen, sondern auf Ein plus a." (Sem XX/S.:54). Mannoni erläutert:

„Der Platz, den das Subjekt im Diskurs des ersten Anderen (der Mutter) einnimmt, ist ein Köder, ausgelegt vom Wunsch des Anderen. Unter der Herrschaft dieser ersten Illusion wird sich das Subjekt in der Phantasie als Ursache und Wirkung des Wunsches ansiedeln. In ihrem Diskurs stellt die Mutter das Kind an den Platz, der Ursache ihres eigenen Wunsches ist. Wie gesagt, ein höchst trügerischer Platz, insofern die Mutter im Kind nicht als solchem, sondern im Namen von etwas anderem (das Kind wird als Signifikant ihres eigenen Mangels herangezogen[180]) eine Befriedigung findet, die sie erfüllt. Die erste Desillusionierung des Kindes erfolgt, wenn es bemerkt, daß es nicht als das geliebt wird, was es ist, sondern als etwas anderes – als phallische Verlängerung der Mutter[181]. Das Kind realisiert nun bei sich selbst dieses (phallische) Bild, dessen die Mutter beraubt ist – und zwar von der Spiegelstufe an, der Zeit, wo es ein Spiegelbild von sich selbst gewinnt."[182]

In der herkömmlichen psychoanalytischen Theorie entspricht diese Imago, diese Identifikation mit dem Phallus einem Aspekt der analen Stufe der psychischen Entwicklung: Fäzes repräsentieren hier einerseits Kinder und zeugen insofern von der (phantasmatischen) Fähigkeit zu gebären und andererseits den Phallus selbst[183]. Diese Phantasmen drehen sich also um die Potenz sowohl ein Kind zu zeugen als auch zu gebären, das heißt die Kastration und die Gespaltenheit in eines von zwei Geschlechtern werden hier noch ignoriert.

Der Ödipuskomplex bedeutet die Symbolisierung des dritten Elements und damit den Eintritt in den symbolischen Bereich.

---

[179] Mannoni, Maud (1987): »Scheißerziehung« Von der Antipsychiatrie zur Antipädagogik. übers. v. G. Osterwald. Die kleine weiße Reihe Bd 92. Athenäum Verlag. Frankfurt/Main. S.:136

[180] Lacan schreibt: „Das angeblickte Kind, es, hat es, das a. Ist, das a zu haben, es zu sein?" (Sem XX/S.:108)

[181] Lacan: „Wenn das Begehren der Mutter der Phallus ist, will das Kind, um es zu befriedigen, Phallus sein." (Sch II/S.:129)

[182] Mannoni, 1987. S.:101 f.

[183] vgl.: Freud, Sigmund (1989a): Aus der Geschichte einer infantilen Neurose [»Der Wolfsmann«]. In: Studienausgabe Bd. VIII. Zwei Kinderneurosen. hrsg. v. A. Mitscherlich, A. Richards, J. Strachey et al. 9. Aufl. Fischer Verlag. Frankfurt/Main. S:125-232. hier S.:196 ff.

Diese Symbolisierung vollzieht sich auf verschiedenen Niveaus und bezieht sich auf, bzw. konstituiert verschiedene Objekte. Anders ausgedrückt: Auf das im Ödipuskomplex relevante Objekt wird auf verschiedene Weisen bezug genommen, nämlich im Register des Imaginären und im Register des Symbolischen, wodurch das Objekt entsprechend als imaginäres und als ein symbolisches konstituiert wird. (Wie ich in → Kap.: 0 sowie in → Kap.: I.3 bereits ausgeführt habe, handelt es sich bei der Lacanschen Theorie im Grunde um einen konstruktivistischen Ansatz. Auch auf dem Niveau des Ödipuskomplexes geht es nicht um ein reales Objekt, das unter verschiedenen Perspektiven wahrgenommen wird. Die imaginäre bzw. symbolische Relation konstituiert vielmehr ein Objekt und damit überhaupt die Möglichkeitsbedingung für Objektrelationen.) Am Beispiel der „Vaterfunktion" schreibt Lacan:

> „Sie ahnen sicher, daß die Funktion des Vaters nur deshalb so entscheidend ist in der ganzen analytischen Theorie, weil sie auf mehreren Ebenen liegt. Wir haben bereits [...] sehen können, was den symbolischen Vater, das, was ich den *Namen des Vaters* nenne, und den imaginären Vater unterscheidet, den Rivalen des realen Vaters, insofern er, der arme Kerl, wie jedermann mit allen möglichen Plumpheiten ausgestattet ist. Nun ja, diese Unterscheidung verdient auf der Ebene des Paares wiederaufgenommen zu werden." (Sem II/S.:330 f.)

Die Schwierigkeit, das Lacansche Konzept des Ödipuskomplexes zu verstehen, liegt darin, daß sich die Register des Imaginären und des Symbolischen vermischen und verflechten. Es wäre falsch, die beiden Bereiche unter einem entwicklungsgeschichtlichen Blickwinkel voneinander zu trennen. Lacan schreibt: „[...] le grand secret de la psychanalyse, c'est qu'il n'y a pas de psychogenèse." (P/S.:15)[184]

Um das Objekt des Begehrens ringt das Subjekt auf dem imaginären Niveau mit den Mitteln der Rivalität und der Konkurrenz, auf dem symbolischen Niveau findet das Begehren zwar Anerkennung (im Symbol), sein Objekt wird jedoch der Mangel selbst sein. Lacan schreibt: „Aber dieses Begehren fordert, um im Menschen befriedigt zu werden, Anerkennung im Symbol oder im Imaginären durch eine Übereinstimmung im Sprechen oder durch einen Kampf um Prestige." (Sch I/S.:120) (Zum Objekt als Mangel siehe auch → Glossar: 5).

> „Bevor das Begehren nicht lernt, sich – sagen wir nun dieses Wort – durch das Symbol anzuerkennen, wird es nur im andern gesehen.
> Am Ursprung, vor der Sprache, existiert das Begehren nur auf der einzigen Ebene der imaginären Beziehung des Spiegelstadiums, projiziert, entfremdet im andern. Die Spannung, die es erzeugt, ist dann jeden Auswegs beraubt. Das heißt, sie hat keinen anderen Ausweg – wie Hegel uns lehrt – als die Zerstörung des andern.
> Das Begehren des Subjekts kann sich in dieser Beziehung allein durch absolute Konkurrenz bestätigen, allein durch absolute Rivalität mit dem anderen, wenn es um das Objekt geht, dem es zustrebt." (Sem I/S.:218)

---

[184] Im Anschluß daran heißt es: „Si la psychogenèse est cela, c'est justement ce dont la psychanalyse est la plus éloignée, par tout son mouvement, par toute son inspiration, par tout son ressort, part tout ce qu'elle a apporté, par tout ce vers quoi elle nous conduit, part tout ce en quoi elle doit nous maintenir." (P/S.:15 f.)

Die Gefühle der Aggression und Rivalität auf dem Niveau des Spiegelstadiums erläutert Lacan an anderer Stelle:

> „Wie dem auch sei, das Subjekt findet in diesem verfälschten Bild seines Körpers das Paradigma für all die Formen von Ähnlichkeit, die nun auf alle Objekte einen Hauch von Feindseligkeit übertragen, weil sie auf sie die Verwandlung des narzißtischen Bilds projizieren, das ausgehend von dem Jubel, der seine Begegnung im Spiegel begleitet, im Zusammenstoß mit seinesgleichen zum Sammelbecken für die allerintimste Aggressivität wird." (Sch II/S.:184)

Diese durch Rivalität geprägte Phase wird nicht völlig überwunden. Sie persistiert auch im Psychismus des Erwachsenen: „La connaissance dite paranoïaque est une connaissance instaurée dans la rivalité de la jalousie, au cours de cette identification première que j'ai essayé de définir à partir du stade du miroir. [...] Mais le caractère agressif de la concurrence primitive laisse sa marque dans toute espèce de discours sur le petit autre, sur l'Autre en tant que tiers, sur l'objet." (P/S.:50)

Die Ambivalenz des Spiegelstadiums zeigt sich darin, daß das Subjekt sich hier „als Form zu erkennen lernt" (Sem I/S.:219) und dadurch sein Begehren nach „außen" (das heißt in den anderen als dieser Form) projiziert: „Woraus die Unmöglichkeit jeder menschlichen Koexistenz folgt." (Sem I/S.:219) Das Subjekt, so wiederholt Lacan an den verschiedensten Stellen seines Werkes, erfährt sein Begehren zunächst im anderen. (Dieser andere ist ein radikal ähnlicher anderer – das Spiegelbild – und gerade aus dieser Ähnlichkeit oder Ebenbürtigkeit stammt das Gefühl der Rivalität (→ Kap.: IV.2.2)). In einer oszillatorischen Bewegung, die die Ambivalenz des Spiegelstadiums vervollständigt, introjiziert das Subjekt sein Bild (alter ego) jedoch wieder:

> „Umgekehrt, jedesmal wenn, im Phänomen des anderen, etwas erscheint, was dem Subjekt aufs neue erlaubt, sich zu re-projizieren, zu re-komplettieren, das Bild des *Ideal-Ich**, wie Freud sagt, zu *nähren*, jedesmal wenn sich in analoger Weise die jubelnde Aufnahme des Spiegelstadiums wiederholt, jedesmal wenn das Subjekt durch einen seinesgleichen gefesselt wird, nun, kehrt im Subjekt das Begehren wieder. Aber es kehrt verbalisiert wieder." (Sem I/S.:219)

Lacan bezeichnet diese „[...] beständige Umwendung des Begehrens zur Form und der Form zum Begehren [...]" (Sem I/S.:220) als den Grundmechanismus der imaginären Beziehung des Spiegelstadiums. Die Schnittstelle zum symbolischen Bereich bedeutet das, was Lacan mit Introjektion bezeichnet: nicht als Komplementärbegriff zur Projektion, sondern als symbolische Introjektion (→ Glossar: 1)[185].

> „Der Projektion des Bildes folgt konstant die des Begehrens. Dementsprechend gibt es eine Re-introjektion des Bildes und eine Re-introjektion des Begehrens. Schaukelspiel, Spiegelspiel." (Sem I/S.:228)

---

[185] Lacan erläutert zu diesen Begriffen: „Die Ausdrücke Introjektion oder Projektion werden immer auf gut Glück gebraucht. Jedoch ist uns noch im Kontext so klappriger Theoriebildung etwas gegeben, das von allen Seiten die wichtigste ist, die Funktion des innern Objekts." (Sem XI/S.:149)

Der rivalisierende Kampf wird beim Eintritt in den symbolischen Bereich durch einen gewissen siegreichen Ausgang beendet: das Subjekt lernt, Situationen zu beherrschen, indem es sie benennt und damit zwischen sich und den anderen den Signifikanten einführt. Introjektion meint bei Lacan nicht die einfache Re-Projektion, sondern Re-Projektion in verbalisierter Form: „Halten Sie dies fest, daß das Begehren nie anders als unter einer verbalen Form, durch symbolische Benennung reintegriert wird – das ist das, was Freud den *sprachlichen Kern* des Ego genannt hat." (Sem I/S.: 223) Lacan verweist in diesem Zusammenhang auf das berühmte Beispiel Freuds, in dem das Spiel eines Kindes mit einer an einem Faden befestigten Spule beschrieben wird: beständig wirft es die Spule fort, um sie gleich darauf wieder zu sich heranzuziehen. Lacan macht an diesem Beispiel darauf aufmerksam, daß das Spiel des Kindes von einer rudimentären sprachlichen Kommentation begleitet wird:

> „Dies Spulenspiel wird begleitet von einer Vokalisierung, die insofern charakteristisch ist, als sie vom Standpunkt der Linguisten das Fundament der Sprache bildet, und sie allein erlaubt, das Problem der Sprache, das heißt eine einfache Opposition, zu begreifen.
> Wichtig ist nicht, daß das Kind die Worte *Fort/Da** sagt – es spricht sie übrigens nur ungefähr so aus. Daß heißt, daß es da, von Anfang an, eine erste Sprachäußerung gibt. In dieser phonematischen Opposition transzendiert das Kind, hebt auf eine symbolische Ebene, das Phänomen von Anwesenheit und Abwesenheit. Es macht sich zum Herrn des Dings genau insofern, als es es zerstört." (Sem I/S.:221)

Allgemein sagt Lacan dementsprechend über Sprache: „Denn das Sein der Sprache ist das Nicht-Sein der Objekte [...]." (Sch I/S.:219)

Dieses Transzendieren des Phänomens von An- und Abwesenheit von der imaginären auf die symbolische Ebene bedeutet die Einführung des Signifikanten in die Welt des Subjekts. Lacan schreibt: „Si le complexe d'Œdipe n'est pas l'introduction du signifiant, je demande qu'on m'en donne une conception quelconque." (P/S.:214) Im Ödipuskomplex geht es also um die Umstrukturierung bzw. Umorganisierung verschiedener Beziehungstypen, die traditionell mit den Begriffen der Kastration und des Vatermords beschrieben werden[186].

Für den zweifachen Verlust, der mit diesen Begriffen der Kastration und des Vatermords ausgedrückt wird, führt Lacan die Begriffe des Haben-Verfehlens (*manque à avoir*) und des Seins-Verfehlens (*manque de l'être*) ein. Die für eine zeichentheoretisch fundierte Arbeit notwendige Erklärung der psychoanalytischen Begriffe der Kastration und des Vatermords wird durch die (zunächst philosophisch wenn nicht gar esoterisch wirkenden) Begriffe des Haben-Verfehlens und des Seins-Verfehlens angedeutet.

---

[186] Lacan macht auf den mythologischen Status dieser Begriffe aufmerksam: „Es sind, am Ende, akzeptable Schemata, wir leben immer inmitten von Schemata, die akzeptabel sind. Aber wenn man einen Psychoanalytiker fragen würde - *Glauben Sie wirklich, daß das Kind nun seinen Vater frißt, daß er in seinen Bauch kommt und daß das das Über-Ich wird?*" (Sem I/S.:216)

Kapitel II.1.2

Das Haben-Verfehlen des Phallus (Kastration)

Die Kastration im Ödipuskomplex bedeutet Symbolisierung, insofern sie bewirkt, daß die imaginäre Identifikation mit dem Phallus überführt wird in eine triadische Beziehung zu dem Phallus als einem Signifikanten. Die Kastration wird als „symbolischer Mangel eines imaginären Objekts" (eben des Phallus) erlebt. Dieser Verlust ist jedoch notwendig, da er die (symbolische) Dimension des Begehrens eröffnet. Mannoni schreibt:

> „Die Einführung eines dritten Elements zwischen Mutter und Kind (das dem Kind die Mutter als Eigentum raubt) vermittelt die Dimension des Mangels, aus der der Wunsch hervorgeht."[187]

In der Psychoanalyse wird dieser Verlust mit der Figur des Vaters in Beziehung gebracht. Wichtig ist hierbei allerdings, daß Lacan im Unterschied zu den traditionellen Theorieansätzen die Kontingenz des realen Vaters betont: Es geht bei Lacan vielmehr um eine strukturelle Position, um ein drittes Element, das seine Funktion (zunächst) auf dem imaginären und (mit dem vollendeten Kastrationskomplex) auf dem symbolischen Niveau ausübt. Das Objekt, um das es geht, ist der Phallus, der durch Symbolisation zum Signifikanten transzendiert wird, und nicht der Vater[188]. Der imaginäre Mangel dieses Phallus wird zu einem symbolischen Mangel. Bei Lacan heißt es:

> „Parce que le phallus, si je puis m'exprimer ainsi, est baladeur. Il est ailleurs. Chacun sait où le met la théorie analytique – c'est le père qui en est supposé être le porteur. C'est autour de lui que s'instaure la crainte de la perte du phallus chez l'enfant, la revendication, la privation, ou l'ennui, la nostalgie du phallus chez la mère.
> Or, si des échanges affectifs, imaginaires, s'établissent entre la mère et l'enfant autour du manque imaginaire du phallus, ce qui en fait l'élément essentiel de la coaptation intersubjective, le père, dans la dialectique freudienne, a le sien, c'est tout, il ne l'échange ni ne le donne. Il n'y a aucune circulation. Le père n'a aucune fonction dans le trio, sinon de représenter le porteur, le détenteur du phallus.[...]
> En d'autres termes, il est ce qui, dans la dialectique imaginaire, doit exister pour que le phallus soit autre chose qu'un météore." (P/S.:359)

Und über die Bedeutung des Vaters im Ödipuskomplexes schreibt Lacan präzisierend:

---

[187] Mannoni, 1987. S.:80

[188] Mannoni schreibt über Lacan: „Lacan wirft der traditionellen Psychoanalyse vor, sie habe sich auf eine reduzierte Dialektik des Subjekts fixiert. Die Analytiker haben vergessen, sagt Lacan, „daß Freud zwischen Mutter und Kind einen dritten Begriff eingeführt hat, ein imaginäres Element, dessen signifikante Rolle den anderen überlegen ist: den Phallus" (Nov. 1956). Lacan weist nach, wie die metonymische Beziehung zwischen diesen drei Begriffen (Mutter, Kind, Phallus) durch die metaphorische Funktion des Vaters (der der symbolische Vater ist) umgebildet wird." (Ebd. S.:101 f.)

„Cela est si fondamental que si nous essayons de situer dans un schéma ce qui fait tenir debout la conception freudienne du complexe d'Œdipe, ce n'est pas d'un triangle père-mère-enfant dont il s'agit, c'est d'un triangle (père)-phallus-mère-enfant. Où est le père là-dedans? Il est dans l'anneau qui fait tenir tout ensemble." (P/S.:359)[189]

Es geht im Ödipuskomplex auf dem Niveau der Kastration also nicht um den Vater – schon gar nicht um den realen Vater – sondern um das Haben-Verfehlen (*manque à avoir*) des Phallus, wobei der imaginäre Vater nichts weiter als der Agent dieser Beziehung zum Phallus ist.

Der Verlust des Phallus erzeugt auf dem imaginären Niveau Gefühle der Aggression und Rivalität mit dem imaginären Vater, da er, wie bereits erwähnt, auf dem imaginären Plan der Spiegelbeziehung nur als alter ego, als Rivale erfaßt werden kann: Er ist der Träger des Phallus, weil das Subjekt den Phallus in ihn projiziert hat[190]. „Bevor das Begehren nicht lernt, sich – sagen wir nun dieses Wort – durch das Symbol anzuerkennen, wird es nur im andern gesehen." (Sem I/S.:218) (→ Kap.: IV.1). Mannoni schreibt:

> „Dagegen ist die Rivalität mit dem Vater, die bei jedem Kind zu irgendeinem Zeitpunkt seiner Entwicklung entsteht, meistens die Rivalität mit einem imaginären Vater, der sich ganz erheblich vom realen Vater unterscheidet, und auf eben diesen imaginären Vater bezieht sich die Dialektik von Aggressivität und Identifikation."[191]

Die im Kastrationskomplex zu vollziehende Leistung liegt darin, den Phallus zu symbolisieren. Dies bedeutet, den imaginären Mangel des Phallus zu transzendieren, aus ihm den symbolischen Mangel eines imaginären Objekts zu machen: dem Phallus einen außerordentlichen Status zu verleihen und aus ihm einen Signifikanten zu machen, dem kein Signifikat zugeordnet werden kann. Diese Symbolisierung wird durch eine metaphorische Umbildung geleistet („Vatermetapher"). Lacan schreibt: „Die Bedeutung des Phallus, haben wir gesagt, muß im Imaginären des Subjekts durch die Vatermetapher evoziert werden." (Sch II/S.:90) Die genauen Funktionen der metonymischen und metaphorischen Beziehungen im Ödipuskomplex – also sprachliche Strukturen – werden weiter unten beschrieben, da sie nach Lacan ausschlaggebend für die Entwicklung von Psychosen sind. Für den aktuellen Zusammenhang reicht es vorläufig aus, die metaphorische Bildung dieses Signifikanten zu konstatieren.

---

[189] Robert Lefort schreibt entsprechend in dem Nachwort zu Mannonis Buch: „Der Mensch ist nicht so sehr auf der Suche nach einem Objekt als vielmehr auf der Suche nach einem Mangel, der der Garant seines Wunsches sein wird. Was diesen Mangel verursacht, anders gesagt, wer Agent seiner Kastration ist, ist ihm ziemlich gleichgültig."(Lefort, Robert (1987): Diskurs der Institution und Subjekt des Diskurses. In: Mannoni, 1987. S.:189-207. hier S.: 192)

[190] Über die Privation, die Beraubung eines realen Objekts durch einen imaginären „Räuber" schreibt Lacan: „Indem ich die Beraubung der Frustration und der Kastration entgegensetzte, sagte ich Ihnen, daß sie eine Funktion ist, die als solche eingerichtet ist im Symbolischen, in dem Sinne, daß nichts an nichts beraubt wird, was nicht hindert, daß das Gut, dessen man sich beraubt sieht, durchaus real ist. Wichtig ist freilich, daß der Raubende eine imaginäre Funktion darstellt. Es ist der kleine andere, der Nebenmensch, der in diesem Verhältnis halb in dem Natürlichen wurzelt, das das Spiegelstadium ist, jedoch so, daß er sich uns eben dort präsentiert, wo die Dinge sich auf der Ebene des Symbolischen artikulieren. Das ist eine Erfahrungstatsache, an die Sie sich in der Analyse stets erinnern müssen - was man «seine Güter verteidigen» nennt, das ist ein und dasselbe wie sich selbst zu verbieten, sie zu genießen." (Sem VII/S.:276 f.) Zum Begriff der Güter siehe → Kap.: IV.2.2

[191] Mannoni, 1987. S.:34

Analog zu dem oben erwähnten Fort/Da-Spiel wird der Phallus zum Symbol, transzendiert, ausgeschlossen aus dem imaginären Plan der Spiegelbeziehung: dies ist die Kastration – der Verlust ist irreversibel. „[Das Subjekt] macht sich zum Herrn des Dings genau insofern, als es es zerstört." (Sem I/S.:221)

Als Symbol nimmt der Phallus damit eine Position ein, die das Haben-Verfehlen anzeigt, das HabenVerfehlen nämlich des Genießens, das das Subjekt dem Besitz des Phallus unterstellt. Auf diesem Niveau bildet der durch die Kastration entstehende Mangel die Möglichkeitsbedingung für das Begehren. Als symbolischer Mangel eines imaginären Objekts ist der Phallus die Möglichkeitsbedingung der Signifikate, die in den Objekten klein *a* repräsentiert werden. Lacan erläutert:

> „Denn der Phallus ist ein Signifikant, ein Signifikant, dessen Funktion in der intrasubjektiven Ökonomie der Analyse vielleicht den Schleier hebt von der Funktion, die er in den Mysterien hatte. Denn er ist der Signifikant, der bestimmt ist, die Signifikatswirkungen in ihrer Gesamtheit zu bezeichnen, soweit der Signifikant diese konditioniert durch seine Gegenwart als Signifikant." (Sch II/S.:126)

Lacan beschreibt diese Position des symbolisierten Phallus als „paradoxe Ausnahmestellung" (vgl.: Sch II/S.:178). So

> „[...] ist dieser Teil durch seine «Spitzen»position in der Form zu jenem Vergänglichkeitsphantasma prädisponiert, in dem sich sein Ausschluß vom Spiegelbild vollendet, sein Ausschluß vom Spiegelbild und vom Muster, das dieses für die Welt der Objekte darstellt.
> So also symbolisiert das erektionsfähige Organ den Platz des Genießens, nicht als es selbst, nicht mal als Bild, sondern als der dem begehrten Bild fehlende Teil [...]." (Sch II/S.:199)

Wichtig ist an dieser Stelle den zutiefst phantasmatisch geprägten Bezug zur „Realität", das heißt zu Objekten zu bemerken. Denn der symbolische Phallus, als Möglichkeitsbedingung des Mangels, besetzt alle Objekte mit dem Begehren des Subjekts[192]. Wenn der symbolische Bereich im Kastrationskomplex den Mangel einführt und dieser Mangel das Begehren des Subjekts auslöst, so wird sich dieses Begehren auf das Objekt *a* beziehen, also auf jenen Fluchtpunkt des Begehrens, der in keinem Objekt jemals getroffen werden kann (→ Glossar: 1). Lacan schreibt:

> „Die Analyse zeigt, daß die Liebe in ihrem Wesen narzißtisch ist und verrät, daß die Substanz des vorgeblich Objektalen – Bluff – in der Tat das ist, was, im Begehren, Rest ist, nämlich seine Ursache und der Träger seiner Unbefriedigung, ja, seiner Unmöglichkeit." (Sem XX/S.:11)

---

[192] An vielen Stellen seines Werkes betont Lacan diese imaginäre Brechung, durch die das Subjekt auf die Realität bezug nehmen kann. So bemerkt er am Beispiel des Spiegelstadiums: „Ein solches Schema zeigt Ihnen, daß das Imaginäre und das Reale auf der selben Ebene spielen. [...] Stellen Sie sich vor, dieser Spiegel sei eine Glasscheibe. Sie sehen sich selbst in der Scheibe, und Sie sehen die Objekte jenseits davon. Genau darum handelt es sich - um eine Koinzidenz zwischen bestimmten Bildern und dem Realen." (Sem I/S.:181) Das Imaginäre spielt also bei jeder Objektrelation als narzißtisch-libidinöse Folie eine Rolle.

Die am Anfang dieses Kapitels angeführten drei Typen des Objektmangels – imaginär, symbolisch und real – verdeutlichen die kritische Haltung Lacans gegenüber den Objekt-Theorien der herkömmlichen psychoanalytischen Ansätze.

Seine Kritik richtet sich insbesondere gegen eine Art Verwendung des Begriffs von Objekten, die – wie relativiert auch immer – substanzialisiert bzw. ontologisiert werden. In der vorliegenden Arbeit verfolge ich das Ziel, den Objekt-Begriff als einen interaktiven Komplementär-Begriff zu dem des Subjekts, respektive des Beobachters (im Sinne von Spencer-Brown und Glanville) zu fassen, das heißt als einen strukturell notwendigen, nicht aber substanzialisierbaren Begriff zu verwenden. Einen Hinweis darauf, daß eine solche Perspektive der Lacanschen Sichtweise entspricht, liefert Lacans wiederholte Kritik am Begriff der „Partialobjekte", wie er in der herkömmlichen psychoanalytischen Theorie gebräuchlich ist. So schreibt Lacan in bezug auf das in diesem Kapitel relevante Problem des Phallus:

> „Manche Autoren sind daher soweit gegangen, die phallische Phase als Wirkung einer Verdrängung zu betrachten und die Funktion, die das phallische Objekt dabei einnimmt, als Symptom. [...] Von den Autoren zu verlangen, sie sollten diesen Unterschied gemäß den Betrachtungsweisen formulieren, die heute unter dem Titel der Objektbeziehung im Schwange sind, wäre ein müßiges Unterfangen. Und dies nicht zuletzt, weil sie sich auf nichts anderes stützen als auf jenen approximativen Begriff des Partialobjekts, der nie einer Kritik unterzogen worden ist [...]." (Sch II/S.:122 f.)

Im weiteren Verlauf schreibt er definitorisch:

> „Der Phallus läßt sich hier aus seiner Funktion erhellen. Der Phallus in der Freudschen Doktrin ist kein Phantasma, wenn man unter Phantasma eine imaginäre Wirkung verstehen muß. Es ist als solcher ebensowenig ein Objekt (ein partiales, internes, gutes, böses etc.)[193], insofern dieser Begriff die Realität hervorhebt, die in einer Beziehung angesprochen wird. Noch weniger wohl ist er das Organ, Penis oder Klitoris, das er symbolisiert. [...]
> Denn der Phallus ist ein Signifikant [...], der bestimmt ist die Signifikatswirkungen in ihrer Gesamtheit zu bezeichnen, soweit der Signifikant diese konditioniert durch seine Gegenwart als Signifikant. (Sch II/S.:125 f.)

Der symbolisierte Phallus bildet also die Möglichkeitsbedingung des Begehrens des Subjekts. Und insofern das Begehren des Subjekts Objekte besetzt bzw. konstituiert, bildet der Phallus die Möglichkeitsbedingung der Signifikatswirkungen, da die Objekte als Imagines, als Signifikanten-Effekte erscheinen. Die Funktion des Begehrens kann somit in der Lacanschen Psychosemiologie mit der Funktion der Signifikanten-Effekte gleichgesetzt werden. Das Spiel der Signifikation, der Signifikantenwirkungen im Signifikat, wird hierdurch ermöglicht. Lacan schreibt:

---

[193] Die hier aufgelisteten Attribute richten sich gegen die Ansätze von:
1. Karl Abraham, der den Begriff des Partialobjekts eingeführt hat,
2. Ernest Jones, der den Phallus als „internes Objekt", präsent im Mutterleib, angenommen hat, und
3. Melanie Klein, die von der Projektion und Introjektion guter und böser Objekte beim Kleinkind spricht.

„Alles geht aus von der Möglichkeit zu benennen, die zugleich Zerstörung der Sache und Übergang von der Sache auf die symbolische Ebene ist, vermöge dessen die im eigentlichen Sinne menschliche Ordnung sich installiert. Von daher ergibt sich, auf immer komplizierter werdende Weise, die Verkörperung des Symbolischen im imaginär Erlebten. Das Symbolische wird sämtliche Krümmungen modellieren, denen, im Erlebten des Erwachsenen, die imaginäre Bindung, die originäre Verhaftung folgen kann." (Sem I/S.:276)

Der Prozeß der Symbolisierung im Kastrationskomplex ist nicht denkbar ohne den gleichzeitigen Symbolisierungsprozeß auf der Ebene des Seins-Verfehlens, des „Vatermords". Der Phallus könnte sich nicht in die hier beschriebene Position einrücken, wenn sich nicht, auf dem anderen Niveau des Ödipuskonfliktes, ein homologer Symbolisierungsprozeß vollziehen würde, aus dem der „Name-des-Vaters" hervorgeht. Dieser „Name-des-Vaters" ist der Komplementärbegriff zu dem des (imaginären) Phallus: der Phallus kann nur insoweit Möglichkeitsbedingung der Signifikats-wirkungen sein, als sich der „Name-des-Vaters" als Möglichkeitsbedingung der Signifikanten-Ketten, also des symbolischen Bereichs konstituiert.

Kapitel II.1.3
Das Seins-Verfehlen (Vatermord)

Der symbolische Bereich, der im Kastrationskomplex durch die Einführung des Signifikanten eröffnet wird, findet seine Möglichkeitsbedingung im groß Anderen, dem Unbewußten, das „[...] wie eine Sprache strukturiert ist." (Sem XI/S.:213 et passim)[194]. Denn der symbolische Bereich ist wesentlich das Unbewußte als der Bereich der (virtuellen) Sprache (nicht nur dem Sprechen) mit allen Möglichkeiten, die Sprache als System enthält. Die ursprüngliche Gespaltenheit des Subjekts zeigt sich beim Erscheinen des Signifikanten auf einer neuen Ebene. Lacan sagt:

„Es geht nicht darum zu wissen, ob ich von mir in einer Weise spreche, die dem, was ich bin, konform ist, sondern darum, ob ich, wenn ich darüber spreche, derselbe bin wie der, von dem ich spreche." (Sch II/S.:42)

Anders als das Spiegel-Ich des imaginären Bereichs konstituiert das Andere ein Jenseits, eine irreduzible Andersheit, die durch die Einführung des Signifikanten besiegelt wird. Lacan schreibt:

---

[194] Groß A ist - wie die anderen Konstituenten in Lacans Schema zunächst nur ein Buchstabe, was die Möglichkeit der verschiedenen Funktionalisierungen dieser Konstituenten symbolisieren soll: „Um zu erlauben, die Funktion dieses Diskurses zu erklären, habe ich den Gebrauch einer gewissen Anzahl von Buchstaben vorgebracht. Zunächst das *a*, das ich *Objekt* nenne, das aber dennoch nichts ist als ein Buchstabe. Dann das A, das ich funktionieren mache in dem, was von der Proposition nur geschriebene Formel angenommen hat und was die Logiko-Mathematik hervorgebracht hat. Ich bezeichne damit, was zunächst ein Ort ist, ein Platz. Ich habe gesagt - *der Ort des Anderen.*" (Sem XX/S.:33) Auf die Platzhalterfunktion von A, auf seine zunächst rein toplogische Markierung, weist auch die Ambiguität der Funktionalisierung des Buchstabens hin: je nachdem ist es *der* oder *das* groß Andere.

„Was ist also dies andere, an dem ich mehr hänge als an mir, bewegt es mich doch im Innersten meiner Identität mit mir selbst?

Seine Gegenwart ist nur zu begreifen in einem zweiten Grad der Andersheit, der es selbst in eine Vermittlungsposition bringt in bezug auf meine eigene Verdoppelung mit mir selbst als mit einem Meinesgleichen.

Wenn ich gesagt habe, das Unbewußte sei der Diskurs des Andern mit großem A, so wollte ich damit auf das Jenseits hinweisen, in dem die Anerkennung des Begehrens sich mit dem Begehren nach Anerkennung verbindet." (Sch II/S.:50 f.)

Das andere auf dem imaginären Niveau, das sind die Objekte klein *a* – sie verhalten sich immer in einem gewissen Grad der Ähnlichkeit, der Rivalität und der Ambivalenz zum Subjekt. Das groß Andere ist hingegen die dem Subjekt unzugängliche Kehrseite seiner möglichen Objektrelationen. Es ist das Unbewußte, das Verdrängte, das ganz Andere, das dennoch seinen Einfluß auf das Subjekt ausübt. Das groß Andere ist das, was die Objektrelationen des Subjekts, und mithin die Signifikanteneffekte, ermöglicht und reguliert. Über das Unbewußte schreibt Lacan: „Das Unbewußte ist die Summe der Wirkungen, die das Sprechen auf ein Subjekt übt, auf jener Ebene, wo das Subjekt sich aus den Wirkungen des Signifikanten konstituiert." (Sem XI/S.:132)

Wie bereits weiter oben beschrieben, erlaubt die Einführung des Signifikanten, daß das Begehren des Subjekts sich anerkennt – natürlich um den Preis einer fundamentalen Gespaltenheit, der „[...] radikale[n] Exzentrizität [des Subjekts; Anm. N.O.] sich selbst gegenüber [...]" (Sch II/S.:50).

Analog zu der reziproken oder vielmehr zirkulären Konstitution des Begehrens im imaginären Bereich (der Oszillation des Begehrens zwischen ego und alter ego) ergibt sich nach Lacan für den Menschen auch im symbolischen Bereich eine grundsätzliche Ungewißheit „[...] hinsichtlich des Punkts, von wo aus er begehrt." (Sch II/S.:190). Lacan schreibt:

> „Dem wäre aber hinzuzufügen, daß das Begehren des Menschen das Begehren des Andern ist, wobei diesmal das «des» in dem Sinn zu nehmen ist, den die Grammatiker subjektiv nennen, d.h. daß der Mensch als Anderer begehrt (worin die wahre Tragweite der menschlichen Leidenschaft liegt).
>
> Darum ist die Frage *des* Andern, die zum Subjekt zurückkommt von dem Platz aus, wo es ein Orakel erwartet – in der Form eines *Che vuoi?* [...]." (Sch II/S.:190)

Diese fundamentale Unsicherheit darüber, von wo aus das Subjekt fragt, und was es mit der Antwort anfangen soll, die nur die Wiederkehr der Frage vom Anderen ist, wird laut Lacan dadurch brisant, daß das Subjekt nie sicher sein kann, ob es vom Anderen nicht getäuscht wird:

> „Le premier, l'autre avec un petit a, est l'autre imaginaire, l'altérité en miroir, qui nous fait dépendre de la forme de notre semblable. Le second, l'Autre absolu, est celui auquel nous nous adressons au-delà de ce semblable, celui que nous sommes forcés d'admettre au-delà de la relation du mirage, celui qui accepte ou qui se refuse en face de nous, celui qui à l'occasion nous trompe, dont nous ne pouvons jamais savoir s'il ne nous trompe pas, celui auquel nous nous adressons toujours. Son existence est telle que le fait de s'adresser à lui, d'avoir avec lui comme un langage, est plus important que tout ce qui peut être un enjeu entre lui et nous." (P/S.:286 f.)

Das Begehren des Menschen kursiert also in endlosen Wiederholungen als Frage und Appell zwischen dem Subjekt und dem Anderen. Lacan schreibt:

> „Gott weiß, daß dies Begehren, wir haben im Lauf unserer Forschung zu bemerken gelernt, daß es läuft wie ein Wiesel, das wir verschwinden und wiedererscheinen sehen, in einem Taschenspielertrick. Am Ende wissen wir noch immer nicht, ob es auf der Seite des Unbewußten oder des Bewußten zu situieren ist. Und Begierde wessen? Und welchen Mangels vor allem?" (Sem I/S.:62)

Dies ist der Grund, warum das Subjekt beim Erscheinen des Signifikanten – und damit des Anderen – ein „Du" anruft im Andern, von dem es sich eine Antwort erhofft. Dieses „Du" wird bei Lacan mit dem Begriff des „Namen-des-Vaters" bezeichnet: er ist ein reiner Signifikant, da er reine Annahme des Subjekts ist.

Analog zu dem Fort/Da-Spiel versucht hier das Subjekt, sich per Symbolisierung der Existenz dieses „Du" zu bemächtigen, da dort, im Andern, etwas sein muß, weil andernfalls die gesamte Begehrensstruktur keinen Halt finden könnte, oder anders gesagt: weil sonst sämtliche geknüpfte Objektrelationen zurückschnurren würden auf das Subjekt in der Totalität der Spiegelbefangenheit. Lacan schreibt: „Denn wollte man ihn von diesem entfernen [den Andern von seinem Platz; Anm. N.O.], so vermöchte der Mensch nicht einmal mehr in der Position des Narziß sich zu behaupten. (Sch II/S.:84):

> „Es bedarf wohlgemerkt keines Signifikanten, Vater zu sein, so wenig wie um tot zu sein – aber ohne Signifikant wird niemand, weder von dem einen noch vom anderen dieser Seinszustände, jemals wissen." (Sch II/S.:89)

Der Name-des-Vaters ist also ein reiner Signifikant, Möglichkeitsbedingung des Symbols. Er ist nicht imaginär, das heißt bildhaft, und nicht real, sondern ein Signifikant, ohne den alle anderen Signifikanten nichts repräsentieren könnten. (Die Psychosemiologie Lacans bestimmt das Paradox des Ursprungs und der Wahrheit des Subjekts dreifach: imaginär, symbolisch und real. Am Rande sei hier angemerkt, daß sich hieraus Differenzen zur Systemtheorie ergeben. Da das Paradox den Mangel erzeugt, auf den sich das Begehren richtet, ergeben sich für die Psychosemiologie andere Perspektiven: Lacan interessiert sich für die Strukturen des Begehrens selbst, nicht für das Paradox, das das Begehren hervorbringt. Vgl. hierzu auch → Kap.: 0; → Kap.: III sowie → Kap.: IV.) Martin Feuling beschreibt diesen notwendigen Signifikanten in A in seinem Text BE-MANGELN:

> „Lacan bezeichnet dieses notwendige und vom Gebrauch ausgeschlossene, transzendente Element als „Namen-des-Vaters"; der Vater als nennbarer – d.h. als nicht vorstellbarer, imaginärer und nicht als greifbarer, realer – Vater ist die „Grundlage der Symbolfunktion, die seit Anbruch der historischen Zeit seine Person mit der Figur des Gesetzes identifiziert.""[195]

---

[195] Feuling, 1991. S.:148

Es geht hier also nicht mehr um den imaginären Vater des Spiegel-Ichs, mit dem es rivalisiert, sondern um einen symbolischen Vater, der das Gesetz (als Signifikant) repräsentiert, und dem sich das Subjekt unterwirft.

Die religiöse Konnotation des Begriffes des Namen-des-Vaters ist dabei durchaus beabsichtigt (→ Kap.: IV.1.1). Die desillusionierende Erfahrung des Kastrationskomplexes, nach der das Subjekt weder der (imaginäre) Phallus ist, noch ihn besitzt, bewirkt, daß es einen symbolischen, transzendentalen Signifikanten bildet, dem es diese Macht bzw. Potenz zuschreiben kann. Lacan schreibt:

> „Das ist wohl der Beweis dafür, daß die Zeugung dem Vater zugesprochen werden kann allein vermittels der Wirkung eines puren Signifikanten, einer Anerkennung nicht des realen Vaters, sondern dessen, was die Religion uns als Namen-des-Vaters anzurufen lehrt." (Sch II/S.:89)

Tatsächlich kann an diesen Namen-des-Vaters nur geglaubt werden – er ist eine notwendige Hypothese. Lacan schreibt: „Ich kann nämlich bestenfalls dem Andern beweisen, daß er existiert, gewiß nicht auf die Art, wie man die Existenz Gottes zu beweisen versucht hat und womit die Jahrhunderte ihn getötet haben, sondern nur, indem ich ihn liebe [...]." (Sch II/S.:196) Seine Notwendigkeit ergibt sich allein aus der sprachlichen Verfaßtheit des symbolischen Bereichs und der in ihr organisierten Begehrensstruktur. Lacan betont, daß ihn nur der „symbolische Zusammenhang" (Sch II/S.:89) erfordert.

Daß es die „Signifikantenfunktion" ist, „[...] die die Vaterschaft bedingt [...]" (Sch II/S.:88), rückt den Begriff der Zeugung in eine Position, die nicht reduzierbar ist auf die Funktion des realen Geschlechts. Lacan betont, daß es hierbei nicht etwa um einen realen Vater gehen kann. Er schreibt, Freud interpretierend, daß dessen Überlegungen ihn dahin gebracht hätten,

> „[...] die Erscheinung des Signifikanten des Vaters als Autors des Gesetzes mit dem Tod, ja sogar mit dem Vatermord zu verbinden – damit zeigend, daß, ist dieser Mord das fruchtbare Moment der Schuld, durch die das Subjekt sich auf Lebenszeit mit dem Gesetz verbindet, der Symbolische Vater, sofern er dieses Gesetz bedeutet, wohl der Tote Vater ist." (Sch II/S.:89)

Auch in einer zweiten Hinsicht ist die religiöse Konnotation, die die Verbindung vom Namen-des-Vaters mit dem Gesetz suggeriert, nicht zufällig: Tatsächlich bezieht sich Lacan dabei auf das Gesetz, das vor allem durch die 10 Gebote der christlichen Religion repräsentiert wird[196]. Die Entstehung des Gesetzes als „Überich", das heißt als einer der Konstituenten des Psychismus wird bei Lacan jedoch über das Begehren hergeleitet. Denn das Begehren, das ins Unbewußte verdrängt wird, hört nicht auf, von dort aus zu wirken. Es ist symbolisiert, aber verdrängt (weshalb Lacan darauf besteht, daß das Unbewußte strukturiert sei, wie eine Sprache) und dieses verdrängte Begehren persistiert im groß Anderen[197]. Das Gesetz, die Ge- und Verbote, die aus die-

---

[196] vgl. hierzu → Kap.: IV sowie: Freud, Sigmund (1974): Der Mann Moses und die monotheistische Religion: Drei Abhandlungen. In: Fragen der Gesellschaft; Ursprünge der Religion. Studienausgabe, Bd. IX. hrsg.v. Mitscherlich et al. 6. korr. Aufl. Fischer Verlag. Frankfurt/Main. S:455-581

[197] Das Erscheinen des Gesetzes im Ödipuskomplex ist für Lacan ein wesentliches Ereignis. Er schreibt: „Si Freud a tellement insisté sur le complexe d'Œdipe, qu'il a été jusqu'à construire une sociologie de totems et de tabous,

sem verdrängten Begehren stammen, beziehen sich also – paradox formuliert – auf das Begehren, das mit Verboten und Geboten behaftet wird (weshalb es ja verdrängt wird – Lacan sagt, „[...] daß das Gesetz und die verdrängte Begierde ein und dasselbe sind; und genau das war's, was Freud entdeckte." (Sch II/S.:154)). Die Verquickung von Begehren und Gesetz veranschaulicht Lacan in seinem Aufsatz KANT MIT SADE:

> „Erfahrungsgemäß gilt ihr [der Psychoanalyse; Anm. N.O.] zufolge die Unlust als Vorwand für die Verdrängung der Begierde, insofern sie als Unlust auf dem Wege ihrer Befriedigung entstünde: zugleich aber als die Form, die diese Befriedigung sogar noch in der Wiederkehr des Verdrängten annimmt.
> In ähnlicher Weise verstärkt die Lust ihre Aversion, das Gesetz anzuerkennen, indem sie den Wunsch, ihm zu gehorchen – der die Abwehr ist – unterstützt." (Sch II/S.:157)

Die zirkuläre Verfaßtheit von Begehren und Gesetz beschreibt Lacan folgendermaßen:

> „Dieser Diskurs wirkt jedoch nichtsdestoweniger bestimmend für das Subjekt der Aussage, indem er es bei jedem Anruf aus seinem äquivoken Inhalt heraustreibt: macht doch das Genießen, das in seiner Rede bereits sich schamlos einbekennt, sich zum Pol in einem Paar, bei dem der andere sich in der Höhlung befindet, die es jeweils schon am Ort des Anderen bohrt [...]." (Sch II/S.:141)

Da das Begehren auf einem Phantasma gründet, wird es, wenn dieses Begehren auf ein Hindernis stößt, wenn es in Konflikt mit dem Gesetz des „Überich" gerät, im Unbewußten in einer anderen Niederschrift (strukturiert wie eine Sprache), also in der Verdrängung weiterbestehen. Lacan schreibt:

> „Wer uns bis hierher gefolgt ist, weiß, daß der Begierde ein Phantasma zugrunde liegt, das einen Fuß zumindest im Anderen hat, gerade den, auf den es ankommt, auch wenn er, ja vor allem, wenn er hinkt." (Sch II/S.:151 f.)[198]

Das Begehren wird also in der Verdrängung zum Gesetz (des Signifikanten) transformiert, das das Subjekt fortan unter seine Herrschaft zwingen wird. Am Ort des groß Anderen entsteht so der Name-des-Vaters als Instanz dieses Gesetzes. In seinem späten SEMINAR XX: ENCORE kommt Lacan zu der wohl konzisesten Darstellung des Namens-des-Vaters in seiner religiösen Dimensi-

---

c'est manifestement que pour lui la Loi est là *ab origine*. Il n'est pas question par conséquent de se poser la question des origines - la Loi est là justement depuis le début, depuis toujours, et la sexualité humaine doit se réaliser par et à travers elle. Cette Loi fondamentale est simplement une loi de symbolisation. C'est ce que l'Œdipe veut dire." (P/S.:96)

[198] Sicherlich kann dies als Anspielung auf Freuds berühmte, am Ende des Textes „Jenseits des Lustprinzips" zitierten Verse verstanden werden: „»Was man nicht erfliegen kann, muß man erhinken.

....

Die Schrift sagt, es ist keine Sünde zu hinken.«"

(Freud, Sigmund (1989b): Jenseits des Lustprinzips. In: Psychologie des Unbewußten. Studienausgabe, Bd. III. hrsg.v. A. Mitscherlich, A. Richards, J. Strachey. 6. Auflage. Fischer Verlag. Frankfurt/Main. S.:213-272. hier S.:272)

on, als Konstituent des symbolischen Bereichs: „Gott ist eigentlich der Ort, wo, wenn Sie mir das Spiel damit erlauben, sich produziert *le dieu – le dieur – le dire*. Um ein Nichts, das sagen, das macht Gott. Und so lange etwas gesagt werden wird, wird die Hypothese Gott da sein." (Sem XX/S.:50) Und er bestimmt, es sei „[...] unmöglich, irgendetwas zu sagen, ohne Ihn sogleich fortbestehen zu machen in der Form des Anderen." (Sem XX/S.:50) Zur religiösen Dimension des Anderen siehe auch → Kap.: IV.1.1.

Der Mythos des Vatermords – Mythos, weil es sich dabei um ein sprachlich transformiertes Phantasma handelt – ist die Bedingung des symbolischen Bereichs und damit des Unbewußten. Verdrängung ist demnach nicht pathologisch, sondern konstitutiv für das Gesetz als Signifikantensystem und somit für Sprache.

Dieser reine Signifikant, der Name-des-Vaters, dem kein Signifikat zugeordnet werden kann, entfaltet den symbolischen Bereich und damit das zweite, dem imaginären komplementäre Dreieck des Psychismus, wie es in Lacans Schema R dargestellt wird.

Kapitel II.1.4.

Das Schema R: der imaginäre, der symbolische und der reale Bereich
in der Entfaltung des Ödipuskomplexes

Lacan zeigt mit seinem Schema R die Möglichkeiten verschiedener Beziehungs- und „Kommunikations"-Typen im Psychismus auf, die mit der Entfaltung des symbolischen Bereichs entstehen:

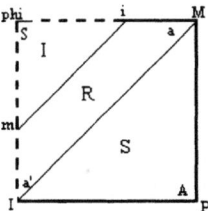

Die Sonderstellung des Anderen mit großem A wird dabei von Lacan folgendermaßen beschrieben:

> „Nehmen Sie nur einen Signifikanten zum Zeichen solcher Allmacht, was bedeutet: dieser ganz und gar potentiellen Macht, dieser Geburt der Möglichkeit, und Sie haben den einzigen Zug, der, indem er das unsichtbare Merkmal zuschüttet, das das Subjekt vom Signifikanten davonträgt, eben dieses Subjekt entfremdet in der Primäridentifizierung, die das Ichideal bildet." (Sch II/S.:182 f.)

Das Schema R, eine erweiterte Version des Schema L, dient hierbei zur Veranschaulichung einer Art Verräumlichung (bzw. Verzeitlichung) der komplexen Beziehungsstrukturen, die einzugehen das Subjekt nun fähig ist[199]. Mit dem symbolischen Bereich gewinnt das Subjekt Objektdistanz, das heißt die Fähigkeit, Objekte dank der vermittelnden Funktion des (symbolischen) Signifikanten in eine tatsächliche Beziehung zu sich zu setzen, sie von sich trennen zu können. Feuling schreibt:

> „Die Funktion der Drei ist basal in der Logik des Menschlichen: zwei Elemente können nicht miteinander in Beziehung gesetzt d.h. verglichen werden, wenn es nicht ein abstraktes, transzendentes Drittes als Maßstab der Äquivalenz gibt (Marx). Diese vermittelnde Funktion nehmen der Name-des-Vaters und der imaginäre Phallus ein. Diese Termini erfordern sich also primär durch die Notwendigkeit der Struktur selbst und gehen nicht in historisch kontingenten Konstellationen der Familie nach dem Muster Papa-Mama-Ich auf, wie sie häufig noch in der Psychoanalyse gedacht werden."[200]

Man braucht sich jedoch nicht auf die Marxsche Dialektik zu berufen, um diesen Zusammenhang zu erklären. In der vorliegenden Arbeit geht es mir vielmehr darum, diese triadische Struktur als die Struktur einer Zeichentheorie zu beschreiben, wie sie auch von Spencer-Brown und Glanville vorgeschlagen wird[201].

Im Schema R spannt sich der Psychismus (mit den beiden Dreiecken des imaginären und des symbolischen Bereichs) zwischen den diametralen Positionen des (imaginären) Phallus und des Namen-des-Vaters auf. Die beiden anderen „Ecken" des Vierecks bilden a (oben rechts) und a' (unten links), das heißt das Objekt klein a des Phantasmas, das sich ständig entzieht und dennoch durch alle Symbolisierungsprozesse hindurch persistiert (das Idealich), und a', das alter ego, das einerseits das imaginäre „du" der Spiegelbeziehung bezeichnet und andererseits das durch die Korrekturen des Symbolisierungsprozesses und des „Überichs", in Lacanscher Terminologie des groß Anderen, modifizierte, immer angestrebte Ich-Ideal.

Das Schema bildet einerseits den retrospektiven Charakter der Konstitution des Psychismus ab. Wie häufig bei Lacan (→ Glossar: 2) können Komplexe erst nachträglich, im Nachhinein als Komplexe erkannt werden: ihre Analyse jedoch bringt sie gleichsam zum Verschwinden, löst sie auf wie ein neurotisches Symptom. Imaginärer und realer Bereich sind da, zugänglich sind sie aber nur über den symbolischen Bereich. Lacan schreibt über das Schema R:

---

[199] Wichtig ist hierbei, daß die Schemata L, R und I bei Lacan durch Projektion verzerrte Modelle von komplexen Strukturen abbilden, die auf diese Weise Funktionen und Wirklinien schematisiert veranschaulichen, ähnlich wie in der Vorgehensweise Glanvilles (→ Kap.:I.3). Es geht also nicht um eine tatsächlich räumliche Struktur, sondern um komplexe Strukturen, die allerdings nur über den Faktor Raum resp. Zeit analysabel werden. Lacan schreibt: „Das L der existenziellen Infragestellung des Subjekts hat eine kombinatorische Struktur, die nicht mit seinem räumlichen Aspekt verwechselt werden darf." (Sch II/S.:84) Und er bringt es in Verbindung mit dem Modell des Möbiusbandes: „Insbesondere die Punkte [...] m M, i I, und welche die sind, mit denen der auf diesem Schema einzig geltende Schnitt [...] eingefaßt wird, diese Punkte also zeigen deutlich genug auf, daß dieser Schnitt im Feld ein Möbiusband heraushebt." (Sch II/S.:86)

[200] Feuling, 1991. S.:149

[201] Triadische Zeichenmodelle gibt es bereits vor Spencer-Brown und Glanville - zum Beispiel bei Peirce. Ich beziehe mich auf die beiden vorgenannten Autoren, da sie gleichzeitig konstruktivistische Theoriedesigns entwickeln, die für meine Lacan-Interpretation relevant sind.

„Dieses Schema erlaubt uns tatsächlich, jene Relationen zu zeigen, die sich nicht auf die präödipalen Stadien beziehen – die sind wohlgemerkt nicht nichtexistent, jedoch analytisch undenkbar (wie es das strauchelnde, aber nicht richtungslose Werk von Melanie Klein hinreichend deutlich macht) – wohl aber auf die prägenitalen Stadien, sofern diese ihre Ordnung in der Rückwirkung des Ödipus finden." (Sch II/S.:87)

Der Ödipuskomplex strukturiert also nicht nur den sich in ihm entfaltenden Psychismus, sondern prägt auch rückwirkend jene Stadien, die vor der „Separation", der zweiten Form der ursprünglichen Gespaltenheit des Subjekts (in eines der beiden sexuellen Geschlechter) liegen. Es zeichnet sich auch auf dieser Ebene des Psychismus ab, daß das Subjekt dem signifikanten Prozeß unterworfen ist, daß es vor allem Effekt des Signifikanten ist. Lacan beschreibt diesen „Umkehrungseffekt", durch den die Konstitution des Psychismus resp. des Subjekts charakterisiert ist:

„Ein Umkehrungseffekt, durch den das Subjekt auf jeder Stufe zu dem wird, was es wie von vornherein schon war, und sich allein im Futurum exactum – es wird gewesen sein – kundgibt." (Sch II/S.:183)

Über diesen Umkehrungseffekt, der die nicht-lineare Zeit verdeutlicht, in der sich das Subjekt konstituiert, schreibt Lacan auch: [...] Was sich in meiner Geschichte verwirklicht, ist [...] das zweite Futur (futur antérieur) dessen, was ich für das werde gewesen sein, was zu werden ich im Begriff stehe." (Sch I/S.:143)

Andererseits verweist das Schema R, wie Feuling bemerkt, auf die Kontingenz der historischen Besetzungen jener Positionen, denen die herkömmliche psychoanalytische Theorie die (mehr oder weniger) reale Mutter und den (mehr oder weniger) realen Vater zuschreibt. Nach Lacans quasi-konstruktivistischer Konzeption sind jene Positionen zunächst Aspekte des Subjekts, imaginäre und symbolische Reflexionen und Objektivationen des Subjekts selbst.

Das Subjekt muß sich auf der imaginären und auf der symbolischen Ebene selbst objektivieren, bevor es die (relative) Autonomie realer anderer Objekte erkennen kann. Das Subjekt erhält bei Lacan also denselben Status wie Glanvilles Eigenobjekte: Die Selbstbeschreibung (Primäres) wird aber erst durch Objektbeschreibung (Sekundäres) retrospektiv konstituiert.

Das Schema R zeigt die intersubjektive, kommunikative Struktur des Psychismus selbst, das heißt die Konzeption des Psychismus als Beziehungsgefüge einzelner Aspekte bzw. Elemente, das diesem Psychismus erst erlaubt, zu einer realen Umwelt homologe Beziehungsstrukturen herzustellen[202].

---

[202] In gleicher Weise werden bei Lacan alle klassifizierenden Begriffe der Psychoanalyse entsubstanzialisiert. Zizek schreibt hierüber: „Dieser Lacan läßt sich leicht übersetzen in die spätere Problematik antipsychiatrischer oder existentialistischer Psychoanalyse: Freudsche klinische Bezeichnungen (Hysterie, Zwangsneurose, Perversion usw.) sind keine „objektiven" Klassifizierungen, die den Patienten stigmatisieren; es geht bei ihnen vielmehr um subjektive Haltungen, „existentielle Projekte", die aus der konkreten intersubjektiven Lage des Subjekts entstanden sind, und für die das Subjekt in seiner Freiheit letztlich verantwortlich ist." (Zizek, 1995. S.:54) Zizek betont dabei, daß Lacan diese „hermeneutische" Sichtweise in zwei Schritten differenziert: zum einen durch seine Adaption des Strukturalismus, der es ermöglicht, die Bedeutung als „Sinn-Effekt" zu betrachten, und zum anderen in einem weiteren Schritt durch Lacans Konzeption einer „Barre", das heißt einem „inhärenten nicht symbolisierbaren Riff" zwischen dem Symbolischen und dem Imaginären, wodurch die Ursache des Symbolischen ins Zentrum der Problematik gerückt wird und als „Trauma" beschrieben wird. Die Ursache ist jedoch,

„Es zeigt an, daß die Bedingung des Subjekts S (Neurose oder Psychose) von dem abhängt, was sich im Anderen A abspielt. Was sich dort abspielt, ist wie ein Diskurs artikuliert (das Unbewußte ist der Diskurs des Anderen) [...]. Wie wäre das Subjekt an diesem Diskurs interessiert, wenn es an ihm nicht teilhätte? Und es hat teil, in der Tat, insofern es bei allen vier Ecken des Schemas gezogen wird, namentlich beim S als seiner unaussprechlichen und stupiden Existenz, beim *a*, seinen Objekten, beim *a'* als seinem Ich, das heißt bei dem, was sich von seiner Form in seinen Objekten spiegelt, und beim A als dem Ort, von dem aus die Frage nach seiner Existenz sich an es richten kann." (Sch II/S.:81 f.)

Beziehungen zu „realen" Objekten werden also stets durch die intrapsychische Struktur, das heißt durch das intrapsychische Beziehungsgefüge des Subjekts geprägt sein, und zwar so grundlegend, daß es sinnvoll erscheint, von einem konstruktivistischen Konzept bei Lacan zu sprechen, wonach Objekte durch intrapsychische Strukturen in ihrer Beobachtbarkeit (Sichtbarkeit) erst konstituiert werden. Lacan schreibt: „Man könnte in Anlehnung an Aristoteles sagen, daß der Mensch mit seinem Objekt denkt. Mit seinem Objekt überspringt das Kind die Grenzen seines Bezirks, der sich in Gräben verwandelt hat, und beginnt so die Beschwörung. [...] Dieses Objekt nennen wir dann nach der Lacanschen Algebra – klein *a*." (Sem XI/S.:68) Mit anderen Worten: reale Objekte mögen existieren – ohne intrapsychisch, interaktiv konstituierten Psychismus würde der Mensch jedoch keine Referenzmöglichkeiten haben, das heißt von diesen Objekten einfach keine Kenntnis erlangen. „Damit es eine Beziehung zum Objekt gibt, muß es schon eine narzißtische Beziehung des Ich zum anderen geben. Das ist übrigens die primordiale Bedingung jeder Objektivierung der Außenwelt [...]." (Sem II/S.:124) Diese intrapsychisch-intersubjektive Struktur wird in → Kap.: II.2 erläutert.

Die Lösung des ursprünglichen Konflikts des Subjekts, sich aufgrund der „Erkenntnis" seiner zweifachen Gespaltenheit, dem Haben-Verfehlen und dem Seins-Verfehlen, in die signifikante Struktur einzurücken, kann nicht genetisch, entwicklungsgeschichtlich beschrieben werden. Lacan formuliert die eher paradoxe als linear-genetische Verfaßtheit des menschlichen Psychismus folgendermaßen:

„Für das Kind gibt es zunächst das Symbolische und das Reale, im Gegensatz zu dem, was man glaubt. Alles, was wir in der imaginären Ordnung sich zusammensetzen, sich anreichern und diversifizieren sehen, geht von diesen beiden Polen aus. Wenn Sie glauben, das Kind sei dem Imaginären verhafteter als dem Rest, dann haben Sie in gewissem Sinne recht. Das Imaginäre ist da. Aber es ist uns absolut unzugänglich. Es ist uns zugänglich nur von seinen Realisierungen beim Erwachsenen aus." (Sem I/S.:276 f.)

Und in Lacans SÉMINAIRE III: LES PSYCHOSES heißt es:

---

wie Lacan sagt, „[...] nur, wo es hapert." (Sem XI/S.:28) Der Psychismus entsteht aus der Verarbeitung bzw. Kompensation des ursprünglichen Traumas, das spezifische Möglichkeiten intrapsychischer Objektrelationen vorzeichnet (→ Kap.: IV.1).

„La première étape n'est pas une étape que vous ayez à situer quelque part dans la genèse. Je ne nie pas, bien entendu, que ce qui se passe au niveau des premières articulations symboliques, l'apparition essentielle du sujet, ne nous pose des questions, mais ne vous laissez pas fasciner par ce moment génétique. Le jeune enfant que vous voyez jouer à faire disparaître et revenir un objet, et qui s'exerce par là à l'appréhension du symbole, vous masque, si vous vous laissez fasciner par lui, le fait que le symbole est déjà là, énorme, l'englobant de toute part, que le langage existe [...]. (P/S.:94)

Lacans Sexualmetaphorik beispielsweise legt es nahe, die im Ödipuskomplex erscheinenden, zirkulären Prozesse im Sinne eines komplexen „Verhältnisses" (sic!) zu beschreiben. So schreibt Lacan vom „[...] Eindringen des Signifikanten in den Psychismus [...]" (Sch II/S.:88): Das Subjekt ist dem Zeichenprozeß unterworfen und empfängt von ihm Sinn; die Funktion der Signifikanten ist es, „[...] die Bedeutung in das Signifikat einzuführen, dem sie ihre Struktur aufzwingen [...]." (Sch II/S.:82).
Durch diese Sexualmetaphorik wird zugleich jedes theoretische Konzept unterminiert, das versucht, die Funktion des Begehrens und der Sexualität auf die realen Geschlechter als Rollen zu verteilen. Die intrapsychisch-intersubjektiv angelegte Struktur des Psychismus beschreibt Lacan als zutiefst narzißtisch bzw. selbstbezüglich:

„Die Sprachwirkung ist die ins Subjekt eingeführte Ursache. Vermöge dieser Wirkung ist dieses nicht Ursache seiner selbst; es trägt nur den Wurm der Ursache in sich, der es spaltet. Seine Ursache nämlich ist der Signifikant, ohne den kein Subjekt im Realen wäre." (Sch II/S.:213)

Andererseits wird durch die Sexualmetaphorik hervorgehoben, daß das Begehren sexuelles Begehren ist. Lacan besteht darauf, daß Freud sich darum bemüht habe, den Begriff der Sexualität bzw. des Begehrens zu intellektualisieren und zu rehabilitieren:

„In der Psychoanalyse ist es auf einem sehr ulkigen Weg so weit gekommen, daß aus ihr [der Sexualität; Anm. N.O.] eine moralische Instanz wurde, die Wiege und der Wartesaal, in dem man auf Opferbereitschaft und Liebenswürdigkeit wartet. Die Seele in der platonischen Fassung, die man nun einsegnet und beleuchtet, erhebt sich und fliegt schnurstracks ins Paradies.
Der unerträgliche Skandal zu der Zeit, als die Freudsche Sexualität noch nicht als heiliggesprochen galt, bestand darin, daß sie so «intellektuell» erschien. Darin erwies sie sich als würdige Komparsin all jener Terroristen, deren Verschwörungen die Gesellschaft zugrunde richten sollten." (Sch II/S.:49)

Das Thema wird immer noch mit peinlicher Vorsicht umgangen: Ich habe bisher in keinem Text über Lacan einen Hinweis auf die sexuelle Metaphorik gefunden, mit der das Verhältnis zwischen Signifikant und Signifikat ausgedrückt wird. Das Subjekt (als Eigenobjekt) hat zunächst ein Verhältnis mit sich selbst.

Indem Lacan das Paradox der Ursache als Effekt zur Beschreibung des Subjekts in das Zentrum seiner Überlegungen rückt, zeigt er gleichzeitig den einigermaßen trivialen, rein deskriptiven, nicht-explikativen Charakter genetischer oder entwicklungsgeschichtlicher Interpretationen des Psychismus, wie sie die herkömmlichen psychoanalytischen und psychologischen Theorieansätze anbieten: Diese können nur anhand empirischen Materials, einzelne, immer individuelle Fälle und deren besondere Entfaltung des Psychismus beschreiben.

In den vorangehenden Abschnitten habe ich die Konstituierung des menschlichen Psychismus im Ödipuskomplex beschrieben und dabei vor allem einzelne Positionen und Funktionen in Hinblick auf psychoanalytische Termini hervorgehoben. Außerdem habe ich dabei die intrapsychisch kommunikative Struktur aufgezeigt, nach deren Mustern analoge kommunikative Relationen zu allen anderen Objekten gebildet werden, die der menschlichen Erfahrung zugänglich sind. Mit anderen Worten: Die einzelnen intrapsychischen Instanzen verhalten sich zueinander wie interaktive, kommunizierende und eigenbeobachtende Objekte (→ Kap.: I.3). Im folgenden möchte ich den sprachlichen Aspekt dieser einzelnen intrapsychischen Instanzen erörtern.

Lacans Schema R erlaubt es, beispielsweise das groß Andere zum einen als Objekt einer kommunikativen Situation, zum anderen aber auch als Signifikanten zu beschreiben.
Diese beiden – bei allen intrapsychischen Instanzen möglichen – Aspekte in der Theoriediskussion sorgfältig zu trennen, ist weder möglich, noch von Lacan intendiert. Gleichwohl werde ich versuchen, das oben bereits Beschriebene unter einem vorwiegend sprachlichen Aspekt noch einmal zu erläutern. In seinem Text DAS DRÄNGEN DES BUCHSTABEN IM UNBEWUßTEN ODER DIE VERNUNFT SEIT FREUD beschreibt Lacan das Verhältnis von Signifikant und Signifikat in der Nachfolge des Saussureschen Schemas:

ARBRE (BAUM)

Lacan nimmt – um seine eigenen methodologischen Ziele, sowie seine Kritik an dem Saussureschen Schema verfolgen zu können – den Querstrich zwischen der Wortform ‚arbre' und der Zeichnung eines Baumes wörtlich: er nennt ihn Barre oder Balken und instrumentalisiert diese Barre, benutzt sie tatsächlich wie einen Balken[203]. An vielen Stellen seines Werkes wiederholt er:

---

[203] Lacan schreibt: „Dieser Algorithmus ist:

$\underline{S}$
s

zu lesen als: Signifikant über Signifikat, wobei das «über» dem Balken entspricht, der beide Teile trennt." (Sch II/S.:21)

„Tatsächlich ist der Signifikant zunächst das, was Signifikatswirkung hat, und es ist wichtig, nicht auszulassen, daß zwischen den beiden ein Gebarrtes zu überwinden ist." (Sem XX/S.:23)

Dabei geht Lacan von einem „topologischen" Bereich der Signifikanten aus, den er als „signifikante Kette" beschreibt: „Ringe, die in einer Kette sich in den Ring einer anderen Kette einfügen, die wieder aus Ringen besteht." (Sch II/S.:26)[204]. Es geht nicht darum, mit Hilfe der Signifikanten auf Bedeutungen bezug nehmen zu können, das heißt nicht darum, ein Sprachsystem zu entwickeln, das möglichst adäquat an eine präverbal existierende, homogene Bedeutungsebene angepaßt wird. Lacan schreibt:

„Man darf jedoch nicht schon deshalb, weil die Versuche der Grammatik und des Lexikons sich an einer bestimmten Grenze erschöpfen, annehmen, die Bedeutung regiere jenseits davon ungeteilt. Das wäre ein Irrtum.
Das Signifikante antizipiert seiner Natur nach nämlich immer den Sinn, indem es in gewisser Weise in seinem Vorfeld seine Dimension auftut." (Sch II/S.:26 f.)

Das bedeutet, der Signifikant ist stets die Möglichkeitsbedingung für Bedeutungseffekte. Unter diesem Blickwinkel kommt Lacan zu seinem bekannten Satz, daß „[...] das Signifizierte unaufhörlich unter dem Signifikanten gleitet [...]." (Sch II/S.:27)
Wenn jedoch das Signifizierte unter dem Signifikanten gleitet, dann muß die Relation zwischen beiden neu formuliert werden. Lacan spricht in diesem Zusammenhang von „Steppunkten" (vgl. das Kapitel XXI in dem Seminar über Psychosen: „Le Point De Capiton" (P/S.:293 ff.)), das heißt von bestimmten Punkten, an denen der Übergang des Signifikanten ins Signifizierte möglich wird, oder mit anderen Worten, an denen die Barre zwischen Signifikant und Signifikat überschritten werden kann.
Das Schema R bildet diese Relation zwischen Signifikant und Signifikat ab, wenn man den Bereich des Imaginären als den des Signifikats und den Bereich des Symbolischen als den des Signifikanten betrachtet. Die Realität, der Bereich des Realen in diesem Schema, wird von den beiden Dreiecken eingeschlossen, weil auf sie nur über die Modi des Imaginären und des Symbolischen bezug genommen werden kann. Im Signifikanten-Prozeß spielt der Bereich des Realen im wesentlichen die Rolle der zu überwindenden Barre. Kleiner schreibt über das Schema R:

„Lacan stellt dort klar, daß es sich bei der Realität des Subjekts nicht um etwas handelt, das sich aus dem Imaginären ableitete. Sie ist weniger ein Feld als ein reiner Schnitt. Denn die Linien, die das Feld R im Schema aufspannen – die jeweiligen Basen des imaginären und des symbolischen Dreiecks –, sie sind keine wohlunterschiedenen und mit sich in ihrem Feld identischen Linien. Vielmehr sind sie zwei nicht-orientierbare Linien, der einzige Rand eines Moebiusbandes. Dessen Struktur ist identisch mit dem reinen Schnitt, d.h. mit dem Schnitt, der nicht sekundär zu etwas ist, das er schnitte, sondern der die Voraussetzung selbst ist für den durch ihn bestimmten Raum."[205]

---

[204] Falsch wäre es also die „Signifikantenkette" als lineare Aneinanderreihung von Signifikanten zu verstehen.
[205] Kleiner, 1991. S.:174 f.

Das heißt, der Bereich des Realen muß tatsächlich als eine Art Barriere verstanden werden: Er spielt die Rolle eben jener Barre, die Signifikant und Signifikat voneinander trennt. Das Bild eines Möbiusbandes, das Kleiner in diesem Zusammenhang verwendet (→ Kap.: I.2), hilft das Schema R unter einem neuen Aspekt zu begreifen. Lacans Modifizierung des Saussureschen Zeichenmodells besteht darin, daß es bei ihm einen möbischen Punkt gibt, an dem der Signifikant ins Signifizierte übergeht. Dieser möbische Punkt kann allerdings nicht definitorisch festgelegt werden, er kann sich überall (auf dem Möbiusband) ereignen. Lacan verdeutlicht diesen Gedanken am Beispiel seines Modells von FADENRINGEN. Dort sagt er:

> „Die Verhaftung durch den Begriff der Dimension, das heißt durch den Schnitt, ist die Charakterologie einer Technik der Säge.[...]
> Geht man hingegen aus von Fadenringen, resultiert daraus eine Keilung, daraus, daß es die Kreuzung zweier Kontinuitäten ist, die eine dritte arretiert. Spürt man nicht, daß diese Keilung das Ausgangsphänomen einer Topologie konstituieren könnte? Eben da ist ein Phänomen, das für sich hat, in keinem Punkt lokalisierbar zu sein." (Sem XX/S.:142)

Lacans Begriff der „*dit-mension*" (Sem XX/S.:26 et passim)[206] soll auf diese topologische Ordnung hinweisen. Der Bereich des Realen im Schema R muß als Möbiusband konzipiert werden: eingekeilt zwischen dem imaginären und dem symbolischen Bereich ermöglicht er durch möbische Wendepunkte Übergänge, die jedoch fließend sind, „in keinem Punkt lokalisierbar", bzw. ohne einen privilegierten Punkt. Tatsächlich läßt sich bei einem Möbiusband, dessen Seiten ineinander übergehen, nicht festlegen, wo dieser Übergang stattfindet.

Kapitel II.1.5
Metapher und Metonymie

Der (symbolische) Name-des-Vaters und der (imaginäre) Phallus stehen in einem zeichenlogischen Verhältnis zueinander. Zwar konstituieren sie sich wechselseitig, dennoch kann man sagen, daß der Phallus aufgrund eines metaphorischen Effekts, der „Vatermetapher" entsteht. Der Name-des-Vaters als Möglichkeitsbedingung der Signifikanten läßt auf der anderen Seite der „Barre" den Phallus als Möglichkeitsbedingung der Signifikate erscheinen. Diese sich hier abzeichnende Relation und die Bedeutungen von Metapher und Metonymie sollen im folgenden durch die Aufeinanderbezogenheit von imaginärem und symbolischen Bereich erläutert werden. Vereinfacht kann man das Verhältnis zwischen imaginärem und symbolischem Bereich folgendermaßen formulieren: Der symbolische Bereich ist der des Signifikanten, also dessen, was aus dem Imaginären verdrängt wurde und sich im symbolischen Bereich zum Gesetz transformiert hat. Erst durch diese Transformation erhält das Imaginäre rückwirkend Bedeutung, die ihm nun durch den Signifikanten aufgeprägt wird. Paradox kann man formulieren: Das Signifikat ist ein Effekt seiner Transformation zum Signifikanten.

---

[206] Lacan schreibt auch: „Di(t)mension" (Sch II/S.:8).

Der Signifikant repräsentiert gemäß dem Schema R das Subjekt (des Begehrens), insofern sich das Subjekt über die zirkulären Bewegungen des Spiegelstadiums konstituiert. In seiner Adaption linguistischer Zeichentheorien kann Lacan demzufolge die Frage stellen:

> „Wenn der Signifikant ein Subjekt repräsentiert, zufolge Lacan (nicht ein Signifikat), und zwar für einen anderen Signifikanten (was besagen will: nicht für ein anderes Subjekt), wie kann er dann, dieser Signifikant, zum Zeichen geraten, das seit Logikergedenken etwas repräsentiert für jemand?" (R-T/S.:16)

Im aktuellen Zusammenhang ist jedoch weniger die Frage nach dem sprachlichen Zeichen relevant[207], als vielmehr die hier von Lacan angegebenen Prämissen, nämlich daß der Signifikant ein Subjekt für einen anderen Signifikanten repräsentiert: auf diese Weise zeigt Lacan an, inwiefern das Subjekt in die Signifikanten-Kette einschreibt ist: „Aber all dieses Signifikante, wird man sagen, kann doch nur wirken, indem es im Subjekt gegenwärtig ist. Genau dies meine ich, wenn ich annehme, daß es auf die Ebene des Signifizierten übergegangen ist." (Sch II/S.:29)
Die Verbindungen, die „Steppunkte", mit denen das Subjekt an den symbolischen Bereich „angeheftet" wird, können mit den linguistischen (bzw. aus der Rhetorik stammenden) Begriffen der Metapher und der Metonymie verdeutlicht werden.

Tatsächlich beruft sich Lacan bei der Bestimmung dieser beiden Begriffe auf Roman Jakobson, also auf ein linguistisches, strukturalistisches Konzept. Er sagt jedoch über dessen Definition der paradigmatischen und syntagmatischen Relationen, bzw. dessen Definition von Metapher und Metonymie, sie bestimme die

> „[...] Substitution eines Signifikanten für einen anderen bei der einen, Selektion eines Signifikanten in seiner Folge bei der anderen. Woraus resultiert (und zwar allein da bei Jakobson: bei mir ist das Resultat anders): daß die Substitution sich aus Ähnlichkeiten macht, die Selektion aus Berührungen." (R-T/S.:19)[208]

Da bei Lacan der symbolische Bereich durch die Erzeugung eines Mangels konstituiert wird (zugunsten der Aufrechterhaltung des Begehrens), kann er, als der Bereich der signifikanten Ketten, mit dem Begriff der Metonymie beschrieben werden, insofern sich hier das Begehren in „unendlichen Verschiebungen" bewegt. Über die Metonymie, auf diese Weise in Verbindung gebracht mit dem Begehren, schreibt Lacan:

---

[207] Nur am Rande sei hier erwähnt, daß Lacan Zeichen nennt, was als Effekt der Signifikation, also des Zusammentreffens von Signifikant und Signifikat erscheint; das Zeichen wird nach Lacan also nicht hinsichtlich einer Referenz definiert, sondern hinsichtlich der Signifikation: „Das Zeichen ist also nicht das Zeichen von etwas, sondern von einem Effekt, der das ist, was sich unterstellt als solches aus einem Funktionieren des Signifikanten. Dieser Effekt ist das, was Freud uns beibringt, und er ist Ausgangspunkt des analytischen Diskurses, nämlich das Subjekt." (Sem XX/S.:54)

[208] Bei Jakobson wird die Verwendung der rhetorischen Begriffe der Metapher und der Metonymie als die grundlegende sprachlichen Operationen beschrieben, „[...] die jedem sprachlichen Verhalten zugrundeliegen, nämlich Selektion und Kombination." (Jakobson, Roman (1979): Poetik. Ausgewählte Aufsätze 1921-1971. hrsg. v. Elmar Holenstein und Tarcisius Scheelbert. Suhrkamp Verlag. Frankfurt/Main. S.:94)

„Die Metonymie, es ist nicht aus dem Sinn von vor dem Subjekt, daß sie spielt (also von der Barriere des Nichtsinns her), es ist aus dem Genuß, worin das Subjekt sich produziert als Schnitt: der ihm also Stoff macht, aber indem er es dafür auf eine an diesen Körper gebundene Oberfläche reduziert, schon das Faktum des Signifikanten." (R-T/S.:21)

Die Metonymie hat ihre Funktion ausschließlich auf der Ebene der Signifikanten: „Die sich dergestalt in der Sprache abzeichnende eigentliche signifikante Funktion hat einen Namen. [...] Dieser Name ist: *Metonymie*." (Sch II/S.:30) Das Begehren, das sich auf der symbolischen Ebene der Signifikanten in der Form unendlicher Verschiebungen ausdrückt, beschreibt Lacan konzis mit der

„[...] Struktur der Metonymie, die anzeigt, daß die Verbindung des Signifikanten mit dem Signifikanten die Auslassung möglich macht, durch die das Signifikante den Seinsmangel *(manque de l'être)* in die Objektbeziehung einführt, wobei es sich des Verweisungswerts der Bedeutung bedient, um ihn mit dem Begehren zu besetzen, das auf diesen Mangel zielt, den es unterhält." (Sch II/S.:41)

Der metaphorische Effekt bedeutet hingegen die Überschreitung der Barre zwischen Signifikant und Signifikat. Dies ist eine erstaunliche Subversion des herkömmlichen Gebrauchs dieser beiden Termini, denn sie legt fest, daß jede Signifikation, jeder Übergang vom Signifikanten ins Signifikat, bzw. jedesmal wenn ein Signifikatseffekt entsteht, von einer metaphorischen Wirkung gesprochen werden kann:

„Die Metapher und die Metonymie, ohne dieses Vorbringen einer faulen Figurativität zu erfordern, gaben das Prinzip, woraus ich den Dynamismus des Unbewußten erzeugte.
Die Bedingung dafür ist das, was ich gesagt habe von der Saussureschen Barre, die keinerlei Anschauung von Proportion zu repräsentieren vermöchte noch sich in Bruchstrich übersetzen ließe, es sei denn durch einen deliranten Mißbrauch, sondern, als das, was sie bei Saussure ist, realen Rand zu machen, nämlich zu springen, vom Signifikanten, der flottiert, zum Signifikat, das fließt. Das ist es, was die Metapher wirkt, welche einen Effekt von Sinn (nicht von Bedeutung) aus einem Signifikanten erhält, der wie ein Stein im Tümpel des Signifikats einschlägt." (R-T/S.:19 f.)

Die Metapher bewirkt demnach die Signifikation, das heißt den Übergang des Signifikanten ins Signifizierte[209]. Lacan ordnet also Metonymie und Metapher den Möglichkeitsbedingungen der

---

[209] Der metaphorische Übergang des Signifikanten ins Signifizierte bedeutet zugleich, daß dadurch das Begehren mittransportiert wird, das heißt, aus dem unendlichen, metonymischen Verweisungszusammenhang gerissen, und ins Signifikat geleitet werden kann: „Was aber ist die Metapher anderes als eine positive Sinnwirkung, das heißt ein gewisser Übergang des Subjekts zum Sinn und in die Richtung des Begehrens?" (Sch I/S.:213) (→ Kap.: IV)

„Ex-sistenz" des Subjekts als einem Effekt des Signifikanten zu[210], und will damit zugleich hervorheben,

> „[...] daß nach so vielen Jahrhunderten religiösen Heuchelns und philosophischer Taschenspielerei nichts Gültiges artikuliert worden ist über das, was die Metapher mit der Frage des Seins und die Metonymie mit dessen Mangel verbindet [...]." (Sch II/S.:55)

Die „Frage des Seins" kann sich jedoch nur symptomatisch äußern, denn nur das Symptom bildet einen Berührungspunkt zwischen dem symbolischen Bereich der Sprache und dem (unmöglichen) Realen, also mit dem nicht-imaginierten und nicht-symbolisierten Rest an Dasein, das das Subjekt ist. Inwiefern Lacan Signifikation oder Sinnwirkung mit dem Symptom in Zusammenhang bringt, wird in → Glossar: 2 eingehender erläutert. Lacan schreibt:

> „Durch sein Symptom schreit das Subjekt die Wahrheit dessen heraus, was dieses Begehren in seiner Geschichte gewesen ist, so wie nach Christus' Wort die Steine geschrien hätten, hätten ihnen die Kinder Israels ihre Stimme geliehen." (Sch II/S.:44)

Im (metaphorischen) Symptom „artikuliert" sich das Begehren als Rest, der verdrängt worden ist, das heißt, der nicht als (metonymischer) Anspruch in der Signifikanten-Kette erscheint. Die Signifikation, der metaphorische Übergang des Signifikanten ins Signifikat ist die einzige Möglichkeit des Subjekts, sich – und wenn auch nur punktuell, flüchtig – zu „situieren": dies ist die Lacansche Version eines psychosemiologischen Konstruktivismus (→ Kap.: I.3). Lacan schreibt:

> „Allein die Anwesenheit des begehrenden Subjekts, und zwar des sexuell begehrenden Subjekts, liefert uns diese Dimension einer natürlichen Metapher, von der aus die angebliche Identität der Wahrnehmung entschieden wird." (Sem XI/S.:162)

An dieser Stelle verwendet Lacan das Schema der „Innenacht", um die Topologie des Subjekts zu beschreiben.

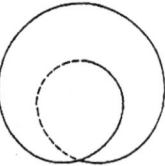

Über dieses Schema schreibt er:

---

[210] In einem anderen Zusammenhang schreibt Lacan: „Was ein Subjekt ursprünglich repräsentiert, ist nichts anderes als dies - es kann vergessen. Nehmen Sie dieses *es* weg - das Subjekt ist buchstäblich an seinem Ursprung und als solches die Auslassung eines Signifikanten, der übersprungene Signifikant in der Kette." (Sem VII/ S.:270)

„Ich habe nun die Libido an dem Punkt eingetragen, wo der Lappen, der als Feld der Entfaltung des Unbewußten definiert ist, den andern Lappen, den der geschlechtlichen Realität, überlagert und zudeckt. Die Libido wäre somit das, was beiden angehört – der Durchschnittspunkt, wie man in der Logik sagt. Aber gerade das ist nicht gemeint. Der Sektor, in dem die Felder sich zu überschneiden scheinen, bildet nämlich, wenn Sie das wirkliche Profil der Fläche ins Auge fassen, eine Leerstelle. [...] Nun! diese Fläche bildet eine Möbius-Fläche, deren Vorderseite die Kehrseite fortsetzt." (Sem XI/S.:163 f.)

In dieser Definition von Metapher und Metonymie zeigt sich die Lacansche These der sprachlichen Verfaßtheit des Subjekts am schärfsten, wenn er beispielsweise daraus folgert:

„Deswegen muß [...] zu Gehör gebracht werden, daß, wenn das Symptom eine Metapher ist, es nicht eine Metapher ist, dies zu sagen, und auch nicht, zu sagen, daß das Begehren des Menschen eine Metonymie ist." (Sch II/S.:55)

Denn das Symptom zeigt exemplarisch jenen Steppunkt, an dem das Subjekt mit dem Realen verbunden ist: ein paradoxer Punkt, ein möbischer Punkt, an dem die Barre des Realen überschritten werden kann, bzw. an dem Nicht-Symbolisierbares eine gewisse Möglichkeit zur Artikulation findet[211]. Lacan bindet diesen Metaphernbegriff durchaus in einen poetologischen Kontext ein, wenn er von dem „schöpferische[n] Funke[n]" (Sch II/S.:32) der Metapher spricht. Er beschreibt das Beispiel des Töpfers, der einen Krug töpfert, als das archaischste Bild des Künstlers:

„Es ist eben die Leere, die er erschafft, und er führt im selben die Aussicht ein, sie zu füllen. So sind die Leere und die Fülle durch den Krug in eine Welt eingeführt, die aus sich selbst nichts dergleichen kennt. Von diesem geformten Signifikanten aus, wie es der Krug ist, treten Leere und Fülle in die Welt, nicht mehr und nicht weniger, und mit demselben Sinn. [...]
Und daher erschafft der Töpfer, ganz so wie Sie, zu denen ich spreche, den Krug mit seinen Händen um diese Leere herum, erschafft ihn, ganz wie der mythische Schöpfer, *ex nihilo*, vom Loch aus.
[...] – es gibt Identität zwischen der Ausformung des Signifikanten und der Einführung einer Kluft, eines Lochs im Realen." (Sem VII/S.:149 ff.)

Den Übergang des Signifikanten ins Signifizierte als den metaphorischen Effekt beschreibt Lacan, indem er die Unterscheidung zwischen Signifikant und Signifikat problematisiert. Es gibt keine einfache Opposition zwischen den beiden Begriffen: Das Signifikat muß radikal als Signifikanten-Effekt gedacht werden. Lacan schreibt, wobei er auf den Saussureschen „Bruchstrich" rekurriert:

---

[211] Das hier angesprochene Paradox wird bei Lacan auch durch seine Verwendung der Begriffe angedeutet, wenn er darauf hinweist, wie die Metapher, „[...] die ja nur ein Synonym der symbolischen Verschiebung ist, wie sie im Symptom ins Spiel gebracht wird." (Sch I/S.:99)

„Ein Signifikant tritt substitutiv an die Stelle eines anderen Signifikanten und konstituiert so den metaphorischen Effekt. Dabei verweist er den Signifikanten, den er verjagt hat, anderswohin. Um hier noch rechtens die Verwendung von Brüchen beizubehalten, müßte man den verschwundenen Signifikanten, den verdrängten Signifikanten, unter den Hauptbalken setzen, in den Nenner, *unterdrückt**. (Sem XI/S.:262)

Der metaphorische Effekt kann nicht einfach aus einem bestimmten Verhältnis zwischen Signifikant und Signifikat hergeleitet werden, sondern er„[...] entspringt zwischen zwei Signifikanten [...]" (Sch II/S.:32) und ermöglicht so Sinn als etwas aktuell Geschaffenes oder, in technischer Ausdrucksweise, eine Sinn-Konstruktion. Lacan schreibt:

„Man sieht, die Metapher hat ihren Platz genau da, wo Sinn im Un-sinn entsteht, das heißt an jenem Übergang, der in umgekehrter Richtung genommen, wie Freud entdeckt hat, jenem Wort Raum gibt, das im Französischen «das Wort» par excellence ist, das Wort, für das kein anderer als der Signifikant des *esprit* die Patenschaft übernimmt, woran sich begreifen läßt, daß der Mensch sogar noch seinem Schicksal Hohn spricht durch den Spott des Signifikanten." (Sch II/S.:33)

Metaphorische „Anheftungen" wie beim Symptom gibt es also nur dort, wo Signifikation stattfindet, dort, wo das Gleiten des Signifikats unter dem Signifikanten durch eine Anheftung an einem „Polsterknopf" unterbrochen wird. Insofern ist die Unterscheidung zwischen Metapher und Metonymie problematisch: Im (metaphorischen) Symptom findet vielmehr eine nicht vollständig gelingende Metonymie statt, aus der eben gerade der Signifikatseffekt entspringt[212]. Aus diesem Grunde, weil das Signifikat aufgrund einer mißlungenen Metonymie entsteht, kann Lacan das Subjekt (als Signifikanteneffekt) als ein in seiner Konstitution grundsätzlich „Verfehltes" beschreiben. Diese paradoxe Ursache des Subjekts, sein Sich-Verfehlen, von dem die metaphorische Ablagerung zeugt, die das Subjekt erst konstituiert, erlaubt Lacan (wie bereits zitiert) zu sagen, die Ursache sei nur dort „[...] wo es hapert." (Sem XI/S.:28)
Die sprachliche Verfassung der drei Lacanschen Bereiche kann in folgender Weise zusammengefaßt werden: Das möbische Band des (unmöglichen) Realen liegt in der „[...] Front des Symbolischen und des Imaginären." (Sem II/S.:325) und ermöglicht metaphorische Übertretungen, das heißt die Signifikation.

---

[212] Das Ich (als ein Element des Psychismus) beschreibt Lacan daher auch als Symptom. Und in Kritik an der Ich-Psychologie, die den Psychismus (tendenziell) auf das Ich reduziert, schreibt er: „Auf der anderen Seite, konträr, läßt sich der gesamte Fortschritt dieser Ich-Psychologie in dem Satz zusammenfassen - das Ich ist genauso wie ein Symptom strukturiert. Im Innern des Subjekts ist es bloß ein privilegiertes Symptom. Es ist das menschliche Symptom par exellence, es ist die Geisteskrankheit des Menschen." (Sem I/S.:24) Das Ich ist gemäß dem Schema L mit dem S (oben links) gleichzusetzen. Lacan schreibt: „Daher lehre ich, daß Sie sich vor einer Verwechslung der Funktion des $\cancel{S}$ mit dem Bild des Objekts a hüten müssen, weil nämlich das Subjekt damit sich-sieht, verdoppelt - sich konstituiert sieht durch das reflektierte, momentane, prekäre Bild der Bemeisterung, sich als Mensch imaginiert allein dadurch, daß es sich imaginiert." (Sem XI/S.:148)

Kapitel II.1.6

Ansprechpartner

Für das Verständnis dieses Kapitels ist es wichtig, die von mir hervorgehobene Grundannahme zu beachten, daß das Subjekt seine intersubjektiven Objektbeziehungen homolog zu den logisch voraufgehenden intrapsychischen Objektbeziehungen gestaltet. Gemäß dem Schema R sind die Objektrelationen zu klein *a* geprägt durch Ähnlichkeit und Rivalität, bzw. durch (suizidalen) Narzißmus und Haß und die zu groß A durch den Wunsch nach Anerkennung und Potenz (Sprachpotenz sowie sexuelle Potenz), aber auch durch Schuldgefühle (hinsichtlich des Gesetzes). Das klein andere liegt dabei im Bereich des Imaginären, das/der groß Andere liegt im Bereich des Symbolischen, was impliziert, daß das imaginäre Niveau nicht als Entwicklungsphase überwunden werden kann, sondern durch den symbolischen Bereich nur eine gewisse Sublimierung erfährt (vgl. zum Begriff der Sublimierung → Kap.: IV.1).

Das Objekt klein *a* ist nicht gegeben, sondern wird durch das Begehren des Subjekts in jeder Hinsicht konstituiert. Das heißt, worauf immer sich das Begehren des Subjekts richtet, erscheint dort das Objekt klein *a*, und zwar als unerreichbar, als sich verflüchtigend. Aus diesem Grunde verwendet Lacan das Verb ‚begehren' intransitiv. Zum einen ist das Objekt klein *a* das Spiegelich, das alter ego der Rivalität, in Freudscher Terminologie das Idealich, zum anderen ist es Träger aller Phantasmen des Subjekts, also aller imaginären Beziehungen des Subjekts, das heißt, das Ich-Ideal.

Es wird in allen intersubjektiven Beziehungen des Subjekts beteiligt sein und das Schicksal des Subjekts besiegeln, nie zur vollen Befriedigung zu gelangen (was in ökonomischer Hinsicht ohnehin den Tod des Subjekts bedeuten würde).

Der groß Andere, jenseits jedes Vorstellungsvermögens des Subjekts (jenseits jeder Möglichkeit der Imagination), ist der, den das Subjekt in der Hoffnung auf Anerkennung (seines Begehrens) anruft und, als solche Autorität, Träger des Gesetzes. In erster Linie ist zur Erklärung des Ausdrucks „Anrufung" wichtig, daß, wie Lacan nachdrücklich festhält,

> „[...] die Rede (allocution) des Subjekts einen Adressaten (allocuteur) einschließt, anders gesagt: daß der Sprechende (locuteur) sich in ihr als Intersubjektivität konstituiert." (Sch I/S.:97)

Das Subjekt als Sprachwesen befindet sich also schon immer und unabhängig von der Existenz anderer „Subjekte" im Zustand der Intersubjektivität[213]. Für diese intersubjektive Struktur ist allein ausschlaggebend, daß der Psychismus des Subjekts gemäß dem Schema R strukturiert ist, das heißt, daß ein imaginärer und ein symbolischer Bereich einen realen Bereich einschließen und daß der Übergang zwischen Signifikant (vom symbolischen Bereich) und Signifikat (in den

---

[213] Die Konzeption der intrapsychischen Intersubjektivität ist für andere Theoriedesigns sicher nicht akzeptabel. Luhmann beispielsweise schreibt in dem Text „Zwischen Intransparenz und Verstehen": „Unbestreitbar dient Sprache auch zur Strukturierung psychischer Prozesse, *aber nicht in kommunikativer Funktion.*" (Luhmann, 1986. S.:75) Luhmanns Begründung dieser Aussage ist deswegen interessant, weil in ihr präzise die Situation verneint wird, in der sich der Psychotiker befindet (→ Kap.: II.2): „Denn weder behandelt das Ich sich selbst als jemanden, der noch nicht weiß, was er weiß; noch als jemanden, der möglicherweise ablehnt, was er vorschlägt; noch als jemanden, der nur über Codierung und Zeichengebrauch erreichbar ist." (Luhmann, 1986. S.:75)

imaginären Bereich) über die Barre des Realen verläuft, daß also Signifikation möglich ist. Es muß „niemand" da sein, es muß kein realer Adressat anwesend sein, um diese Intersubjektivität zu ermöglichen. So schreibt Lacan über den Wendepunkt, an dem der reine Signifikant eine Möglichkeit zur Signifikation bekommt:

> „Ce phénomène de l'appel au secours est autre chose que le hurlement. Le hurlement n'est qu'un pur signifiant, tandis que l'appel à l'aide a une signification, si élémentaire qu'elle soit.
> [...] Ainsi, entre ces deux pôles, le miracle de hurlement et l'appel au secours, se produit une transition, où l'on peut voir les traces du passage du sujet, absorbé dans un lien incontestablement érotisé." (P/S.:158 f.)

Lacan erläutert:

> „Considérons le paradoxe qui résulte de certains entrecroisements fonctionnels entre les deux plans du symbolique et de l'imaginaire.
> D'une part, il semble que le symbolique soit ce qui nous livre tout le système du monde. C'est parce que l'homme a des mots qu'il connaît des choses. [...] D'autre part, il n'est pas douteux non plus que la relation imaginaire est liée à l'éthologie, à la psychologie animale. La relation sexuelle implique la capture par l'image de l'autre. En d'autres termes, un des domaines apparaît ouvert à la neutralité de l'ordre de la connaissance humaine, l'autre semble être le domaine même de l'érotisation de l'objet." (P/S.:199 f.)

Lacan setzt Signifikation also dort an, wo Signifikanten in eine kommunikative Funktion gesetzt werden: Der Hilfeschrei muß sich nicht an einen real anwesenden Adressaten wenden. Er zeigt vielmehr an, daß Sprechen zuerst Appell ist, Appell an einen imaginären, symbolischen oder auch realen A/anderen: „Was ich im Sprechen suche, ist die Antwort des anderen. Was mich als Subjekt konstituiert, ist meine Frage." (Sch I/S.:143) Gleichzeitig macht Lacan deutlich, daß jede Signifikation, jeder Appell des Subjekts an Objekte eine erotisierte Relation ist. Denn sie geht von dem Begehren des Subjekts aus, das immer ein erotisches resp. sexuelles Begehren ist[214].

Das weist zugleich auf die Priorität hin, die der Signifikant in der Lacanschen Theorie genießt: zunächst gibt es Signifikanten und metonymische Relationen zwischen den Signifikanten. Aber erst wenn es den metaphorischen Übergang des Signifikanten ins Signifikat gibt (die Signifikation), kann man, als dessen Effekt, das Subjekt als Sprachwesen bezeichnen:

> „C'est le cœur de la pensée freudienne. L'œuvre commence par le rêve, ses mécanismes de condensation et déplacements, de figuration, ils sont tous de l'ordre de l'articulation métonymique, et c'est sur ce fondement que la métaphore peut intervenir.
> C'est encore plus saisissable au niveau de l'érotisation du langage." (P/S.:259)

---

[214] Lacan erläutert: „Die Realität des Unbewußten ist - so unerträglich-unhaltbar diese Wahrheit sein mag - geschlechtliche Realität. Freud hat dies sozusagen verbissen, bei jeder Gelegenheit, zum Ausdruck gebracht." (Sem XI/S.:157)

Und an anderer Stelle:

> „La métaphore suppose qu'une signification est la donnée qui domine, et qu'elle in-
> fléchit, commande l'usage du signifiant, si bien que toute espèce de connexion pré-
> établie, je dirais lexicale, se trouve dénouée. Rien qui soit dans l'usage du diction-
> naire ne peut un instant nous suggérer qu'une gerbe puisse être avare, et encore
> moins haineuse. Et pourtant, il est clair que l'usage de la langue n'est susceptible de
> signification qu'à partir du moment où on peut dire *Sa gerbe n'était point avare, ni
> haineuse*, c'est-à-dire où la signification arrache le signifiant à ses connexions lexi-
> cales.
> C'est là l'ambiguïté du signifiant et du signifié." (P/S.:248)

Die Metapher ist der Metonymie demnach sekundär; der metaphorische Effekt erfordert eine
komplexere Struktur als das Funktionieren der Metonymie[215].
Sprechen ist demnach eine Möglichkeit, Objektrelationen nach Maßgabe der Struktur des Psychismus zu realisieren: dem Begehren nach Objekten und nach Anerkennung des Begehrens. Mit
anderen Worten: der Mensch spricht nur, um seinem Begehren Ausdruck zu verleihen bzw. um
es zu realisieren – Sprechen ist nichts anderes, als ein Modus (der symbolische Modus) des Begehrens[216].

> „Was ich im Sprechen suche, ist die Antwort des anderen. Was mich als Subjekt kon-
> stituiert, ist meine Frage. Um vom anderen erkannt zu werden, spreche ich das, was
> war, nur aus im Blick auf das, was sein wird. Um ihn zu finden, rufe ich ihn bei ei-
> nem Namen, den er, um mir zu antworten, übernehmen oder ablehnen muß." (Sch
> I/S.:143)

Zu überbrücken ist dabei immer die Barre oder die Kluft, die gerade durch den Mangel (den das
Begehren unterhält) erzeugt wird. „Die Beziehung des Subjekts zum Andern entsteht zur Gänze
im Prozeß einer béance/eines Klaffens." (Sem XI/S.:217) Diese Kluft ist eine andere Funktionalisierung des Bereichs des Realen (als einem möbischen Band), das die Bereiche des Imaginären
und des Symbolischen zugleich trennt und stützt (→ Glossar: 5; und über den Begriff des Traumas → Glossar: 2).
Das Sprechen als Modus des Begehrens wendet sich an den groß Anderen, das heißt, nicht an
phantasmatische Objekte der Ähnlichkeit und Rivalität, sondern an den nicht-vorstellbaren, rein
symbolischen Andern, Träger des Gesetzes, an den Andern, der das Begehren des Subjekts anerkennen soll.

---

[215] Das (entsprechende) Fehlen eines wirklich metaphorischen Effekts in der Psychose wird in → Kap.: II.2 besprochen.
[216] An anderer Stelle verdeutlicht Lacan die nahe Verwandschaft des sexuellen Begehrens, und des sexuellen Aktes
(als - allerdings zum Scheitern verurteilter - Versuch dieses Begehren zu befriedigen) mit dem Sprechen: „Mit
andern Worten - im Augenblick grad vögle ich nicht, ich spreche vor Ihnen, und! ich kann genau die gleiche
Befriedigung empfinden, als würde ich vögeln. Das heißt es. Damit ist übrigens die Frage im Raum, ob ich
wirklich vögle." (Sem XI/S.:174)

„Es sind zwei *andere* zu unterscheiden, mindestens zwei – ein anderer mit einem großgeschriebenen *A*, und ein anderer mit einem kleinen *a*, der das Ich ist. Der *Andere*, das ist der, um den's in der Funktion des Sprechens geht." (Sem II/S.:300)

Die religiöse Konnotation beim Begriff des groß Andern ist auch in diesem Zusammenhang gewollt: Der groß Andere ist symbolisch (hat also keine imaginäre Entsprechung); das Subjekt konstituiert ihn, und es glaubt an ihn, weil es ihn braucht, damit sein Begehren Anerkennung findet: „Und so lange etwas gesagt werden wird, wird die Hypothese Gott da sein." (Sem XX/S.:50) Das bedeutet gleichwohl nicht, daß Lacan mit seiner Theorie den Standpunkt der Religion vertritt. Er verdeutlicht damit nur den Appellcharakter des Sprechens, aus dem heraus sich Religionen bzw. der religiöse Diskurs entwickeln können. Die Bedeutung dessen, was Lacan den religiösen Diskurs nennt, wird in → Kap.: IV.1.1 eingehender besprochen.
Die intrapsychisch intersubjektive Struktur des Psychismus konstituiert sich durch den Anderen, da er (Ort der Sprache, nämlich das Unbewußte) die Position einnimmt, auf die sich das Begehren nach Anerkennung richtet:

„Begehren ist, was manifest wird in dem Zwischenraum, den der Anspruch diesseits seiner selbst aushebt, insofern das Subjekt, indem es die signifikante Kette artikuliert, das Seinsverfehlen an den Tag bringt mit dem Appell, das Komplement davon vom Andern zu erhalten, insofern der Andere, Ort des Sprechens, auch der Ort dieses Verfehlens ist." (Sch I/S.:218 f.)

An diesem Punkt läßt sich wiederum eine Homologie zu dem Glanvilleschen Modell der Black Box bzw. seiner Konzeption eines „selbstbeobachtenden Objekts" aufzeigen (→ Kap.: I.3). Demnach wäre alles Beobachten, das mit dem (begehrenden) Appell gleichgesetzt werden kann, zuerst Eigenbeobachtung[217]. Daß ein Objekt, indem es ein anderes Objekt beobachtet, zunächst sich selbst beobachtet, klingt bei Lacan weniger trivial als in der Systemtheorie oder dem Konstruktivismus, da er von einer tatsächlichen Intersubjektivität des Psychismus ausgeht, die wesentlich vom Begehren des Subjekt motiviert wird. Die zirkuläre Struktur dieser Art von Eigenbeobachtung, lautet, in die Ausdrucksweise des Appells übersetzt: „Von dort [dem Andern, Anm., N.O.] her auch empfängt das Subjekt S seine Botschaft in umgekehrter Form (Interpretation)." (Sch I/S.:55)
Wie ich in → Kap.: II.2 ausführe, ist es gerade die Funktion des groß Anderen als „Ansprechpartner", zu verhindern, daß das Subjekt als Sprachwesen mit dem klein *a* als Ansprechpartner konfrontiert wird. Das bedeutet nicht, daß es diesen klein anderen nicht gäbe: er wird aber durch *A* vermittelt. Das Ich identifiziert sich im Spiegelstadium mit seinem klein *a* in einer höchst spannungsreichen, ambivalenten und inkonsistenten Form einer „ununterscheidbaren Unterschiedenheit". Lacan schreibt: „Dieses Seminar soll lehren, daß diese imaginären Inzidenzen, die

---

[217] Ähnlich aber auch bei Luhmann, wenn dieser sagt: „[...] daß das verstehende System *sich selbst als Moment in der Umwelt des verstandenen Systems erfahren kann.*" (Luhmann, 1986. S.:81) Die eigentlich hermeneutische Frage, wie dies geschehen könne, kann innerhalb der systemtheoretischen Theoriedesigns nur so gedacht werden, daß das verstandene System ein Subsystem des verstehenden Systems ist. Ich glaube nicht, daß dies von Luhmann intendiert ist. Ähnlich aber wie bei den Problemen, die ich in → Kap.: IV.3 und in → Glossar: 3 diskutiere, kann ich mir die Luhmannschen Prozesse des Beobachtens, Codierens, Verstehens etc. nicht anders vorstellen, denn als Binnendifferenzierungen.

keineswegs das Wesentliche unserer Erfahrung repräsentieren, uns nur Inkonsistentes liefern, es sei denn, sie werden auf die symbolische Kette bezogen, die sie verbindet und ausrichtet." (Sch I/S.:9) Erst durch die Kluft, die sich zwischen Imaginärem und Symbolischen auftut, wird eine wirkliche Relation möglich. Poetisch ausgedrückt: daß Ich ein anderer ist, davon kann nur das Sprachwesen wissen. Lacan schreibt, man dürfe nicht verkennen,

> „[...] daß das *ich* vor allem eine psychologische Referenz ist [...]. *Ich* ist ein Verbalterm, dessen Gebrauch in einer bestimmten Referenz auf den anderen, die eine gesprochene Referenz ist, erlernt wird. Das *ich* wird in der Referenz auf *du* geboren." (Sem I/S.:213)

Noch präziser: „Dies Du ist derart fundamental, daß es dem Bewußtsein voraufgeht." (Sem I/S.:9) Wesentlich daran ist die Beobachtung, daß ein Kind den Satz, den man zu ihm sagt, wiederholt „[...] mit dem *du*, anstatt die Inversion mit dem *ich* zu bilden." (Sem I/S.:213). Die Referenz des *ich* auf das *du* ist also keine gerichtete Referenz, sondern eine zirkuläre, ambivalente Referenz, in der letztlich nicht feststellbar ist, wer auf wen referiert. Ähnlich formuliert auch Luhmann die Beziehung zwischen ego und alter ego:

> „Wenn ein Ego ein Alter als alter Ego erlebt und in diesem Erlebniskontext handelt, weist jede Bestimmung, die Ego seinem Handeln gibt, auf sich selbst zurück. Sie wird durch Alter zurückgespiegelt, und dies nicht nur real, sondern auch in der Antezipation durch Ego, also in der Bestimmung selbst. Die Handlung weiß sich nicht nur als Vollzug ihrer Intention, sondern auch (und nicht selten primär!) als »für Dich«, »gegen Dich«, »vor Dir« [...]."[218]

Der wesentliche Unterschied zwischen beiden Ansätzen besteht in dem Begriff des Begehrens der Lacanschen Theorie: Für Luhmann verweist die Ambiguität der ego/alter ego-Struktur allein auf das paradoxe Problem von Selbst- und Fremdreferentialität. Es bleibt ein philosophisches Problem. Bei Lacan hingegen zeigt sich in dieser Relation das folgenreiche bzw. folgenschwere Problem, die Gefühle einer „suizidären narzißtischen Aggressivität" zu organisieren, die für das Subjekt tatsächlich eine existentielle Bedrohung darstellen.

Lacan illustriert die Zirkularität dieser Relation am Beispiel eines Kindes, das ein anderes schlägt: „[...] au moment où l'enfant a battu son semblable, il dit sans mentir – *Il m'a battu*, parce que pour lui, c'est exactement la même chose." (P/S.:166)

Auf der Ebene des imaginären Bereichs drückt sich diese Verwechselbarkeit zwischen ego und alter ego in einer „tödlichen Dialektik" aus. Lacan spielt mit Homophonien, die das Französische anbietet, um diesen Umstand zu illustrieren:

> „Le *tu* est exactement celui auquel je m'adresse, et rien d'autre. Si je dis *tu es*, le *tu* est celui qui meurt." (P/S.:319)[219]

Und weiter:

---

[218] Luhmann, 1991. S.:182
[219] Homophonie zwischen frz.:"*tu es*" - „*du bist*" und frz.:"*tues*" - „*tötest*".

„L'objet de notre amour n'est que nous-mêmes, c'est le *tu es celui qui me tues*. Remarquons l'opportunité heureuse que nous offre en français le signifiant, avec les différentes façons de comprendre *tu es*. On peut en user indéfiniment. Si je vous disais que nous le faisons toute la journée – au lieu de dire *to be or not ... to be or ... on peut dire tu es celui qui me ... tu es ...*, etc. C'est le fondement du rapport à l'autre. Dans toute identification imaginaire, le *tu es* aboutit à la destruction de l'autre, et inversement, parce que cette destruction est là simplement en forme de transfert, se dérobe dans ce que nous appellerons la tutoiïté." (P/S.:341)

Diese Relation der tödlichen Rivalität, der „tutoiïté" des imaginären Bereichs, persistiert auch im Psychismus, der nach Vollendung des Ödipuskomplexes um den symbolischen Bereich erweitert ist:

„Gehen wir einmal mehr davon aus, daß in erster Linie für das Subjekt sein Sprechen eine Botschaft ist, denn es entsteht am Ort des Andern. [...]
Es wendet sich an seine Frau oder seinen Meister, ihnen sein Wort zu geben mit einem Du bist (die oder der), ohne kundzutun, was es selber ist, es sei denn dadurch, daß es sich selbst eine Morddrohung zuraunt, die der Doppelsinn des Französischen hörbar macht." (Sch I/S.:226)

Durch die Erschließung des symbolischen Bereichs, wird der groß Andere als Ansprechpartner konstituiert – anstelle des *du* (*tu*) kann man ihn mit dem englischen „*thou*" (Sch II/S.:109) ansprechen.

Es ist hierbei schwierig, zu bestimmen, ob und inwiefern Lacan mit der Konstitution des groß Anderen Bewußtsein oder Selbstreferentialität ansetzt[220]. In jedem Falle impliziert das groß Andere das Unbewußte und damit die Sprache. Gemäß der Glanvilleschen Konzeption des Selbst gehe ich davon aus, daß es die Fähigkeit der Fremdreferenz ist, die das Subjekt kennzeichnet, das den symbolischen Bereich erschlossen hat. Im Gegensatz zu der Systemtotalität, die der imaginäre Bereich darstellt, schreibt Lacan über Relation zwischen Subjekt und groß Anderem:

„Mit Sicherheit sind die Prozesse zwischen dem Subjekt und dem Andern zirkuläre Prozesse – sie gehen vom Subjekt, das zum Andern gerufen ist, zum Subjekt dessen, was dieser selbst auf dem Feld des Andern, des hier wiederkehrenden Andern, erscheinen sah. Der Prozeß ist zirkulär, aber von Natur aus nicht reziprok. Als zirkulärer ist er dissymmetrisch." (Sem XI/S.:217)

In der Dissymmetrie liegt der Unterschied zum Bereich des Imaginären. Diese Dissymmetrie zeigt sich in bestimmten Möglichkeiten, die Sprache bietet. Selbstreferentialität und Fremdreferentialität werden bei Lacan durch Sprache (bzw. das Sprachvermögen) differenziert: Auch Fremdreferenz ist immer Selbstreferenz (gemäß der homologen Objektrelationierung), oder

---

[220] Bewußtsein und Selbstreferentialität sind die beiden Terme, mit denen in der Systemtheorie und im Konstruktivismus die Differenz zu primitiveren Organismen bzw. Systemen gekennzeichnet werden sollen. Auch dort erweisen sich diese Konzepte als problematisch.

pointierter: Fremdreferenz ist sprachlich verfaßte Selbstreferenz. Die sprachliche Zeichenver-
mittlung bringt jene Dissymmetrie in die Organisation des Psychismus, die es ermöglicht, zu
„externen" Objekten Beziehungen herzustellen. Was das Subjekt auf dem Niveau des symbolischen Bereichs auszeichnet, das sind nach Lacan bestimmte Fähigkeiten des Operierens mit
Sprache, insbesondere die Fähigkeit, lügen zu können. Simulation, Dissimulation und Mimikry (
→ Glossar: 1) sind Strategien, die man auch im Tierreich findet, das Subjekt zeichnet sich demgegenüber möglicherweise dadurch aus, daß es nicht nur (durch eine Lüge) getäuscht werden
kann, sondern als Sprachwesen, die Möglichkeit dieser Täuschung stets mitdenken kann. Denn:
„[...] das *lüge* ist ein Signifikant, der, im Andern, teilhat am Wortschatz [...]." (Sem XI/S.:145)
Lacan schreibt an anderer Stelle: „Ein Tier ist jedoch außerstande, vorzutäuschen, daß es vor-
täuscht." (Sch II/S.:182) Lacan bezieht sich hierbei oft auf folgenden Witz, den Freud in dem
Text DER WITZ UND SEINE BEZIEHUNG ZUM UNBEWUßTEN anführt (Sch I/S.:18 et passim):

> „Zwei Juden treffen sich im Eisenbahnwagen einer galizischen Station. »Wohin
> fahrst du?« fragt der eine. »Nach Krakau«, ist die Antwort. »Sieh' her, was du für
> Lügner bist«, braust der andere auf. »Wenn du sagst, du fahrst nach Krakau, willst du
> doch, daß ich glauben soll, du fahrst nach Lemberg. Nun weiß ich aber, daß du wirk-
> lich fahrst nach Krakau. Also warum lügst du?«"[221]

An die Stelle der Ambiguität im imaginären Bereich tritt im symbolischen Bereich eine profunde
Unsicherheit über die eigentliche Begehrensfunktion. Zizek faßt diese Unsicherheit mit der Frage
zusammen: „«Welches Begehren soll ich begehren?»"[222] Da aber das Begehren immer das Begehren des Andern (vgl.: Sem XI/S.:247 et passim) ist, läßt sich diese Frage auch immer als Frage nach dem stellen, was der Andere will: „*Che vuoi?*" (Sch II/190)
Lacan verweist darüber hinaus auch darauf, „[...] daß nicht begehren zu wollen und begehren zu
wollen eines ist." (Sem XI/S.:247)[223] Die grundsätzliche kommunikative resp. intersubjektive Situation, in der sich das Subjekt auf dem Niveau des symbolischen Bereichs befindet, wird durch
diese Möglichkeiten, die Frage nach dem Begehren zu stellen, strukturiert.

> „Dem einen Fehlen begegnet das Subjekt im Andern, in Form jener Einladung, die
> der Andere in seiner Rede an es ergehen läßt. In den Intervallen des Diskurses dieses
> Andern entsteht dann für die kindliche Erfahrung etwas, dessen radikaler Ausdruck
> in der Formel *Er sagt mir das, aber was will er?* zusammenzufassen wäre.
> Dieses die Signifikanten kupierende Intervall, das zur Signifikantenstruktur selbst zu
> rechnen ist, wäre, in einem andern Register meiner Theorie, der Sitz der Metonymie.
> Hier schleicht, gleitet, flieht wieselflink das, was wir das «Begehren» nennen. Das
> Begehren des Andern ist für das Subjekt das, was nicht haftet in den Fehlstellen des
> Diskurses des Andern. Sämtliche *Warums?* beim Kind sind nicht so sehr vom Ver-

[221] Freud, Sigmund (1970): Der Witz und seine Beziehung zum Unbewußten. In: Psychologische Schriften. Studienausgabe Bd. IV. hrsg. v. Th. v. Uexküll u. I. Grubrich-Simitis. 7. Auflage. Fischer Verlag. Frankfurt/Main. S.:9-
219. hier S.:109

[222] Zizek, 1991. S.:53

[223] Diese Variante der Begehrensstruktur bringt er in Verbindung mit dem Modell des Möbiusbandes: „Das Subjekt
weiß, nicht begehren zu wollen, hat etwas Unbezwingliches an sich wie jenes Möbiusband, bei dem es keine
Kehrseite gibt, wo man, wenn man es durchläuft, mit mathematischer Notwendigkeit immer wieder auf die Fläche zurückkommt, von der anzunehmen wäre, daß sie es verdopple." (Sem XI/S.:247)

langen, den Dingen auf den Grund zu gehen, getragen, sie meinen vielmehr ein Auf-die-Probe-Stellen des Erwachsenen. Es geht um das *Warum sagst du mir das?*, das immer wieder aus seinem Grund heraufzitiert wird: das Rätsel des Begehrens des Erwachsenen." (Sem XI/S.:225)

Der Appellcharakter der Frage des Subjekts an den groß Anderen besteht darin, daß dem Anderen unterstellt wird, zu wissen, was das Subjekt begehrt, das heißt eine Antwort zu haben. Diese Unterstellung ist homolog zu der Unterstellung im imaginären Bereich, daß nämlich das klein andere das verlorene Objekt habe, (worin der Grund für die Gefühle von Rivalität und Haß liegt). Auf der Ebene des symbolischen Bereichs erscheint diese Frage artikuliert: Sie begehrt eine Antwort:

> „Es gibt in der Tat Begehrungen, die nie eine andere Befriedigung finden werden als durch die Tatsache, anerkannt, das heißt eingestanden zu werden." (Sem II/S.:271) (vgl. hierzu auch → Kap.: IV)

Die Lacansche Version der Fremdreferenz (Dissymmetrie) besteht in der Transformation des Subjekts durch den Signifikanten-Effekt. In → Kap.: III gehe ich auf diesen Punkt ausführlicher ein, da er eine Möglichkeit darstellt, Lernen zu beschreiben. Bei Lacan heißt es:

> „In seiner symbolisierenden Funktion nämlich zielt das Sprechen auf nichts Geringeres als auf eine Transformierung des Subjekts, an das es sich mittels einer Verbindung wendet, die es mit demjenigen herstellt, der es hervorbringt. Das heißt es führt eine Signifikanten-Wirkung herbei." (Sch I/S.:139)

Fremdreferenz im Lacanschen Sinne bedeutet damit eine Transformation des Subjekts. Als Alternative zur systemtheoretischen Binnendifferenzierung kann von dieser Position aus erklärt werden, wie „neue Objekte" beobachtbar werden, bzw. konstituiert werden können.

Ausgehend von dieser Skizzierung des Psychismus mit seinen drei konstitutiven Bereichen kann Lacan beschreiben, um welchen strukturellen Defekt es sich bei der Psychose handelt. Auch die Psychose kann linguistisch beschrieben werden. Da sie eine spezifische semiotische Beziehungsstruktur darstellt, die dem „normalen" Psychismus nicht fremd ist, sondern vielmehr in verschiedenen Diskurstypen durchscheint, trägt ihre psychosemiotische Beschreibung nicht nur allgemein zum Verständnis semiotischer Prozesse bei, sondern auch auf diskursanalytischer Ebene zum Verständnis der kritischen Haltung Lacans dem Diskurs der Wissenschaft gegenüber. Die Funktion des Begehrens als Konstituent des Psychismus und somit des semiotischen Prozesses wird in der Psychose auf dramatische Weise verdeutlicht.

Kapitel II.2

Zeichentheoretische Beschreibung der Psychosen

> „Die Struktur, in der Tat, deren Anerkennung die
> Psychoanalyse fordert, ist das Unbewußte. Es klingt
> ziemlich dumm, daran zu erinnern, es ist es aber sehr
> viel weniger, wenn man bemerkt, daß eigentlich
> niemand weiß, was das ist. Das sollte uns nicht auf-
> halten. Wir wissen genauso wenig, was Natur ist,
> und lassen uns trotzdem nicht davon abhalten, Phy-
> sik zu treiben, und zwar Physik von einer Tragweite
> ohnegleichen. Sie nennt sich ja die Wissen-
> schaft."[224]

Der Begriff der Psychosen wird in der (klinischen) Psychiatrie auf eine breite Skala seelischer Erkrankungen angewandt. In der vorliegenden Arbeit verfolge ich nicht das Ziel, diesen Begriff von einem psychiatrischen Standpunkt aus zu beschreiben oder einzugrenzen. (In → Glossar: 4 gebe ich einen kurzen Überblick über psychoanalytische Ansätze zur Nosographie der Psychosen.) Vorweggreifend sei hier auf den unbefriedigenden theoretischen Stand der Forschungslage hingewiesen. Max Kleiner beschreibt diese in seinem Text EINIGE BEMERKUNGEN ÜBER DIE PSYCHOTISCHE REALITÄT: „Auch in der psychoanalytischen Theorie kann die Sache der Psychose offensichtlich nicht anders zur Sprache kommen denn als das Andere des Gleichen, des Norma-len, des Neurotischen." Im übrigen möchte ich auf den Eintrag über Psychosen in dem VO-KABULAR DER PSYCHOANALYSE von Laplanche und Pontalis hinweisen, der Aufschluß über die problematische Situation gibt. Im folgenden gehe ich von deren grundsätzlicher Kategorisierung aus:

> „Die Psychoanalyse hat versucht, [bei den Psychosen; Anm. N.O.] verschiedene For-
> men zu unterscheiden: Paranoia (unter die sie ganz allgemein die mit Wahnvorstel-
> lungen einhergehenden Affektionen einreiht) und Schizophrenie einerseits, Melan-
> cholie und Manie andererseits. Den gemeinsamen Nenner sieht die psychoanalytische
> Theorie im Grunde in einer primären Störung der libidinösen Beziehung zur Reali-
> tät, so daß die meisten manifesten Symptome (vor allem die Wahnkonstruktion) se-
> kundäre Restaurationsversuche der Objektbeziehung darstellen."[225]

---

[224] Lacan, Jacques (1987): Die Übersetzung. Beim Lesen Freuds... In: Der Wunderblock. Zeitschrift für Psychoana-lyse Nr.1. hrsg. v. N. Haas, V. Haas, L. Mai, Ch. Schrübbers. Verlag der Wunderblock. Berlin. S.:7-14. hier S.:11)

[225] Laplanche, Jean; Pontalis, J.-B. (1992a): Das Vokabular der Psychoanalyse. übers. v. E. Moersch. 11. Auflage. Suhrkamp Verlag. Frankfurt/Main. S.:413. Die geringe theoretische Durchdringung des Psychosebegriffs wird auch bei Laplanche und Pontalis vermerkt: „Das Verständnis des Psychosebegriffs in der Psychiatrie bleibt weiterhin mehr intuitiv als systematisch. Er wird definiert durch Merkmale, die den verschiedensten Ebenen entnommen sind. In den geläufigen Definitionen findet man oft nebeneinander Kriterien wie die Unfähigkeit zu sozialer Anpassung (Problem der Hospitalisierung), den Schweregrad der Symptome, die Störung der Kommu-

Deutlich abgegrenzt werden Psychosen von Neurosen und – ferner – von Perversionen. Nach Lacan kann dabei folgende Minimalunterscheidung festgehalten werden: In der Neurose wird etwas verdrängt, in der Psychose hingegen wird etwas verworfen. Das verdrängte Element besteht im Unbewußten weiter: es ist symbolisiert. Das Verworfene hingegen ist nie symbolisiert worden. Die beiden Begriffe werden weiter unten erläutert. An dieser Stelle sei nur darauf hingewiesen, daß der Ausdruck der Verwerfung, den Lacan von Freud übernimmt und daher in deutscher Sprache wiedergibt, eine Lacansche Prägung ist (→ Glossar: 2). Auch Laplanche und Pontalis schreiben über diesen Begriff, er sei ein „Von Jacques Lacan eingeführter Ausdruck [...]."[226] Der psychosemiologische Ansatz von Lacan bietet die Möglichkeit einer zeichentheoretisch fundierten Beschreibung der Psychosen, die nicht auf dem Niveau einer Taxonomie konkreter Äußerungen und Symptome der Psychosen verharrt, sondern sich mit ihrer Struktur und Dynamik auseinandersetzt. Dieser Ansatz hat Folgen für sprachwissenschaftliche Theoriedesigns, da er die Funktionen von Signifikant und Signifikat sowie deren Relation neu konzipiert.

Oft beschriebene Phänomene, resp. Symptome, wie der Rückzug der Objektlibido, die Aufgabe der Bedeutungszuordnung im Umgang mit Sprache unter Beibehaltung der bedeutungslosen Signifikanten, die „ungünstige Objektdistanz"[227] (→ Glossar: 4), werden bei Lacan auf ein strukturelles Merkmal, nämlich auf ein gewisses Manko der intrasubjektiven Objektrelation zurückgeführt.

Ausgehend von seiner Annahme der Systemhaftigkeit der Signifikanten („lalangue" (R-T/S.:63 et passim)) und der wechselseitigen Konstitution des imaginären und des symbolischen Bereichs, wie sie in dem Schema R abgebildet wird (→ Kap.: II.1), kann Lacan präzise beschreiben, welche Veränderungen das System erfährt, wenn ein konstitutives Element darin fehlt, weil es verworfen, das heißt nie symbolisiert worden ist. Lacan geht ganz abstrakt von einem „Loch" im System aus, von „[...] un trou, une faille, un point de rupture dans la structure du monde extérieur [...]." (P/S.:56). Lacan bezieht sich dabei auf das Schema R und sagt, dieses fehlende Element sei der Name-des-Vaters in groß A (im Schema durch den Buchstaben P repräsentiert). Wie ich in → Kap.: II.1 ausgeführt habe, konstituiert und stabilisiert sich der symbolische Bereich durch die Anrufung des Namens-des-Vaters. Im Vollzug des Ödipuskomplexes und der Einrichtung des Gesetzes, erhält das Subjekt von dieser Position her Antwort, das heißt, eine gewisse Anerkennung seines Begehrens[228]. An dieser Schwelle, die der Ödipuskomplex darstellt, lokalisiert Lacan den Ausgangspunkt der Psychose:

> „Der Defekt, der die Psychose wesentlich bedingt und ihr eine Struktur gibt, die sie von der Neurose unterscheidet, besteht unserer Auffassung nach in einem Defekt die-

---

nikationsfähigkeit, die fehlende Einsicht in den krankhaften Zustand, den Verlust des Kontaktes mit der Realität, den Charakter des nicht »Verstehbaren« (nach einem Ausdruck von Jaspers) von Störungen, den organischen oder psychogenetischen Determinismus, mehr oder weniger tiefe und irreversible Veränderungen des Ichs." (Ebd. S.:415) vgl. hierzu → Glossar: 4.

[226] Ebd. S.:608

[227] Linnemann; Rohlfs, 1991. S.:82

[228] Zur Unterscheidung des imaginären und des symbolischen Niveaus hinsichtlich dieser Begehrensstruktur erläutert Lacan: „Aber dieses Begehren selbst fordert, um im Menschen befriedigt zu werden, Anerkennung im Symbol oder im Imaginären durch eine Übereinstimmung im Sprechen oder durch einen Kampf um Prestige." (Sch I/S.:120)

ses Registers und dessen, was in ihm sich erfüllt, nämlich die Verwerfung des Namen-des-Vaters am Platz des Anderen und im Mißlingen der Vatermetapher." (Sch II/S.:108)

Alle von der Psychoanalyse beobachteten Phänomene der Psychose finden ihre Erklärung durch diese Grundannahme. Lacan entwickelt sie systematisch am topologischen Modell seines Schema I.

Kapitel II.2.1
Das Loch in A

Die Annahme eines „reinen Signifikanten" im Anderen, nämlich des Namen-des-Vaters (→ Kap.: II.1.3), läßt sich gut mit den Problemen korrelieren, die in den neueren Texten der Systemtheorie formuliert werden. Aufgrund der Systemhaftigkeit eines Systems erscheint das Paradox einer nicht beobachtbaren Systemumwelt als infiniter Regreß (→ Kap.: I.1). In dem Text SYSTEMTHEORIE UND DEKONSTRUKTION von Marius und Jahraus heißt es zusammenfassend, daß „[...] die Letztbegründungsinstanz selbst kein Element der Theorie sein kann, wiewohl es konstitutiv für die (Super-)Theorie ist."[229] Wird dieses Paradox einfach vorausgesetzt, so kann es als reiner Signifikant, dem kein Signifikat zugeordnet werden kann, reformuliert werden[230]. Seine Eigenschaftslosigkeit ist dabei nur eine andere Ausdrucksweise als die seiner Unbeobachtbarkeit. Er garantiert die Systemhaftigkeit des Systems. In der psychosemiologischen Konzeption Lacans ist dieses Element der Signifikant in groß A: der Name-des-Vaters[231]. Die Schwierigkeit im Umgang mit diesem Paradox liegt in seiner Eigenschaftslosigkeit, derzufolge man (zeichentheoretisch) strenggenommen nicht bezug darauf nehmen kann: Er ist zwar benennbar, anrufbar, wird jedoch nur durch diese Anrufung konstituiert. Es kann ihm kein Signifikat zugeordnet werden: „Essayez d'imaginer dès lors ce que peut être l'apparition d'un pur signifiant. Bien entendu, nous ne pouvons pas même l'imaginer, par définition." (P/S.:225) Denkt man die hier vorgeschlagene Homologie zwischen beiden Theoriedesigns weiter, so wird deutlich, welch katastrophale Auswirkungen es für das (symbolische) System haben muß, wenn dieses Element fehlt, weil es verworfen wurde. Martin Feuling beschreibt die Verwerfung dieses Elements im Psychismus:

---

[229] Marius/Jahraus (1997), S.:8

[230] In → Glossar: 6 beschreibe ich demgegenüber ein homologes Element nach Lacan als *Ding*, dem kein Signifikat zugeordnet werden kann, und daß jedoch auch nicht symbolisierbar ist. In der Kategorisierung Lacans der drei Bereiche des Psychismus gehört dieses Element dem Realen an. Der Name-des-Vaters ist Möglichkeitsbedingung des symbolischen Bereichs (nicht imaginierbar und nicht real), der Phallus - wie in → Kap.: II.1.2 beschrieben - Möglichkeitsbedingung des imaginären Bereichs (nicht symbolisierbar und nicht real) und das *Ding* Möglichkeitsbedingung des realen Bereichs (nicht imaginierbar und nicht symbolisierbar).

[231] Feuling schreibt in seinem Text „Be-Mangeln": „Lacan bezeichnet dieses notwendige und vom Gebrauch ausgeschlossene, transzendente Element als „Namen-des-Vaters"; der Vater als nennbarer - d.h. als nicht vorstellbarer, imaginärer und nicht als greifbarer, realer - Vater ist die „Grundlage der Symbolfunktion, die seit Anbruch der historischen Zeit seine Person mit der Figur des Gesetzes identifiziert."" (Feuling, 1991. S.:148)

„Verwerfung ist Verweigerung der Symbolisierung, der Inschrift eines für die Subjekt- und Objektkonstitution, d.h. für die Differenzierung von Subjekt und Objekt unverzichtbaren Elements ins Psychische. Die Verwerfung betrifft einen Signifikanten, dem kein Signifikat zuzuordnen ist, sie bewirkt das Fehlen eines Signifikanten, der außerhalb des Systems der Signifikanten mit Signifikaten steht." [232]

Und Lacan schreibt:

„Versuchen wir nun, einen Umstand der subjektiven Position genauer zu fassen, wo bei der Anrufung des Namen-des-Vaters zwar nicht die Abwesenheit des realen Vaters antwortet, denn solche Abwesenheit ist mehr als vereinbar mit der Gegenwart des Signifikanten, sondern das Fehlen des Signifikanten selber." (Sch II/S.:90)

Wichtig ist nochmals zu betonen, daß es sich bei dem verworfenen Element um einen Signifikanten handelt, nicht um ein Signifikat, und zwar um einen reinen Signifikanten, dem kein Signifikat zugeordnet werden kann. Küchenhoff/Warsitz streichen diesen linguistischen Zugang Lacans zum Problem der Psychose heraus:

„Vielleicht gerade weil die Narzißmushypothese ebenso wie die Abwehrhypothese der Psychose so unbefriedigend bleibt angesichts der klinischen Evidenzen, beharrt Lacan auf seinem linguistischen Zugang: Ein struktureller Defekt im Symbolregister sei die primäre Störung bei der Schizophrenie, und dieser wird als Defekt der Signifikation im symbolischen Gesetz selbst interpretiert." [233]

Wenn dieser Signifikant, der Name-des-Vaters, fehlt, bewirkt diese Fehlstelle am diametral gegenüberliegenden Punkt des Schema R, am Punkt des imaginären Phallus, ebenfalls das Aufreißen eines Lochs:

„Am Punkt der Anrufung des Namen-des-Vaters [...] kann also im Anderen schlicht und einfach ein Loch antworten, das durch das Fehlen der Metaphernwirkung ein Loch hervorruft, das dem Platz der phallischen Bedeutung entspricht." (Sch II/S.:91)

Auf dieses entsprechende zweite Loch, das am Ort der Möglichkeitsbedingung der Bedeutung aufreißt, werde ich weiter unten zurückkommen.
Im Vergleich mit dem neurotischen Mechanismus kann präzisiert werden: Das in der Neurose verdrängte Element ist symbolisiert und bleibt im symbolischen Bereich, im Unbewußten, das den größten Teil des symbolischen Bereichs ausmacht. Das Verdrängte kehrt als Symptom wieder und ist als Symptom artikuliert: „Le refoulé est toujours là, et s'exprime d'une façon parfaitement articulée dans les symptômes est dans une foule d'autres phénomènes." (P/S.:21) (→ Glossar: 2) Das verworfene Element hingegen wurde zu keiner Zeit symbolisiert: es hat keinen Platz im symbolischen Bereich eingenommen. Auch das Verworfene kehrt wieder. Aber es kehrt im Realen wieder: „Seulement, il se trouve, en plus, que tout ce qui est refusé dans l'ordre symbolique, au sens de la *Verwerfung*, reparaît dans le réel." (P/S.:21)

---

[232] Ebd. S.:147 f.
[233] Küchenhoff, Warsitz, 1989. S.:125

Aus der Verwerfung des Namen-des-Vaters ergeben sich strukturelle Veränderungen des Psychismus. Denn der Name-des-Vaters als reiner Signifikant ist eine Leerstelle. In ihr stellt sich der von der Urverdrängung ausgehende Mangel als Ziel des Begehrens dar (→ Kap.: II). Im Text über den FETISCHISMUS beschreibt Freud die Möglichkeit der „Verleugnung"[234] von Ansprüchen der äußeren Realität. Wird im Ödipuskomplex die Kastration (der Mutter) geleugnet, das heißt, die Möglichkeit der eigenen Kastration einfach verworfen, so kann der Name-des-Vaters nicht seine Position in groß A beziehen, um von dort aus das Gesetz und die Anerkennungsinstanz zu bilden, die die Kastrationsangst reguliert und das Begehren des Subjekts nach Anerkennung auf sich zieht. Lacan kommentiert in diesem Zusammenhang die Funktion des Ödipuskomplexes, aus dem der Name-des-Vaters und somit das Gesetz hervorgeht:

> „Si Freud a tellement insisté sur le complexe d'Œdipe, qu'il a été jusqu'à construire une sociologie de totems et tabous, c'est manifestement que pour lui la Loi est là *ab origine*. [...] Cette Loi fondamentale est simplement une loi de symbolisation. C'est ce que l'Œdipe veut dire." (P/S.:96)

Max Kleiner schreibt hierzu:

> „Für die Frage der Urverdrängung ergibt sich daraus, daß diese nur wirksam werden kann, wenn es ein Begehren eines Anderen gibt, das sich auf den Anspruch des Subjekts richtet, d.h. diesem zu Diensten ist. Nur wenn auf diesem Wege (der väterlichen Metapher) der Signifikant des Anspruchs durch den des Begehrens des Anderen ersetzt wird, kann vom Subjekt selbst ein Begehren ausgehen, das sich auf den Anderen richtet und so zu dem des Anderen wird."[235]

Durch die Verwerfung des Namen-des-Vaters entsteht daher genaugenommen ein Mangel des Mangels, der das Begehren aufrecht erhalten soll. Feuling sagt: „Psychose ist also ein 'Unfall der Struktur' selbst, Nicht-Konstitution einer notwendigen Leerstelle und insofern 'Mangel an Mangel'."[236] Der Ödipuskomplex, wird in der psychosemiologischen Literatur daher als Katastrophe beschrieben, die jedoch notwendig ist, damit der konstitutive Mangel aus ihr hervorgehen kann. Bei Küchenhoff/Warsitz heißt es:

> „Die narzißtische Katastrophe ist lebensnotwendig und die Voraussetzung von Entwicklung. Aber sie kann nur verarbeitet werden, wenn sie eingebettet bleibt in die Erfahrung, daß der Andere die Katastrophe nicht nur auslöst, sondern sie auch begrenzt und begleitet. Dennoch: Die eigentliche Katastrophe besteht darin, daß die Katastrophe ausbleibt, d.h. daß katastrophische Erfahrungen verleugnet oder verworfen werden. Die Doppelfunktion des Anderen besteht also darin, Anlaß für katastrophische

---

[234] Freud, Sigmund (1989c): Fetischismus. In: Psychologie des Unbewußten. Studienausgabe, Bd. III. hrsg.v. A. Mitscherlich, A. Richards, J. Strachey. 6. Auflage. Fischer Verlag. Frankfurt/Main. S.:379-388. hier: S.:384 et passim

[235] Kleiner, 1991. S.:176. Damit ist zugleich gesagt, daß das urverdrängte Element ein Signifikant ist. Bei Lacan heißt es: „Das Urverdrängte/le refoulé primordial ist ein Signifikant, und wir können, was über diesem sich aufbaut und das Symptom konstituiert, ohne weiteres als Signifikantengerüst betrachten." (Sem XI/S.:184)

[236] Feuling, 1991. S.:149 f.

Erfahrungen zu sein und sie zugleich erträglich, d.h. aber nicht mehr und nicht weniger als: psychisch repräsentierbar zu machen."[237]

Eine schematische Darstellung der strukturellen Veränderung des psychotischen Psychismus, das heißt nach dem Zusammenbruch, der nach der erfolglosen Anrufung des Namen-des-Vaters eintritt, gibt Lacan mit dem Schema I[238].

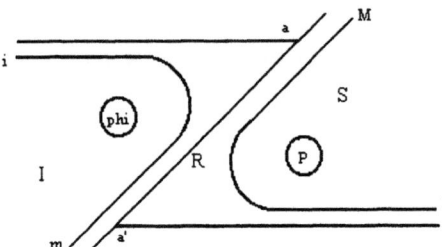

An die Position des verworfenen Namen-des-Vaters gleitet das Ich-Ideal, die Position des imaginären Phallus wird vom Idealich besetzt. Feuling erläutert hierzu:

> „Dieses Schema I zeigt, was passiert, wenn der Name-des-Vaters nicht an seine Stelle im Symbolischen, die Bedeutung des Phallus nicht an ihre Stelle im Imaginären gekommen ist; das Reale erscheint dann nicht mehr als Rest, sondern nimmt die ganze Fläche der psychischen Realität ein. Oder: das Reale ist nicht urverdrängtes Phantasma, sondern die ganze Realität ist in der Psychose 'phantasmatisch'. [...] In Termini psychischer Instanzen gelesen heißt das, daß in der (paranoischen) Psychose das Ich-ideal an den Platz des Anderen kommt, an dem eigentlich der Name-des-Vaters als bloß nennbarer und vom Gebrauch und somit von der Identifizierung ausgeschlossener Term stehen müßte. Und daß das Idealich den Platz der Bedeutung des Phallus als transzendentem Äquivalent aller Objekte des Begehrens ausfüllt, verstellt: Der Psychotiker hört und sieht in der Halluzination immer nur sich selbst. Das Subjekt hat in der Psychose keinen Zugang zum Nicht-Identischen im Sinne Adornos, zum (großen) Anderen im Sinne Lacans." [239]

[237] Küchenhoff, Joachim; Warsitz, Peter (1993): Zur Theorie der psychoanalytischen Psychosentherapie, oder: Gibt es eine Umkehr der Verwerfung des »Namens-des-Vaters«? In: Wahnwelten im Zusammenstoß. Die Psychose als Spiegel der Zeit. hrsg. v. R. Heinz, D. Kamper, U. Sonnemann. Akademie Verlag. Berlin. S.:164

[238] Über diese schematische Darstellung des psychotischen Psychismus stellt Lacan klar: „Zweifelsohne hat ein solches Schema teil an der Übertreibung, ohne die keine Formalisierung auskommt [...]." (Sch II/S.:104) Dennoch reklamiert er eine gewisse Eleganz für die psychotische „Lösung": „Das Schema zeigt, daß der Endzustand der Psychose nicht jenes erstarrte Chaos wie nach einem Erdbeben darstellt, sondern eher das Zutagebringen von Wirklinien, die man in der Mathematik als elegante Lösung bezeichnen würde." (Sch II/S.:105) Wichtig ist an dieser schematischen Darstellung die Verschiebung der einzelnen Positionen im Vergleich zum Schema R. Die Beschriftung dieses Schemas in der zitierten Ausgabe habe ich fortgelassen, da sie sich auf den „Schreberschen Wahn" bezieht und im vorliegenden Zusammenhang nur irritierend wirken würde.

[239] Feuling, 1991. S.:149 f.

Lacan schreibt: „Es stellt sich hingegen für das Subjekt die ganze Dichte der realen Kreatur zwischen die narzißtische Lust an seinem Bild und die Entfremdung des Sprechens, in dem das Ichideal den Platz des Anderen eingenommen hat." (Sch II/S.:105) Und Max Kleiner erklärt:

> „Man kann dieses Schema begreifen, wie es Lacan im Text vorschlägt, als die Modifikation des Schemas R durch die Wirkung der Fehlstellen in den Feldern S und I. Diese Felder können sich nicht aneinanderlagern und so ein stabiles Feld R umgrenzen. Die beiden Schlünde im Imaginären und im Symbolischen biegen die Basislinien der vormaligen Dreiecke zu Hyperbeln, so daß die Eckpunkte des Feldes der psychischen Realität, die dieses Schema R vermittels der Operation der Identifizierung aufspannten, nun in alle Richtungen ins Unendliche entfliehen."[240]

Der Bereich des Symbolischen bricht aufgrund des Fehlens des Namen-des-Vaters in A zusammen[241]: das psychotische Subjekt hat kein Unbewußtes[242]. Anders ausgedrückt: das Unbewußte ist präsent, wiedergekehrt im Realen[243]. Lacan schreibt:

> „[...] le sujet inconscient, [...] est là, littéralement, dans ce discours hallucinatoire. Il est là, visé, on ne peut pas dire dans un au-delà, puisque justement l'autre manque dans le délire, mais dans un en-deçà, une espèce d'au-delà intérieur." (P/S.:139)

Da der Ort der Anrufung nicht durch den Signifikanten des Namen-des-Vaters besetzt ist, wird das Ich-Ideal, das alter ego der Spiegelbeziehung an diese Position gerückt: „Auf diese Weise kann das Sprechen im Subjekt zum imaginären, ja sogar zum realen Objekt werden und als solches in mehr als einer Hinsicht die Funktion der Sprache herabsetzen." (Sch I/S.:145) Das (signifikante) Loch in A erfordert diese Umstrukturierung. Als mögliches Element, das in diese Position einrücken könnte, kommt nur das klein a in Frage. Dadurch rückt ein Objekt des imaginären Bereichs an die Position der (eigentlich symbolischen) Vaterfunktion:

> „Supposons que cette situation comporte précisément pour le sujet l'impossibilité d'assumer la réalisation du signifiant père au niveau symbolique. Que lui reste-t-il? Il lui reste l'image à quoi se réduit la fonction paternelle. C'est une image qui ne s'inscrit dans aucune dialectique triangulaire, mais dont la fonction de modèle,

---

[240] Kleiner, 1991. S.:178
[241] Lacan schreibt: „Das Fehlen des Namen-des-Vaters an diesem Platz leitet nämlich durch das Loch, daß es im Signifikant aufreißt. jene kaskadenartigen Verwandlungen des Signifikanten ein, die einen progressiven Zusammenbruch des Imaginären zur Folge haben, bis an den Punkt. wo Signifikant und Signifikat sich in der delirierenden Metapher stabilisieren." (Sch II/S.:110 f.)
[242] Stephan Becker schreibt: „[...] psychotische Patienten wissen ganz bewußt, was neurotische Patienten in ihr Unbewußtes verdrängen. Psychotische Patienten können nicht zwischen 'unbewußt' und 'bewußt' unterscheiden." (Becker, Stephan (1990): Objektbeziehungspsychologie und katastrophische Veränderung. Zur psychoanalytischen Behandlung psychotischer Patienten. edition diskord. Tübingen. S.:11)
[243] Zizeks Beschreibung des Schemas I: „Im Gegensatz zum normalen Zustand, in dem das Reale ein Mangel, ein Loch in der Mitte der symbolischen Ordnung, ist [...], haben wir hier das »Aquarium« des Realen, das die isolierten Inseln des Symbolischen umschließt." (Zizek, Slavoj (1992b): Mehr-Genießen. Lacan in der Populärkultur. In: Wo Es war, Bd.1. Verlag Turia und Kant. Wien. S.:64)

d'aliénation spéculaire, donne tout de même au sujet un point d'accrochage, et lui permet de s'appréhender sur le plan imaginaire." (P/S.:230)

Das Subjekt kommuniziert nun mit seinem „anderen" als Ersatz des Namen-des-Vaters. Doch dieses andere scheint von „draußen" , aus einem „inneren Jenseits" zu sprechen ("[...] dont nous ne savons si elle vient du dehors ou du dedans [...]" (P/S.:156)), aus dem Bereich des Realen, der in der Psychose nicht mehr die Barre, das möbische Band darstellt, sondern den gesamten Psychismus überbordet. Das Gefühl des Manipuliertwerdens in der Psychose erklärt sich aus dieser Struktur. Lacan schreibt:

> „Une triplicité est ici indiquée chez le sujet, qui recouvre le fait que c'est le moi du sujet qui parle normalement à un autre, et du sujet, du sujet S, en troisième personne. [...] Chez le sujet psychotique au contraire, certains phénomènes élémentaires, et spécialement l'hallucination qui en est la forme la plus caractéristique, nous montrent le sujet complètement identifié à son moi avec lequel il parle, ou le moi totalement assumé sur le mode instrumental. C'est lui qui parle de lui, le sujet, le S, dans les deux sens équivoques du terme, l'initiale S et le Es allemand. C'est bien ce qui se présente dans le phénomène de l'hallucination verbale. Au moment où elle apparaît dans le réel, c'est-à-dire accompagnée de ce sentiment de réalité qui est la caractéristique fondamentale du phénomène élémentaire, le sujet parle littéralement avec son moi, et c'est comme si un tiers, sa doublure, parlait et commentait son activité." (P/S.:23)

Lacan macht die Beziehung zum anderen auf dem imaginären Niveau für die ambivalente Situation verantwortlich, die zutiefst von Haß, Rivalität und (narzißtischer) Liebe geprägt ist – er spricht von der „narzißtischen suizidären Aggression" (Sch III/S.:165). In der Psychose erscheint dieser andere daher als Verfolger – seine Kommentare und Befehle sind stets auch Angriffe auf das Subjekt. Da der rivalisierende andere den Platz des Gesetzes eingenommen hat, ist das Subjekt der Willkür dieses anderen ausgeliefert: Es „regiert" nicht mehr die (symbolische) Ordnung, sondern die von der Ambiguität der imaginären Spiegelrelation geprägte „Haß-Liebe"[244].
Hierin unterscheidet sich Lacans Ansatz wesentlich von der „double bind-Theorie" Gregory Batesons[245]. Lacan zufolge muß grundsätzlich eine double bind-ähnliche Struktur auf der imaginären Ebene des Psychismus angenommen werden (→ Kap.: II). Alle „Ingredienzen" des double bind – z.B.: zwei oder mehrere negative, sich widersprechende Gebote, denen das „Opfer" unterworfen wird und aufgrund derer es sich in einer unlösbaren Zwangssituation befindet – sind im imaginären Bereich gegeben, insbesondere aber der Mangel der Möglichkeit, eine Metaposition einzunehmen und damit die Möglichkeit eines (souveränen) Ausbruchs aus der Zwangssi-

---

[244] Etwas poetisch schreibt Malcolm Bowie: „Das Andere hätte seine gesetzgeberische Autorität in der menschlichen Rede schweigend und unsichtbar ausüben sollen - am Lippenrand und zwischen den Silben -, doch statt dessen hatte es sich in ein Jenseits der Rede, dem Subjekt gegenüber, »ins Reale« versetzt. Dort wurde es nicht zum Gesetzgeber, sondern zum Tyrannen. Denn es hielt dort nicht die Drohung mit gerichtlichen Strafen bereit, sondern bestrafte entweder das Subjekt (seiner unergründlichen Laune entsprechend) oder bestrafte es eben auch nicht." (Bowie, 1994. S.:106) Diese sehr anschauliche Beschreibung übersieht, daß dieser „Tyrann" nicht der große Andere ist, sondern der klein andere.

[245] vgl.: Bateson, Gregory et al (Hrsg.) (1984): Schizophrenie und Familie. 1. Aufl. Suhrkamp Verlag. Frankfurt/ Main

tuation[246]. Die double bind-Theorie betont die Vermeidungstendenz des Psychotikers, sich eine Identität zu verleihen, um durch diese Taktik nicht zum Ziel der widersprüchlichen Gebote werden zu müssen. Das ständige Dementieren der eigenen Identität ist, der double bind-Theorie zufolge, also eine Strategie, der Doppelbindung zu entgehen. Jay Haley schreibt in diesem Zusammenhang:

> „Der Schizophrene wird nicht nur leugnen, daß *er* etwas sagt, sondern das auch noch auf eine Weise tun, daß seine Verleugnung verleugnet wird. Er benutzt nicht nur einen anderen Namen als den seinen, sondern benutzt sogar einen – etwa Stalin –, der ganz eindeutig nicht seiner ist oder seine Verleugnung auf andere Weise negiert. Wo der Normalere das, was er sagt, auf konkrete Weise negiert, offenbart der Schizophrene auch auf dieser Ebene Inkongruenz."[247]

Der double bind-Theorie zufolge wird diese Strategie ursprünglich gegen die widersprüchlichen Ge- und Verbote der Mutter eingesetzt und dann zur habituellen Kommunikationsform erweitert. Die duale, ambivalente, rivalisierende Konstellation des imaginären Bereichs, in der das Subjekt mit seinem moi eine Beziehung nach dem Schema „ich oder der andere" unterhält, macht die Unmöglichkeit einer konkreten, positiven Identifikation des Subjekts unmittelbar plausibel. Denn wie immer die Identität aussehen mag, sie konstituiert sich auf dem imaginären Niveau in Hinblick auf den anderen. Dieser andere ist jenes Du, über das Lacan sagt: „[...] *tu es celui qui me ... tu es ... etc.*" (P/S.:341)
Zugespitzt könnte man sagen, Lacan geht von einer grundsätzlichen double bind-Situation auf dem imaginären Niveau aus, auf das in der Psychose – in gewisser Weise – regrediert wird:

> „Nous avons l'impression que c'est pour autant qu'il n'a pas acquis, ou qu'il a perdu cet Autre, qu'il rencontre l'autre purement imaginaire, l'autre aminci et déchu avec lequel il ne peut pas avoir d'autres rapports que de frustration – cet autre le nie, littéralement le tue. Cet autre est ce qu'il y a de plus radical dans l'aliénation imaginaire." (P/S.:236)

Von einer Regression zu sprechen ist im Falle der Psychose jedoch problematisch. Tatsächlich wurde beim späteren Psychotiker der Ödipuskomplex nicht vervollständigt: Der Name-des-Vaters ist nicht in A angekommen. Beim Ausbruch der Psychose wird dieses Manko virulent. Es handelt sich bei der Psychose insofern also nicht um ein inadäquates Verhalten wie in der neurotischen Regression. Da der Andere ausgeschlossen bleibt, antwortet an seiner Stelle nur das klein andere. Lacan illustriert diese kommunikative Situation am Beispiel der in Schrebers „Grundsprache" enthaltenen „flüchtig hingemachten Männer"[248], die das Objekt klein *a* repräsentieren:

---

[246] Es braucht daher gemäß Lacan ein weiteres Element, den Namen-des-Vaters, um die ursprünglich quasi-psychotische Konstellation des Psychismus im imaginären Bereich zu überwinden: „Le complexe d'Œdipe veut dire que la relation imaginaire, conflictuelle, incestueuse en elle-même, est vouée au conflict et à la ruine. [...] il y faut une loi, une chaîne, un ordre symbolique, l'intervention de l'ordre de la parole, c'est-à-dire du père. Non pas le père naturel, mais de ce qui s'appelle le père. L'ordre qui empêche la collision et l'éclatement de la situation dans l'ensemble est fondé sur l'existence de ce nom du père." (P/S.:111)

[247] Haley, Jay (1984): Die Interaktion von Schizophrenen. In: Bateson et al. (Hg.) 1984. S.:81-108. hier S.:96

[248] Schreber, Daniel, Paul (1985): Denkwürdigkeiten eines Nervenkranken. Mit Aufsätzen von F. Baumeyer. hrsg. v. P. Heiligenthal und R. Volk. Syndikat Autoren und Verlagsgesellschaft. Frankfurt/Main. S.:10 et passim

„L'Autre étant donc exclu véritablement, ce qui concerne le sujet est dit réellement par le petit autre, par des ombres d'autre, ou comme s'exprimera notre Schreber pour désigner tous les êtres humains qu'il rencontre, par des bonshommes *foutus*, ou *bâclés à la six-quatre-deux*." (P/S.:64 f.)

Lacans Konzeption benötigt keine Krise[249], wie sie beispielsweise von Luc Ciompi formuliert wird, um den Ausbruch der Psychose zu erklären. Im Gegenteil weist er in seiner Interpretation des Falls des Senatspräsidenten Schreber darauf hin, daß dieser psychotisch wurde, als er auf dem Gipfel seines Erfolgs stand:

> „Voilà ce qui, non pas du tout à un moment déficitaire, mais au contraire à un moment sommet de son existence, se manifeste à lui sous la forme d'une irruption dans le réel de quelque chose qu'il n'a jamais connu, d'un surgissement d'une étrangeté totale, qui va progressivement amener une submersion radicale de toutes ses catégories, jusqu'à le forcer à un véritable remaniement de son monde." (P/S.:99)

Das Loch in A, das eigentlich von dem Namen-des-Vaters besetzt werden sollte, braucht sich über lange Zeit hinweg nicht bemerkbar zu machen. Lacan vergleicht dieses Manko, mit dem der spätere Psychotiker lange Zeit ein „normales" Leben führen kann, mit einem Hocker, dem ein Bein fehlt:

> „Il se peut qu'au départ il n'y ait pas assez de pieds au tabouret, mais qu'il tienne tout de même jusqu'à certain moment, quand le sujet, à un certain carrefour de son histoire biographique, est confronté avec ce défaut qui existe depuis toujours. Pour le désigner, nous nous sommes contentés jusqu'à présent du terme de *Verwerfung*." (P/S.:229)

Der psychotische Zusammenbruch erfolgt erst dann, wenn das Subjekt direkt mit dieser Leerstelle konfrontiert wird[250]. Das bedeutet, daß sich eine Psychose nicht langsam entwickelt oder

---

[249] vgl.: Ciompi, 1994. Zu einer Krise könnten nach Ciompi langandauernde, große Belastungen aller Art führen, die ein „empfindliches", „vulnerables" Subjekt nicht verkraftet. Von derartigen, negativen Belastungssituationen geht Lacan nicht aus.

[250] Der „Fall Schreber" zeigt diesen Zusammenhang exemplarisch. Im Anhang zu den „Denkwürdigkeiten eines Nervernkranken", beschreibt Franz Baumeyer den zweiten psychotischen Schub, den Schreber erlebt, kurz nachdem er zum Senatspräsidenten des Oberlandesgerichts Dresden berufen wurde. Baumeyer führt die Dimension dieses Karrieresprungs eingehend aus. Die für Schreber kritische Frage taucht vermutlich dadurch auf, daß er, der im übrigen die Kinderlosigkeit seiner Ehe beklagte, nun einem Kollegium bevormundet war, das sämtlich eine Generation älter war als er, ihn also mit dem Problem der Vaterschaft massiv konfrontierte. (siehe: Baumeyer, Franz (1985): Nachträge zum 'Fall Schreber'. In: Schreber, S.:339-366. hier: S.:356 ff.) Auch hierbei soll nicht auf die reale Figur des Vaters angespielt werden; Lacan zeigt eine Reihe von Beispielen mit einer entsprechenden Konstellation: es geht allein um die „Drittposition", die „[...] das imaginäre Paar *a-á*, d.h. Ich-Objekt oder Ideal-Realität, zur Basis hat, das das Subjekt in das von ihm induzierte erotisierte Aggressionsfeld miteinbezieht.

Man suche diese dramatische Konjunktur am Anfang der Psychose. Wie immer sie auftreten mag, in der Gestalt des Ehemanns für die Frau, die eben ein Kind geboren hat, in der Person des Beichtvaters für eine Beichtende, die ihren Fehler bekennt, in der Begegnung, die das verliebte junge Mädchen mit «dem Vater des jungen Man-

„heranreift"[251], sondern daß es bei ihr um ein strukturelles Manko geht, das unauffällig bleibt, solange es nicht direkt berührt wird. Allein die „Präpsychose" kündigt den unmittelbar bevorstehenden psychotischen Schub an:

> „Un minimum de sensibilité que notre métier nous donne, nous fait toucher du doigt quelque chose qui se retrouve toujours dans ce qui s'appelle la pré-psychose, à savoir le sentiment que le sujet est arrivé au bord du trou. [...] Il s'agit de concevoir, non pas d'imaginer, ce qui se passe pour un sujet quand la question lui vient de là où il n'y a pas de signifiant, quand c'est le trou, le manque qui se fait sentir comme tel." (P/S.:228)

Während der mitunter langen Zeit, in der das Loch am Ort des Namen-des-Vaters unauffällig bleibt[252], lebt der spätere Psychotiker in einem Zustand, den Helene Deutsch mit dem Ausdruck „als ob" beschrieben hat:

> „On trouve là manifestement le mécanisme du *comme si* que Mme Hélène Deutsch a mis en valeur comme une dimension significative de la symptomatologie des schizophrénies. C'est un mécanisme de compensation imaginaire [...], compensation imaginaire de l'Œdipe absent, qui lui aurait donné la virilité sous la forme, non pas de l'image paternelle, mais du signifiant, du *nom-du-père*." (P/S.:218)

Dieser Kompensationsmechanismus, der es dem Subjekt erlaubt, sich so zu verhalten, „als ob" der Ödipuskomplex vollendet worden wäre, ist ein Symptom der Schizophrenie, die ihren drastischen Ausdruck dann in dem eigentlichen psychotischen Zusammenbruch erfährt. Aus diesem Grunde entwickelt sich die Psychose meistens erst im Erwachsenenalter. Da es sich bei der Psychose um einen Defekt der symbolischen Ordnung handelt, muß diese erst entwickelt sein, damit der Defekt zutagetreten kann. Daß dieser Defekt sich als ein Defekt der Signifikation äußert, bestätigt Lacan, indem er sagt, daß „[...] der Wahnsinn ganz im Register des Sinns erlebt wird." (Sch III/S.:141).

Der Name-des-Vaters, reiner Signifikant und Möglichkeitsbedingung des symbolischen Bereichs, fungiert als Schutz gegen die Konfrontation mit dem Realen. In → Kap.: III.6, → Kap.: IV.2 sowie in → Glossar: 5 beschreibe ich die Ambiguität der Beziehung des Begehrens des Subjekts dem Bereich des Realen gegenüber. Über Freuds selbstanalytische Tätigkeit schreibt Lacan:

> „Die Intuition, die das ganze selbstanalytische Forschen Freuds beseelt, drückt sich nicht anders über die Annäherung an das Reale aus. Noch das Fortschreiten dessel-

---

nes» hat, man wird sie immer finden, und zwar um so leichter, je mehr man sich von den «Situation-en» im romanhaften Sinne des Wortes leiten läßt." (Sch II/S.:111)

[251] So aber Benedetti, Gaetano (1991): Todeslandschaften der Seele. Psychopathologie, Psychodynamik und Psychotherapie der Schizophrenie. übers. v. P. Rychner. 3. Aufl. Verlag Vandenhoeck und Ruprecht. Göttingen. S.:152 f.

[252] Lacan geht davon aus, daß sich die Psychose erst nach dem Erreichen des symbolischen Bereichs entwickeln kann, denn, wie Kleiner sagt, „[...] nur was symbolisch ist kann an seinem Platz fehlen." (Kleiner 1991. S.:178). Lacan schreibt, daß „[...] der Wahnsinn nur beim Menschen in Erscheinung tritt, und zwar nach dem «urteilsfähigen Alter», und daß sich darin die Pascalsche Einsicht bewahrheitet, daß «ein Kind kein Mensch ist». (Sch III/S.:165)

ben vollzieht sich zunächst nur auf dem Wege einer primären Abwehr. Die tiefe Ambiguität der vom Menschen geforderten Annäherung ans Reale schreibt sich zunächst in Termen der Abwehr ein. Abwehr, die da ist, noch bevor sich die Bedingungen der eigentlichen Verdrängung formulieren." (Sem VII/S.:41)

In der Psychose ist jedoch die Voraussetzung für diese primäre Abwehr nicht gegeben. Der Name-des-Vaters, der fehlt, ist das dritte Element, das außerhalb des Systems liegt und für die Geschlossenheit, bzw. Stabilität des Systems sorgt[253]. Als Möglichkeitsbedingung des Gesetzes bietet es Schutz vor dem Einbruch des Realen, indem es ein Verbot bzw. eine Schranke darstellt. Da in der Psychose der Ödipuskomplex nicht abgeschlossen wurde, steht der Annäherung an das Reale kein Verbot und keine Schranke im Wege. An der Stelle des Namen-des-Vaters befindet sich ein Loch, bzw. das Ich-Ideal des imaginären Bereichs: der Bereich des Realen überbordet den Psychismus, weil er nicht mehr die Funktion einer Barre erfüllt. Zizek schreibt:

> „[...] es ist nicht länger das Genießen, das die Wucherungen der Signifikanten durch seinen Mangel »hervortreibt«, d.h. indem es als zentrales »schwarzes Loch« funktioniert, um das sich das signifikante Netz herumflechtet; es ist im Gegenteil die symbolische Ordnung selbst, die auf den Status flottierender Signifikanteninseln reduziert wird, weiße »îles flottantes« in einem Meer des dottrigen Genießens."[254].

---

[253] Kleiner bildet, zur Veranschaulichung seiner Argumente, das Schema R und das Schema I in Form von zwei Scheiben ab, die einen projektiven (geschlossenen) und einen hyperbolischen (offenen) Plan darstellen:

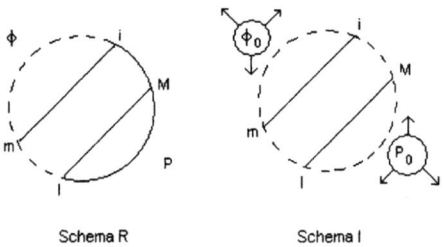

Schema R   Schema I

Kleiner erläutert diese Abbildungen: „Der Unterschied zwischen der psychotischen und der neurotischen Strukturierung des Subjekts läßt sich demnach auf ein einziges Merkmal zurückführen, nämlich die Position des Randes. ob der Rand „geschlossen" ist und damit einen projektiven Raum konstituiert, oder ob er „offen" ist, was den hyperbolischen Raum kennzeichnet, läßt sich wiederum auf die Lage eines einzigen Punktes zurückführen. Das ist der Punkt P, der im Schema R den Namen-des-Vaters bestimmt, der Punkt, in dem das symbolische Feld in das imaginäre übergeht und der in diesem Übergehen die Bedeutung (zunächst des Phallus, dann aber jede Bedeutung) produziert. Dieser Punkt P, der auch als moebischer Punkt bezeichnet wird, liegt im Falle des projektiven Plans auf dem Rand der Scheibe und schließt diese damit auf der Seite des symbolischen Feldes ab. Im Fall des hyperbolischen Plans gibt es jedoch keinen Punkt, der das „moebische" Umkippen zwischen Imaginärem und Symbolischem gewährleisten könnte, bzw. dieser Punkt liegt verworfen außerhalb des Raums. Die Grenze bleibt somit offen, der Raum wird ein hyperbolischer." (Kleiner, 1991. S.:180 f.)

[254] Zizek, 1992b. S.:64 f.

Das Subjekt erhält bei der Anrufung des Namens-des-Vaters keine Antwort, die ihn an der Annäherung ans Reale hindern würde:

> „Il y a une autre forme de défense que celle que provoque une tendance ou une signification interdite. C'est la défense qui consiste à ne pas s'approcher de l'endroit où il n'y a pas de réponse à la question." (P/S.:227)

Und weiter:

> „Peut-on parler de l'approche d'un trou? Pourquoi pas? Il n'y a rien de plus dangereux que l'approche d'un vide." (P/S.:227)

Das Subjekt ist angesichts dieser gefährlichen Leere gezwungen, eine delirante Lösung als *modus vivendi* zu finden. Diese Lösungs- bzw. Selbstheilungsversuche stellen das eigentliche Delir dar. Eindringliche Darstellungen des psychotischen Geschehens finden sich in der psychoanalytischen Literatur weit gestreut. In → Glossar: 4 gebe ich eine exemplarische Zusammenfassung. In der vorliegenden Arbeit ist vor allem die Beschreibung der strukturellen Merkmale und der (semiotischen) Dynamik des psychotischen Geschehens relevant. Lacans Darstellung des Wahns als Selbstheilungsversuch des Psychotikers zeigt die semiotische Dimension der Psychose, die Rückschlüsse auf die Psychosemiose überhaupt erlaubt.

Kapitel II.2.2
Das zweifach gewundene Möbiusband und das Sinthome

Der psychotische Zusammenbruch, der in dem Augenblick eintritt, in dem das Subjekt an den Ort des Anderen appelliert, von dort jedoch keine Antwort erhält, da der Name-des-Vaters fehlt, zwingt das Subjekt zu einer wahnhaften Rekonstruktion seines Psychismus. Für diesen zum Scheitern verurteilten Appell verwendet Lacan den Ausdruck der „*forclusion*"[255], der zwei Aspekte enthält: die Verwerfung selbst sowie die aufgrunddessen erfolglose Einreichung eines Verlangens nach einer Antwort am Ort des Verworfenen. Hierin liegt der Unterschied zu der Situation im imaginären Bereich des Spiegelstadiums: die Anrufung des Namens-des-Vaters erfolgt hier noch nicht und deswegen droht auch nicht die Konfrontation mit einem „Loch". Strukturell sind sich Psychose und Spiegelstadium also ähnlich, im Spiegelstadium wird jedoch noch kein „Mangel des Mangels" empfunden. Kleiner schreibt über den Ausdruck „*forclusion*":

> „Die verspätete Einreichung eines Verlangens am Ort des Gesetzes wird somit von Lacan dem Scheitern der Urverdrängung gleichgesetzt. Das Subjekt wird zum Outlaw. Am Ort des in der väterlichen Metapher zu seiner Wirkung gelangenden Namens-des-Vaters hinterläßt die forclusion ein Loch. [...] es ist so gut, als ob er nicht existierte. Jedoch nur als ob, denn er kann aufgerufen werden und so den psychoti-

---

[255] „[...] la notion de la *Verwerfung* [...] pour laquelle, tout bien réfléchi, je vous propose d'adopter définitivement cette traduction que je crois la meilleure - la *forclusion*." (P/S.:361)

schen Prozeß auslösen. [...] Der Signifikant wird aufgerufen, aber er ist nicht zur Stelle, denn er hat es „damals" versäumt, sein Recht geltend zu machen."[256]

Lacan beschreibt den psychotischen Mechanismus als einen semiotischen: Die Vater*metapher* mißlingt – aufgrund des Verfalls des Anspruchs. Das heißt, in der Psychose kann jener metaphorische Effekt nicht stattfinden, der die Bereiche des Symbolischen und des Imaginären vermittelt, bzw. die signifikante Wirkung, die Signifikation ermöglicht. Wie weiter oben bereits erwähnt, reißt nämlich das Loch in A, das durch die Verwerfung zustandegekommen ist, am gegenüberliegenden Punkt des Schema R ebenfalls ein Loch auf. An dieser Position befindet sich eigentlich φ – der Phallus als die „Vatermetapher". φ ist die Möglichkeitsbedingung der Bedeutung ($\rightarrow$ Kap.: II.1) und kommt durch den Signifikanteneffekt von A aus zustande. Auch diese „Vatermetapher" besteht also aufgrund einer Überschreitung der Barre. Da φ als metaphorischer Effekt von P (Name-des-Vaters in A) abhängt, kann er nicht eintreten, wenn P verworfen wurde.

Die semiotische Analyse Lacans beschreibt die Psychose also als einen Zustand, in dem es keinen metaphorischen Übergang vom Signifikanten ins Signifikat gibt, da die Möglichkeitsbedingungen dieser Funktionen (der Name-des-Vaters und der imaginäre Phallus) sowie deren metaphorische Relation fehlen:

> „Im Wahnsinn welcher Art auch immer müssen wir einerseits die negative Freiheit eines Sprechens erkennen, das darauf verzichtet hat, sich erkennen zu lassen [...], und andererseits die Ausbildung eines einzigartigen Wahns, der – sei er nun fabelhaft, phantastisch oder kosmologisch, deutend, fordernd oder idealistisch – das Subjekt in einer Sprache ohne Dialektik objektiviert." (Sch I/S.:121)

Die Entwicklungsunfähigkeit, die hieraus resultiert, erläutert Lacan folgendermaßen:

> „Sprachlosigkeit (absence de la parole) manifestiert sich hier in den stereotypen Formeln eines Diskurses, in denen das Subjekt sozusagen eher gesprochen wird als spricht. Wir finden hier Symbole des Unbewußten in den *versteinerten Formen*, die neben den mumifizierten Formen, in denen Mythen in unseren Anthologien erscheinen, ihren Platz in einer Naturgeschichte dieser Symbole einnehmen." (Sch I/S.:121) [Hervorhebung von mir; N.O.]

Analog zur Analyse der Neurosen, mit der sich die Psychoanalyse vorwiegend beschäftigt, beschreibt Lacan das spezifische Problem der Lesbarkeit der Psychose:

> „Le délire est en effet lisible, mais il est aussi transcrit dans un autre registre. Dans la névrose, on reste toujours dans l'ordre symbolique, avec cette duplicité du signifié et du signifiant qui est ce que Freud traduit par le compromis névrotique. Le délire se passe dans un tout autre registre. Il est lisible, mais sans issue. [...] Dans le cas des névroses, le refoulé reparaît *in loco*, là où il a été refoulé, c'est-à-dire dans le milieu même des symboles [...]. Il reparaît *in loco* sous un masque. Le refoulé dans la psychose, si nous savons lire Freud, reparaît dans un autre lieu, *in altero*, dans l'imaginaire, et là en effet sans masque." (P/S.:120)

---

[256] Kleiner, 1991. S.:177 f.

In der Psychose verändert sich der Status von Sprache. Da die Barre des Realen hier nicht überwunden werden kann, sondern sich das Reale vielmehr ausdehnt und „die Realität überflutet"[257], erscheint die Sprache selbst im Realen bzw. als Reales: „[...] in der Psychose ist die Realität nicht sprachlich verfaßt, sondern die Sprache ist im Realen, sie wird nicht gesprochen, sie geschieht."[258] Zur Unterscheidung vom neurotischen Prozeß schreibt Lacan: „Si le névrosé habite le langage, le psychotique est habité, possédé, par le langange." (P/S.:284)
Lacan benutzt die Figur des Möbiusbandes, um die Möglichkeit des metaphorischen Effekts zu demonstrieren (→ Kap.: I.2 und → Kap.: II.1). Hieraus erklärt sich die eigenartige Abbildung in Schema R, nach der der Bereich des Realen – nicht zu verwechseln mit herkömmlichen Vorstellungen von Realität – von den beiden Bereichen des Symbolischen und des Imaginären eingeschlossen wird. Der Bereich des Realen wird schematisch also nicht als Umwelt oder Horizont konzipiert. Der Bereich des Realen, der im Schema R durch eine Art Band dargestellt wird, ist im Grunde nur die Barre, der Balken, das heißt die Lacansche Interpretation der Saussureschen „Bruchlinie" zwischen Signifikant (symbolischer Bereich) und Signifikat (imaginärer Bereich), die möbische Grenze, die die beiden Bereiche des Symbolischen und Imaginären zugleich ermöglicht und vermittelt. Kleiner schreibt:

> „Lacan stellt dort klar, daß es sich bei der Realität des Subjekts nicht um etwas handelt, das sich aus dem Imaginären ableitete. Sie ist weniger ein Feld als ein reiner Schnitt. Denn die Linien, die das Feld R im Schema aufspannen – die jeweiligen Basen des imaginären und des symbolischen Dreiecks –, sie sind keine wohlunterschiedenen und mit sich in ihrem Feld identischen Linien. Vielmehr sind sie zwei nicht-orientierbaren Linien, der einzige Rand eines Moebiusbandes. Dessen Struktur ist identisch mit dem reinen Schnitt, d.h. mit dem Schnitt, der nicht sekundär zu etwas ist, das er schnitte, sondern der die Voraussetzung selbst ist für den durch ihn bestimmten Raum. Dieser Raum ist im Falle des Schemas R ein projektiver, d.h. ein nicht-euklidischer [...]."[259]

In der Psychose fehlt nach Lacan der möbische Punkt, die Möglichkeit des metaphorischen Umschlagens des Signifikanten ins Signifikat „Il s'agit, au fond de la psychose, d'une impasse, d'une perplexité concernant le signifiant." (P/S.:219) Kleiner schreibt: „Für den väterlichen Signifikanten jedoch bedeutet dies, daß er in einem „reinen" Symbolischen verbleibt (dem symbolischen Dreieck des Schemas), das nicht jederzeit, als Rand des Moebiusbandes, ins Imaginäre kippt."[260] Lacan beschreibt so die Sprache der Psychotiker, in der sich die Unfähigkeit der metaphorischen Bildung niederschlage: „Quelque chose m'a frappé – même quand les phrases peuvent avoir un sens, on n'y rencontre jamais rien qui ressemble à une métaphore." (P/S.:247) Die topologische (nicht die genetische) Regression auf das Spiegelstadium, die die Psychose darstellt (da die Konstituenten des symbolischen Bereichs fehlen), schlagen sich im Sprechen des Psychotikers nieder, der außerstande ist, Metaphern zu erzeugen. (Es ist wichtig, hierbei zu beach-

---

[257] Zizek, 1992b. S.:33
[258] Kleiner, 1991. S.:172
[259] Ebd. S.:174 f.
[260] Ebd. S.:178

ten, daß Lacan die Metapher als grundsätzliche Figur der Signifikation beschreibt.) Der Psychotiker bleibt daher in den unendlichen Verweisungszusammenhängen der Metonymie hängen. Wichtig ist hierbei, den Unterschied zu dem Spiegelstadium der normalen Psychogenese zu erkennen: Der Psychotiker hat einen symbolischen Bereich entwickelt und somit auch ein Unbewußtes. In der Psychose ändert sich jedoch der Modus dieses Bereichs, der hier im Realen wiederkehrt. Es gibt beide, den imaginären und den symbolischen Bereich. Sie sind jedoch nicht mehr durch das möbische „Umkippen" vermittelbar.

Lacan vergleicht das Sprechen des Psychotikers insofern mit dem bestimmter Aphasiker, das wesentlich durch Paraphrasen gekennzeichnet ist:

> „Vous avez dû entendre parler des aphasiques, et vous connaissez leur parole extraordinairement vive et rapide, aisée en apparence, jusqu'à un certain point au moins. Ils s'expriment admirablement sur le thème sans pouvoir dire le mot, en se servant de toute une articulation syntaxique extrêmement nuancée pour viser quelque chose dont ils ont le nom ou l'indication précise au bout de la langue, mais ils sont incapables d'autre chose que tourner autour." (P/S.:254)

Und an anderer Stelle:

> „Voilà un personnage qui est là à servir d'immenses bla-bla-bla extraordinairement articulés, quelquefois riches d'inflexions, mais qui ne peut jamais arriver au cœur de ce qu'il a à communiquer. Le déséquilibre du phénomène de contiguïté qui vient au premier plan du phénomène hallucinatoire, et autour de quoi s'organise tout le délire, n'est pas sans analogie avec cela." (P/S.:250)

Um das Fehlen des metaphorischen Effekts zu kompensieren – Lacan spricht von den „[...] répliques si vives, si pathétiques dans le désir de se faire entendre [...]" (P/S.:255) – bieten sich dem Psychotiker zwei Auswege an: die Wahnmetapher oder das „*Sinthome*" – ein Neologismus von Lacan –, die beide dazu dienen, die subjektive Realität zu restrukturieren. Kleiner schreibt:

> „Das Fehlen eines wirklich metaphorischen Effektes in der Psychose begründet im übrigen die oft beklagte Unempfänglichkeit der Psychotiker selbst für die geistreichste Deutung. Da die subjektive Realität als Feld und als Schnitt nicht die Form des Moebiusbandes aufweist, ist die Voraussetzung für die Wirkung der Deutung nicht gegeben, nämlich die jederzeitige Möglichkeit des Umkippens von Symbolischem und Imaginärem, von Signifikant und Signifikat, von Unbewußtem und Bewußtem. In der psychotischen Struktur des Wahns ist die barré, der Balken zwischen Signifikant und Signifikat, nicht überschreitbar, die beiden Bereiche sind völlig getrennt voneinander [...], sie finden sich nur in der unendlichen Annäherung der Wahnmetapher."[261]

Da der signifikante Prozeß nach Lacan durch den reinen Signifikanten des Namen-des-Vaters ermöglicht wird, der das Begehren konstituiert und damit die Semiose aufrechterhält, bewirkt das Fehlen des Namen-des-Vaters sowohl eine Unmöglichkeit des metaphorischen Effekts, als auch

---

[261] Ebd. S.:182

– was nur eine andere Ausdrucksweise ist – die Unmöglichkeit der Konstitution des Begehrens. Feuling schreibt:

> „In einer ersten Näherung kann man vielleicht sagen, daß der Psychotiker an einem 'Mangel an Mangel' leidet. Er ist zu „unerfüllten Wünschen", i.e. zum Begehren, das ja einen überwindbaren Mangel voraussetzt, gerade nicht fähig, weil er die unerträgliche Wahrnehmung eines Mangels in einem ersten Schritt verworfen und dann in einem zweiten Schritt – als Heilungsversuch – durch einen „psychotischen Realitätsersatz", z.B. durch ein Wahngebilde auf leidvoll-verkehrte Weise ausgefüllt hat."[262]

Dieser weitere Effekt der Verwerfung bewirkt also, daß die Operation der Trennung von Subjekt und Objekt (klein *a*) mißlingt, das heißt, daß das Objekt nicht „[...] in den Reigen des Begehrens, welches das des Anderen ist, aufgenommen wird."[263]:

> „Mit der forclusion wird dieser Schnitt unmöglich, Subjekt und Objekt trennen sich nicht, das Subjekt macht die Metamorphosen des Objekts mit, es ist der letzte Dreck wie auch der Ort des höchsten Genusses."[264]

Die Wahnmetapher – als der eine Ausweg – ist deshalb der Versuch einer Versöhnung mit dem verfolgenden Anderen: Da die Dialektik des Begehrens auf den Anschluß an das Begehren des Anderen angewiesen ist, muß der Psychotiker, dessen Welt sich auf die reine Duplizität zwischen Subjekt und dem anderen reduziert hat (wobei das andere in die Position des Anderen gerückt ist), da er vom Anderen keine Antwort erhält, in einer Art „asymtotischer Wunscherfüllung"[265] die Vereinigung mit dem Anderen anstreben. Lacan schreibt:

> „Les analystes l'ont toujours souligné, le délire nous montre le jeu des fantasmes dans son caractère absolument développé de duplicité. Les deux personnages auxquels le monde se réduit pour le président Schreber, sont faits l'un par rapport à l'autre, l'un offre à l'autre son image inversée." (P/S.:101)

Da es in der Psychose keine Metaphernwirkung gibt, ist die Vereinigung mit dem anderen die einzige Möglichkeit der Vermittlung. Die Dualität – Lacan spricht auch von dem Duell (vgl.: P/S.:344 aber auch Sem II/S.:335) – zwischen dem Subjekt und dem anderen erlaubt nur die Vereinigung (Identifizierung) mit oder den Mord an dem anderen. Da es keine sprachliche Vermittlung gibt muß sie geschlechtlich verlaufen: „Es gibt kein Geschlechterverhältnis, außer Inzest und Mord."[266] Aber, und dies ist die Kehrseite des „Mangels an Mangel": „Der Anschluß an das

---

[262] Feuling, 1991. S.:142

[263] Kleiner, 1991. S.:183

[264] Ebd. S.:183

[265] Ebd. S.:183

[266] Stepak-Schwartz, Batia (1994): Was bleibt? Erinnerung eines Vergessens oder: Das Fehlen der Einschreibung. In: Die Rückkehr der Psychoanalyse über den Rhein. Lacan und das Deutsche. hrsg. v. J. Prasse und C.-D. Rath. Kore Verlag. Freiburg i. Br. S.:173-181. hier S.:176. Über die Wahnmetapher im Fall Schreber schreibt Lacan, sie böte: „Eine Perspektive, die die Beziehungen Schrebers zu Gott nicht von ihrem subjektiven Relief ablöst, das Merkmal negativer Züge, die diese mehr als Vermischung denn als eine Vereinigung zweier Wesen erscheinen lassen, und die in der Gier, die sich da mit dem Überdruß zusammentut, in der Komplizenschaft, die deren

Begehren des Anderen gelingt nicht, da der Andere keinen Mangel erkennen läßt."[267] Der Aufbau einer Wahnwelt, die dazu dienen soll, das Genießen des Anderen in einer Wahnmetapher einzufangen und somit Raum für das Begehren zu schaffen, verbleibt also in der unendlichen Verweisungsstruktur der Metonymie. Kleiner schreibt:

> „Für die psychotische Struktur, wenn sie sich nach dem durch die Anrufung des Verworfenen ausgelösten Zusammenbruch herstellt, folgt daraus, daß sie sich nicht auf der durch den Schnitt des Möbiusbandes bestimmten projektiven Ebene des Schemas R entfalten kann, sondern nur in dem der Sprache eigenen Raum, auf der hyperbolischen Ebene des Schemas I [...]."[268]

Die andere Möglichkeit der Strukturierung der subjektiven Realität, die Lacan beschreibt, bietet das „*Sinthome*". Das *Sinthome* ist eine Art künstlicher Metapher, ein „[...] Versuch, die Funktion des an seinem Platz fehlenden Namen-des-Vaters zu ersetzen, indem man sich selbst einen Namen macht."[269] Dieser Name soll das Begehren des Anderen auf sich ziehen. Da der eigentliche metaphorische Effekt in der Psychose nicht zustande kommt, soll das *Sinthome* das notwendige dritte Element ersetzen, das eine Zirkulation des Begehrens ermöglicht. Das *Sinthome* als der Name, den der Psychotiker sich macht, ist also ein Element, das er an einen Ort außerhalb des eigenen Körpers, bzw. außerhalb der Duplizität, auf die das psychotische Subjekt reduziert ist, verweist. Es entsteht durch eine Verdoppelung des Symbolischen, in dessen metonymischen Verweisungszusammenhängen die Wahnmetapher noch gefangen bleibt. Diese Verdoppelung des Symbolischen kann mit Hilfe des Möbiusbandes veranschaulicht werden. Schneidet man ein Möbiusband der Länge nach durch, so entstehen nicht zwei einzelne, ineinandergehakte Ringe, sondern ein einziger längerer Ring (siehe hierzu die „Bastelanleitung" in → Kap.: I.2).

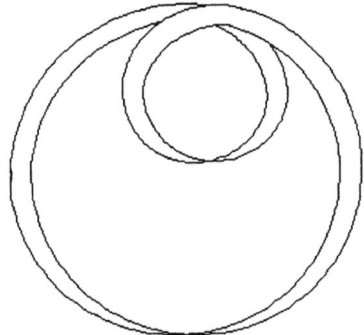

erpresserische Forderung stützt, nichts an sich hat von jener, nennen wir die Dinge so, wie sie es verdienen: Gegenwart und Freude, die im mystischen Erlebnis strahlen: ein Widerspruch, der nicht nur demonstriert, sondern geradezu begründet wird dadurch, daß auf erstaunliche Weise in dieser Beziehung das Du fehlt, dessen Wort bestimmte Sprachen (*thou*) dem Anruf Gottes wie dem Anruf an Gott vorbehalten, und die der Signifikant des Anderen im Sprechen ist." (Sch II/S.:108 f.)
[267] Kleiner, 1991. S.:183
[268] Ebd. S.:178
[269] Ebd. S.:184

Das auf diese Weise verdoppelte Möbiusband – es hat nun zwei Wendepunkte – weist keine möbische Eigenschaft auf: es hat zwei orientierbare Seiten. Man kann es jedoch so zusammenlegen, daß sich am Überschneidungspunkt die zwei Punkte treffen, an denen sich das Band wendet: diese Verdoppelung des Wendepunktes stellt das *Sinthome* dar. Der verdoppelte Signifikant gestattet den notwendigen – künstlich erzeugten – metaphorischen Effekt. Kleiner schreibt:

> „Das Übereinanderlegen des zweiten Signifikanten über den ersten läßt aus dem doppelt gedrehten Band ein wahres Möbiusband entstehen, der sinthomatische Signifikant übernimmt die Funktion des moebischen Punktes P, des Namen-des-Vaters.“[270]

Die Verdoppelung des Signifikanten bedeutet, daß er auf verschiedenen Niveaus auftaucht und übereinandergelegt wird. Er bietet somit die Möglichkeit einer Vermittlung nach „draußen“. Das *Sinthome* wird demnach so konstruiert, daß es *„ex-sistiert“*:

> „Der Signifikant gehört an dem einen Punkt dem Wahn an, am anderen Punkt richtet er sich auf das Begehren des Anderen. Er wiederholt sich an einem Anderen Ort, was ihn seines festen, wahnhaften Sinns beraubt und ihm metaphorische Wirkung verleiht. Diese Wiederholung findet im Realen statt, denn sonst könnte sich der Signifikant nicht von seiner Stellung und Bedeutung im Wahn unterscheiden [...].“[271]

Daß diese Wiederholung des Signifikanten im Realen stattfindet bedeutet, daß sie dem asignifikanten Raum des Genießens angehört. Zizek schreibt:

> „Ein solches Fragment des Signifikanten, das engstens mit idiotischem Genießen verbunden und von ihm durchdrungen ist, hat Lacan in der letzten Phase seiner Lehre *le sinthome* genannt: Hier haben wir es nicht länger mit dem Symptom zu tun, der codierten Botschaft, die mit Hilfe der Interpretation entziffert werden muß, sondern mit dem Fragment eines bedeutungslosen Buchstabens, d.h. mit einem Buchstaben, dessen Lektüre sofort *jouis-sense* (Genießen-in-Bedeutung) verschafft.“[272]

Das *Sinthome* als das externe dritte Element, das die Zirkulation des Begehrens ermöglicht, kann zum Beispiel in dem „unterstellten Wissen“ liegen. Wie ich in → Kap.: II.1.6 bereits beschrieben habe, wendet sich der Appell des Subjekts an den Anderen, dem Wissen unterstellt wird (nämlich die Antwort auf die Frage des Begehrens). Das *Sinthome* ist dann ein Signifikant (ein Wissen), das sich dem Begehren des Anderen anbieten kann. Kleiner schreibt:

> „Die anderen sollen Zeugen dessen werden, was das Subjekt in seinem Wahn weiß und was es als die Wahrheit verkündet. Dieser Anspruch auf Zeugenschaft begründet eine Art von Übertragung, die insofern von der neurotischen unterschieden ist, als der andere nicht als Subjekt aufgefaßt wird, dem Wissen unterstellt wird – das psychotische Subjekt selbst weiß die Wahrheit mit Gewißheit. Wenn sich jedoch das Begeh-

---

[270] Ebd. S.:185
[271] Ebd. S.:185
[272] Zizek, 1991. S.:62

ren des anderen auf dieses Wissen richtet, das der Psychotiker hat, und sich so mit dessen Anspruch zusammentut, dann ist damit eine Konstellation gegeben, die eine metaphorische Wirkung und also eine wirksame Deutung ermöglicht."[273]

Die eigentliche Funktion der Wahnmetapher und des Sinthomes liegt demnach darin, der subjektiven Realität eine Struktur zu verleihen, die Raum schafft für den Mangel und das Begehren.
Wenn dies eine adäquate Beschreibung des psychotischen Prozesses ist, liegt in ihr auch ein triftiges Argument, daß dem antipsychiatrischen Ansatz entgegengehalten werden kann. Nicht ist der „Schizo" von dem leidvollen Mangel befreit, sondern er bemüht sich vielmehr, diesen mit Hilfe der Wahnmetapher oder des *Sinthomes* wiederherzustellen.
Die Psychose als Restitutionsversuch der subjektiven Realität zeigt somit äußerst deutlich die sprachliche Verfaßtheit des Subjekts, denn sie stellt den Versuch dar, mit Hilfe der Wahnmetapher oder des *Sinthomes* eine „intakte" Signifikation wiederherzustellen. Sie zeigt andererseits, daß die Möglichkeit der Signifikation konstitutiv mit dem Mangel und dem Begehren zusammenhängt. „Das Begehren ist in letzter Instanz die Interpretation selbst." (Sem XI/S.:184)
Wenn die Psychose – und die immense Anstrengung bzw. Leistung, die ihr Restitutionsversuch darstellt – in diesem Moment zu lokalisieren ist, den Mangel und das Begehren zu erzeugen, so weist dies auf die fundamentale Bedeutung des Begehrens für den Psychismus, wie auch für die (Psycho-)Semiose hin. Lacans Insistenz auf dem Begehren sollte, so denke ich, nicht als psychoanalytische Implikation in nicht-psychoanalytischen, zeichentheoretischen Theoriedesigns ignoriert bzw. marginalisiert werden. Es gilt vielmehr, die Strategien des Umgangs mit dem Begehren in den einzelnen Diskurstypen zu beschreiben, um dadurch Rückschlüsse auf verschiedene Modi der Signifikation ziehen zu können.

---

[273] Kleiner, 1991. S.:184. Diese Beschreibung enthält somit einen Hinweis auf eine Möglichkeit, den Psychotiker zu therapieren. Kleiner beschreibt im Unterschied hierzu die klinische Praxis, die sich selbst unterstellt, „das Wissen zu haben" und somit die Zirkulation des Begehrens unterbindet: „Es läßt sich nicht übersehen, daß der Ausweg in den Wahn vom institutionellen Charakter der Psychiatrie nahegelegt wird; denn die Institution kennt kein Begehren, und insofern sie funktioniert - und sie funktioniert immer, insofern sie Institution ist -, kennt sie keinen Mangel. Sie tritt ihrem Patienten als genießender Anderer entgegen, sie weiß alles über ihn, und nur in diesem Maße existiert sie für ihn." (Ebd. S.:183) In der psychotischen Lösung des *Sinthomes* wird gleichermaßen ein anderes Problem deutlich, auf das der Psychotiker nicht nur in bezug auf Psychotherapie, sondern grundsätzlich im Umgang mit nicht-psychotischen Menschen stößt. Denn letztlich wird es ihm aufgebürdet, sich verständlich zu machen. Lacan schreibt: „Darin sind wir uns alle einig, daß ein Wahnsinniger ein Wahnsinniger ist. Aber ist das Merkwürdige nicht vielmehr dies, daß er es erkennen muß, und die Frage danach, was er da von sich erkennt, ohne sich darin anzuerkennen?" (Sch III/S.:140) Da die Feststellung, daß ein Wahnsinniger ein Wahnsinniger sei, strukturhomolg ist mit jener, daß der Mensch sich für einen Menschen hält, wirft überdies die Frage auf, welcher Seite man den Wahnsinn zuschreiben muß.

Kapitel III

Beobachtung, Interpretation und ästhetische Erfahrung im sprach- und literaturwissenschaftlichen Zusammenhang

Im folgenden möchte ich versuchen, das Problem von Beobachtung zu differenzieren und als Problem eines Objektwechsels bei Beobachtungen zu reformulieren. Beobachtung soll dabei als Wechsel zwischen Objektbeschreibung und Selbstbeschreibung konzipiert werden[274]. (Zeichen-) Theoretische Grundlage hierzu ist → Kap.: I.1, in dem das Problem der „Selbst-Paradoxierung allen Beobachtens"[275] entfaltet wird.

Ich möchte zeigen, daß dieser Objektwechsel als ein oszillatorischer Prozeß beschreibbar ist, der sich nach Lacan bereits auf semiotischer Ebene ereignet, und somit als charakteristisch für Beobachten überhaupt gelten kann. Herkömmliche Subjekt- respektive Objekt-Zuschreibungen sollen dabei problematisiert werden.

Ausgehend von dieser Differenzierung des Begriffs der Beobachtung möchte ich Lacans Hinweise auf eine Ästhetik interpretieren und in Anlehnung an diese eine Beschreibungsmöglichkeit von „ästhetischen Erfahrungen" erarbeiten. Dabei sollen „ästhetische Erfahrungen" zum einen gegen „Lernen" abgegrenzt und anschließend als Erfahrungsspielraum dargestellt werden, dessen extremer Pol in den „ästhetischen Schock" mündet.

Der Begriff des ästhetischen Schocks ist durch herkömmliche Ansätze der Ästhetik überdeterminiert. Ich verwende ihn hier als Komplementärbegriff zu dem des Traumas (→ Glossar: 2), das heißt in Hinblick auf seine psychodynamische Struktur. Wo das Trauma, verkürzt gesagt, auf einer Fixierung beruht, also auf dem Fehlen der Integration eines historischen Moments ins symbolische System, die dem Subjekt dann zum Verhängnis wird, wann immer es mit dieser „Auslassung" konfrontiert wird, bewirkt der Schock eine Subversion des gesamten symbolischen und imaginären Bereichs des Subjekts, da er aus einem Moment besteht, das (spontan) keine Möglichkeit der Identifikation zuläßt. Das Trauma gründet sich also, ökonomisch ausgedrückt, auf einem positiven Wert, der Schock auf einem negativen.

Der Objektwechsel bei der ästhetischen Erfahrung und beim ästhetischen Schock soll dabei spezifiziert werden.

Im Anschluß an das Konzept halluzinatorischer autobiographischer Tätigkeit, das Bernd Scheffer in seinem Text INTERPRETATION UND LEBENSROMAN entwickelt, möchte ich dabei zunächst versuchen, folgende Fragen zu klären: Läßt sich Kunst (als Subsystem der sozialen Systeme, zum Beispiel Literatur) heute noch sinnvoll definieren und wie lassen sich „ästhetische Erfahrungen" – möglicherweise auch außerhalb des Kunst-Kontextes – beschreiben?

---

[274] Dies impliziert, daß ich von Beobachtungen zweiter Ordnung ausgehe. Ich nehme jedoch eine andere Differenzierung des Begriffs der Beobachtung vor, als beispielsweise Luhmann in seinem Text DIE KUNST DER GESELLSCHAFT: wie ich in → Glossar: 3 beschreibe, differenziert Luhmann Beobachtung in Bezeichnung (der einen Seite der Form) und Codierung.

[275] Luhmann, 1993a. S.: 206

Kapitel III.1

Die Sekundarisierung des Primären

Ich folge zunächst Scheffers konstruktivistischem Ansatz, wonach"[...] es keine Trennung von Welt-Wahrnehmung und Welt-Interpretation [gibt]. Erkennen, Wahrnehmen und Interpretieren fallen zusammen."[276] Von dieser Prämisse ausgehend postuliert Scheffer:

> „Vielleicht sollte man in bezug auf Individuen, um traditionelle Konnotationen zu vermeiden, nicht mehr von «Erkennen» und «Wahrnehmen» sprechen, sondern nur noch von den gleichsam «halluzinatorischen» Möglichkeiten der Wirklichkeitskonstruktion."[277]

Scheffers Ansatz geht also davon aus, daß Beobachtbares als „Primäres", „Authentisches" erst durch sekundäre Beobachtung, durch Interpretation konstituiert wird. Dieses Primäre, Authentische wird daher jedoch stets nur retrospektiv imaginiert bzw., wie Scheffer sich ausdrückt, „halluziniert" (→ Kap.: I.3). Anders gesagt: Erst durch die „Sekundarisierung des Primären" wird Primäres konstituiert (und damit imaginierbar und symbolisierbar), nicht aber als Reales erkannt. Von dem Russischen Formalisten Jurij Lotman stammt die definitorische Beschreibung von Kunst als einem „sekundären modellbildenden System"[278]. Im Kontext eines „quasi-konstruktivistischen" Ansatzes, wie ich ihn hier vorschlage, kann man jedoch jede Form der Beobachtung als sekundär, modellbildend und systematisch bezeichnen, da sie stets zeichenvermittelt ist. Aus konstruktivistischer Sicht muß ein primäres System als Komplementärbegriff aufgegeben werden, so daß Lotmans Beschreibung keine hinreichenden Kriterien für eine Definition von Kunst in Abgrenzung zu „Alltagswelt" mehr liefert. Die Annahme eines „Sekundären" zu dem grundsätzlich sekundären Charakter aller Beobachtung wäre dann pleonastisch.

Auf Kunst (bzw. literarische Texte) bezogen stellt sich nun die Frage, wie man von einem konstruktivistischen Standpunkt aus erklären kann, warum literarische Texte mit relativer Sicherheit spontan als literarisch gewertet (resp. beobachtet) werden und manche literarische Texte relativ sicher als höherwertig als andere gewertet (resp. beobachtet) werden. Denn dem Schefferschen Ansatz zufolge kann dies nicht von bestimmten Eigenschaften der jeweiligen Texte abhängen, da diese ja erst halluzinatorisch vom Beobachter erzeugt werden. Scheffer sagt:

> „Die Parallelität von Wahrnehmung, Erkenntnis, Wissen und Interpretation hat vor allem dies zur Folge: Die genauere Untersuchung der «Gegenstände» von Welt und

---

[276] Scheffer, Bernd (1992): Interpretation und Lebensroman. Zu einer konstruktivistischen Literaturtheorie. Suhrkamp Verlag. Frankfurt/Main. S.:41. vgl. hierzu auch → Kap.: II.2

[277] Ebd. S.:23

[278] Lotman, Jurij (1986): Die Struktur literarischer Texte. übers. v. R.-D. Keil. 2. unver. Auflage. Wilhelm Fink Verlag. München. S.:23.

Literatur wird primär *die Eigenschaften von Beobachtern*, nicht die der «Gegenstände» zum Vorschein bringen."[279]

Meiner Meinung nach müßte man hier jedoch noch radikaler vorgehen: Scheffer scheint hier „Eigenschaften" vom Objekt (in Scheffers Zusammenhang: dem Text) in den Beobachter zu transportieren. Warum aber der Beobachter – im Gegensatz zum Beobachteten – Eigenschaften haben sollte, wird nicht plausibel erklärt. In Anlehnung an das Modell der Black Boxes von Glanville (→ Kap.: I.3), schlage ich deshalb vor, Eigenschaften überhaupt nur als Regelmäßigkeiten der Beziehungen bzw. der Interaktion zwischen Beobachter und Beobachtetem zu beschreiben. Ebensogut kann man dann sagen: Eigenschaften sind Regelmäßigkeiten der Interaktion zweier Beobachter. Wichtig ist, hierbei zu beachten, daß der Begriff der Interaktion allein auf die Beziehung zwischen Beobachter und Beobachtetem bezogen wird (nicht jedoch auf Beobachter oder Beobachtetes selbst). Scheffer wendet gegenüber der herkömmlichen Verwendung des Begriffs der Interaktion richtig ein:

> „Wenn allerdings eine «Eigentätigkeit des Textes» überhaupt nur als eine beim üblichen Lesen erfolgreiche, mühelose Täuschung aufgefaßt werden kann, dann werden in einem literaturwissenschaftlichen Erklärungs-Zusammenhang die mittlerweile gängigen Metaphern von der «Interaktion» (Iser) bzw. vom «Dialog» (Jauß) des Lesers mit dem Partner «Text» einigermaßen grundlos; «Interaktion» bzw. «Dialog» setzt, jedenfalls strenggenommen, eine soziale Relation mit zwei, im Prinzip gleich aktiven Positionen gegenseitigen Verstehens und gegenseitiger Korrektur voraus; eher müßte man von einem spezifischen «Monolog», von einem besonderen «Alleingang» des Lesers reden."[280]

Im vorliegenden Zusammenhang stört der Begriff der Interaktion jedoch nicht, wenn er nicht auf Beobachter und/oder Text, sondern auf die Relation zwischen beiden bezogen wird. Er stört gleichfalls nicht, wenn man annimmt, daß die Operation des Beobachtens zunächst vom Beobachter (Leser) ausgeht.
Natürlich wäre eine solche Annahme anfechtbar. Tatsächlich wird sie bei Lacan radikal in Frage gestellt, wenn dieser behauptet, das Subjekt sei ein zunächst angeblicktes Wesen (→ Glossar: 1). Da auch das Konzept der Black Boxes von Glanville prinzipiell die beiden Rollen des Beobachtens und des Beobachtet-Werdens unentschieden läßt (siehe weiter unten), kann man jedoch aus rein operativen Gründen – einigermaßen willkürlich – eine Ausgangssituation annehmen, die den Beobachter zur initialen Operation der Beobachtung bestimmt. Eine entsprechende Motivation zu einer ersten Operation kann mit Lacans Begriff des Begehrens beschrieben werden (→ Kap.: II).
In der psychosemiologischen Konzeption Lacans gibt es – vereinfacht ausgedrückt – nur imaginäre und symbolische Objekte, die durch (imaginäre) projektive Identifikation bzw. durch symbolische Introjektion erzeugt werden (→ Kap.: II.1). Diese Annahme stimmt mit Scheffers Konzept der „halluzinatorischen Tätigkeit" des Beobachters (in Scheffers Zusammenhang: des Lesers) überein. Insofern muß der Begriff der Interaktion reformuliert werden. Interaktion meint

---

[279] Scheffer. 1992. S.:38
[280] Ebd. S.:239 f.

dann eine Operation zwischen zwei Objekten, die sich gegenseitig durch eben diese Interaktion konstituieren, nicht jedoch eine Operation zwischen zwei schon von vornherein (ontologisch) existierenden, „realen" Objekten (→ Kap.: I). Objekte werden qua Selbstbeschreibung beobachtbar (Identifikation und Introjektion).

Halluzinatorische Tätigkeit kann diskursiviert werden - bzw. sie ist diskursiv und nur als Diskurs erfahrbar: stets handelt es sich im weitesten Sinne um Text. Die gewisse, natürlich subjektive, Regelmäßigkeit zwischen Beobachter („Autor") und Text kann dann prinzipiell von einem zweiten Beobachter („Leser") erneut hergestellt werden, auch wenn sie bei jedem weiteren Beobachter in mehr oder weniger abweichender Form erzeugt wird.

Ein solcher Ansatz macht nicht beschreibbar, nach welchem Rezept ein gewisser Konsens über Texte hergestellt werden kann, er macht aber beschreibbar, warum gerade ein solcher Konsens letztlich nicht verifizierbar ist[281].

Um diese Annahme riskanter formulieren zu können, ist es notwendig, den Begriff der Diskursivität und des Textes nach dem Vorschlag Lacans auszudehnen: Text umfaßt dann den gesamten Bereich der Signifikanten und Signifikate, unabhängig von ihrer jeweiligen, aktuellen Verknüpfung. Mit diesem Argument ziele ich darauf ab, auch Phänomene, die herkömmlicherweise im außersprachlichen Bereich angesiedelt werden, insbesondere aber den für die Lacansche Psychosemiologie konstitutiven Bereich des Unbewußten, wie er sich zum Beispiel im (neurotischen) Symptom manifestiert, in den Textbegriff zu integrieren. (→ Glossar: 2) Eine solche Ausweitung des Text-Begriffs auf ein allgemeines psychosemiotisches Konzept bietet den methodologischen Vorteil, zeichenhafte Prozesse auch noch weit außerhalb des Bereichs sprachlicher Diskurse beobachtbar machen zu können, das heißt dem, was üblicherweise als „Rede" oder Text beschrieben wird.

Ich gehe davon aus, daß ein Beobachter stets nach Maßgabe seiner aktuellen Fähigkeiten beobachtet, das heißt, daß er stets nicht mehr und nicht weniger beobachtet, als er eben in einer gegebenen Situation zu beobachten vermag. Diese Fähigkeiten hängen nicht nur von Wissen und Entwicklungsstand des Beobachters ab, sondern sicher auch von seiner aktuellen physischen und psychischen Disposition. Ähnlich schreibt Schmidt: „Aufgrund unserer Kognitionsbedingungen konstruieren wir immer in der Gegenwart und unter gegenwärtigen Bedingungen." [282] In bezug auf die Rezeption (Beobachtung) von literarischen Texten schreibt Scheffer, scheinbar in eine ähnliche Richtung denkend:

> „Man stößt dabei auch auf solche Ausprägungen des Rezeptionsverhaltens, wonach die Lektüreerfahrungen einzelner Leser trotz unterschiedlicher Texte stark ähnlich bleiben; es handelt sich um die bekannte Erfahrung, daß beinahe alle Bücher, die man in einem bestimmten Zeitraum liest, «erstaunlicherweise» über die jeweils gegenwärtige Lieblingsidee zu informieren scheinen." [283]

---

[281] Niklas Luhmann geht demgegenüber davon aus, daß ein solcher Konsens gar nicht angestrebt werden soll: „Das darf nicht so verstanden werden, als ob identische Reproduktion (Konsens und all das!) beabsichtigt sei. Allein schon die Tatsache, daß die Sequenzen der Beobachtungsoperationen während des Herstellungsprozesses und bei der Betrachtung des fertigen Werkes sich zwangsläufig unterscheiden, sorgt dafür, daß es zu keiner inneren Übereinstimmung kommen kann [...]." (Luhman, 1996. S.:89)

[282] Schmidt, 1988. S.:152

[283] Scheffer, 1992. S.:181

Außerdem nehme ich einen gewissen gesellschaftlichen Konsens an, der es zu bestimmten Zeitpunkten erlaubt, jeweils bestimmte Beobachtungen zu machen, die vorher nicht gemacht werden konnten. Ich orientiere mich bei dieser Annahme an Michel Foucaults „archäologischem" Verfahren, mit dem er in seinem Text DIE ORDNUNG DER DINGE bestimmte „Tableaus" gesellschaftlichen Wissens zu analysieren versucht. Foucault schreibt im Vorwort zu diesem Buch:

> „Eine solche Analyse gehört, wie man sieht, nicht zur Ideengeschichte oder zur Wissenschaftsgeschichte. Es handelt sich eher um eine Untersuchung, in der man sich bemüht festzustellen, von wo aus Erkenntnisse und Theorien möglich gewesen sind, nach welchem Ordnungsraum das Wissen sich konstituiert hat, auf welchem historischen Apriori und im Element welcher Positivität Ideen haben erscheinen, Wissenschaften sich bilden, Erfahrungen sich in Philosophien reflektieren, Rationalitäten sich bilden können, um vielleicht sich bald wieder aufzulösen und zu vergehen. [...] Eher als um eine Geschichte im traditionellen Sinne des Wortes handelt es sich um eine »Archäologie«."[284]

Diese (bei Foucault historische) Möglichkeit der Horizonterweiterung, das heißt die Möglichkeit „neue" Objekte sehen zu können bzw. zu „lernen", soll im folgenden anhand des Glanvilleschen Ansatzes verdeutlicht werden.

Kapitel III.2

Eigenbeobachtung (Selbstbeschreibung) und Fremdbeobachtung (Objektbeschreibung) als Halbphasen eines Beobachtungszyklus

In dem Aufsatz WAS IST UND WIE KANN SICH EIN GEDÄCHTNIS ERINNERN, WAS ES IST? geht Glanville von der Operation einer einfachen Beobachtung aus, die er mit dem Satz „ich weiß dies" ausdrückt[285]. (Glanville weist dabei darauf hin, daß in diesem Satz der erste und der dritte Term ontologische Aussagen enthalten, der zweite Term hingegen eine Beziehung ausdrückt.) Glanville schreibt nun, daß es nicht sinnvoll sei eine solche Aussage zu treffen, wenn „ich" nicht davon ausgehe, selbst zu existieren; meine eigene Existenz kann „ich" jedoch nur via Selbstbeobachtung annehmen. Ausgehend von diesen Überlegungen konzipiert Glanville das Selbst als ein Objekt, das über ein „Modellvermögen"[286] verfügt, welches es dem Objekt erlaubt, sowohl Modelle zu bilden, das heißt zu beobachten, als auch sich selbst Modell zu stehen, das heißt (durch sich selbst) beobachtet zu werden (→ Kap.: I.1.2). Glanville konzipiert das selbstbeobachtende Objekt demnach triadisch, so daß sich hier eine homologe Struktur zu triadischen Zeichenmodellen ergibt. Bemerkenswert ist an dieser Konzeption eines selbstbeobachtenden Objekts, auf welche Weise es herkömmliche Modelle von Interaktion modifiziert. Glanville beschreibt nämlich ein Objekt, das sich selbst als Objekt beobachtet, bzw. das sich selbst als Objekt der (eige-

---

[284] Foucault, Michel (1988): Die Ordnung der Dinge. Eine Archäologie der Humanwissenschaften. übers. v. U. Köppen. Suhrkamp Verlag. Frankfurt/Main. S.:24 f.

[285] Glanville, 1988. S.:19

[286] Ebd. S.:20

nen) Beobachtung fungiert. Daß Glanville in dieser Weise alle Objekte konzipiert, wird bei Luhmann explizit abgelehnt, der „Selbstprogrammierung" in dieser Form Kunstwerken vorbehält: „Ranulph Glanville, Objekte, dt. Übers. Berlin 1988, meint sogar, daß dies für alle Objekte gelte. Das ist nicht so leicht einzusehen."[287] Erst in einem – logischen – zweiten Schritt führt Glanville Fremdbeobachtung ein. Fremdbeobachtung bzw. „andere" Objekte entstehen also aus einer Differenzierung der Operation des „Ausgangs-Objekts"[288]. Somit ist in dieser Konzeption von vornherein jede Möglichkeit der Substanzialisierung von Objekten (Beobachtern oder Beobachteten) suspendiert: Es geht hierbei nicht um Möglichkeiten der Bezugnahme, der Referenz auf gegebene andere Objekte, sondern um die Bezugnahme als Eigen-Beobachtung, die hier als Möglichkeitsbedingung anderer Objekte fungiert[289].

Die Nähe dieses Ansatzes zur Lacanschen Konzeption einer „Psychogenese" wird in → Kap.:II dargestellt. Die Modifikation dieses Modells durch Lacan wird weiter unten besprochen. Glanville schreibt:

> „Aber wenn das Objekt, um es selbst zu sein, zwei Rollen ausfüllt, wie kann es dann doch nur eins sein?
> Das heißt, hier gibt es ein Problem, denn das Objekt weiß von sich, daß es einzig ist, und weiß dies nur, weil es sich beobachtet, was erfordert, daß es sowohl Beobachter als auch Beobachtetes ist, und also nicht ein einziges zu sein scheint!"[290]

Diese Problem löst Glanville durch die Einführung von Zeit, so daß das Objekt aus einem zweiphasigen Zyklus besteht, nämlich eben aus der Phase des Beobachtens und der Phase des Beobachtetwerdens. Nach dieser Konzeption ergibt sich nun in jeder der beiden Zyklus-Phasen jeweils eine freie, zu besetzende Stelle. Glanville schreibt über ein solches Objekt:

> „Es handelt sich offensichtlich um einen Oszillator, in dem die Rollen Beobachten und Beobachtet alternieren: die Übernahme der einen Rolle läßt sie andere Rolle frei werden, die darauf wartet, besetzt zu werden, und umgekehrt [...]."[291]

Glanville beschreibt nun, daß es dem Objekt einerseits möglich ist, in der Phase, in der seine Rolle „Beobachtet" (d.i.: „ich bin durch mich beobachtet") unbesetzt ist, diese durch ein anderes (beobachtbares) Objekt besetzt werden kann, was Fremdbeobachtung bedeutet (d.i.: „es ist durch mich beobachtet"), und das Objekt andererseits in der Phase, in der seine Rolle „Beobachten" (d.i.: „ich beobachte mich") unbesetzt ist, diese Rolle durch ein fremdbeobachtendes anderes Objekt besetzt werden kann, daß es also (für andere Objekte) beobachtbar wird (d.i.: „es beobachtet mich")[292].

---

[287] Luhmann, 1996. S.:331

[288] Auf diese Weise entgeht Glanville dem Problem, das ich in → Kap.: I.1 bei der Luhmannschen Systemtheorie als Binnendifferenzierung beschrieben habe.

[289] Dieses konstruktivistische Konzept löst das Problem der Binnendifferenzierung, auf die Luhmanns Operationen und Unterscheidungen reduziert bleiben.

[290] Glanville, 1988. S.:24

[291] Ebd. S.:25

[292] Die formale Darstellung eines einfachen Zyklus sei hier zur Verdeutlichung zitiert:
„$\{O_a\} = [(X_a)P_a] \Rightarrow E_?$ in $(S)_a$

Andere (beobachtbare oder beobachtende) Objekte werden natürlich in derselben Weise konzipiert.

Das wesentliche Kriterium dafür, wie Fremdbeobachtung demnach möglich wird, ist „Simultaneität"[293] zwischen den Zyklusphasen zweier Objekte, bzw. deren Synchronisierung, so daß ein Objekt a für ein Objekt b dann beobachtbar wird, wenn es selbst sich dann in der Phase „Beobachtet" befindet, und wenn das Objekt b sich seinerseits in der Phase „Beobachten" befindet, und andersherum. Simultaneität bzw. Synchronisierung sind äquivalente Ausdrücke für das, was Glanville in bezug auf Black Boxes eine „historisch stabile Beschreibung" nennt (→ Kap.: I.3). Glanville schreibt:

> „Das macht Sinn, denn es bedeutet, daß ein Objekt immer die Möglichkeit hat, beobachtet zu werden, aber nicht simultan durch sich selbst und durch andere Objekte beobachtet werden kann; noch kann es simultan sich selbst und andere Objekte beobachten."[294]

Aus diesen Grundannahmen entwickelt Glanville in einem anderen Aufsatz, BEWUßTSEIN: UND SO WEITER, sehr formale Prämissen zu einer Semiotik. Er schreibt dort:

> „Wenn 1 Objekt 2 andere beobachtet und sie miteinander in ein Verhältnis setzt, stellt es eine Beschreibung her. Eine Beschreibung besteht aus einem Verhältnis der Identität, das zwischen 2 Objekten besteht, von denen das eine das beschriebene Objekt, das andere das beschreibende ist. [...] Ein Objekt, das 2 Objekte in Beziehung setzen kann, wäre in der „realen Welt" in der Lage, Repräsentationen herzustellen, jedoch weder sie zu interpretieren noch Argumente aus ihnen zu bilden."[295]

Als Grundlage für eine Semiotik bedeutet dies jedoch die Eröffnung bzw. die Generierung eines Regresses und zugleich, daß dieser Regreß ein zeichenhafter ist. Das heißt, die benötigte Zeit wird durch den Regreß erzeugt. Ich nehme an, daß es deswegen ebenso gut möglich wäre, zu sagen, der Regreß erzeugt Raum, anstatt Zeit. Wichtig ist die Möglichkeit Zeit bzw. Raum zu generieren, ebenso wie das Möbiusband keinen „vorhandenen" Raum trennt, sondern erst her-

---

$$\{O_a\} = [(X_a)P_?] \Rightarrow E_a \qquad \text{in } (S)'_a$$
$$\{O_a\} = [(X_a)P_a] \Rightarrow E_? \qquad \text{in } (S+1)_a\text{"}$$

(Glanville, R.: Objekte. a.a.O. S.:26) Hierbei bezeichnen der Ausdruck in den geschwungenen Klammern das Objekt, die Ausdrücke in den eckigen Klammern das Objekt in seinen zwei Rollen, P die beobachtende und E die beobachtete sowie X als die Modellfähigkeit. Das Fragezeichen bezeichnet ein „anderes, unklares Objekt, das die Rolle aufnimmt" (Ebd. S.:26) und (S) die Zeit, die vergeht, bis sich ein Zyklus schließt. In der Phase $(S)'_a$, also „Beobachtet" bleibt die Rolle „Beobachten" unbesetzt und kann daher von einem anderen Objekt besetzt werden. In den Phasen (S) und $(S+1)_a$ bleibt die Rolle „Beobachtet" frei und kann durch ein anderes Objekt besetzt werden.

[293] Ebd. S.:27

[294] Ebd. S.:27 f.

[295] Ebd. S.:84. Glanville setzt diesen Gedankengang fort, so daß es zu Arrangements kommt, bei denen 2 Objekte 3 Objekte beobachten. Ein Beobachter, der ein solches Arrangement enthält, hat nach Glanville Bewußtsein und das „[...] Potential für intelligente Aktion." (Ebd. S.:95) Eine eingehende Interpretation dieser Annahmen, würden den Rahmen der vorliegenden Arbeit sprengen. Wichtig ist zunächst die hier beschriebene Aufeinanderbezogenheit von Selbst- und Fremdbeobachtung.

vorbringt (→ Kap.: I.2 und → Kap.: II.2.2). Der Vorteil eines solchen Ansatzes gegenüber systemtheoretischen Ansätzen ist, daß er erlaubt, „[...] einen infiniten Regreß durch eine Objektbeschreibung zu produzieren, die einen infiniten Regreß erzeugt, und nicht durch die Beschreibung des Regresses selbst."[296]

Die Kompatibilität dieser Glanvilleschen Konzeption mit den Annahmen Lacans bezüglich des imaginären Bereichs und des Spiegelstadiums ist bemerkenswert. Bei Lacan laufen Beziehungen zwischen „Subjekt" und „Objekt" (das heißt dem, was das „Subjekt" zu beobachten in der Lage ist) im imaginären Bereich nämlich allein über Kriterien der Ähnlichkeit bzw. Identität. Diese Lacansche Konzeption stimmt mit der Glanvilleschen schon allein durch die „Primitivität" der Struktur überein: „DAS SPIEGELSTADIUM ALS BILDNER DER ICHFUNKTION" (Sch I/S.:61-70) ist – homolog zu den von Glanville angeführten Beziehungstypen – die primitivste, am wenigsten komplexe Form von Beziehung.

Es stellt sich nun jedoch das Problem, wie aus einfacher Fremdbeobachtung Erfahrung wird, das heißt, wie „Lernen" funktioniert. Unter „Lernen" verstehe ich dabei, daß Fremdbeobachtung als Fremdbeobachtung interpretiert werden kann, das heißt, daß Beobachten nicht auf Identifikation mit dem Beobachteten hinausläuft, sondern auf das Beobachten von etwas anderem (Neuem). Systemtheoretisch ausgedrückt: die Einheit der Differenz zwischen Fremdbeobachtung und „Lernen" zu beobachten. Tatsächlich fällt es systemtheoretischen und konstruktivistischen Ansätzen schwer, „Lernen" zu erklären[297].

Glanville geht auf Probleme ein, die den Anlaß dafür gaben, kybernetische Modelle in kybernetischen Modellen zweiter Ordnung zu reformulieren. In Hinblick darauf, daß Kybernetik als Kontroll- und Regelsystem entwickelt wurde, schreibt Glanville über das klassische kybernetische Beispiel des Thermostats als Wärmeregler:

> „Der Schalter ist der Kontrolleur, der bewirkt, daß Wärme in kalte Räume gebracht wird, wodurch die Temperatur reguliert wird.
> Doch wechselt der Schalter seine Zustände, und mit Recht fragt man, wodurch dies bewirkt wird. Die Antwort ist natürlich die Raumtemperatur [...]. Der Kontrolleur (Schalter) wird vom Kontrollierten (allem anderen) ebenso kontrolliert, wie er es kontrolliert. Dann kann man den klassischen Begriff der Kontrolle nicht aufrechterhalten: was jeweils das Kontrollierende und das Kontrollierte ist, ist eine Frage der Rolle [...]."[298]

Wenn bei Kontrolle auf Stabilität abgezielt wird, müssen jedoch gleichermaßen die gewohnten Vorstellungen über Stabilität aufgegeben werden: Da der Prozeß der Kontrolle zirkulär ist, kann auch Stabilität nur als ein oszillatorischer, annähernder Prozeß zustande kommen Glanville schreibt über seine Beobachtungen: „Das Ergebnis ist, daß Stabilität in Kontrollsystemen dyna-

---

[296] Ebd. S.:25

[297] Die Einwände, die ich gegen Luhmanns Konzeption von Systemumwelt, Unterscheiden, Form etc. vorbringe (→ Kap.: I und → Glossar: 3), können auch beschrieben werden als Einwände gegen Strategien, das Problem von Lernen als Fremdbeobachtung immer aus dem Blickfeld hinauszuverlagern. Lacan präzisiert das Problem am Beispiel von „trial-error-Experimenten" mit Ratten: „Die Frage, die erst in zweiter Linie gestellt wird und die die ist, die mich interessiert, ist, herauszufinden, ob die rättische Einheit lernen wird zu lernen." (Sem XX/ S.:153)

[298] Glanville, 1988. S.:203

misch ist und von wechselseitiger Interaktion abhängt." [299] Mit anderen Worten: Stabilität ist eine Aktivität und kein Zustand.

Wie ich bereits in → Kap.: I.3 beschrieben habe, ist Stabilität, das heißt eine gewisse Regelmäßigkeit der In- und Output-Größen, andererseits wichtig, damit überhaupt beobachtet werden kann.

Im folgenden möchte ich den hierbei verwendeten Begriff der Oszillation näher erläutern, da er sich zur Beschreibung nicht nur des im vorliegenden Kapitel aktuellen Problems (ästhetischer) Wahrnehmung eignet, sondern darüber hinaus auch als zentral in Lacans Psychosemiologie im Allgemeinen gelten kann.

Kapitel III.3
Lernen als Objektwechsel von Beobachtungen in nicht-linearer Zeit

Eine Möglichkeit, die bei Glanville entwickelte Konzeption selbstbeobachtender Objekte (mit ihren Zyklus-Phasen) auf Lacans psychosemiologische Theorie zu übertragen, bietet dessen Text DIE LOGISCHE ZEIT UND DIE ASSERTION DER ANTIZIPIERTEN GEWIßHEIT (Sch III/S.:101-121).

In diesem Text geht Lacan von einem Gleichnis aus, nach dem ein Gefängnisdirektor drei Gefangenen anbietet, sich einem Rätsel zu stellen, durch dessen Lösung einer der drei Gefangenen die Freiheit erringen könne. Der Direktor stellt daraufhin folgende Aufgabe:

> „[...]«Sie sind hier zu dritt. Hier sind fünf Scheiben, die sich nur durch ihre Farbe voneinander unterscheiden: drei sind weiß und zwei sind schwarz. Ohne ihm zu erkennen zu geben, welche Wahl ich getroffen haben werde, werde ich jedem von Ihnen eine dieser Scheiben zwischen den Schultern befestigen, das heißt außerhalb der direkten Reichweite seines Blicks, wobei gleichermaßen jede indirekte Möglichkeit, sie mit den Augen zu erreichen, hier durch das Fehlen jeglichen Mittels, sich zu spiegeln ausgeschlossen ist.
>
> Folglich wird Ihnen in aller Ruhe Gelegenheit gegeben werden, Ihre Gefährten und die Scheiben, als deren Träger jeder von Ihnen sich erweisen wird, zu betrachten; aber, wohlgemerkt, ohne daß es Ihnen erlaubt ist, einander das Ergebnis Ihrer Inspektion mitzuteilen. Was Ihnen ohnehin schon Ihr eigenes Interesse verbieten würde. Denn der erste, der daraus auf seine eigene Farbe schließen kann, soll in den Genuß der Maßnahme der Freilassung kommen, über die wir verfügen. [...]»" (Sch III/S.:103)

Dem Gleichnis zufolge heftet der Direktor daraufhin jedem der drei Häftlinge eine weiße Scheibe an den Rücken, ohne von den beiden schwarzen Scheiben Gebrauch zu machen.

Für die Lösung des Rätsels benötigen die drei Subjekte, wie Lacan hervorhebt, *„eine gewisse Zeit"* (Sch III/S.:104). Daß es ich bei dieser benötigten Zeit um eine nicht-lineare, logische Zeit handelt, die auch Glanvilles Objekte konstituiert, zeigt die homologe Struktur der beiden Konzeptionen auf. Lacan beschreibt nun die Lösung des Rätsels wie folgt:

---

[299] Ebd. S.:208

„Nachdem sie sich gegenseitig *eine gewisse Zeit* gemustert haben, tun die Subjekte gemeinsam *einige Schritte*, die sie gleichzeitig das Tor durchqueren lassen. Jedes für sich wartet nun mit einer ähnlichen Antwort auf, die sich folgendermaßen ausdrücken läßt:

«Ich bin ein Weißer, und so habe ich es herausgefunden: Unter der Voraussetzung, daß meine Gefährten Weiße waren, habe ich mir gedacht, daß, wenn ich ein Schwarzer wäre, jeder von ihnen daraus dies hätte folgern können: ‹Wenn auch ich ein Schwarzer wäre, dann wäre der andere, weil er angesichts dessen unmittelbar erkennen mußte, daß er ein Weißer ist, sogleich hinausgegangen; also bin ich kein Schwarzer.› Und alle beide wären zusammen hinausgegangen, überzeugt, Weiße zu sein. Wenn sie nichts dergleichen taten, dann deshalb, weil ich ein Weißer war wie sie. Darüber habe ich das Tor durchschritten, um meine Schlußfolgerung mitzuteilen.»

So sind alle drei kraft derselben Gründe des Schließens gleichzeitig hinausgegangen." (Sch III/S.:104)

Die notwendige Zeit, die Lacan für die Lösung des Rätsels veranschlagt, gliedert sich in die Abschnitte des „Augen-Blicks" (des Beobachtens), des Verstehens und des Schließens (des Schlußmoments). Wichtig ist hierbei, zu bemerken, daß die notwendige Zeit für jeden der drei Gefangenen von der Zeit abhängt, die die jeweils beiden anderen für ihren Schluß benötigen. Ähnlich wie bei den Black Boxes von Glanville muß auch hier die benötigte Zeit zwischen den drei Gefangenen synchronisiert werden. Denn so sagt Lacan beispielsweise über die Meditation des einen der drei, ob er ein Schwarzer oder ein Weißer sei:

„[...] daß er in der Bewegungslosigkeit von seinesgleichen den Schlüssel zu seinem eigenen Problem in der Hand hält. [...]: «Wenn ich ein Schwarzer wäre, wäre er hinausgegangen ohne einen Augenblick zu warten. Wenn er weiter meditiert, dann deshalb, weil ich ein Weißer bin.»" (Sch III/S.:112)

Die dafür benötigte Zeit, zu einem Schluß zu gelangen, bezieht sich also nicht nur auf die Hypothesen jedes einzelnen Subjekts, sondern auch auf die Interpretation des Verhaltens der jeweils beiden anderen.

Die Lösung des Rätsels soll zwei Aspekte verdeutlichen: Einerseits zeigt Lacan damit, daß die „Assertion der antizipierten Gewißheit" über einen deterministischen Prozeß verläuft. Das ist die spezifisch Lacansche Modifikation des Glanvilleschen Modells. Für Glanvilles Ansatz ist es irrelevant, welche Rolle (Beobachten oder Beobachtet) zuerst eingenommen wird. Für Lacans Ansatz ist es jedoch von entscheidender Bedeutung, daß das Subjekt ein „im Schauspiel der Welt angeschautes Wesen" ist (vgl.: Sem XI/S.:81) Zwar geht natürlich die Beobachtung vom Subjekt aus, gleichwohl ist ihr Effekt das Beobachtetsein. Das Subjekt ist zunächst ein durch sich selbst als anderes beobachtetes Subjekt. Dieser Aspekt korreliert mit Lacans Konzeption eines dem Signifikanten unterworfenen Subjekts: Es ist der Effekt des Signifikanten-Prozesses.

Andererseits zeigt die Lösung des Gefangenen-Rätsels eine Möglichkeit, interaktive Prozesse ohne substanzifizierende Zuweisungen zu beschreiben und zu generieren (anders als beispielsweise Luhmanns Konzept der binären Codierung, die ohne attributive Urteile nicht auskommt.) Beide Aspekte sollen im folgenden erläutert werden.

Eine luzide Interpretation der einzelnen Schritte der Lösung des Rätsels gibt Franz Kaltenbeck in seinem Text DAS WAHRE ALS URSACHE. Für den Zusammenhang mit dem Glanvilleschen Konzept der selbstbeobachtenden Objekte ist dabei Kaltenbecks Beschreibung der Relation der drei Gefangenen zueinander interessant. Er weist zunächst darauf hin, daß jeder der drei Gefangenen in der Ausgangslage von den beiden anderen beobachtet wird, das heißt zunächst ein beobachtetes Objekt ist: Die Selbstbeschreibung hat auf diesem Niveau kein anderes Kriterium als – ganz abstrakt – beobachtet zu werden. Außerdem muß jeder der drei Gefangenen annehmen, die beiden Beobachter würden sehen, was er nicht ist, nämlich ein Schwarzer. Kaltenbeck schreibt: „Denn würde er von der Annahme ausgehen, auch ein Weißer zu sein, wäre das Problem trivial und gelöst, aber er könnte für diese Lösung keinen Grund angeben."[300] Das heißt, er muß zunächst die triviale, richtige Lösung verneinen, da er sie nicht begründen kann. Seine Unterstellung, deswegen ein Schwarzer zu sein, hat einen hypothetischen, fiktiven, oder in Lacanscher Terminologie, imaginären Charakter.
Diese Verneinung, die zur Lösung des Problems unerläßlich ist, kann für den semiologischen Prozeß im Psychismus nach Lacan verallgemeinert werden. (Das Verneinte, bzw. das Nicht-Ganze taucht in Lacans psychosemiotischem Modell an zentralen Punkten auf, wie zum Beispiel im Begriff der Urseparation oder auf intentionalem Niveau im Begriff des Objekt klein a.)
Beim Lösungsprozeß des Problems im angeführten Gleichnis muß darauf hingewiesen werden, daß es um einen entscheidenden, zu treffenden Unterschied geht, der „[...] jedoch nicht als Qualität erkennbar ist [...]"[301]. (Es wäre in diesem Zusammenhang interessant, die Ähnlichkeit einer solchen Differenzqualität mit der der Unterscheidung bei Spencer-Brown näher zu untersuchen.) Kaltenbeck schreibt nun:

> „Ein solcher Unterschied ist durch die schwarzen Scheiben markiert, die den Gefangenen nicht auf den Rücken geheftet sind [...].
> Man wird hier eine Zirkularität des Verfahrens einwenden, das zur Bildung derartiger Strukturen führt. Die Tatsache nämlich, daß der entscheidende Unterschied schon vorher angenommen wird, von einer Eigenschaftslosigkeit der Elemente also nicht geredet werden kann. Dem ist entgegenzuhalten, daß ein solcher Unterschied zwar vorausgesetzt wird, jedoch in verneinter Form. Der Vergleich mit dem Gegenstand a ist aber nicht das gleiche wie der mit nicht–a."[302]

Kaltenbeck erläutert seine Argumentation folgendermaßen:

> „Wenn bei der Konstituierung eines gedanklichen Gebildes jeder Gebrauch von Eigenschaften ausgeschlossen wird, so sind im Prinzip alle Objekte Kandidaten zur Erzeugung eines solchen. Läßt man dies jedoch zu, dann koinzidiert der Diskurs mit dem Universum.

---

[300] Kaltenbeck, 1978. S.:40
[301] Ebd. S.:46
[302] Ebd. S.:46 f.

133

Um diesen Kollaps zu vermeiden, beinhaltet die Konstruktion unserer Beispiele eine Art Verneinung. Es wird die Existenz eines Objektes angenommen, das sich von allen anderen unterscheidet. Aber die Regeln verneinen diese Differenz. Schwarze und weiße Scheiben [...] sind Oppositionspaare, deren einer Teil die Negation des anderen ist. Diese Negation wird (z.B. durch den Ausschluß der schwarzen Scheiben) noch einmal verneint. So kann man tatsächlich ohne Attribute und nur durch Annahme einer Mindestanzahl von Elementen sowie der Negation eines von ihnen und deren Verneinung eine Struktur aufbauen, in welcher die Elementschaft eine Funktion aller übrigen Elemente ist. Das Element aber, das sich zugleich von jedem aller anderen und von allen anderen zusammen unterscheidet, kann es nur verneint geben. Damit liegt in diesen Gebilden schon jenes Nichtganze vor, das die Sprache erzeugt und welches das Subjekt voraussetzt."[303]

In ganz ähnlicher Weise verfährt Glanville in seinem Aufsatz BEWUßTSEIN: UND SO WEITER, in dem er von dem Satz ausgeht:

„Das Universum wird durch mindestens ein Objekt bewohnt: andernfalls ist es kein Universum und das Objekt kein Objekt. Das Universum ist ein Objekt. Es gibt mindestens zwei Objekte."[304]

Dieses Verneinte, ganz Andere, ist eine weitere Begründungsmöglichkeit einerseits des infiniten Regresses (der hier, wie ich oben bereits zitiert habe, durch eine Objektbeschreibung produziert wird, die diesen erzeugt) und andererseits der „ursprünglichen Sekundarität" bzw. der Nachträglichkeit allen Beobachtens, wie sie Lacan für die Psychosemiose veranschlagt (vgl. hierzu exemplarisch: → Glossar: 2). Denn Beobachten verläuft bei Lacan stets in bezug auf dieses „Nichtganze".

In → Kap.: 0 habe ich bereits darauf hingewiesen, inwiefern das gesamte Werk Lacans diese Figur der Nachträglichkeit zeichnet. Nachträglichkeit ist nicht nur eine („objektive") Beobachtung Lacans am Psychismus, sondern prägt auch sein eigenes Werk. Nur am Rande sei deswegen hier Kaltenbecks Charakterisierung des Lacanschen Werks zitiert:

„Bei der Interpretation eines Textes ist es nicht leicht zu vermeiden, daß man in ihn etwas hineinlegt, was in ihm gar nicht vorhanden ist. Dieser Fehler drängt sich besonders auf, wenn spätere Texte in der Entwicklung eines Werkes zur Erklärung der früheren herangezogen werden können. Doch kann sich die Interpretation eines solchen späteren Wissens bedienen, wenn das Werk, mit dem sie zu tun hat, nicht linear konstruiert ist. [...] Freud und Lacan nehmen sehr früh bedeutende Konzeptionen vorweg, die sie erst später ausarbeiten werden und oft wirkt bei ihnen ein später entwickelter Gedanke auf einen früheren zurück. So ist die Tatsache, daß ein Begriff

---

[303] Ebd. S.:47
[304] Glanville, 1988. S.:80. Glanville fährt dann fort: „Es gibt mindestens 2 Objekte. Alle Objekte bewohnen das Universum. Das Universum ist ein Objekt. Es gibt mindesten[s] 3 Objekte." (Ebd. S.:82) Und so weiter. Diese Art der Objekte generierenden Unterscheidung ist wohl auch bei Spencer-Brown gemeint. Im Rückblick schreibt dieser über seine „Laws of Form": „In den „Laws" hatte ich bewiesen, daß wenn eine Unterscheidung gezogen werden *konnte*, das Erscheinen von „all dem", was wir „Universum" oder „Kosmos" nennen, unweigerlich folgen würde." (Spencer-Brown, 1994. S.:12)

noch keinen Namen hat, nicht immer ein Grund, seinen Platz in der Struktur der Theorie zu bestreiten."[305]

Zur Lösung des Problems des Gleichnisses gehe ich also von zwei Grundannahmen aus: zum einen die benötigte, nicht-lineare Zeit und zum anderen, daß die Nicht-Linearität eine doppelte Negation bewirkt, die die Ausgangsüberlegung der Lösungsprozesses verneint. Der Lösungsprozeß kann also nur insofern voranschreiten, als er seinen eigenen Ausgangspunkt auslöscht. Diese Konzeption von Denkvorgängen, für die der Lösungsprozeß im Gleichnis ein Beispiel ist, zeigt, daß das Paradox allen Beobachtens (Auslöschung des Ausgangspunktes) durch den Denkprozeß erzeugt werden muß, damit der Denkprozeß vollzogen werden kann.
Wie ich weiter unten zeigen werde, handelt es sich bei einer ästhetischen Erfahrung genau um die (unmögliche) Begegnung mit diesem Ausgangspunkt, der, um der Semiose willen, ausgelöscht werden mußte.
Ausgehend vom „Augen-Blick", der Imagination, stellt jeder Gefangene eine Überlegung an, eine Symbolisation, die ihn zu einem Entschluß, zu einem Akt führen wird. Über die Nicht-Linearität dieser drei Zeitabschnitte schreibt Kaltenbeck:

> „Im Moment des Entschlusses, da jedes Subjekt die Initiative ergreift hinauszugehen, kann es die anderen nicht wahrnehmen, denn sonst sähe es, daß sie mit ihm gehen, womit sein Schluß ungültig würde. Es tut also so, als wäre es den anderen voraus. Während der Zeit des Verstehens hingegen muß es so tun, als seien die anderen ihm voraus."[306]

Nachdem daraufhin alle drei Gefangenen gleichzeitig durch den Ausgang gehen und sich wiederum beobachten, müssen sie in Zweifel über die Richtigkeit ihrer Schlußfolgerung geraten, da es sich in diesem Fall ja auch um die triviale Lösung handeln könnte Kaltenbeck schreibt:

> „Nachdem sich alle drei auf den Weg gemacht haben, setzt die Zeit der Wahrnehmung aufs neue ein. Doch in dieser Wiederholung nährt das Imaginäre einen Zweifel, keine Gewißheit. Und während nun jeder sieht, daß die anderen mit ihm gehen, braucht er wieder eine Zeit zum Verstehen, daß er anhalten muß, um endlich zu wissen, welche Farbe er trägt. Nun sieht er, daß auch die anderen anhalten und so liefert ihm das Imaginäre diesesmal wieder Gewißheit. Es versteht, daß seine Schlußfolgerung stimmt und kann seinen Entschluß wiederholen.
> [...] Aus einer Kollektion dreier für den Kalkül gleicher Elemente, die füreinander nichts als Objekte der Wahrnehmung und der Berechnung sind, löst sich in einem Moment jedes von ihnen als Subjekt ab und die Kollektion zerfällt. Als Ursache dieses Vorganges wirkt das Objekt, das jeder der drei Gefangenen für die anderen war. Genauer gesagt ist es die Struktur des Positionswechsels dieser drei Objekte im Verlaufe des beschriebenen Vorganges. Sie hat einen der wichtigsten Begriffe der Lacanschen Theorie vorweggenommen: das Objekt *a*." [307]

---

[305] Kaltenbeck, 1978. S.:47 f. Dies ist außerdem eine weitere Konsequenz aus der Beobachtung, daß grundsätzlich nicht eindeutig zu entscheiden ist, ob Theorie Texte, oder ob Texte die Theorie interpretieren.
[306] Ebd. S.:41
[307] Ebd. S.:41 f.

Mit anderen Worten: die richtige Lösung löscht ihren Ursprung aus. Die Lösung des Problems kann nur über diese komplizierte Operation in nicht-linearer Zeit gefunden werden, da die drei Gefangenen über kein positives Differenzkriterium verfügen. Da die schwarzen Scheiben nicht eingesetzt worden sind, alle drei also nur je zwei weiße Scheiben sehen, handelt es sich in der Anfangssituation um einen „Zustand", das heißt, um eine eigenschaftslose Situation. Das bedeutet, daß jeder der Gefangenen für die beiden anderen die Funktion des Objekts klein *a* darstellt:

> „Aber was verdiente näher betrachtet zu werden, ist, was ein jedes der Subjekte stützt, nicht eines unter anderen zu sein, sondern, im Verhältnis zu den zwei anderen, das zu sein, was der Einsatz ihres Denkens ist. Jedes intervenierend in diese Dreiheit nur als dieses Objekt *a*, das es ist, unter dem Blick der anderen." (Sem XX/S.:53 f.)

Der Ausschluß der Eigenschaft (die schwarzen Scheiben, die für eine positive Differenzqualität sorgen würden) nennt Kaltenbeck als Voraussetzung dafür, die im Lösungsprozeß getroffenen „[...] Existenzurteile nicht durch eine Begründung auf attributive Urteile zu präjudizieren."[308] Meiner Meinung nach ist dies die einzige Möglichkeit „Lernen" zu beschreiben, da jede attributive Zuschreibung nur auf Ähnlichkeit bzw. Identität beruhen kann, wie sie im imaginären Bereich stattfindet.

Im folgenden beschreibe ich „Lernen" als Subversionsprozeß, der dem Subjekt einen gewissen Zugang zum Bereich des Realen ermöglicht.

Kapitel III.4.

Der Lacansche „Akt" als Suspendierung von Beobachtung

Der hier vorgeschlagene spezifische Ansatz, von einer Wahrnehmung über eine Überlegung zu einem Schluß zu gelangen, erscheint mir als eine interessante Alternative zu herkömmlichen semiotischen Ansätzen, da er vollkommen ohne „Eigenschaften" auskommt. Gleichzeitig erklärt er, wie das Subjekt durch eine solche Beobachtung zu einem Schluß kommen kann, der als Akt beschrieben werden kann. Der Akt betrifft dabei den Bereich des Realen, der Lacan zufolge weder imaginiert noch symbolisiert werden kann. Gleichwohl ist dieser Bereich, jenseits der Spiegelungen des Ähnlichen und jenseits der symbolischen Ordnung, das einzige (unmögliche) Außen, das es für das Subjekt gibt. Gemeint ist hierbei nicht das Inkommensurable, das geheimnisvoll Andere, sondern das Reale als Rest und als konstitutiver Ursprung des Subjekts (→ Kap.: IV). Lacan erläutert zu dem Begriff des Ursprungs:

> „Wenn wir dagegen von Ursache sprechen, ist immer Antibegriffliches, Unbestimmtes im Spiel. [...] Oder auch: Miasmen sind die Ursache für das Fieber – auch das ist gut, damit ist nichts gesagt, es ist ein Loch da und im Raum dazwischen oszilliert etwas. Kurz: Ursache ist nur, wo es hapert." (Sem XI/S.:28)

---

[308] Ebd. S.:45 f.

136

Im Bereich des Realen ist das Subjekt, wie Zizek formuliert, „[...] ohne Unterstützung in der imaginären oder symbolischen Identifizierung auf eine Leerstelle reduziert."[309] Die „passage à l'acte" (der „Übergang zum Akt" (R-T/S.:10)), die Begegnung mit dem Realen, markiert eine Grenzüberschreitung, die nicht einfach zwei distinkte Bereiche unterscheidet. Sie muß vielmehr – ähnlich wie die Unterscheidung bei Spencer-Brown – im Sinne eines radikalen Nicht-Verhältnisses gedacht werden. Lacan schreibt:

> „Es ist da, daß das Reale sich unterscheidet. Das Reale vermöchte sich einzuschreiben nur über einen Unweg der Formalisierung. Deshalb habe ich geglaubt, dessen Modell zeichnen zu können ausgehend von der mathematischen Formalisierung, insofern sie die am weitesten getriebene Ausarbeitung ist, die uns gegeben worden ist, Signifikanz zu produzieren. Diese mathematische Formalisierung der Signifikanz macht sich im Gegensatz zum Sinn, ich hätte beinahe gesagt im *Gegen-Sinn*." (Sem XX/S.:100)

In dem Ausdruck des „Unwegs" zeigt sich das „Nicht-Verhältnis, um das es hierbei geht. Die passage à l'acte markiert eine Situation, die, wie Zizek schreibt, „seinen Träger radikal umformt"[310]:

> „Im Akt ist das Subjekt ausgelöscht und wird in der Folge ›wiedergeboren‹ (oder auch nicht); der Akt bringt also eine Art von temporärer Finsternis, eine *Aphanisis* (ein ›Fading‹, Schwinden) des Subjekts mit sich. Von daher ist jeder echte Akt ›verrückt‹ gemäß seiner radikalen *Unberechenbarkeit*. Durch das Mittel des Akts setze ich alles, mich selbst inbegriffen, meine symbolische Identität aufs Spiel [...]."[311]

Bringt man diese Vorstellung des Akts in denselben Schritt wie den Begriff der Fremdbeobachtung bei Glanville, so kann hieraus eine Theorie über „Lernen" abgeleitet werden. Wenn, wie ich weiter oben beschrieben habe, Fremdbeobachtung gemäß Glanville nur möglich ist, wenn das Objekt nicht sich selbst und andere Objekte simultan beobachten kann, bzw. daß es nicht simultan durch sich selbst und andere Objekte beobachtet werden kann, dann kann diese Aussage in psychosemiotischem Zusammenhang so übersetzt werden, daß es im Moment der Fremdbeobachtung, der passage à l'acte, nicht in der Lage ist, sich gleichzeitig selbst zu beobachten, weil es über keine Möglichkeit der imaginären oder symbolischen Identifikationen verfügt. „Lernen" bestünde demnach aus einem subversiven Moment, aus einem riskanten Unternehmen, da der Moment der Fremdbeobachtung jede imaginäre oder symbolische Identität suspendiert. Auch Lacan spricht die existenzielle Dimension des Akts an:

> „Weitaus radikaler erscheint aber die *Aphanisis* auf jener Ebene, auf der das Subjekt sich in einer Bewegung des Schwindens manifestiert, die ich als letal bezeichnet habe. Ich sprach auch vom *fading* des Subjekts." (Sem XI/S.:218)

---

[309] Zizek, Slavoj (1993): Grimassen des Realen. Jacques Lacan oder die Monstrosität des Aktes. hrsg v. M. Wetzel. übers. v. I. Charim, Th. Hübel, R. Pfaller, M. Wiesmüller. Verlag Kiepenheuer & Witsch. Köln. S.:28
[310] Ebd. S.:42
[311] Ebd. S.:42

Lacan: „Staunen Sie nur, daß man da wieder rauskommt, haltend, guter Hund, zwischen den Zähnen, sein eigenes Aas!" (R-T/S.:43) Daß das neu Er- oder Gelernte natürlich nur wiederum im Bereich des Symbolischen, also im „Sekundären" retroaktiv erfahrbar und nutzbar wird, beschreibt Lacan, indem er die Begriffe „Wahrheit" und „Wissen" gegeneinander ausspielt. Er sagt:

> „[...] daß das Reale zunächst nicht ist, um gewußt zu werden.
> Als Wahrheit ist das eben der Deich, den geringsten Versuch von Idealismus abzuhalten. [...]
> Aber das ist keine Wahrheit, das ist die Grenze der Wahrheit.
> Denn die Wahrheit situiert sich, das zu unterstellen, was vom Realen im Wissen, das sich hier (zum Realen) hinzufügt, Funktion macht." (R-T/S.:45)

In dieser Formulierung, was vom Realen im Wissen Funktion mache, drückt sich aus, was ich anhand des Gleichnisses mit den drei Gefangenen als Auslöschung des Ursprungs der Lösung beschrieben habe. So ist das Reale das Unmögliche, das sich der (imaginären oder symbolischen) Erfahrung des Subjekts entzieht und dennoch „Funktion macht", bzw. Effekte erzeugt, die das imaginäre/symbolische Subjekt subvertieren.

Auf die Frage bezogen, ob und wie es möglich sei, Kunst als Kunst (zum Beispiel „Literatur") zu beschreiben, möchte ich vorschlagen, von dem hier skizzierten Ansatz auszugehen, wonach Beobachten als ein semiotischer Vorgang beschrieben wird, um dadurch logische, aber nicht ontologische Unterscheidungen zu treffen, und Lernen als eine oszillatorische Bewegung des Subjekts, bei der dieses insgesamt subvertiert wird. Sein (methodologischer) Vorteil gegenüber herkömmlichen Ansätzen besteht darin, in einem radikalen Sinne frei zu sein von attributiven Kriterien, so daß vermieden werden kann, Kunst mit Hilfe substanzialisierender, immer kanonisierender Kriterien definieren zu müssen. (Dieses Problem taucht beispielsweise auch in dem systemtheoretischen Ansatz von Niklas Luhmann immer dort auf, wo er nach einer akzeptablen Möglichkeit der Codierung von Kunst sucht. Codierungsmöglichkeiten wie „schön/häßlich"[312] oder das „Neuheitsgebot"[313] erscheinen auch ihm nicht befriedigend. Das Problem der Codierung insgesamt scheint jedoch prinzipiell an attributive Kriterien gebunden zu bleiben. Lacan scheint sich aus entsprechenden Gründen gegen den Begriff der Codierung zu wenden: „Von Code zu sprechen geht nicht an, eben weil das einen Sinn unterstellte. Die signifikante Batterie von *lalangue* liefert nur die Chiffre des Sinns." (R-T/S.:67)).

Das (immer subjektive) Erleben von Kunst (bzw. die ästhetische Erfahrung) ist dann als analog zu dem Erlebnis „Lernen" beschreibbar, insofern beide auf das Lacansche Reale zielen. Was beide Arten von Beobachtung voneinander unterscheidet, ist von wo aus, an welchem Ort bzw. in welcher Position zum Psychismus, und wie dieses Reale angezielt bzw. angegangen wird.

Ich folge zunächst einigen Annahmen Scheffers, der mit dem Begriff „endlos autobiographischer Tätigkeit" auf eine konstruktivistische Perspektive abzielt, die Interpretieren und Beobachten als genuin kreative Leistungen beschreibt; der Gegensatz zwischen „Welt-Interpretation" und

---

[312] Luhmann, 1996. S.: 317 et passim
[313] Ebd. S.:326

„Kunst-Interpretation" löst sich dann in ein Kontinuum auf, so daß es unmöglich wird, Kunst via attributiver Kriterien oder konsensueller Kriterien zu beschreiben oder zu definieren. Scheffer geht davon aus, daß

> „«Endlos autobiographische Tätigkeit» in ihren konkreten Zielen nicht festgelegt [sei], wohl aber in der Tendenz, überhaupt zielgerichtet zu sein – eine zunächst unspezifische Drift hin auf alle möglichen Ziele, ein zunächst unspezifischer Trend zur (Lebens-)Steigerung."[314]

Aus der psychosemiologischen Perspektive Lacans kann diese Tendenz mit dem Begriff des Begehrens sowie dem des gebarrten bzw. gespaltenen Subjekts plausibel gemacht werden (→ Kap.: II) Leider finde ich in Scheffers Text keinen Hinweis auf eine Motivation, die diese von ihm konstatierte Tendenz oder Zieldrift auslösen oder in Gang halten würde. In seinem Seminar über DIE VIER GRUNDBEGRIFFE DER PSYCHOANALYSE (Sem XI) beschreibt Lacan ausführlich die mit den einzelnen Triebschicksalen verknüpften, stets zirkulären Kreisbahnen, die das begehrende Subjekt konstituieren und welche es durchläuft. Für den aktuellen Zusammenhang ist es wichtig darauf hinzuweisen, daß Lacan dabei häufig von einem „Pulsieren" spricht, in dem sich der Psychismus gegenüber einzelnen Instanzen (dem Anderen, dem Realen etc.) hin öffnet und schließt. So schreibt er beispielsweise:

> „Damit begreifen Sie auch, daß ich nur deshalb vom Unbewußten als einem sich öffnenden und schließenden gesprochen habe, weil es wesentlich dies eine Moment festhält: daß das Subjekt, indem es mit dem Signifikanten entsteht, als ein geteiltes entsteht. Das Subjekt, das ist diese Erscheinung, die, eben noch, als Subjekt, nichts war, die aber, kaum da, auch schon zum Signifikanten gerinnt." (Sem XI/209)

Lacan beschreibt damit eine oszillatorische Bewegung zwischen dem Bereich des Imaginären und dem Bereich des Symbolischen (denn das Unbewußte ist dem Bereich des Symbolischen zuzurechnen). Wie sein Schema R verdeutlicht, liegt zwischen beiden Bereichen die „Barre" des Realen, die bei dieser Oszillation überschritten werden muß. Über diese „Barre", die eingeschlossen wird von den Bereichen des Imaginären und des Symbolischen, schreibt Lacan:

> „Der Weg des Subjekts [...] verläuft zwischen zwei Mauern des Unmöglichen. [...] Eine solche Methode brächte uns hier auf die Frage nach dem Möglichen, wobei das Unmögliche ja nicht unbedingt das Gegenteil des Möglichen ist, oder aber wir wären gehalten, da der Gegensatz des Möglichen mit Sicherheit das Wirkliche ist, dieses Wirkliche, Reale als das Unmögliche zu definieren." (Sem XI/S.:175)

In dieser oszillatorischen Bewegung, bei der das Reale überschritten wird, gibt es also ein Element, das „[...] nicht ein Nicht-Begriff ist, sondern der Begriff eines Fehlens." (Sem XI/S.:32) Der Effekt dieser „Fehlstelle" wird im symbolischen Bereich retrospektiv als *Trouvaille* (Sem XI/ S.:31) erfahrbar. Es handelt sich hierbei um ein ähnliches Phänomen, wie das in Kap.: IV.2.1 beschriebene: Das Subjekt unterstellt, daß es Wissen gibt, und zwar im Anderen. „[...] die einzi-

---

[314] Scheffer, 1992. S.:24

ge Möglichkeit, eine neue Bedeutung hervorzubringen, ist der Weg durch die illusorische Voraussetzung, dieses Wissen sei schon vorhanden".[315]. In diesem Prozeß gibt es demnach ein Element, ein gewisses

> „[...] Etwas, das uns so seltsam berührt [...] – die *Überraschung* – also das, worin das Subjekt sich übergangen sieht, wo es zu gleicher Zeit mehr aber auch weniger vorfindet, als es erwartete – jedenfalls etwas, das im Verhältnis zur Erwartung unvergleichlich wertvoll ist." (Sem XI/S.:31)

In dieser paradoxen Situation, in der das Subjekt sowohl überrascht wird, als auch die Illusion einer „*Trouvaille*" hat, erkennt Lacan die Möglichkeit der Hervorbringung eines „neuen" Sinns:

> „Wenn etwas zutage tritt, etwas, das wir genötigt sind, als neu anzuerkennen, wenn eine andere Ordnung der Struktur auftaucht, nun!, das schafft seine eigene Perspektive in die Vergangenheit, und wir sagen – *Das hat nie nicht da sein können, das existiert seit ewigen Zeiten.*" (Sem II/S.:12)

Homolog zu Glanvilles Vorstellung des in zwei Halbphasen geteilten Objekts sowie zu der konstruktivistischen Sicht, derzufolge Unterschiede, Attribute und Strukturen durch die Operation des Beobachtens erzeugt werden, nicht jedoch durch das Erkennen vorhandener Eigenschaften oder Differenzen, beschreibt Lacan die Operationsweise des Psychismus allein durch die Zyklen, die das Begehren evoziert, welche das Wissen des Subjekts konstituieren und es gleichzeitig subvertieren:

> „Im Intervall zwischen den zwei Signifikanten lagert das Begehren, bereit zur Auszeichnung des Subjekts in der Erfahrung des Diskurses des Andern, des ersten Andern, mit dem es zu tun bekommt, sagen wir, um's zu illustrieren, der Mutter. Indem ihr Begehren jenseits oder diesseits von dem ist, was sie sagt, mitteilt oder als Sinn aufkommen läßt, indem also ihr Begehren ein unbekanntes ist, an einer Fehlstelle also, konstituiert sich das Begehren des Subjekts. So kehrt das Subjekt – über einen Prozeß, der nicht ohne Täuschungen verläuft, nicht ohne jene grundlegende torsion/Verwindung, durch die, was das Subjekt wiederfindet, nicht ist, was seine Wiederfindensbewegung in Gang hält – so kehrt also das Subjekt an jenen Ausgangspunkt zurück, der der Punkt seines Fehlens ist, das Fehlens seiner *Aphanisis*." (Sem XI/S.:230)

Diese Konzeption von Lernen als einem subversiven Prozeß könnte meiner Meinung nach Ausgangspunkt einer Beschreibung der ästhetischen Erfahrung sein, die nicht an bestimmte Qualitäten eines (Kunst-)Objekts gebunden wäre.

---

[315] Zizek, 1991. S.:134

Kapitel III.5.

Der Unterschied zwischen „Lernen" und ästhetischer Erfahrung: das sichtbar gemachte Begehren

Im folgenden möchte ich versuchen, ästhetische Erfahrung gegen „normales" Lernen abzugrenzen und das schockhafte Moment, das ästhetische Erfahrungen potentiell bergen, zu beschreiben. Lernen beschreibt Lacan mit Hilfe seiner Bestimmung des Subjekts als einem Effekt des Signifikanten: Die oszillatorische, subversive Bewegung, die Lernen charakterisiert, läßt sich gut mit Glanvilles Konzept vergleichen. Lacan schreibt:

> „Als formaler Träger rührt der Signifikant an ein anderes als das, was er ist, ganz roh, er, als Signifikant, ein anderes, das er affiziert und das somit zum Subjekt gemacht ist oder doch zumindest es zu sein gilt. Eben darin ist das Subjekt dann, und zwar nur für das sprechende Sein, ein Seiendes, dessen Sein stets anderswo ist, wie das Prädikat es zeigt. Das Subjekt ist je nur punktuell und schwindend, denn es ist Subjekt allein durch den Signifikanten, und für einen anderen Signifikanten." (Sem XX/S.:155)

Diese Art von Lernen spielt sich also in dem Bereich des Imaginären und des Symbolischen ab. Der groß Andere, Eckpfeiler des Unbewußten, bildet jedoch die Möglichkeit eines Berührungspunktes mit dem Bereich des Realen, um den es beim Schock geht.
Scheffer gibt zwar an, daß „[...] ästhetische Relationen, schöpferische Irritationen [...] nicht zwangsläufig an Kunst-Werke gebunden [...]"[316] seien. Dennoch reklamiert er wiederum bestimmte Qualitäten, die ein Kunstwerk von anderen Beobachtungs-Objekten unterscheiden sollen:

> „Die Konstruktivität, die Halluzinatorik der Wahrnehmungsangebote von Kunst und Literatur sind leichter erkennbar, zumal wenn im gleichen Zuge auch die Herstellungsweise, also die Mechanik, die Methode und das Material der jeweiligen Produktion mit vorgezeigt werden; das allein macht Kunst und Literatur attraktiver, intensiver, irritierender als die gewöhnliche Alltagserfahrung."[317]

Derartige definitorische Aussagen sind bereits vom Russischen Formalismus vorgelegt worden[318] und liefern das Fundament für eine Analyse von Kunst im Sinne des Strukturalismus. Darüber

---

[316] Scheffer, 1992. S.:68
[317] Ebd. S.:143 f.
[318] Exemplarisch sei hier aus Viktor Šklovskij: „Die Kunst als Verfahren" zitiert: [...] das Verfahren der Kunst ist das Verfahren der „Verfremdung" der Dinge und das Verfahren der erschwerten Form, ein Verfahren, daß die Schwierigkeit und Länge der Wahrnehmung steigert, denn der Wahrnehmungsprozeß ist in der Kunst Selbstzweck und muß verlängert werden; die Kunst ist ein Mittel, das Machen einer Sache zu erleben; das Gemachte hingegen ist in der Kunst unwichtig." (Šklovskij, Viktor (1981): Die Kunst als Verfahren. In: Striedter Jurij

hinaus wird hier Kunst (bzw. werden literarische Texte) wieder mit Eigenschaften besetzt (Material, Herstellungsweise), was in der vorliegenden Arbeit, intentional aber auch bei Scheffer, gerade vermieden werden soll.

Die Tatsache, daß eine ästhetische Erfahrung nicht an Kunstwerke (bzw. an Eigenschaften oder Qualitäten von Kunstwerken) gebunden sei, wurde in der Avantgarde in herausragender Weise an „Ready-Mades" demonstriert. Die Unterscheidung, ob eine ästhetische oder eine „Alltags-"Erfahrung gemacht wird, muß demnach eher in der spezifischen Beobachtungsweise, also der Relation zwischen Beobachter und Beobachtetem (oder in Glanvillescher Terminologie: in der Beschreibung zwischen zwei eigenbeobachtenden Objekten) liegen[319].

Scheffer beschreibt diese spezifische Art der Beobachtung als eine halluzinatorische Tätigkeit, die riskanter sei als halluzinatorische Tätigkeit, über die ein gewisser sozialer Konsens besteht, so daß sie als „Realität" akzeptiert werden kann. Er schreibt:

> „Aufgrund der Stabilität, aufgrund der Leichtigkeit, mit der bestimmte Selbstbeschreibungen erzeugt (und wiederholt) werden können, kann eine Unterscheidung zwischen «wirklichen» Gegenständen und «phantasierten» Gegenständen vorgenommen werden; die «phantasierten» Gegenstände lassen sich offenkundig schwieriger und seltener hervorbringen."[320]

Scheffer eröffnet damit eine neues Kontinuum von halluzinatorischer Tätigkeit, an dessen einem Pol konsensuell „ratifizierte" Realität, und an dessen anderem Pol pathologische (und allgemein nicht nachvollziehbare) Halluzination läge. Gerade aufgrund dieses Kontinuums wird dann laut Scheffer gesellschaftlicher Wandel möglich:

> „Kultureller und gesellschaftlicher Wandel kann überhaupt nur aufgrund der prinzipiellen und produktiven Verwechselbarkeit von Wirklichkeit und Halluzination angestoßen werden."[321]

Methodologisch ergeben sich aus diesen Annahmen jedoch einige Schwierigkeiten. Denn einerseits wird es problematisch sein, sich über den Begriff des gesellschaftlichen Konsens zu einigen[322], und andererseits wird es schwerfallen, Kriterien dafür zu finden, ab welchem Moment halluzinatorische Tätigkeit sich als ein relativ schwierigeres Manöver von der Hervorbringung (gesellschaftlich akzeptierter) Realität abhebt. Um ein derartig konzipiertes Kontinuum nutzbar machen zu können, bedürfte es wiederum eines – zwangsläufig restriktiven, normativen und letztlich willkürlichen – Kriterienkatalogs. Das Kriterium „ästhetisch" (vs. nicht ästhetisch, be-

---

(Hrsg.): Russischer Formalismus. Texte zur allgemeinen Literaturtheorie und zur Theorie der Prosa. 3. Auflage. Wilhelm Fink Verlag. München. S.:3-35. hier S.:15)

[319] So wird es heute auch schwerfallen, die Behauptung über ein beliebiges Objekt, es handle sich dabei um Kunst, zu widerlegen. Mit anderen Worten: die einfache Deklaration eines Gegenstands zum Kunstgegenstand reicht als Begründung bereits vollkommen aus - jedem Beobachter ist es dabei natürlich freigestellt, diese Beobachtung (Halluzination) zu reproduzieren (bzw. diesem Rezept zu folgen) oder nicht.

[320] Scheffer, 1992. S.:71

[321] Ebd. S.:73

[322] Diese Schwierigkeit bemerkt Scheffer selbst, wenn er sagt: „Und wie auch sollte man feststellen, ob «Konsens» und «Intersubjektivität» vorliegen, ohne in einen unendlichen Regreß zu geraten: Konsens über Konsens über Konsens usw.?" (Ebd. S.:304)

zogen auf die Eigenschaften eines Objekts) kann hier nur durch ein strukturell äquivalentes Kriterium „schwierig" bzw. „riskant" (vs. problemlos bzw. habituell, bezogen auf Beobachtungsweisen) abgelöst werden.

Wenn man ein Kontinuum von Halluzinationen annimmt, über die ein breiterer oder geringerer sozialer Konsens herstellbar ist, bleibt man außerdem damit grundsätzlich innerhalb des Bereichs des Halluzinierbaren – in Lacanscher Terminologie des Imaginierbaren: dies jedoch widerspricht meiner Annahme eines schockhaften Moments bei einer ästhetischen Erfahrung, denn der Schock schließt gerade definitorisch Vorstellbares, Kalkulierbares, Verstehbares aus.

Wenn eine ästhetische Erfahrung Lernen einer solchen Art ist, daß damit zumindest potentiell ein schockhafter Moment verbunden ist, der das (beobachtende) Subjekt insgesamt subvertiert, oder in Lacanscher Terminologie, seine gesamte symbolische Ordnung verändert, besteht keine Notwendigkeit mehr, das auslösende Moment einer solchen Erfahrung in den Eigenschaften bestimmter Objekte zu suchen. Ob eine ästhetische Erfahrung gemacht werden kann, hängt jeweils nur von der (psychischen) Disposition des Beobachters ab (→ Kap.: IV). Lacans Diversifikation psychischer Dispositionen beschreibe ich weiter unten eingehender.
Die Tatsache, daß eine bestimmte Kunstrichtung, bzw. bestimmte Texte, zu bestimmten Zeitpunkten auf (sozial) übereinstimmende Weise als Kunst empfunden werden, kann dann auch als das Phänomen beschrieben werden, daß (via Gesellschaftsvertrag) bestimmte Möglichkeiten zu beobachten gegeben sind (und wenn auch nur für Gruppen oder einzelne). Es müßte in diesem Fall homolog von spezifischen psychischen Dispositionen einer Gesellschaft zu einem bestimmten Zeitpunkt ausgegangen werden. Scheffer scheint sich mit diesem deskriptiven Kriterium zufriedenzugeben. Es hat jedoch keinen explikatorischen Wert für die Beschreibung einer ästhetischen Erfahrung.
Ein solcher Ansatz ermöglicht es immerhin, auf die Begriffe des „Kanons", der „(literarischen) Wertung", sowie auf den der „Expertenmeinung" zu verzichten.
Das Black Box-Modell von Glanville, das von einem eigenbeobachtenden Objekt mit zwei Zyklusphasen ausgeht, erlaubt es außerdem, auf die herkömmlichen Instanzen Autor, Text, Leser zu verzichten. Werden alle drei Instanzen jeweils als Black Box aufgefaßt, so läßt sich Textproduktion sowie Textrezeption als Interaktion zwischen zwei eigenbeobachtenden Objekten beschreiben. Das korrespondiert mit Scheffers Ansatz, wofern nicht nur Textrezeption (womit sich Scheffers Text vordringlich befaßt), sondern auch Textproduktion halluzinatorische Konstrukte sind.
Das Kriterium der „Schwierigkeit" bzw. des „Risikos" läßt sich meiner Meinung nach im Rahmen eines konstruktivistischen Theorie-Designs nicht einlösen. Erklärt werden soll damit ja nicht eine unspezifische Art von „Lebenssteigerung" in einem quantitativen, sondern vielmehr in einem qualitativen, emotionalen Sinn. Dieses Theoriedefizit erwähnt auch Scheffer:

> „Wir haben (von gewissen, vor allem psychoanalytischen Ausnahmen und traditionellen Emphasen – «begreifen, was uns ergreift» – abgesehen) keine Emotionstheorie der Literaturwissenschaft (wenigstens für die Soziologie fordert Elias 1990 eine Emotionstheorie)."[323]

---

[323] Ebd. S.:26

Die Differenz zwischen einer schockhaften Erfahrung (zum Beispiel einem Unfall) und einer schockhaften, zugleich jedoch „lebenssteigernden" (das heißt ästhetischen) Erfahrung, läßt sich meiner Meinung elegant mit Lacans psychosemiotischem Ansatz beschreiben, der Zeichenprozesse mit psychischen Prozessen gleichsetzt. Mit seinem zentralen Begriff des Begehrens fügt er der Zeichentheorie, die, wie ich gezeigt habe, weitgehende Homologien zu systemtheoretischen und konstruktivistischen Zeichenmodellen aufweist (→ Kap.: I), eine Dimension hinzu, mit der nicht nur die (subjektive) Motivation zur Semiose, sondern auch (subjektive) Intentionen (im weitesten Sinne des Wortes) plausibel gemacht werden können.

Im Rahmen der Psychosemiologie Lacans kann also die Frage gestellt werden, was ein Beobachter begehrt, wenn er eine ästhetische Erfahrung macht, bzw. wodurch sein Begehren bei einer ästhetischen Erfahrung besser befriedigt zu werden scheint, als bei einer Alltagserfahrung. Vorwegnehmend möchte ich betonen, daß es hierbei nicht darum geht, die Frage nach dem eigentlichen Objekt des Begehrens (erschöpfend) zu beantworten, denn das Begehren und seine Objekte sind größtenteils unbewußt. Ähnlich wie bei der Analyse eines Symptoms (→ Glossar: 2) verläuft die Suche nach dem Objekt des Begehrens retroaktiv, und erfolglos, insofern das Objekt nach Lacan stets verfehlt wird (– Lacan würde sagen: insofern das Objekt ein stets verfehltes ist). Die Frage richtet sich daher eher nach den Strukturen und der Dynamik des Begehrens als nach dessen eigentlichem Objekt. Lacan beschreibt am Beispiel von bildender Kunst, was jedoch ohne weiteres auf andere Medien übertragbar ist:

> „Bleiben wir fürs erste im Ungefähren und sagen, daß das Werk die Leute befriedet, die Leute erquickt, indem es ihnen zeigt, daß es andere Leute gibt, die von der Ausbeutung ihres Begehrens leben. Damit es aber zu einer solchen Befriedigung kommt, muß der zweite Umstand hinzutreten, daß ihr Begehren, ihr eigenes Begehren, zu schauen, hier einigermaßen sich befriedet sieht." (Sem XI/S.:118)

Wichtig ist hierbei anzumerken, daß Lacan den halluzinatorischen Charakter von Beobachtung (→ Glossar: 1), oder in seiner Terminologie, den phantasmatischen, imaginären Charakter von Beobachtung wesentlich radikaler fundiert als konstruktivistische Ansätze: Wo in konstruktivistischen Ansätzen Halluzination letztlich gehirnphysiologisch bzw. biologisch begründet wird, so daß „Realität" oft nur noch als eine logisch oder methodologisch notwendige Annahme konzipiert wird, zweifelt Lacan keineswegs an der Existenz von „Realität". Da das Subjekt jedoch ein „Mangelwesen" ist, das durch die „Urseparation" zweifach gespalten wird (durch das Seins-Verfehlen und das Haben-Verfehlen; → Kap.: II.1) und sich somit in einer Position der *„Existenz"* zur Realität befindet, wird es bei Lacan grundsätzlich nicht nur als Sprachwesen[324], sondern auch als begehrendes Subjekt konzipiert. Inwieweit das Begehren bei Lacan ein Element ist, das von der sprachlichen Konstitution des Subjekts nicht abzulösen ist, anders gesagt: inwieweit das Begehren Sprachlichkeit ermöglicht, beschreibe ich eingehender in → Kap.: II.2. Das Begehren des Subjekts wird sich immer darauf richten, das Manko seiner ursprünglichen Gespaltenheit

---

[324] Ausgehend von dieser wesentlichen Unterscheidung zwischen der Realität und dem Realen, die die Definition des Subjekts als Sprachwesen ermöglicht, kann Lacan bestimmen: „Es gibt nicht die mindeste prä-diskursive Realität, aus dem guten Grund, daß das, was Gemeinschaft macht, was ich genannt habe die Männer, die Frauen und die Kinder, nichts besagen will als prä-diskursive Realität. Die Männer, die Frauen und die Kinder, das sind nur Signifikanten." (Sem XX/S.:37) Zum Begriff Gemeinschaft vgl. auch den weiter oben referierten Text „Die logische Zeit und die Assertion der antizipierten Gewißheit" (Sch III/S.:101-121) sowie → Kap.: 0.3.

zu kompensieren, bzw. es wird stets in einem bestimmten Verhältnis zu dem *Ding*[325] stehen, das Ursache seiner Gespaltenheit ist. Grund für den phantasmatischen Charakter aller Beobachtung ist bei Lacan also nicht eine gewisse (physiologische) Insuffizienz, sondern das vom Begehren verfolgte Interesse (→ Glossar: 1).

Unter diesem Blickwinkel ließe sich formulieren, daß sich das Scheffersche Konzept „endlos autobiographischer Tätigkeit" als Halluzination auf den Schnittlinien zwischen imaginärem und symbolischem Bereich befindet und Lernen, bzw. schockhafte Erfahrung, wie sie hier konzipiert wird, nicht erklären kann.

Um in dem Glanvilleschen Bild des eigenbeobachtenden Objekts als Oszillator zu bleiben, könnte man dieses schockhafte Moment als ein gewisses Stolpern in der Oszillation beschreiben: der Schock tritt dort auf, wenn in der zweiten Zyklusphase („ich bin durch mich beobachtet + ich kann fremdbeobachten") der eigene Blick mit dem (fremd-)beobachteten Objekt zusammenfallen, das heißt, wenn das fremdbeobachtete Objekt als der eigene, selbstbeobachtende Blick beobachtet wird. Zizek schreibt:

> „Gewiß, das Spiegelbild birgt ›mehr, als sich dem Auge bietet‹, doch dieser Überschuß, der sich dem Auge entzieht, die Stelle im Bild, die sich dem Zugriff des Auges entzieht, ist nichts anderes als der Blick selbst."[326]

Im folgenden werde ich präzisieren, inwiefern es sich bei dieser „Stelle im Bild" nicht einfach um den „blinden Fleck" der Paradoxie allen Beobachtens handelt, den die Systemtheorie konstatiert.

Wie ich in → Glossar: 1 beschreibe, bildet der Blick, mit dem das Subjekt ein Bild, eine Szene oder, allgemein ausgedrückt, ein Objekt beobachtet, stets eine Art anamorphotischen Fleck innerhalb dieses beobachteten Bildes. Dieser Fleck, etwas, das das Subjekt nicht erkennen kann (das heißt, nicht symbolisieren kann), ist das Objekt *a* als Blick, das heißt: als Phantasma. Es ist wichtig, hierbei zwischen dem phantasmatischen Objekt *a* als Blick und dem *Ding* zu unterscheiden, das sich als nicht mehr phantasmatische, sondern unmögliche, reale Objektursache gewissermaßen hinter dem Objekt *a* als „Phantom einer Ursache" (Sch II/S.:197) abzeichnet (→ vgl. Kap.: IV). Lacan sagt: „Sie sehen, es ist, wie man sagen kann, immer voll Blick dahinter." (Sem XI/S.:120). Das Objekt *a* ist phantasmatisch, das heißt, Halluzination des imaginären Bereichs. Es legt sich wie zur Abwehr vor das *Ding* selbst.

Im Falle der ästhetischen Erfahrung tritt dieser Fleck innerhalb des beobachteten Bildes plötzlich positiv erkennbar auf und zwar als „Phallus", denn das verlorengegangene Objekt *a* wird, aus psychoanalytischer Sicht, im Grunde stets als der „Phallus" imaginiert, der auf dem Wege des Ödipuskomplexes, um den Aufbau einer imaginären und symbolischen Ordnung willen, verlorengehen mußte. (Lacan schreibt über den symbolischen Bereich und die Funktion des Objekts klein *a*: „[...] daß er als Ort nicht hält, daß es da eine Spalte gibt, ein Loch, einen Verlust. Das

---

[325] Das Wort *Ding* übernimmt Lacan von Freud und gebraucht es - insbesondere in seinem SEMINAR VII über die ETHIK DER PSYCHOANALYSE - auf deutsch, was in der von mir verwendeten Ausgabe durch Kursivierung des Wortes wiedergegeben wird. Um diese Lacansche Verwendung des Wortes *Ding* zu markieren, werde ich die Kursivierung übernehmen. Dieses Lacansche *Ding* werde ich weiter unten und insbesondere in → Glossar: 5 präzisieren.

[326] Zizek, 1993. S.:165

Objekt *a* funktioniert im Hinblick auf diesen Verlust." (Sem XX/S.:33)). Bei der ästhetischen Erfahrung wird nun der Blick als Objekt *a* selbst beobachtbar:

> „Er [Freud; Anm. N.O.] geht von einem System aus [dem Lustprinzip; Anm. N.O.], dessen eigentliche Neigung auf Täuschung und Irrtum geht. Dieser Organismus scheint als ganzer nicht zur Befriedigung des Bedürfnisses gemacht, sondern zu dessen Halluzination." (Sem VII/S.:38)

Genauer müßte man also sagen, nicht der Blick wird positiv beobachtbar, sondern das Subjekt unterliegt halluzinatorischen Täuschungen, die von seinem Begehren auf dem imaginären Niveau ausgehen. Dort wo ein nicht symbolisierbarer, anamorphotischer Fleck ist, nämlich der Punkt, in dem der Blick sich selbst trifft, bzw. gewissermaßen von sich selbst angeblickt wird, erzeugt das Begehren halluzinatorische Bilder, nämlich Repräsentationen des Phallus. Diese halluzinatorischen Repräsentationen kennzeichnen die Abwehr gegen die eigentliche Objekt-Ursache. Der in der Systemtheorie und im Konstruktivismus konstatierte „blinde Fleck", der den Ort der Paradoxie markiert, wird bei Lacan also durch eine präzise Funktion definiert: das Paradox als Ursache und Möglichkeitsbedingung des Subjekts ist das Ziel seines Begehrens. Auf diesem Niveau geht es also nicht um das bei Lacan unmögliche Genießen – denn dieses Genießen gehört dem Realen an (inwieweit dieses Genießen, letales Genießen, mit dem Freudschen Todestrieb zu tun hat, wird weiter unten erklärt) –, sondern vielmehr um die phantasmatische Halluzination der Befriedigung.

> „Das Objekt wird angetroffen und strukturiert sich auf dem Wege einer Wiederholung – das Objekt wiederfinden, das Objekt wiederholen. Bloß ist es nie das gleiche Objekt, das das Subjekt antrifft. Anders gesagt, es hört nicht auf, Ersatzobjekte zu erzeugen." (Sem II/S.:132)

Anders gesagt: Bei dem Unterschied zwischen dem Objekt *a* als Blick und dem *Ding* geht es um den Unterschied zwischen dem Bereich des Imaginären und dem Bereich des Realen (→ Glossar: 5). Zizek erläutert:

> „Die Lacansche Psychoanalyse ortet den Grund für diese Verunstaltung im anamorphotischen Blick, d.h. in einem vom inzestuösen Genießen gestützten Blick: Als anamorphotische Verzerrung der Realität wird der Blick auf der Objektoberfläche eingeschrieben."[327]

Das, was eine ästhetische Erfahrung riskant macht – wenn man diese Formulierung beibehalten will –, ist diese Annäherung an jenes Element, das bei der Urverdrängung verlorengegangen ist: Die Objekursache des Begehrens wird, zwar phantasmatisch verzerrt, aber doch annäherungsweise erkennbar. Da es aber gerade ihr Mangel ist, der es ermöglicht hat, daß sich eine symbolische Ordnung hat aufbauen können (eben um jenes zentrale Loch, um diesen Ursprung herum), bedroht die plötzliche Nähe der Objektursache des Begehrens gleichermaßen die gesamte symbolische Ordnung. Es sind die phantasmatischen „Ersatzobjekte", die sich vor diese zentrale Lee-

---

[327] Ebd. S.:144

re der Objektursache legen, um den symbolischen Bereich zu schützen. Eine unmittelbare Begegnung mit der Objektursache, das heißt der zentralen Leere, könnte demgegenüber nur erfolgen, wenn diese Leere als Reales erscheint, das heißt in einem anderen Modus, nicht imaginär (vorstellbar) und nicht symbolisch (repräsentierbar). Zizek nennt einen derartigen Moment psychotisch:

> „Darin besteht die elementare, formale Definition der Psychose: die massive Präsenz irgendeines Realen, das die für die ›Realität‹ konstitutive perspektivische Öffnung ausfüllt und verschließt. Diese magnetische Kraft, die die lineare Perspektive verzerrt, ist natürlich das Genießen [...]."[328]

Wie ich in → Kap.: II.2 genauer ausführe, ist es für die Psychose tatsächlich charakteristisch, daß das Subjekt über seinen Subjektstatus in zweifacher Form im Unklaren ist: hinsichtlich seiner intrapsychischen Konstitution, ob es Subjekt oder Objekt sei, und hinsichtlich der Grenzen, die es von seiner Umgebung bzw. von anderen Subjekten trennt, daß also seine Fähigkeit, sich in irgendeine Relation zu setzen verlorengeht. Lacan formuliert die konstitutive Ungewißheit des Subjekts toplogisch:

> „Hier läßt sich erkennen, daß die Unwissenheit, der der Mensch in bezug auf sein Begehren verhaftet bleibt, weniger eine Unwissenheit ist in bezug auf das, was er beansprucht (das läßt sich ja letztlich ausmachen), als vielmehr eine Unwissenheit hinsichtlich des Punkts, von wo aus er begehrt." (Sch II/S.:190)

Meines Erachtens besteht jedoch ein Unterschied zwischen psychotischem Erleben und ästhetischem Schock. Das psychotische Erleben ist auf eine imaginäre Dualität reduziert, wobei das alter ego (der Spiegelrelation) die Position des verworfenen Namen-des-Vaters einnimmt (→ Kap.: II.2). Bei der ästhetischen Erfahrung bzw. beim ästhetischen Schock handelt es sich demgegenüber um eine Begegnung mit der Objektursache des Begehrens. Der Effekt ist allerdings ähnlich: ein Zusammenbruch der subjektiven Realität. In → Glossar: 6 erläutere ich diesen Unterschied.

Im Zusammenhang mit dem Begriff des ästhetischen Schocks als dem Extrempol der ästhetischen Erfahrung, wie ich ihn hier auslege, wäre ein solcher psychotischer Moment geeignet, das Subjekt zu subvertieren, weil es hier tatsächlich über keine Möglichkeit der imaginären oder symbolischen Identifikation verfügt. Zizek weist darauf hin, daß es nicht das Fehlen der Objektursache, sondern gerade die Nähe der eigentlich unmöglichen Objektursache sei, die Angst erzeugt:

---

[328] Ebd. S.:151. In bezug auf die analytische Situation, in der es um die „Realisierung des Begehrens" geht, das heißt um die Beziehung des Subjekts zum „Zweiten Tod" (→ Kap.: IV.2) schreibt Lacan kritisch: „Es ist immer dasselbe Phantasma, das hier auftritt, das Phantasma der Einverleibung, des Verspeisens des phallischen Bildes, das sich in einem Verhältnis vergegenwärtigt, das ganz und gar auf das Imaginäre ausgerichtet ist. Das Subjekt kann hier nichts anderes verwirklichen als eine, wie immer abgeschwächte, Form von Psychose oder Perversion [...]." (Sem VII/S.:358 f.)

„[...] vorausgesetzt, wir verstehen den Begr[i]ff der Angst im genauen lacanschen Sinne: als Affekt, der die panische Reaktion des Subjekts auf eine *Übernähe* der Objekt-Ursache des Begehrens anzeigt." [329]

Die Präsenz der Objektursache des Begehrens bedeutet Genießen im Lacanschen Sinne, ein Genießen, das innerhalb der symbolischen Ordnung unmöglich ist (denn hier gibt es nur das Begehren nach diesem unmöglichen Genießen). Zizek sagt: „Die symbolische Ordnung (der große Andere) und das Genießen sind radikal inkompatibel."[330] Und Lacan schreibt:

„Ein Subjekt, als solches, hat nicht viel zu tun mit dem Genießen. Aber im Gegensatz dazu ist sein Zeichen fähig, das Begehren hervorzurufen." (Sem XX/S.:55)

Diese Inkompatibilität der symbolischen Ordnung mit dem Genießen geht so weit, daß Lacan sagen kann:

„Ich beginne mit meinen Formeln, die schwierig sind oder, wie ich annehme, es sein müssen – *das Unbewußte, das ist nicht, daß das Sein dächte*, wie immerhin das impliziert, was man darüber sagt in der traditionellen Wissenschaft – *das Unbewußte, das ist, daß das Sein, indem es spricht, genießen soll und*, ich füge hinzu, *nichts weiter davon wissen möchte*. Ich füge hinzu, daß das heißen soll – *überhaupt nichts wissen*. [...] *es gibt kein Begehren zu wissen* [...]." (Sem XX/S.:114)

Mit dieser Formulierung wendet sich Lacan ausdrücklich gegen jede wissenschaftliche Theorie, die ein „Begehren zu wissen" annimmt, um damit beispielsweise „Lernen" zu erklären. Denn das Begehren richtet sich auf den Mangel, der den imaginären und symbolischen Bereich ermöglicht und stützt, und es bleibt daher auch in diesen beiden Bereichen verhaftet – „Das Begehren ist in letzter Instanz die Interpretation selbst." (Sem XI/S.:184).
Bezogen auf die am Anfang dieses Kapitels erwähnte Unterscheidung zwischen analytischer, intersubjektivierbarer Beobachtung und interpretatorischer Beobachtung kann man in diesem Zusammenhang sagen, daß Begehren als Interpretation Selbstbeobachtung ist. Schon allein mit dieser Formulierung wird deutlich, warum ästhetische Erfahrung ein intimer Vorgang ist, und zweitens, da er auf diesem Niveau im imaginär-phantasmatischen Bereich spielt, warum er ein ambivalent erlebbarer Vorgang ist[331]. Diese Ambivalenz, die geprägt ist von den den imaginären Bereich des Psychismus beherrschenden Affekten, wie ich sie bereits in → Kap.: II beschrieben habe, zeigt sich deutlich bei der Rezeption von „Kunst", bei der man auf extrem divergierende Urteile stößt. Häufig gibt es hier eine ganze Skala von Urteilen, die von als ästhetisch erfahrenem Genuß bis hin zu radikaler Ablehnung und Ekel reicht – gemäß der Palette von Affekten, wie sie

---

[329] Zizek, 1993. S.:151
[330] Ebd. S.:161
[331] Mit Intimität meine ich die Schwierigkeit, ästhetische Erfahrungen zu intersubjektivieren, weil es insbesondere auf dem imaginären (nicht symbolischen) Niveau erlebt wird. Einen ähnlichen Standpunkt scheint Barthes zu vertreten: „[...] (Wenn ich hier von Lust am Text spreche, so immer en passant, in ganz ungesicherter, keineswegs systematischer Art). Mit einem Wort, eine solche Arbeit könnte nicht *geschrieben* werden. Um ein solches Sujet kann ich nur *kreisen* - und daher ist es besser, sie kurz und alleine zu tun als kollektiv und unendlich; [...]." (Barthes, Roland (1992): Die Lust am Text. übers. v. T. König. 7. Aufl. Suhrkamp Verlag. Frankfurt/Main. S.:51)

im Bereich des Imaginären koexistieren. In gewisser Hinsicht muß das (kunstrezipierende) Subjekt jenes *Ding* abwehren, das sich hinter dem Bild, sogar noch hinter dem Objekt *a* als Blick, abzeichnet[332]. Lacan schreibt:

> „Die tiefe Ambiguität der vom Menschen geforderten Annäherung ans Reale schreibt sich zunächst in Termen der Abwehr ein. Abwehr, die da ist, noch bevor sich die Bedingungen der eigentlichen Verdrängung formulieren." (Sem VII/S.:41)

Die Reaktionen sind demnach von dieser ambivalenten Situation abhängig: Es wird gewissermaßen eine intrapsychische Machtfrage sein, ob und inwieweit sich die geforderte Annäherung an das Reale oder aber die Abwehr gegen das Reale durchsetzen wird, und es wird von den „normalen" Verdrängungsleistungen, dem (Freudschen) Nachdrängen, abhängen, wie diese Abwehr eingefärbt sein wird, als Haß, Neid oder Ekel. In diesem Zusammenhang mag der Ausdruck „Ekel" befremden. Aus psychoanalytischer Perspektive wird er jedoch durch die Beziehung des Traumas (der Urseparation) als einem nicht symbolisierten Element im Psychismus mit dem „unmöglichen Genießen" erklärt. Ähnlich wie das Symptom (als Körpermal), das die (teilweise) Wiederkehr des Verdrängten darstellt, wirkt „ekelhaft", was sinnlos erscheint, das heißt, was als Signifikant nichts vertritt, also gewissermaßen „stumm" ist (→ Glossar: 2). In bezug auf Kunst schreibt Zizek:

> „›Das Erhabene ist ein Objekt, ein Stück Realität, in welches das Reale des Begehrens durch eine anamorphotische Grimasse eingeschrieben ist‹. Die Grenze, die Schönheit und Ekel trennt, ist deshalb weit unstabiler, als es scheint, da sie immer von einem spezifischen kulturellen Raum abhängt: Die ›anamorphotische‹ Folter des Körpers, die innerhalb eines kulturellen Raumes eine große Faszination ausüben kann (das Bandagieren der weiblichen Füße in China; die indo-chinesische Stammsitte, den Frauen enge Ringe um den Hals zu legen, um ihn zu dehnen usw., bis hin zur *Erektion*, dem Paradigma der anamorphotischen Dehnung eines Stücks Realität), kann für einen fremden Blick [...] Ekel erwecken."[333]

Die Annäherung an das Reale, der Objektursache des Begehrens, ist eine sehr intime Annäherung, insofern sie durch das Imaginäre organisiert wird. Sie hat in dem symbolischen (intersubjektivierbaren) Universum, das das des Diskurses ist, keinen geeigneten Platz. Denn sie berührt die Urseparation, aus der imaginäre und symbolische Ordnung erst hervorgehen konnten. Nur am Rande sei hier noch einmal wiederholt, daß das Reale bei Lacan also nicht als „Außenwelt", „Horizont" oder „Umwelt" konzipiert wird, sondern vielmehr als eine Art Rest, als ein Fluchtpunkt oder als irrealer, traumatischer Kern, aus dem die beiden Bereiche des Imaginären und des Symbolischen hervorgegangen sind. Lacan schreibt:

> „Wenn er [Freud, Anm. N.O.] von *Urverdrängung* gesprochen hat, dann wohl, weil gerade die wahre, die gute, die alltägliche Verdrängung nicht die erste ist – sie ist die zweite.

---

[332] Die Positionen, die das Subjekt dem *Ding* gegenüber einnehmen kann, werden in → Glossar: 5 erläutert.
[333] Zizek, 1993. S.:186

Man verdrängt ihn, den besagten Genuß, weil es nicht passend ist, das [korr.: *daß*, Anm. N.O.] er gesagt werde, und das aus dem Grund genau, daß das Sagen davon nur dieses sein kann – als Genuß ist er nicht passend." (Sem XX/S.:67)[334]

Der urverdrängte Genuß wird an anderer Stelle in Verbindung gebracht mit dem *Ding* (→ Glossar: 5), eben jenem paradoxen Element, das nicht positiv als Objekt, sondern nur operativ aus seiner Funktion heraus und durch seine Effekte beschrieben werden kann:

> „*Das Ding** ist ursprünglich, was wir das Signifikats-Außerhalb nennen möchten. Als Funktion dieses Signifikats-Außerhalb und in einem pathetischen Verhältnis zu ihm bewahrt das Subjekt seine Distanz und konstituiert sich in einer Art Verhältnis oder Primäraffekt, der aller Verdrängung vorausgeht." (Sem VII/S.:69)

Dieser urverdrängte Genuß ist ein Aspekt der paradoxen Ursache für den imaginären und den symbolischen Bereich: Daher ist er zugleich Ursache des Begehrens und des Hasses darauf oder der Angst davor, gerade den imaginären und den symbolischen Bereich, das heißt, die Möglichkeitsbedingungen des Subjekt-Seins zu verlieren, wenn das Subjekt sich ihm allzusehr nähert. Zizek beschreibt, wie dieser intime Haß gewöhnlich projiziert wird: Die Furcht vor dem Verlust der Objekturache des Begehrens wird projiziert, so daß sie sich in Haß auf (irgend) „jemand anderen" richtet, dem unterstellt wird, diese Objekturache gewissermaßen gestohlen zu haben. Zizek schreibt: „*Der Haß auf den anderen ist der Haß auf unser eigenes exzessives Genießen.*" [335]

Anders als Scheffer bin ich daher der Annahme, daß eine ästhetische Erfahrung gerade dazu tendiert, nicht halluziniert zu werden – sie ist (potentiell) schockhaft: die geforderte Annäherung an das Reale (an das *Ding*) bedeutet tendenziell die Auflösung der phantasmatischen Objekte *a*, die sich vor das Reale legen. Der imaginäre Bereich wird im ästhetischen Schock suspendiert, so daß es keine Möglichkeit zur Illusion gibt. Die ästhetische Erfahrung birgt die Möglichkeit bzw. die Gefahr einer unmittelbaren Begegnung mit dem realen Genießen und kann als solche das Subjekt subvertieren. Lacan beschreibt die obszöne Dimension der ästhetischen Erfahrung als die Kehrseite des (unmöglichen) Genießens:

> „[...] Ich werde so weit gehen, Ihnen zu sagen, daß nirgendwo wie im Christentum das Kunstwerk als solches sich in offenkundigerer Weise als das erweist, was es seit jeher und überall ist – Obszönität." (Sem XX/S.:123)[336]

---

[334] Über die Urverdrängung schreibt Freud in Unterscheidung zu der „eigentlichen" neurotischen Verdrängung: „Wir haben also Grund, eine *Urverdrängung* anzunehmen, eine erste Phase der Verdrängung, die darin besteht, daß der psychischen (Vorstellungs-)Repräsentanz des Triebs die Übernahme ins Bewußte versagt wird. [...] Die zweite Stufe der Verdrängung, die *eigentliche Verdrängung*, betrifft psychische Abkömmlinge der verdrängten Repräsentanz oder solche Gedankenzüge, die, anderswoher stammend, in assoziative Beziehung zu ihr geraten sind. Wegen dieser Beziehung erfahren diese Vorstellungen dasselbe Schicksal wie das Urverdrängte. Die eigentliche Verdrängung ist also ein Nachdrängen." (Freud, Sigmund (1989d): Die Verdrängung. In: Psychologie des Unbewußten. Studienausgabe Bd. III. hrsg.v. A. Mitscherlich, A. Richards, J. Strachey. 6. Auflage. Fischer Verlag. Frankfurt/Main. 1989. S.: 105-118; hier S.:109)

[335] Zizek, 1992. S.:95

[336] Eine Diskussion der von Lacan hierbei postulierten Rolle des Christentums würde den Rahmen der vorliegenden Arbeit sprengen und den im aktuellen Zusammenhang beschriebenen Problemen zu keiner Lösung verhelfen.

Eine ästhetische Erfahrung bestünde demnach in einer höchst intimen Begegnung mit der angenäherten Ursache der Möglichkeitsbedingung der eigenen psychischen Existenz. Da diese psychische Existenz auf einer Verdrängungsleistung aufbaut, nämlich der weiter oben erwähnten („ersten") Urverdrängung, wird es in erster Linie von den Abwehrmechanismen abhängen, ob und in welcher Form eine solche Begegnung zugelassen wird. Ist dies der Fall, so erlebt das Subjekt sie üblicherweise, das heißt, soweit sie durch den imaginären Bereich vermittelt wird, als etwas bereits Erwartetes. Zizek schreibt:

> „Jedes Objekt kann den leeren Platz des Dings einnehmen, aber nur aufgrund der Illusion, daß es immer schon da war, d.h. daß es nicht von uns dorthin gesetzt wurde, *sondern dort vorgefunden wurde als «Antwort des Realen»*. Obwohl jedes Objekt als Objekt-Ursache des Begehrens fungieren kann – insoferne als die Faszination, die es ausübt, nicht seine unmittelbare Eigenschaft ist, sondern aus dem Platz resultiert, den es im Gefüge einnimmt –, erliegen wir, strukturell bedingt, unweigerlich der Illusion, die Faszination gehe vom Objekt als solchem aus."[337]

Hier zeichnet sich wiederum der retrospektive Charakter ab, den Lacan für verschiedene Phänomene des Psychismus annimmt und den er häufig mit der grammatischen Kategorie des Futur II ausdrückt (→ Glossar: 2). Denn die ästhetische Erfahrung selbst ist nicht beobachtbar: Allein die Effekte, die sie bewirkt, die Umstrukturierung der symbolischen Ordnung sind dann, innerhalb der symbolischen Ordnung und in deren Auswirkungen auf den imaginären Bereich, beobachtbar. Die ästhetische Erfahrung bzw. der ästhetische Schock ist an sich nicht beobachtbar. Sie kann nicht durch Eigenschaften charakterisiert werden, sondern allein durch ihre strukturelle Position. Lacan schreibt über das *Ding*:

> „Wäre das *Ding* nicht ein zutiefst verborgenes, würden wir zu ihm nicht die Art Verhältnis haben, das uns nötigt – wie der gesamte Psychismus genötigt ist –, es zu zernieren, das heißt, es nur umrißhaft zu entwerfen, um einen Begriff davon zu haben. Da, wo es affirmiert wird, wird es in domestizierten Feldern affirmiert." (Sem VII/S.:146)

Und über die Art dieser „Domestizierung" schreibt er, sie bedeute die Aufnahme des Affirmierten in den symbolischen Bereich:

> „Es ist das zweite Charakteristikum des *Dings* als verborgenen – seiner Natur nach ist es, in den Wiederfindungen des Objekts, repräsentiert durch ein anderes. [...]

Nur am Rande sei daher erwähnt, daß Lacan in diesem Zusammenhang die „Fleischwerdung Gottes" und die Passion Christi beschreibt, damit sagend, daß „[...] man im Christentum am Ende dahin gekommen ist, einen Gott zu erfinden derart, daß er es ist, der genießt!" (Sem XX/S.:82): „In allem, was aufwallte aus den Wirkungen des Christentums, in der Kunst insbesondere [...] ist alles Ausstellung des Körpers, evozierend den Genuß – glauben Sie da dem Zeugnis von jemand, der eben zurückkommmt von einer Kirchenorgie in Italien." (Sem XX/S.:122) Insofern ist Gott „père-vers". (Lacan, Jacques: LE SÉMINAIRE XXII, R.S.I. In: Ornicar? Nr.5. Paris. 1976. S.:43

[337] Zizek, 1992. S.:49

Es ist klar, was gefunden wird, wird gesucht, doch gesucht auf den Wegen des Signifikanten." (Sem VII/S.:147)

Das Wechselverhältnis der drei Lacanschen Bereiche muß hier paradox beschrieben werden: zwar ist das Reale Möglichkeitsbedingung des imaginären und des symbolischen Bereichs, es ist jedoch der symbolische Bereich, der dem Realen und Imaginären zur Existenz verhilft.
Es sind die beiden Bereiche des Imaginären und des Symbolischen, die es nach Lacan erlauben, ästhetische Erfahrung nicht als eine Möglichkeit des bewußten Willens zu beschreiben, sondern als ein kompliziertes Wechselverhältnis zwischen dem imaginären und dem symbolischen Bereich nach Maßgabe des psychisch Zumutbaren. Der imaginäre Bereich liefert Phantasmen, die das *Ding* umkreisen und verdecken (bzw. als sekundäre Abwehr verdrängen). Der symbolische Bereich hingegen macht ästhetische Erfahrung erst retrospektiv erfahrbar bzw. beobachtbar (und damit intersubjektivierbar), insofern er eben jenen domestizierten Bereich darstellt. Ästhetische Erfahrung müßte dann im Rahmen eines Kontinuums reformuliert werden, an dessen extremen Pol der ästhetische Schock stünde, der sowohl den symbolischen, als auch den imaginären Bereich suspendiert.

Kapitel III.6
Das *Ding* und der symbolische Tod

Es ist methodologisch schwierig, die Bereiche des Imaginären und des Symbolischen voneinander zu trennen, da sie sich nicht nur wechselseitig konstituieren, sondern sich auch stets beeinflussen und ineinander übergehen. Dennoch kann man grob zuordnen: Auf dem imaginären Niveau geht es bei einer ästhetischen Erfahrung um phantasmatische Objekte, die das *Ding* (das Reale) überdecken und dennoch annähern. Auf dem symbolischen Niveau geht es demgegenüber um eine Art Wechsel des Objekts im Subjekt selbst. Auf dem imaginären Niveau weist diese Struktur in die Richtung der Psychose, auf dem symbolischen Niveau hingegen in die Richtung einer (totalen, nicht partialen) Sublimierung im Sinne einer „Realisierung des Begehrens" (→ Glossar: 6). Im folgenden werde ich ausführen, inwiefern diese Annahme mit dem konstruktivistischen Aspekt der Lacanschen Psychosemiologie in Übereinstimmung gebracht werden kann.
Lacan geht seine Anmerkungen zu einer Ästhetik von der Seite der Produktion, nicht von der der Rezeption an. Er schreibt: „Wenn man konkret die Position des Malers in der Geschichte festhalten will, erkennt man, daß er die Quelle für etwas darstellt, das ins Reale zu gelangen vermag [...]." (Sem XI/S.:119)
Sein Ansatz läßt sich jedoch mit einem rezeptionsästhetischen Ansatz insofern vergleichen, als die ästhetische Erfahrung nach seiner Konzeption allein durch ein bestimmtes Verhältnis des Subjekts zu dem *Ding* ermöglicht wird: Produzent wie auch Rezipient bestimmter Objekte sind damit grundsätzlich vor die gleichen Anforderungen und Möglichkeiten gestellt, eine ästhetische Erfahrung machen zu können (zu diesem zirkulären, generativen Verhältnis siehe → Kap.: I.3).
Lacan veranschaulicht seine Anmerkungen zwar anhand der „Antigone" von Sophokles, also einem als kanonisch geltenden Text. Die ästhetische Erfahrung, deren Möglichkeit er am Beispiel dieses Textes nachzeichnet, ist jedoch keineswegs an „Kunstwerke" gebunden. Wie ich in

→ Kap.: IV erläutere, unterscheidet Lacan verschiedene Diskurstypen als verschiedene Weisen des Subjekts, eine Beziehung zum *Ding*, zum Realen als Rest und als Ursache herzustellen. Dadurch, daß der Diskurs der Kunst, wie Lacan ihn konzipiert, durch die spezifische Beziehungsform, das *Ding* zu umkreisen definiert wird (anstatt es zu verwerfen oder zu verschieben, → Glossar: 5 sowie → Kap.: IV), ist er von vornherein nicht nur auf „Kunstwerke" festgelegt. Das Subjekt befindet sich bereits im Diskurs der Kunst, wenn es beispielsweise die Beobachtung macht, „[...] daß beinahe alle Bücher, die man in einem bestimmten Zeitraum liest, «erstaunlicherweise» über die jeweils gegenwärtige Lieblingsidee zu informieren scheinen."[338] Den Diskurs der Kunst kennzeichnet zunächst eine bestimmte Beziehung des Subjekts zur Objektursache seines Begehrens.

Lacan zeichnet in der ETHIK DER PSYCHOANALYSE das Erlebnis der Antigone als ein ästhetisches Erlebnis nach, indem er präzise den Augenblick in der Tragödie beschreibt, in der Antigone mit der Objektursache ihres Begehrens, dem *Ding*, konfrontiert wird.

> „*Antigone* zeigt uns in der Tat den Zielpunkt, der das Begehren definiert.
> Dieses Ziel geht auf ein Bild, das ich weiß nicht was für ein bisher nicht artikulierbares Geheimnis birgt, das mit den Augen blinzeln ließ in dem Moment, wo man es betrachtete. Dieses Bild ist gleichwohl im Mittelpunkt der Tragödie, denn es ist das faszinierende Bild der Antigone selbst." (Sem VII/S.:298)

Lacan formuliert an dieser Stelle also paradox, daß das Bild, Zielpunkt des Begehrens, keine phantasmatisch erzeugte Halluzination ist, sondern das *Ding* selbst. Paradox ist seine Formulierung deshalb, weil dieses „Bild" nur durch ein geblendetes Blinzeln „wahrnehmbar" ist.
Dieses Bild ist es, das die symbolische Ordnung subvertiert, da es auf alle anderen Bilder eine derartige Macht ausübt, daß diese „[...] auf einen Schlag in ihm zusammenzufallen und zu schwinden scheinen." (Sem VII/S.:299) Dieses Bild erscheint in dem Augenblick, in dem Antigone eine bestimmte Position einnimmt, nämlich den „[...] Zwischenraum von zwei symbolisch unterschiedenen Feldern." (Sem VII/S.:299) Diese Position ist in der Tragödie die ihres Schicksals, lebendig begraben zu werden, das heißt, die – unmögliche – Überlagerung zweier Bereiche des Seins. Diesen Ort, Kernstück der Tragödie, in dem Antigone bereits zum Tode verurteilt ist, den Tod also antizipiert, beschreibt Lacan als den, der die ästhetische Erfahrung als eine schockhafte ermöglicht:

> „Bei der Durchquerung dieses Bereichs wird der Strahl des Begehrens gleichzeitig zurückgeworfen und zurückgenommen, um uns schließlich von dieser so einzigartigen Wirkung das Tiefste zu geben, welches die Wirkung des Schönen auf das Begehren ist.
> Das scheint es einzigartig zu verdoppeln dort, wo es seinen Weg geht. Man kann nämlich nicht sagen, daß das Begehren dadurch, daß das Schöne erfaßt wird, vollkommen ausgelöscht würde – es setzt seinen Lauf fort, aber mehr als anderswo eignet ihm hier das Gefühl des Trugs, der sich im Bereich des Glanzes und der Herrlichkeit zeigt, von dem es sich mitreißen läßt. Andererseits weiß es, nicht zurückgenom-

---

[338] Scheffer, 1992. S.:181

men, aber reflektiert, zurückgeworfen, daß seine Aufregung das Realste ist. *Doch da ist keinerlei Objekt mehr.*
Von daher diese zwei Seiten. Auslöschung oder Mäßigung des Begehrens durch die Wirkung der Schönheit [...]. Und auf der anderen Seite diese Disruption jeglichen Objekts [...]." (Sem VII/S.:300) [Hervorhebung von mir, N.O.]

Das „zurückgeworfene" Begehren trifft auf keinerlei Objekt mehr, das heißt, auch auf keine phantasmatische Halluzination mehr, sondern rührt an etwas, das dem Realen zugehört. Andersherum beschreibt Lacan, daß das Objekt *a*, also der Repräsentant des *Dings*, aus der Urseparation hervorgegangen ist, „[...] aus so etwas wie einer durch das Nähern des Realen induzierten Selbstverstümmelung [...]." (Sem XI/S.:89) Die ästhetische Erfahrung zeigt somit das Subjekt in seiner ursprünglichen Gespaltenheit. Anders ausgedrückt: die ästhetische Erfahrung rückt die Gespaltenheit als Ursache des Subjekts selbst in den Blickwinkel. Das Reale erklärt Lacan unter diesem Gesichtspunkt nicht als den Horizont des imaginären oder symbolischen Bereichs, sondern als deren traumatische Ursache, der sich das Subjekt, gewissermaßen über den Umweg des imaginären und symbolischen Bereichs anzunähern, ihr aber zugleich zu entgehen sucht (vgl. hierzu die Beschreibung der Wahrheit als Ursache des Subjekts in → Kap.: IV). Lacan bringt dieses Reale mit dem in Verbindung, worauf Freud zufolge der Todestrieb hinzielt. Der Todestrieb zielt nach Lacan nicht auf den biologischen Tod, der nur eine gewisse Zyklusphase im Kreislauf von (biologischem) Leben und Tod darstellt, sondern vielmehr auf eine Art „zweiten Tod", auf den symbolischen Tod, der den Kreislauf der (biologischen) Wiedergeburt selbst unterbricht, anders ausgedrückt, auf den Tod des symbolischen Bereichs selbst. Dieser „zweite Tod" zielt retrospektiv auf den traumatischen Ursprung des imaginären und symbolischen Bereichs. Deshalb bezeichnet ihn Lacan auch als Schranke:

> „Freud ist der erste, der kühn und mit allem Nachdruck artikuliert, daß das einzige Genießensmoment, das der Mensch kennt, an eben der Stelle ist, an der sich die Phantasien produzieren, die bezüglich des Zugangs zu diesem Genießen für uns dieselbe Schranke bilden, die Schranke, an der alles vergessen ist." (Sem VII/S.:356)

Zizek erläutert:

> „Hegel sagt irgendwo, daß die höchste Macht des Geistes das *Ungeschehenmachen* sei: die Macht, das Vergangene nachträglich aufzuheben, zu vernichten [...]. Diese Macht, nachträglich etwas ungeschehen zu machen, ist nur auf einer symbolischen Ebene denkbar: [...]. Dieses *Ungeschehenmachen* wäre also als die Hegelsche Version des Todestriebs zu begreifen: Der höchste Ausdruck der „Negativität" des Geistes ist es, die Toten noch einmal zu begraben, ihre Spuren und Zeugnisse im Text der Tradition zu beseitigen." [339]

Der symbolische Bereich ist nicht nur der Bereich des Signifikanten sondern auch der Bereich des Systematischen, das heißt, des Gesetzmäßigen (→ Kap.:II.1.3 und → Kap.: IV.1.1). Die Unterbrechung oder die Suspendierung des symbolischen Bereichs, auf die der Todestrieb zielt,

---

[339] Zizek, 1991. S.:78 f.

bedeutet also zugleich die Suspendierung des Gesetzes, das den symbolischen Bereich konstituiert. Lacan beschreibt die Situation aller Helden in der Tragödie als ein „Am-Ende-der-Bahn"-
Sein (Sem VII/S.:326), das bedeutet, an einer Grenze angelangt zu sein, an der für sie das Gesetz
des symbolischen Bereichs (in der Tragödie Antigones repräsentiert durch das Gesetz Kreons)
nicht mehr zählt. Diese Grenze ist eine weitere Funktionalisierung des Realen als „Saussuresche
Barre". Antigone hält sich an der Grenze auf, die Lacan „das *ex nihilo*" (Sem VII/S.:335) nennt,
denn es ist die Grenze des symbolischen Bereichs. Sie ist somit gleichzeitig „Am-Ende-der-
Bahn" und am Ursprung, denn: „[...] der Begriff der Schöpfung *ex nihilo* ist der genauen Lage
des *Dings* als solchen koextensiv." (Sem VII/S.:151) Daß sie an der Grenze des symbolischen
Bereichs ist, bedeutet, daß sie an der Grenze des Signifikanten *ex nihilo* ist:

> „Die Grenzen des *aus nichts*, des *ex nihilo*, genau da hält sich [...] mit Notwendigkeit
> ein Denken, das streng atheistisch sein will. Ein streng atheistisches Denken läßt sich
> in der Perspektive des Kreationismus ansiedeln und in keiner anderen." (Sem VII/
> S.:313)

Nur auf diesem radikalen Niveau kann Lacan davon sprechen, daß der imaginäre wie auch der
symbolische Bereich suspendiert sind. Es sind die imaginären und symbolischen „Vertäuungen",
die das Subjekt davon abhalten, dem radikalen Begehren des Todestriebs nachzugeben. Er sagt:

> „Die wirkliche Schranke, die das Subjekt vor dem unbenennbaren Feld des radikalen
> Begehrens einhalten läßt, das das Feld absoluter Destruktion, der Destruktion über
> die Verwesung hinaus ist, ist das ästhetische Phänomen im eigentlichen Sinn, inso-
> weit es mit der Erfahrung des Schönen zusammenfällt – das Schöne in seiner strah-
> lenden Erscheinung, in seinem Glanz, das Schöne, von dem gesagt wurde, daß es der
> Glanz des Wahren sei. Eben weil offenkundig das Wahre nicht so hübsch aussieht,
> ist das Schöne wenn nicht sein Glanz, so doch zumindest seine Glasur." (Sem
> VII/S.:262)

Diese „Glasur", die das Wahre überzieht, das sind die phantasmatischen Objekte *a*, die die unmittelbare Begegnung mit dem *Ding* abwehren.
Antigone befindet sich in einer Situation, in der sie ihren eigenen Tod symbolisch antizipiert.
Lacan betont, wie schwierig es sei, dieses Feld, bzw. diese Grenze zu artikulieren, denn sie sei
„[...] uns fast nur noch von einem äußeren Gesichtspunkt her zugänglich, vom Gesichtspunkt der
Wissenschaft, der Objektivierung." (Sem VII/S.:312) Und das heißt, von einer Position des Unglaubens her (→ Glossar: 5). Er schreibt:

> „Die Grenze, um die es geht und die zu bestimmen wesentlich ist, damit vermittels
> Reflexion ein bestimmtes Phänomen in Erscheinung treten kann, das ich in erster
> Annäherung das Phänomen des Schönen genannt habe, ist das, was ich als die Gren-
> ze des Zweiten Todes zu definieren begonnen habe." (Sem VII/S.:312 f.)

Antigone muß sich in der Tragödie „opfern", damit die Gemeinschaft am Gesetz festhalten kann.
Sie nimmt – systematisch gesehen – die Position des nicht hintergehbaren Paradoxons ein. Lacan
schreibt über ihr Begehren:

„Denken Sie gut darüber nach – was ist mit ihrem Begehren? Muß es nicht das Begehren des Anderen sein, muß es nicht an das Begehren der Mutter anzweigen? Das Begehren der Mutter, der Text spielt darauf an, ist der Ursprung von allem. Das Begehren der Mutter ist im gleichen das Begehren, das die ganze Struktur begründet, es ist das Begehren, das diese einzigartigen Sprößlinge ans Licht kommen ließ, Eteokles, Polyneikes, Antigone, Ismene, doch gleichzeitig ist es ein verbrecherisches Begehren." (Sem VII/S.:339)

Antigone nimmt die Schuld dieses verbrecherischen Begehrens, das in ihrem Bruder, den sie beerdigen will, einen Ausdruck findet, auf sich und übertritt das Gesetz. Antigone nimmt die Schuld auf sich, was bedeutet, daß sie aus der (religiösen) Dimension des Opfers hinausgelangt: Antigones Wahl ist ein Akt. Damit zeichnet Antigone vor, was für Lacan die Ethik der Psychoanalyse bedeutet. Juranville schreibt:

„Absolut freie Wahl, wiewohl zwangsläufige Wahl der Schuld, weil sie um des Guten willen bewerkstelligt wird und an den Akt der Schöpfung anschliesst [...]. Er reproduziert das ursprüngliche Schuldigwerden, wodurch man mit der Verzauberung durch den mütterlichen Kreislauf gebrochen hatte und zur getrennten Existenz gelangt war. Er ist Akt, Wiederwollen des Schuldigwerdens und selbst Schuldigwerden." [340]

Ihre Schuld liegt darin, sich dem ursprünglichen Gesetz nicht zu beugen (→ Kap.: II.1.1). In der Tragödie sagt sie sich los von dem Gesetz: „Aber ich, ich kümmere mich nicht darum, um diese ganzen Götter, die die Gesetze für die Menschen festgelegt haben." (Sem VII/S.:333) und bezeugt damit ihre „absolute Individualität" (vgl.: Sem VII/S.:333) Zizek schreibt:

„Mit anderen Worten, ein Mensch mit unreinem Willen handelt immer aufgrund eines Motivs, bei seinen Handlungen können wir immer die Frage nach dem „Warum" stellen, während wir angesichts der freien Tat des reinen Willens als einzige Antwort die Tautologie *„Ich will, weil ich es so will"* bekommen können [...]." [341]

Lacan unterstellt dieser Grenze die „[...] Möglichkeit der Metamorphose [...]" (Sem VII/S.:318), das heißt der Subversion des Subjekts. Diese radikale Suspendierung der symbolischen Ordnung bei einer ästhetischen Erfahrung beschreibt Lacan als einen Blendungseffekt:

„Von da aus etabliert sich für uns ein bestimmtes Verhältnis zum Jenseits des zentralen Feldes, aber auch das, was uns untersagt, dessen wirkliche Natur zu sehen, das, was uns blendet und uns von seiner wirklichen Funktion trennt. Was an der Schönheit berührt, bringt jedes kritische Urteil ins Wanken, stoppt die Analyse und taucht die unterschiedlichen Formen, die im Spiel sind, in Konfusion oder vielmehr in essentielle Blindheit.

---

[340] Juranville, 1994. S.:106
[341] Zizek, 1991. S.:128

Der Effekt der Schönheit ist ein Blendungseffekt. Es geschieht etwas jenseits, das nicht zu sehen ist." (Sem VII/S.:337)

Diese Formulierung erklärt aus einer anderen Perspektive, warum eine ästhetische Erfahrung nicht interdiskursivierbar sein kann. Insofern das *Ding* als ein bestimmtes Verhältnis, als eine bestimmte Perspektive des Begehrens zu seinem ursprünglichen, verlorenen Objekt, zur Objekt-Ursache begriffen wird, und als solches den symbolischen Bereich des Subjekts suspendiert, hat es mit dem Freudschen Todestrieb zu tun, da dieser auf das unmögliche Jenseits des Psychismus zielt. Über Antigone schreibt Lacan:

> „Aber Antigone treibt die Erfüllung dessen, was man das reine Begehren nennen kann, bis an die Grenze, das reine und einfache Todesbegehren als solches. Dieses Begehren verkörpert sie." (Sem VII/S.:339)

Bei der Erfahrung Antigones handelt es sich also nicht mehr um jene halluzinierte Befriedigung, wie sie durch Phantasmen erzeugt wird. Lacan kann die Suspendierung des symbolischen Bereichs mit dem Verhältnis des Subjekts seinem eigenen Tod gegenüber beschreiben, da der symbolische Bereich Effekt der Bemühungen ist, dem Todestrieb auszuweichen:

> „Ich wollte Ihnen zeigen, daß die Funktion des Signifikanten im Zugang des Subjekts zu seinem Verhältnis zum Tod begreiflicher gemacht werden kann, als es in einem konnotativen Bezug geschieht. Deshalb versuchte ich bei der letzten Begegnung, es für Sie erkennbar zu machen in ästhetischer, das heißt sinnlich wahrnehmbarer Form, der des Schönen – wobei es genau die Funktion des Schönen ist, uns den Ort anzu-zeigen, an dem der Mensch sich zu seinem eigenen Tod verhält, dies freilich nur in einer Blendung." (Sem VII/S.:352)

Die schockhafte ästhetische Erfahrung ist subversiv, da sie das Subjekt für den Augenblick der ästhetischen Erfahrung aus dessen symbolischem Bereich loslöst und gleichzeitig seine eigene Begehrensursache „sichtbar" macht, so daß die Subjektkonstitution selbst in Frage gestellt ist. Mit dem Ausdruck der Blendung beschreibt Lacan negativ den Charakter der ästhetischen Erfah-rung, da diese selbst keine Beobachtung ist. Lacan schreibt über Antigone:

> „Ιμερος εναργης, das ist wörtlich das sichtbar gemachte Begehren. Von solcher Art ist das, was in dem Moment erscheint, in dem die lange, in der Todesstrafe gipfelnde Szene spielt." (Sem VII/S.:322)

Der Augenblick der ästhetischen Erfahrung selbst ist also nicht beobachtbar, da jegliche symboli-sche Ordnung suspendiert ist. Erst nachträglich kann die Subversion, die dann in die symbolische Ordnung integriert („domestiziert") ist, beobachtet werden. Dies bedeutet, daß es sich hierbei nicht mehr um das (imaginäre) Phantasma des Phallus handelt: das *Ding*, das sichtbar gemachte Begehren ist die Möglichkeitsbedingung für Phantasmen (die dem imaginären Bereich zugehö-ren) und zugleich Möglichkeitsbedingung des symbolischen Bereichs. Das *Ding* als Möglich-keitsbedingung des Psychismus liegt außerhalb des Bereichs des Imaginären und des Symboli-schen. Da es dem Bereich des Realen zugehört, muß eine Begegnung mit dem *Ding* schockhaft sein, da sie weder imaginierbar (vorstellbar) noch symbolisierbar (beschreibbar oder repräsentierbar) ist.

> „Anders gesagt, was hinter dem ist, was benannt wird, ist unbenennbar. Und eben weil's unbenennbar ist, mit allen Resonanzen, die Sie diesem Namen geben können, ist es verwandt mit dem Unbenennbaren par excellence, das heißt mit dem Tod." (Sem II/S.:269)

Strukturell hat das *Ding* denselben Status wie das Trauma (→ Glossar: 2 sowie → Glossar: 5). Trauma und *Ding* unterscheiden sich nur durch die Perspektive bzw. durch die Dynamik, mit der die Begehrensstruktur auf beide jeweils bezug nimmt. Über die Tragödie sagt Lacan: „In der Tragödie gibt es im allgemeinen keinerlei wirkliche Begebenheit. Der Held und seine Umgebung situieren sich im Verhältnis zur Absicht des Begehrens." (Sem VII/S.:319) In der Tragödie geht es „[...] um eine Illustration des Todestriebs." (Sem VII/S.:337)

Ein literarisches Beispiel, das – meiner Meinung nach – genau diesen Moment der ästhetischen Erfahrung thematisiert, ist der Text ÜBER DAS MARIONETTENTHEATER von Heinrich von Kleist[342]; es soll nur kurz zur Illustration der hier erörterten Überlegungen angeführt werden: In dem Augenblick, in dem der in diesem Text beschriebene junge Mann in den Spiegel blickt und sich bei diesem Anblick an eine Statue erinnert, erblickt er sich als ästhetisch, das heißt, als begehrend und verliert gerade dadurch die eigenen Möglichkeitsbedingungen seiner Subjektivität. Seine „Unschuld" verliert er, weil er versucht, diesen Moment bewußt zu wiederholen. Da die ästhetische Erfahrung jedoch den symbolischen Bereich suspendiert und insofern auch nicht kalkulierbar ist, muß dieser Versuch scheitern:

> „Ein Blick, den er in dem Augenblick, da er den Fuß auf den Schemel setzte, um ihn abzutrocknen, in einen großen Spiegel warf, erinnerte ihn daran; er lächelte und sagte mir, welch eine Entdeckung er gemacht habe. In der Tat hatte ich, in eben diesem Augenblick, dieselbe gemacht; doch sei es, um die Sicherheit der Grazie, die ihm beiwohnte, zu prüfen, sei es, um seiner Eitelkeit ein wenig heilsam zu begegnen: ich lachte und erwiderte – er sähe wohl Geister! Er errötete, und hob den Fuß zu zweiten Mal, um es mir zu zeigen; doch der Versuch, wie sich leicht hätte voraussehen lassen, mißglückte."[343]

In dem Moment, in dem der junge Mann sich im Spiegel erblickt, nimmt er sich als begehrendes Subjekt wahr: dies ist jedoch unmöglich, da es die Möglichkeitsbedingungen, ein begehrendes Subjekt zu sein, zerstört. In dem Text ÜBER DAS MARIONETTENTHEATER erhält diese Erfahrung, die der junge Mann in seine symbolische Ordnung zu integrieren sucht, eine für sein Leben tatsächlich destruktive Auswirkung:

---

[342] Kleist, Heinrich von (1984) : „Über das Marionettentheater". In: Der Zweikampf, Die heilige Cäcilie, Sämtliche Anekdoten, Über das Marionettentheater und andere Prosa. Reclam Verlag. Stuttgart. S: 84-92. Für den Hinweis möchte ich Oliver Jahraus danken.

[343] Ebd. S.:89 f.

„Von diesem Tage, gleichsam von diesem Augenblick an, ging eine unbegreifliche Veränderung mit dem jungen Menschen vor. Er fing an, tagelang vor dem Spiegel zu stehen; und immer ein Reiz nach dem anderen verließ ihn."[344]

Zusammenfassend könnte der Unterschied zwischen Lernen und ästhetischer Erfahrung damit beschreiben werden, daß sich die ästhetische Erfahrung auf eine „subjektive Wahrheit" (→ Kap.: IV.2) bezieht, die eng mit der Beziehung des Begehrens zu dem *Ding* verknüpft ist. Anders als Lernen, das, vereinfacht ausgedrückt, auf den Erwerb von (intersubjektivierbarem und analysierbarem) Wissen zielt, und – tendenziell – das Begehren auszuklammern sucht, handelt es sich bei der ästhetischen Erfahrung um eine subjektive Wahrheit, die, da sie sich direkt auf die Begehrensstruktur bezieht, dem Subjekt schon seit je angehört, allerdings größtenteils in verdrängtem Zustand. Bei der ästhetischen Erfahrung geht es insofern um eine Wahrheit, die dem Subjekt inhärent ist. Sie hat keinen externen, empirischen oder idealen Referenzpunkt. Lacan schreibt: „Tatsächlich ist das Kaninchen, das aus dem Zylinder geholt werden soll, bereits im Trieb." (Sem VII/S.:350) (Lacan knüpft dabei an die Sublimierung an. Die Sublimierung ist die Befriedigung des Triebs in einem anderen Ziel (→ Kap.: IV.1): „Der Trieb gestattet den Objektwechsel, weil er bereits tief von der Artikulierung des Signifikanten gezeichnet ist" (Sem VII/S.:350)) Die Subversion, die hierbei also gemeint ist, kann daher als Grenzüberschreitung beschrieben werden, nicht in Richtung auf irgendein Außen hin, sondern in Richtung auf die Möglichkeitsbedingungen der eigenen Existenz: „Es geschieht immer in irgendeiner Grenzüberschreitung, einer förderlichen, daß der Mensch zur Erfahrung seines Begehrens kommt." (Sem VII/S.:368)

Lernen kann mit dem Begriff der Fremdreferenz beschrieben werden, die ästhetische Erfahrung gewissermaßen mit dem Begriff einer Selbstreferenz als Fremdreferenz, wobei diese Selbstreferenz jedoch nicht mit der von der Systemtheorie gemeinten gleichgesetzt werden kann: denn sie wird bei Lacan in diesem Zusammenhang eng mit dem Unbewußten verknüpft.

Die ästhetische Erfahrung ermöglicht also einen gewissen Wechsel vom Nichtwissen zum subjektiven Wissen: „Dieses Kaninchen ist kein neues Objekt, es ist der Wechsel des Objekts in sich selbst." (Sem VII/S.:350) Wenn ich zu Beginn dieses Kapitels von der Problematisierung des Wechsels zwischen Objektbeschreibung und Selbstbeschreibung ausgegangen bin – wobei dieser Wechsel als intrasubjektiver Wechsel zwischen dem Subjekt und seinen Objekten reformuliert wurde: das Subjekt ist ein Eigenobjekt – und die ästhetische Erfahrung als Subversion des Subjekts beschrieben habe, soll dies besagen, daß es bei der ästhetischen Erfahrung nicht um die Beobachtung eines Objekts geht, das aufgrund seiner Eigenschaften in der Lage ist, dem Subjekt eine (neue) „Wahrheit" zu eröffnen: das Subjekt eignet sich nicht ein Objekt (als Eigenschaft des Beobachteten) im Sinne einer (Wissens- oder Erfahrungs-)Bereicherung an. Die ästhetische Erfahrung besteht vielmehr in der Erfahrung der eigenen Möglichkeitsbedingung des Subjekts:

> „Es ist der Wechsel als solcher. Ich bestehe darauf – dieses im eigentlichen Sinne metonymische Verhältnis eines Signifikanten zum anderen, das wir Begehren nennen, ist nicht das neue Objekt, auch nicht das Objekt von früher, es ist der Wechsel des Objekts in sich selbst." (Sem VII/S.:350)

---

[344] Ebd. S.:90

Tatsächlich geht es dabei um ein „bestimmtes Zeitverhältnis" (Sem VII/S.:354), insofern das Subjekt hierdurch seine Möglichkeitsbedingung erfährt, das heißt, es geht um das „Überschreiten der Linie" (Sem VII/S.:355) zwischen Leben und (symbolischem) Tod. Der Wechsel des Objekts in sich selbst beschreibt dabei die Bewegung der „Realisierung des Begehrens" als (totale) Sublimierung, wie sie der Diskurs der Psychoanalyse ermöglichen soll (→ Kap.: IV.2). Ähnlich wie es der Diskurs der Psychoanalyse anstrebt, bedeutet der Wechsel des Objekts in sich selbst, daß das Objekt zur Würde des *Dings* erhoben wird (→ Kap.: IV.4).

Lacans Definition des Diskurses der Kunst wird durch die Abgrenzung gegen die anderen, von ihm unterschiedenen Diskurstypen transparent. Da sie darüber hinaus wissenschaftstheoretisch relevant für die Psychosemiologie Lacans insgesamt ist, werde ich mich im folgenden darum bemühen, im Anschluß an die Theorie der ästhetischen Erfahrung, die Wissenschaftlichkeit und die Ethik der Psychosemiologie Lacans zu beschreiben. Dabei soll die „subjektive Wahrheit", die für die Psychosemiologie relevant ist, mit der Frage nach der Wissenschaftlichkeit der psychosemiologischen Technik verknüpft werden.

160

Kapitel IV

*Hys*theorie: Theorie und der hysterische Diskurs nach Lacan

> Der Psychoanalytiker ist kein Erforscher unbekann-
> ter Kontinente oder großer Tiefen, er ist ein Lin-
> guist [...]."[345]

In der vorliegenden Arbeit komme ich unter verschiedenen Gesichtspunkten immer wieder auf die Frage nach dem Status des Begehrens beim Subjekt zurück. Tatsächlich ist es die Insistenz auf dem Begriff des Begehrens, die dem Lacanschen Ansatz der Psychosemiologie ein Element hinzufügt, das diesen insbesondere von systemtheoretischen und (radikal-)konstruktivistischen Theoriedesigns abhebt und sie, wie ich im vorliegenden Kapitel erläutern möchte, ergänzt. Schließt man sich Lacans Grundannahme an, daß das Subjekt ein konstitutiv begehrendes sei – Lacan sagt, *„Desidero*, das ist das Freudsche *cogito.*" (Sem XI/S.:162) – so stellt sich konse-quenterweise einerseits die Frage nach dem Begehren des Wissenschaftlers – konkret: ob Psy-choanalyse bzw. Lacans Psychosemiologie beanspruchen kann, im herkömmlichen Sinne wis-senschaftlich zu sein, oder ob vielmehr angenommen werden muß, daß auch hier die Subjektivi-tät des begehrenden Subjekts, das Wissenschaft treibt, eine Rolle spielt.

Andererseits stellt sich die Frage nach dem Status der von der Wissenschaft für sich reklamierten Objektivität und den epistemologischen und praktischen Konsequenzen der „Verwerfung" einer Position, die üblicherweise und pauschalisierend als „subjektiv" bezeichnet wird. Das Problem des Status des Begehrens (verkürzt gesagt: der „Subjektivität") soll im folgenden daher als rela-tionales Problem der Beziehung zwischen „Subjekt" und „Objekt" entfaltet werden. Ich möchte mich dabei darum bemühen, Lacans Wissenschaftskritik nachzuzeichnen, um so zu einer Refor-mulierung des Begriffs der Theorie zu gelangen, der nicht die üblichen Implikationen des Be-griffs der Wissenschaft enthält und somit möglicherweise eine wissenschaftstheoretische Alter-native für die sogenannten Konjekturalwissenschaften (vgl. Sch II/S.:241 et passim) anbieten könnte.

Lacan schreibt, „Was eine Wissenschaft zur Wissenschaft macht, ist, daß sie ein Objekt hat." (Sem XI/S.:14), problematisiert diese allgemein akzeptierte Prämisse jedoch zugleich:

> „Es gibt etwas im Status des Objekts der Wissenschaft, das uns, seit der Entstehung der Wissenschaft, noch nicht erhellt scheint.
> Und es sei daran erinnert: wenn wir jetzt die Frage nach dem Objekt der Psychoana-lyse stellen und damit die Frage nach der Position der Psychoanalyse: innerhalb oder außerhalb der Wissenschaft wiederaufnehmen, die wir, seitdem wir auf diese Tribüne gestiegen sind, gestellt haben, so tun wir dies nun mit dem Hinweis darauf, daß sie zweifellos nicht zu lösen ist, ohne daß die Frage nach dem Objekt in der Wissen-schaft überhaupt modifiziert wird." (Sch II/S.:241 f.)

---

[345] Lacan, 1992. S.:293

Lacan spielt mit der Frage nach dem Objekt der Psychoanalyse, präziser: dem der Lacanschen Psychosemiologie, natürlich auf das Objekt *a* an, betont dabei jedoch, daß jenes Objekt *a* nicht *das* Objekt der Psychoanalyse sei, sondern „in die Teilung des Subjekts zu inserieren" (Sch II/ S.:242) sei: Bevor die Frage nach dem Objekt der Psychoanalyse (als einer Wissenschaft) gelöst werden kann, müsse man jedenfalls feststellen, daß die Praxis der Psychoanalyse „[...] kein anderes Subjekt [...] als das Subjekt der Wissenschaft." (Sch II/S.:242) impliziert. Das bedeutet, Lacan gibt der Frage nach dem Status dessen, der die Frage nach dem Objekt seiner Beobachtung stellt, den Vorrang vor der Frage nach diesem jeweiligen Objekt selbst. Seine Frage lautet daher in dieser Reihenfolge: Von woher stellt welches Subjekt welche Frage nach/an welchem/s Objekt?, wobei die jeweilige Beziehung zwischen Subjekt und Objekt bzw. die jeweilige Perspektive des Subjekts auf das Objekt gleichermaßen relevant ist (→ Glossar: 6): „[...] es geht darum zu erkennen, durch wen und für wen das Subjekt seine Frage stellt." (Sch I/S.:147) Damit stellt Lacan zwei Positionen in Frage, die im Diskurs der Wissenschaft als problemlos identifizierbar gelten, nämlich den Status von und die Differenz zwischen Subjekt und Objekt. Er schreibt:

> „Daß das Subjekt, mit dem die Psychoanalyse operiert, nur das Subjekt der Wissenschaft sein kann, mag paradox anmuten. Und doch muß gerade hier eine Abgrenzung vorgenommen werden, ohne die alles sich vermengt und jene Unehrlichkeit beginnt, die man woanders objektiv nennt; was aber nur Mangel an Mut beweist und zeigt, daß es nicht gelungen ist, das entgleitende Objekt festzuhalten. Für unsere Subjekt-Position sind wir immer verantwortlich. Man mag das, wo man will, Terrorismus nennen." (Sch II/S.:236)

Die Reihenfolge der so befragten Positionen weist zugleich auf den quasi-konstruktivistischen Ansatz Lacans hin, da sie impliziert, daß die Frage des Subjekts dessen Objekt wesentlich konstituiert.

Lacans Wissenschaftskritik verfolgt zwei Richtungen: Zum einen betont er die methodologische Abgrenzung der Psychoanalyse gegen die Psychologie, und zum anderen kritisiert er das, was er den wissenschaftlichen Diskurs an sich nennt, indem er ihn mit anderen Diskurstypen vergleicht, die alle durch eine gewisse Beziehung des Subjekts zu seinem Begehren bzw. zur Objektursache seines Begehrens charakterisiert werden.

Lacans Kritik an der Psychologie – sie soll hier nur am Rande und um der Vollständigkeit willen angesprochen werden – betrifft methodologische Aspekte, insofern Lacan grundsätzlich deren „klapprige Theoriebildung" (vgl.: Sem XI/S.:149) als Manko anklagt. Sie trifft konkret mit seiner Kritik an dem (auch in der Psychoanalyse zentralen) Begriff des ego (Ich) zusammen, sowie mit den Bemühungen beider Disziplinen, jenes ego zu stärken. Lacans Kritik an der Psychoanalyse trifft diese methodologisch also dort, wo sie sich der Psychologie annähert und: „[...] die Psychoanalytiker in aller Welt nichts anderes im Sinn haben, als sich auf die Ebene der Psychologie zurückzubegeben." (Sch II/S.:210) Lacans Kritik an der Psychologie und der Psychoanalyse, die von einer reduktiven Vorstellung des ego ausgehen, lautet: „Veranlaßt hat uns dazu, wie unsere Schüler bezeugen können, ein Mangel an Theorie, der noch verdoppelt wird durch den Mißbrauch in ihrer Weitergabe [...]." (Sch II/S.:167 f.)

Besonders heftig wendet sich Lacan dabei häufig gegen die „notorischen Abweichungen" (Sch II/ S.:168), die die Psychoanalyse in Amerika und England erfahren habe:

> „Jene Funktion, die die Psychoanalyse bei der Propagierung eines Lebensstils über- nommen hat, der sich selbst den *american way of life* nennt, entspricht diesem mei- nem Begriff des Obskurantismus sehr genau. Sein Kennzeichen ist die Revalorisie- rung von Begriffen, die im Bereich der Psychoanalyse seit langem widerlegt sind: beispielsweise die dominierende Rolle der Ich-Funktionen." (Sem XI/S.:133)

Und an anderer Stelle:

> „Ihr Kriterium ist die Einheit des Subjekts, und diese Einheit bestimmt alle Voraus- setzungen dieser Art Psychologie, wobei symptomatisch ist, daß sie mit zusehends wachsendem Nachdruck thematisiert und herausgehoben wird, als ginge es um die Wiederkehr eines bestimmten Subjekts der Erkenntnis oder als müsse sich das Psy- chische als Verdoppelung des Organismus zur Geltung bringen." (Sch II/S.:168)

Kernpunkt der Lacanschen Psychosemiologie ist jedoch die Annahme einer grundsätzlichen Ge- spaltenheit des Subjekts, bzw. die Annahme einer Subjektkonstitution, die auf einer Urseparation gründet, anstatt die eines einheitlichen oder eines homogenen Ichs (→ Kap.: II.1). Die Lacansche Psychosemiologie verfolgt daher nicht das Ziel, das Subjekt zu „vereinheitlichen". Methologisch ähnlich geht sie wie die Systemtheorie von der Annahme einer Differenz anstatt einer Identität aus. Aufgrund gerade dieser fundamentalen Gespaltenheit, sowie aus dem Mangel (an „Ganz- heit"), der hieraus resultiert, entsteht das Subjekt als („intransitiv") begehrendes und zugleich als „intersubjektives"[346], gemäß der quaternären Struktur des Subjekts (je, moi, autre, Autre) (vgl. das Schema L bzw. das Schema R in: → Kap.: 0.3 bzw. → Kap.: II.1). In bezug auf die in der psychoanalytischen Praxis üblicherweise angegebenen Triade aus Frustration, Aggressivität und Regression als Verhaltensmöglichkeiten, die alle einem vorausgesetzten (einheitlichen) ego zu- geschrieben werden, sagt Lacan deshalb:

> „Jenes *ego*, dessen Stärke unsere Theoretiker gegenwärtig durch die Fähigkeit defi- nieren, Frustrationen auszuhalten, ist seinem Wesen nach selbst Frustration. Es ist Frustration nicht eines Begehrens des Subjekts, sondern eines Objekts, in dem sein Begehren entfremdet wird." (Sch I/S.:87)

Seine Kritik zielt also auf einen unpräzisen und undifferenzierten Gebrauch des Begriffs Ich oder ego, unter dem verschiedene Instanzen und Funktionen eines weit komplexeren Psychismus, wie Lacan ihn mit seinem Schema L vorschlägt, subsumiert werden. Die intersubjektive Struktur des Subjekts, das sich als Subjekt zunächst in der Entfremdung durch sein Objekt konstituiert und erfährt, wird ausführlich in → Kap.: II beschrieben. Es genügt, in diesem Zusammenhang auf die vehemente Kritik Lacans an der mangelhaften und reduktionistischen Theoriebildung in – der zeitgenössischen – Psychologie und Psychoanalyse hinzuweisen. Interessanter ist die Alternative

---

[346] Lacan sagt: „In anderen Worten, wenn ich versucht habe, etwas auszuarbeiten, dann nicht eine Metaphysik, son- dern eine Theorie der Intersubjektivität." (Ebd. S.:300)

einer Psychosemiologie, die Lacan anbietet, und deren Interpretation sich die vorliegende Arbeit widmet.

Folgenreicher für die hier vorgeschlagene Relativierung des Wissenschaftsbegriffs ist Lacans Kritik an dem „Diskurs der Wissenschaft". Diese Kritik entzündet sich genau an dem zentralen Charakteristikum, das Wissenschaft für sich reklamiert: Objektivität. Denn Lacan verwendet einen anderen Objektbegriff, als den üblicherweise in diesem Zusammenhang gemeinten: Objekt der Wissenschaft bedeutet zunächst deren Gegenstand, und Objektivität meint die rein rational-sachliche Perspektive auf diesen Gegenstand. Das von Lacan gemeinte Objekt ist hingegen stets das Objekt des Begehrens, die Position des Subjekts seinem Objekt gegenüber ist stets durch eine Begehrensstruktur determiniert. Das heißt, daß das Lacansche Objekt hinter der Ebene des Gegenstands läge, wobei der Gegenstand, mit dem sich Wissenschaft jeweils beschäftigt, in gewissem Sinne nur der Vorwand für die, und ein bestimmter Modus der Beschäftigung mit dem eigentlichen Objekt des Begehrens wäre und dieses durch den Gegenstand verhüllt oder ausblendet. Da das Objekt in einem besonderen Verhältnis zu seiner Ursache steht, richtet sich Lacan zufolge das Begehren auf die Objektursache. Die Objekte selbst haben demgegenüber wesentlich den Status von Täuschungseffekten bzw. Phantasmen. Sie sind nur Repräsentanten ihrer Ursache. In letzter Instanz zielt das Begehren also auf das Reale (→ Kap.: III.6) – ich werde diesen Punkt weiter unten wieder aufgreifen. In dieser Bestimmung des Objektalen gründet Lacans Kritik am wissenschaftlichen Diskurs. Seine Frage an den wissenschaftlichen Diskurs beschäftigt sich also mit den spezifischen Verzerrungen der Beobachtungsobjekte dieses Diskurses, die durch die Verwerfung des „Subjektiven" erzeugt werden. Anders ausgedrückt: Der wissenschaftliche Diskurs verwirft nach Lacan die Objektursache des Begehrens, so daß er die Verzerrungen seiner Objekte nicht als Verzerrungen wahrnehmen kann, da er hierfür keinen Maßstab hat: „Die Forscher haben jedoch einen so starren Begriff vom Wirklichen, daß sie nicht bemerken, daß ihre Untersuchung es in ihr Objekt umwandelt." (Sch I/S.:24) Insofern entwickelt Lacan die Kritik an dem wissenschaftlichen Diskurs im Grunde wie seine Kritik an psychologischen Ansätzen, aus derselben Prämisse eines gespaltenen, begehrenden Subjekts.

Verkürzt kann man sagen: Aus dem Realen als traumatischer Ursache gehen Subjekt und Objekt als wechselseitige Konstituenten des ursprünglich gespaltenen Psychismus hervor. Das Begehren zielt auf diesen traumatischen Ursprung (Reales), kann jedoch nur (phantasmatische) Objekte beobachten. Der Diskurs der Wissenschaft „objektiviert" diese Objekte und beobachtet sie als seine Gegenstände. Damit wird zugleich der Subjektstatus objektiviert. Das bedeutet, der Diskurs der Wissenschaft elidiert wesentliche Fragen der eigenen Möglichkeitsbedingungen. Diese Charakterisierung soll im folgenden herausgearbeitet und erläutert werden.

Kapitel IV.1
Die Sublimierung

Lacan unterscheidet grundsätzlich zwischen vier Diskurstypen, die vier verschiedenen Positionen entsprechen, die das Subjekt seinem Begehren, und das heißt, zugleich der traumatischen Tatsache seiner ursprünglichen Gespaltenheit gegenüber einnehmen kann (→ Glossar: 5). Im SEMINAR VII: DIE ETHIK DER PSYCHOANALYSE beschreibt Lacan Kunst, Religion und Wissenschaft als die drei Formen der Sublimierung, mit denen die „Mechanismen der Hysterie, der Zwangsneurose und der Paranoia [...] in Verbindung gebracht werden [...]" (Sem VII/S.:159) können. Sublimierung wird bei Lacan demnach beschrieben als eine bestimmte Form der befriedigenden Diskursivierung der Forderungen des Begehrens. Lacan geht dabei davon aus, daß die Psychoanalyse diese Diskurse und deren Wechsel untereinander nur beschreiben und organisieren, nicht aber erweitern könne. Er sagt: „[...] daß wir uns nicht einmal als fähig erwiesen haben, nach allem unseren theoretischen Fortschritt, am Ursprung einer neuen Perversion zu sein." (Sem VII/S.:23). Der psychoanalytische Diskurs, als vierter Typ, mit seiner besonderen Beziehung zum Begehren wird den genannten drei Diskurstypen gegenüber abgegrenzt. Diese Einteilung in vier Diskurstypen schlägt Lacan ausdrücklich als psychoanalytische Perspektive vor. Er sagt, daß diese Kategorien „[...] selbst nur strukturiert sind durch die Existenz des psychoanalytischen Diskurses [...]." (Sem XX/S.:21)[347] Ich werde weiter unten auf diesen vierten, psychoanalytischen Diskurs eingehen. Bei den anderen drei Formen der Sublimierung geht es, verkürzt gesagt, darum, mit dem Verlust des in der Urseparation verlorengegangenen Objekts, das heißt, mit dem Manko der ursprünglichen Gespaltenheit umzugehen. Lacan schreibt:

> „Es geht um das Objekt. [...] Als Freud zu Beginn der Akzentuierungen seiner Lehre in seiner ersten Topik zu gliedern anfängt, was es mit der Sublimierung auf sich hat, [...] zeichnet sich die Sublimierung aus durch einen Wechsel in den Objekten oder in der Libido, der nicht im Mittel einer Wiederkehr des Verdrängten erfolgt, nicht symptomatisch oder indirekt, sondern direkt, auf eine Weise, die direkt befriedigt. Die sexuelle Libido findet ihre Befriedigung in Objekten – wie unterscheidet er diese zunächst? Ganz simpel, ganz massiv und, um die Wahrheit zu sagen, nicht ohne ein Feld unendlicher Verlegenheit aufzutun, als Objekte gesellschaftlichen Werts, als Objekte, die von der Menge gebilligt werden, weil es Objekte öffentlichen Nutzens sind." (Sem VII/S.:117)

---

[347] Außerdem beziehen sich alle Diskurstypen aufeinander. Lacan schreibt beispielsweise: „So paradox die Behauptung sein mag, die Wissenschaft nimmt ihre Anläufe aus dem Diskurs der Hysterika.[...]
Er [dieser Gedanke, Anm. N.O.] läßt sich begreifen, wenn man ausgeht von diesem, daß die Hysterika das geteilte Subjekt ist, anders gesagt, das Unbewußte in Ausübung ist, das den Herrn an den Fuß der Mauer stellt, ein Wissen zu produzieren." (R-T/S.:39)

Bei der Sublimierung geht es also nicht um ein Surrogat für die verwehrte Befriedigung, wie beispielsweise beim Symptom als signifikante Substitution (→ Glossar: 2), das einen Kompromiß darstellt, sondern um ein tatsächliches Pendant, das direkt Befriedigung verschafft. Lacan betont hierbei den Unterschied zwischen dem Symptom und der Sublimierung als einen zwischen einer signifikanten und einer asignifikanten, direkten Befriedigungsform:

> „Die Sublimierung wird uns vorgeführt als verschieden von der Ökonomie jener Substitution, in der der Trieb sich für gewöhnlich befriedigt, sofern er verdrängt ist. Das Symptom ist, auf dem Wege der signifikanten Substitution, Wiederkehr dessen, was am Ende des Triebes ist als sein Ziel. [...] Es ist ein Paradox – der Trieb kann sein Ziel anderswo finden, als in dem was sein Ziel ist, ohne daß es sich dabei um die signifikante Substitution handelte, welche die überdeterminierte Struktur, die Ambiguität, die Doppelkausalität dessen ausmacht, was man den symptomatischen Kompromiß nennt." (Sem VII/S.:137)

Lacan weist sodann auf die Korrektur bzw. Erweiterung dieser Vorstellung in Freuds zweiter Topik hin, wonach die Beziehung des Subjekts zu seinen Objekten „[...] in einem narzißtischen, imaginären Verhältnis entsteht." (Sem VII/S.:121). Er schreibt:

> „Das Objekt wird auf dieser Ebene eingeführt als eines, das auf ewig mit der Liebe vertauschbar ist, die das Subjekt für sein eigenes Bild empfindet. *Ichlibido** und *Objektlibido** werden von Freud im Verhältnis auf die Differenz von *Ich-Ideal** und *Idealich**, von Ichtäuschung und Bildung eines Ideals, eingeführt." (Sem VII/S.:121)

Lacan betont hierbei jedoch den Unterschied zwischen dem Ziel des Triebes, das sich ändern kann, und dem Objekt: Dadurch, daß die Objekte in das imaginäre Register eingeschrieben sind – „In der Analyse ist das Objekt Punkt einer imaginären Fixierung [...]." (Sem VII/S.:140) –, sind sie Täuschungseffekte. Hinter ihnen setzt Lacan das *Ding*, auf das sich der Trieb eigentlich richtet. Mit dem Begriff des *Dings* meint Lacan hier das „fundamentale, archaischste Objekt" (Sem VII/S.:132), das nicht verwechselt werden darf mit der reduktiven Vorstellung von einem „[...] restitutiven Versuch des Subjekts bezüglich des beschädigten Phantasmas vom mütterlichen Körper [...]" (Sem VII/S.:132), den Lacan herkömmlichen psychoanalytischen Theorien entnimmt. So schreibt Lacan über diese Vorstellungen:

> „Die Kliniker [...] landen [...] bei einem ziemlich reduzierten und ziemlich kindischen Begriff dessen, was man eine Atherapie nennen könnte. Alles das, was sich unter die Rubrik Schöne Künste bringen läßt, das heißt eine gewisse Zahl gymnastischer, tänzerischer und anderer Übungen soll dem Subjekt Befriedigungen, ein Element von Lösung für seine Probleme, Gleichgewicht bringen können." (Sem VII/S.:132)

Das *Ding* hat dabei einen prekären, hypothetischen, operationellen Status (→ Glossar: 5). Inwiefern es mit dem Realen zusammenhängt, werde ich weiter unten beschreiben. Lacan sagt:

„Das Objekt – insofern es die Richtungen, die Attraktionspunkte für den Menschen in seinem Offenen, in seiner Welt spezifiziert, insofern ihn das Objekt angeht als etwas, das mehr oder weniger sein Bild, sein Reflex ist – dieses Objekt genau ist nicht das *Ding*, insofern dieses im Innersten der Libidoökonomie ist." (Sem VII/S.:138)

Die Sublimierung – die Umorientierung des Triebes auf ein anderes Ziel – kann ein Objekt allerdings auf das Niveau des *Dings* erheben: „Das Objekt wird hier zur Würde des *Dings* erhoben [...], nicht in das Netz der *Ziele** geraten, aber zerniert durch es." (Sem VII/S.:139) Oder: „Die allgemeinste Formel, die ich Ihnen von der Sublimierung gebe, ist diese – sie erhebt ein Objekt [...] zur Dignität des *Dings*." (Sem VII/S.:138)[348] In → Kap.: III.6 beschreibe ich die Möglichkeitsbedingungen einer Begegnung mit diesem *Ding* selbst – anders als die mit einem Objekt, das zur Würde des *Dings* aufgestiegen ist – als (subversive) und potentiell schockhafte ästhetische Erfahrung. Der Unterschied zwischen dem Objekt und dem *Ding* könnte man zugespitzt so formulieren: Das Objekt ist über die signifikante Vermittlung zugänglich – sie ist bereits Bild oder Reflex –, das *Ding* erscheint hingegen ohne den Umweg der signifikanten Funktion.

Gerade aufgrund dieser Kombination aus narzißtischer und kultureller Bildung der Sublimierung kann Lacan nun beschreiben, warum sie die Möglichkeit eines gewissen Bereichs von Entspannung bietet, „[...] durch welchen sie [die Gemeinschaft; Anm. N.O.] in gewisser Weise über *das Ding** sich täuschen und mit Hilfe ihrer imaginären Bildungen das Feld des *Dings** zu kolonisieren vermag." (Sem VII/S.:123). Wichtig ist hierbei nochmals zu bemerken, daß das *Ding* bei Lacan als ein bestimmter Ort, das heißt, rein operational bestimmt wird, repräsentiert durch eine zentrale Leerstelle, die durch die Urseparation entstanden ist. Lacan spricht von einer Leerstelle, da das *Ding* nicht ins Register des Imaginären oder Symbolischen eingeschrieben werden kann. Die Formen der Sublimierung werden demgemäß Strategien sein, mit dieser Leere umzugehen: „[...] bei jeder Form der Sublimierung wird das Bestimmende die Leere sein." (Sem VII/S.:160) Er erläutert:

„Dieses *Ding*, dessen durch den Menschen geschaffene Formen sämtlich ins Register der Sublimierung gehören, wird stets durch eine Leere repräsentiert sein, weil es nicht durch anderes repräsentiert werden kann – oder genauer, weil es repräsentiert werden kann allein durch anderes." (Sem VII/S.:160).

Das bedeutet, daß Lacan (nach Freud) stets von dem Manko der Urseparation ausgeht und Diskurse als bestimmte Ausdifferenzierungen der Sublimierung definiert. Im vorliegenden Zusammenhang sind zunächst der religiöse und der wissenschaftliche Diskurs als Typen von Sublimierung relevant, da sich der analytische Diskurs gerade gegen sie dezidiert, wenngleich strukturell

---

[348] Um zu illustrieren, was er unter einem solchen Objekt versteht, berichtet Lacan von einer Sammlung von Zündholzschachteln, die er bei einem Besuch in der Wohnung seines Freundes Jacques Prévert gesehen habe: „Nur, die Zündholzschachteln präsentierten sich auf die folgende Weise - es waren alles die gleichen Schachteln, sehr gefällig angeordnet, nämlich so, daß eine jede Schachtel in die Nähe der nächsten gebracht war mit Hilfe einer leichten Verrückung des Innenschubers. Eine an die andere gereiht, ergab das gewissermaßen ein zusammenhängendes Band, das die Einfassung des Kamins entlangliet, die Wand hochstieg, deren oberen Rand berührte und dann einer Tür entlang wieder herunterkam. [...]
Das vollkommen Willkürliche, Wuchernde, Überflüssige, gleichsam Absurde dieser Sammlung zielte in der Tat auf ihre Dinghaftigkeit als Zündholzschachtel." (Sem VII/S.:141)

nur durch eine geringfügige „Drehung" absetzt. Die Beziehungen des analytischen Diskurses mit der Sublimierungsform des Diskurses der Kunst, dem der Mechanismus der Hysterie zugeordnet wird, werden weiter unten beschrieben (vgl. auch → Glossar: 6).

Kapitel IV.1.1

Der religiöse Diskurs als Sublimierungsform des zwangsneurotischen Mechanismus

Lacan bezieht sich in seinen Ausführungen über die Religion vor allem auf Freuds Text DER MANN MOSES UND DIE MONOTHEISTISCHE RELIGION[349]. Er schildert die Tötung des Rationalisten und Staatsmannes Moses durch sein Volk, die von diesem Volk jedoch verdrängt wurde. Seine Botschaft wurde „[...] nur im Dunkeln überliefert [...], das heißt, in der Verdrängung an die Tötung des Großen Mannes [...]". (Sem VII/S.:212). Lacan betont die Ähnlichkeit, mit der sich in der christlichen Tradition diese Tötung in der Tötung Christi wiederholt. Gerade durch dieses ursprüngliche Verbrechen und seine Wiederholung konnten Gesetz und Mythos entstehen (→ Kap.: II.1.3). Lacan schreibt:

> „Damit so etwas von der Ordnung des Gesetzes vorangebracht wird, muß es über den Weg gehen, den das [...] Urdrama vorzeichnet, nämlich die Vatertötung und ihre Folgen, die am Ursprung der Kultur liegende Tötung jener Gestalt, über die man wirklich nichts sagen kann, jene furchteinflößende, gefürchtete wie ungewisse Gestalt einer allmächtigen, halb tierischen Person der Urhorde, die von ihren Söhnen getötet wird. Es kommt in der Folge [...] zu einer ersten Übereinkunft, die ein wesentliches Moment bei der Einrichtung dieses Gesetzes ist. Freud, und darin besteht seine Kunst, bringt es mit der Vatertötung in Verbindung und identifiziert es mit der Ambivalenz, die hierauf die Verhältnisse des Sohnes zum Vater gründet, das heißt mit der Wiederkehr der Liebe nach vollendeter Tat." (Sem VII/S.:214)

Diese Vatertötung ist zunächst ein Verbrechen am ursprünglichen Gesetz, das dieser Vater repräsentiert, allein weil er sich durch seine Präsenz dem Begehren des Subjekts in den Weg stellt. Die Vatertötung macht jedoch den erhofften Weg zum Genuß, der durch das Gesetz als verwehrt angesehen wird, nicht frei[350]. Lacan sagt:

---

[349] vgl. Freud,1974. S.:455-581

[350] Daß es präzise der Vatermord ist, der die monotheistische Religion charakterisiert, beschreibt Lacan (nach Freud) anhand des Vergleichs mit fernöstlichen Religionen: „Was die anderen Religionen angeht, die er [Freud; Anm. N.O.] vage als orientalische Religionen bezeichnet, womit er, denke ich, auf die ganze Klaviatur, auf Buddha, Laotse und andere anspielt, so sind diese allesamt, wie er mit einer Kühnheit, vor der man sich nur verneigen kann, so verwegen uns das auch erscheint, sagt, allein Kult des Großen Mannes. Und damit sind die Dinge auf halbem Weg liegen geblieben, sind mehr oder weniger nicht zur Reife gelangt, diesseits der Urtötung des Großen Mannes.
Ich bin durchaus nicht dabei, das zu unterschreiben. Aber in der Geschichte der Verkörperungen Buddhas ließe sich doch einiges auffinden, in dem man, legitim oder nicht, das Schema Freuds wiederfinden könnte, nämlich daß diese anderen Religionen hier stehen geblieben sind, da sie die Entwicklung des Dramas nicht bis ans Ende vorangetrieben haben, das heißt bis an den Punkt der christlichen Erlösung." (Sem VII/S.:213)

„Diese Tat ist das ganze Geheimnis. Es verhüllt uns, daß die Tötung des Vaters den Weg zum Genuß, den man durch seine Gegenwart für verboten hielt, nicht nur nicht öffnet, sondern in verstärktem Maße verbietet." (Sem VII/S.:214)

Lacan beschreibt daher im Anschluß an Freud, daß die monotheistische (insbesondere die christliche) Religion auf der Vatertötung basiert, oder vielmehr auf der Annahme, das heißt, dem Mythos des toten (getöteten) Vaters, den man wegen dieses an ihm verübten Vergehens lieben muß. Freud schreibt:

> „Es ist eine ansprechende Vermutung, daß die Reue um den Mord an Moses den Antrieb zur Wunschphantasie vom Messias gab, der wiederkommen und seinem Volk die Erlösung und die versprochene Weltherrschaft bringen sollte."[351]

Daher bringt aber jede Übung des Genusses, um dessentwillen der Vater getötet wurde, etwas mit sich, das „[...] sich im Schuldbuch im *Gesetz* einschreibt." (Sem VII/S.:214) Auf diese Weise sind Begehren und Gesetz miteinander verbunden. „Wer immer es unternimmt, sich dem Moralgesetz zu unterwerfen, sieht sich immer kleinlicher und grausamer werdenden Forderungen seines Überichs konfrontiert." (Sem VII/S.:214)[352] Die Verbindung von Begehren und Gesetz und ihre Reichweite bis in das Gesetz des Signifikanten hinein drückt Lacan pointiert so aus:

> „Lusterfüllung ist dem, der spricht, als solchem schon untersagt; oder: Sie kann für jeden, der als Subjekt dem Gesetz unterworfen ist, nur zwischen den Zeilen ausgedrückt werden, weil das Gesetz sich auf eben jene Untersagung gründet.
> Würde nämlich das Gesetz befehlen: *Jouis*, genieße, so könnte das Subjekt nicht anders antworten als mit einem *J'ouïs*, ich höre, wobei der Gedanke an Genuß nur noch der Hintergedanke wäre." (Sch II/S.:198)

In dieser Hinsicht, in der Verbindung von Begehren und Gesetz, kann Lacan den Diskurs der Religion mit dem Mechanismus der Zwangsneurose vergleichen[353]. Denn in der Zwangsneurose ist das Subjekt beherrscht von Ritualen, die ihm gleichsam von einer anderen Instanz (Über-Ich) oktroyiert werden, gegen die das Subjekt jedoch ankämpft: In dem Maße, in dem diese Rituale das Schuldgefühl beschwichtigen sollen, schüren sie jedoch die Angst vor dem Haß (dessen, an dem das Verbrechen verübt worden ist) bei ihrer Nichterfüllung. Nur am Rande soll zur Ver-

---

[351] Freud, 1974. S.:537

[352] Lacan schreibt: „Was ist das Paradox? Es besteht darin, [...] daß das Moralbewußtsein um so fordernder auftritt, je mehr es geläutert ist - um so grausamer, je weniger wir es tatsächlich verletzen - um so spitzfindiger, je mehr wir es im Geheimsten unserer Regungen und Begehren, durch unsere Enthaltung in Akten zwingen, uns heimzusuchen. Kurz, der unauslöschliche Charakter dieses Moralbewußtseins, seine paradoxe Grausamkeit macht aus ihm im Individuum so etwas wie einen Parasiten, der sich aus den ihm zugestandenen Befriedigungen ernährt." (Sem VII/S.:111 f.)

[353] Alain Juranville beschreibt in seinem Text DER PSYCHOANALYTISCHE DISKURS NACH LACAN Freuds Parallelisierung von Religion und Zwangsneurose: „Und wenn er die Religion schliesslich als „universelle Zwangsneurose der Menschheit" darstellt, so darum, weil sich in den religiösen Riten das gleiche Schuldgefühl ausdrückt, indem sich der Hass gegen den andern, von dem behauptet wird, dass er uns zu leben und zu geniessen hindert, und der Schrecken vor diesem Hass, von dem man befürchtet, dass er zum Verlust der Liebe führt, verknoten." (Juranville, 1994. S.:60)

deutlichung die entsprechende Passage über Zwangsneurosen aus dem VOKABULAR DER PSYCHOANALYSE von Laplanche und Pontalis zitiert werden, die deren Bedeutung für den Zwangsneurotiker „einer Art *Fatum*"[354] gleichstellen:

> „In der typischsten Form drückt sich der psychische Konflikt in sog. Zwangssymptomen aus: Zwangsgedanken, Zwang zur Ausführung ungewünschter Handlungen, Kampf gegen diese Gedanken und Neigungen, Beschwörungsriten etc., und durch eine Form des Denkens, die besonders durch Zwangsdenken, Zweifel, Skrupel charakterisiert wird und die zu Hemmungen des Denkens und Handelns führt."[355]

In dieser Charakterisierung der Zwangsneurose zeigt sich unmittelbar die konfliktuöse Situation, die bei der von Lacan (nach Freud) beschriebenen Entstehung der Religion in einer Art circulus vitiosus das Begehren mit dem Gesetz verbindet.

Die Beziehung des religiösen Diskurses zum *Ding* läge demnach in einer „*Verschiebung**" (Sem VII/S.:162): „Die Religion besteht in allen Weisen, dieser Leere aus dem Wege zu gehen." (Sem VII/S.:160) Lacan erläutert:

> „Freud hat die zwanghaften Züge religiösen Verhaltens hervorgehoben. Aber obwohl die gesamte zeremonielle Stufe im Korpus religiöser Verhaltensweisen in diesem Rahmen gehört, können wir uns mit dieser Formel nicht ganz zufrieden geben. Ein Wort wie: diese Leere *respektieren* geht vielleicht weiter." (Sem VII/S.:160)

Der Begriff der Verschiebung bezeichnet zugleich den transzendentalen Charakter des religiösen Diskurses. Da die Beziehung zum *Ding* ambivalent ist, Liebe und Haß verbindet, wird diese Leere, die das *Ding* repräsentiert, aufgeschoben, weil sich keine Lösung des Konfliktes zwischen den antagonistischen Affekten anbietet[356]. Dabei basiert die Vorstellung des Vatermordes auf einem Mythos. Lacan sagt:

> „Der Mythos der Vatertötung ist wohl der Mythos einer Zeit, für die Gott tot ist. Wenn aber Gott tot ist für uns, dann ist er es seit jeher [...]. Vater war er je nur in der Mythologie des Sohnes, das heißt in derjenigen des Gebots, das ihn zu lieben heißt, ihn, den Vater [...]." (Sem VII/S.:215 f.)

Daß es um den Mythos der Vatertötung geht, nicht jedoch um ein tatsächlich begangenes Verbrechen, weist auf den symbolischen Charakter dieser „beiden signifikanten Beziehungen" (Sch

---

[354] Laplanche/Pontalis, 1992. S.:644
[355] Ebd. S.:645
[356] Den konfliktuösen Charakter der Beziehungen zum „getöteten Vater" beschreibt Lacan in bezug auf die Trauer um das verlorengegangene Objekt: „In einem berühmten Aufsatz, der *Trauer und Melancholie* heißt, sagt Freud auch, daß die Trauerarbeit sich an ein inkorporiertes Objekt hefte, an ein Objekt, dem man aus dem einen oder anderen Grund nicht besonders gut gesonnen ist. Wir richten nicht nur Loblieder an dieses geliebte Wesen, von dem wir in unserer Trauer so viel Aufhebens machen, und wäre es auch nur wegen der Sauerei, die es angerichtet hat, indem es uns verließ." (Sem VII/S.:366)
„Und die Funktion des Überichs ist letztlich, in letzter Hinsicht Haß auf Gott, ein Vorwurf, der Gott gemacht wird, weil er die Dinge so schlecht eingerichtet hat." (Sem VII/S.:367)

II/ S.:89), nämlich den Vatermord und die Entstehung des Gesetzes und auf deren Affinität hin. Gott ist seit jeher tot. Aber:

> „Nur, da ist der nächste Schritt – Gott, seinerseits, weiß es nicht. Und, durch Suppo-sition, er wird es nie wissen können, da er seit je tot ist. Diese Formel führt uns an das heran, was wir hier zu lösen haben, an das, was uns auf der Hand bleibt von die-sem Abenteuer und was das ethische Problem in seinen Grundlinien verändert: daß der Genuß uns verboten bleibt wie zuvor – bevor wir wissen, daß Gott tot ist." (Sem VII/S.:223)

Lacan sagt über die Verknüpfung dieser beiden Themen, die insbesondere in der Zwangsneurose vorgenommen wird:

> „Wie sollte sie Freud auch nicht erkennen, nachdem ihn seine Überlegungen notwen-dig dahin geführt haben, die Erscheinung des Signifikanten des Vaters als Autors des Gesetzes mit dem Tod, ja sogar mit dem Vatermord zu verbinden – damit zeigend, daß, ist dieser Mord das fruchtbare Moment der Schuld, durch die das Subjekt sich auf Lebenszeit mit dem Gesetz verbindet, der Symbolische Vater, sofern er dieses Gesetz bedeutet, wohl der Tote Vater ist." (Sch II/S.:89)

Denn nach Lacans Formel erhebt die Sublimierung das Objekt in den Rang des *Dings*. Die Be-ziehung zum Objekt, anders als die zum *Ding*, läuft jedoch stets über eine signifikante Funktion. Der (tote) Vater in dem religiösen Diskurs ist daher ein Signifikant. Lacan sagt:

> „Das ist auch, wie ich Ihnen hundertmal sagte, die Funktion des Vaters. Die einzige Funktion des Vaters, in unserer Artikulierung, ist es, ein Mythos, je und einzig Na-me-des-Vaters, das heißt, nichts anderes als der tote Vater zu sein [...]." (Sem VII/ S.:368)

Es geht Lacan hierbei keineswegs um eine religiöse Fundierung der Psychoanalyse, wiewohl er sie dazu aufruft, sich der religiösen Dimension bewußt zu sein, die aufgrund des Kastrations-komplexes stets eine gewisse Rolle im Psychismus spielt: „Und so lange etwas gesagt werden wird, wird die Hypothese Gott da sein." (Sem XX/S.:50). Der religiöse Diskurs ist nur der cha-rakterisierende Name einer fundamentalen Sublimierungsform, das heißt, er ist weder explizit religiös noch explizit pathologisch. Lacan erläutert: „Gott ist eigentlich der Ort, wo, wenn Sie mir das Spiel damit erlauben, sich produziert *le dieu – le dieur – le dire*. Um ein Nichts, das sa-gen, das macht Gott." (Sem XX/S.:50) Der tote Vater entspricht dabei gleichermaßen der Defini-tion des Signifikanten. Das Sprachspiel von Lacan illustriert auf linguistischer Ebene, was Lacan über die Dynamik der Verschiebung der Leere (als Repräsentation des *Dings*) in der religiös-zwangsneurotischen Sublimierungsform sagt und was zugleich konstitutiv für die signifikante Funktion überhaupt ist: „Die sich dergestalt in der Sprache abzeichnende eigentliche signifikante Funktion hat einen Namen. [...] Dieser Name ist: *Metonymie*. (Sch II/S.:30) Verhängnisvoll wird die metonymische Verschiebung in dem religiösen Diskurs, da das Subjekt sich hier in ein Ab-hängigkeitsverhältnis zu dem bringt (Gott), dem es das *Ding* als Ursache zuschiebt:

„[...] der religiöse Mensch bürdet Gott die Last der Ursache auf – und versperrt sich damit den eigenen Zugang zur Wahrheit. In der Folge sieht er sich veranlaßt, auch die Ursache seines Begehrens in Gottes Hand zu legen: Das macht ja den Kern seines Opfers aus. Von nun an ist sein Anspruch vom angenommenen Begehren eines Gottes abhängig, den es also zu verführen gilt. Und hier beginnt das Spiel der Liebe.
So versetzt der religiöse Mensch die Wahrheit in den Stand der Schuldhaftigkeit. Daraus resultiert jenes Mißtrauen in bezug auf das Wissen, das sich bei den Kirchenvätern um so bemerkbarer macht, je überlegter sie in Sachen Vernunft auftreten." (Sch II/ S.:251 f.)

Indem der religiöse Mensch Gott die Last der Ursache aufbürdet, schiebt er ihm gleichzeitig auch sein Genießen zu: „Schließlich, nur natürlich, daß man im Christentum am Ende dahin gekommen ist, einen Gott zu erfinden derart, daß er es ist, der genießt!" (Sem XX/S.:82)
Diese Charakterisierung des religiösen Diskurses als der Sublimierungsform des zwangsneurotischen Mechanismus beschreibt gleichzeitig präzise die Funktion des Ödipuskomplexes (→ Kap.: II.1). Es handelt sich dabei um einen homologen Mythos der Vatertötung. Das Gesetz, das durch den Ödipuskonflikt erscheint, ist der symbolische Bereich. Im Kern ist der Mythos des Vatermords und der Kastrationsdrohung konstitutiv für die Organisation des Psychismus. Der zwangsneurotische Mechanismus stellt demgegenüber eine gewisse Fixierung auf diesen Mythos und eine progressive Verstrickung in die Konsequenzen von (nicht einholbarem) Gesetz und Gehorsam dar.
Der religiöse Diskurs als Sublimierungsform des zwangsneurotischen Mechanismus ist insofern konstitutiv für die Entfaltung des symbolischen Bereichs und den Namen-des-Vaters. Hierin liegt ein weiteres Argument für Lacans Insistenz darauf, daß der Ödipuskomplex ein Mythos ist, das heißt, sprachlich verfaßt und fiktiv: „Jeder weiß, daß sich diese Kastration am Horizont abzeichnet und daß sie, wohlgemerkt, sich niemals irgendwo ereignet." (Sem VII/S.:367)[357] Denn das Objekt (des zunächst verwehrten, und dann durch das Gesetz verbotenen Genießens), um das er sich strukturiert, ist ein Phantasma. Damit sich der symbolische Bereich strukturieren kann, der als der Bereich der Sprache (lalangue) systematisch ist, das heißt, gesetzmäßig organisiert, ist der Mythos des Ödipuskomplexes jedoch notwendig:

„Warum kann er [der Mensch die Attribute seines Geschlechts; Anm. N.O.] nur über eine Bedrohung, ja sogar nur unter dem Aspekt einer Beraubung sich zu eigen machen? [...]
Keinerlei Reduktion auf biologische Gegebenheiten vermag sie [diese Aporie; Anm. N.O.] aufzulösen: Das beweist ausreichend die Notwendigkeit des Mythos, der der Strukturierung des Ödipuskomplexes zugrundeliegt." (Sch II/S.:121)

Noch drastischer schreibt Lacan:

---

[357] Lacan macht außerdem darauf aufmerksam, daß der Ödipus des Mythos selbst keinen Ödipuskomplex durchlaufen hat: „Ödipus hat in gewissem Sinn keinen Ödipuskomplex durchlaufen, daran muß man sich erinnern, und er bestraft sich für ein Vergehen, das er nicht begangen hat. Er hat nur einen Mann getötet, von dem er nicht wußte, daß es sein Vater war, und den er unterwegs getroffen hat [...]." (Sem VII/S.:363)

„Selbst wenn die Erinnerungen familialer Unterdrückung nicht wahr wären, müßte man sie erfinden, und man läßt es daran auch nicht fehlen. Der Mythos ist genau dies, ein Versuch, dem epische Gestalt zu geben, was sich von der Struktur her ins Werk setzt." (R-T/S.:83)

Es geht hierbei also weniger um den „Inhalt" des Mythos, als vielmehr um die Möglichkeit, bestimmten Phantasmen „epische Gestalt" zu verleihen und somit Distanz.

Die Entfaltung des symbolischen Bereichs durch den Ödipuskomplex bedeutet auf diesem Niveau die Ersetzung eines Verlusts (imaginärer Bereich) durch ein Verbot (symbolischer Bereich). Insofern ist der religiöse Diskurs als Sublimierungsform des zwangsneurotischen Mechanismus in der Form des zu durchlaufenden Ödipuskomplex konstitutiv für jeden Psychismus. Lacan schreibt:

„Von da aus gesehen, ist es die Umformung der Energie des Begehrens, was die Genese der Unterdrückung desselben erlaubt, und zwar so, daß die Schuld hier nicht allein etwas ist, das uns in seinem formalen Charakter auferlegt ist – wir haben uns ihrer zu freuen, *felix culpa*, denn sie ist der Anfang einer höheren Komplexität, der die Kultur ihre Ausbreitung verdankt." (Sem VII/S.:12)

Die Fixierung auf den Mythos des Vatermords und die damit verbundenen Verstrickungen in Schuldkomplexe stellen nur den extremen Pol einer eigentlich „normalen" und notwendigen Entwicklung dar.

Kapitel IV.1.2
Der wissenschaftliche Diskurs als Sublimierungsform des paranoischen Mechanismus

Im Gegensatz zur religiösen Form der Sublimierung besteht der wissenschaftliche Diskurs als Sublimierungsform des paranoischen Mechanismus Lacan zufolge in einer Verwerfung des *Dings*. Anders als in der Religion ist der wissenschaftliche Diskurs gekennzeichnet durch eine Beziehung des Unglaubens bezüglich des *Dings*[358]. Dort, wo in der Religion eine Verschiebung des *Dings* stattfindet, wobei die Leere, durch die das *Ding* repräsentiert ist, jedoch respektiert wird, wird sie in der Wissenschaft im Lacanschen Sinne des Wortes verworfen (→ Kap.: II.2). Durch die Verwendung dieses Begriffes der Verwerfung gerät damit der wissenschaftliche Diskurs in die Nähe des Mechanismus der Paranoia und der Psychose (→ Glossar: 6). Laplanche und Pontalis beschreiben den Lacanschen Ausdruck der Verwerfung in Zusammenhang mit der Psychose wie folgt:

---

[358] Lacan macht jedoch darauf aufmerksam, daß der Unglaube nicht einfach die Negation des Glaubens sei. Er sagt: „Tiefer, im dynamischen Sinne bedeutsamer für uns ist die Erscheinung des Unglaubens, der nicht Unterdrückung des Glaubens ist - es ist ein eigener Modus des Verhältnisses des Menschen zu seiner Welt und zur Wahrheit, derjenige, in dem er subsistiert." (Sem VII/S.:161) Und in bezug auf die Paranoia sagt er: „Selbst auf dem Grund der Paranoia, die gleichwohl ganz aus dem Glauben zu leben scheint, herrscht das Phänomen des *Unglaubens**. Es geht dabei nicht um ein *Nicht-Glauben*, sondern darum, daß ein Glied, ein Term im Glauben fehlt, derjenige, an dem sich die Teilung des Subjekts abzeichnet." (Sem XI/S.:250)

„Von Jacques Lacan eingeführter Ausdruck für einen spezifischen Mechanismus, der dem psychotischen Geschehen zugrundeliegt; er besteht in einer uranfänglichen Verwerfung eines fundamentalen »Signifikanten« (signifiant) (z.B. der Phallus als Signifikant des Kastrationskomplexes) aus dem symbolischen Universum des Subjekts. Die Verwerfung unterscheidet sich von der Verdrängung in zweifacher Hinsicht:
  1. Die verworfenen Signifikanten werden nicht in das Unbewußte des Subjekts integriert.
  2. Sie kommen nicht aus dem »Inneren« zurück, sondern erscheinen mitten im Realen [...]."[359]

In Abgrenzung gegen den religiösen Diskurs kann man sagen: Wo dieser die Präsenz des *Dings* respektiert und es verschiebt – die oben beschriebenen konfliktuösen, antagonistischen Beziehungen zeigen deutlich, welcher Tribut dem Mythos des Vatermords gezollt wird –, verwirft der Diskurs der Wissenschaft die Präsenz des *Dings*. Damit wird die Leere selbst verworfen (→ Kap.: II.2).

„Der Diskurs der Wissenschaft verwirft die Präsenz des *Dings*, insofern, aus seiner Sicht, sich das Ideal des absoluten Wissens abzeichnet, das heißt das Ideal von etwas, das zwar das *Ding* setzt, doch mit ihm nicht rechnet." (Sem VII/S.:162)

Die Verwerfung in dem Diskurs der Wissenschaft betrifft das Seins-Verfehlen der Urseparation (→ Kap.: II.1), das Lacan häufig durch seine Korrektur des cartesischen Satzes: „*ich denke, «also bin ich»*" (Sch II/S.:243) verdeutlicht. Lacan schreibt:

„Dadurch daß die Wissenschaft einen bestimmten Bereich der subjektiven Alienation einfach elidiert, ausläßt, absondert und sich genau an dem Punkt ansiedelt, den ich als Separationspunkt definiert habe, ermöglicht sie die Existenz des Gelehrten, des Mannes der Wissenschaft. Seinem Stil, seinen Gewohnheiten, den Eigentümlichkeiten seines Diskurses nach erscheint dieser als jemand, der sich durch verschiedene Vorsichtsmaßnahmen eine Reihe von Fragen vom Leib hält, die den Status der Wissenschaft betreffen, deren Diener er ist." (Sem XI/S.:278 f.)

Es wäre interessant, in diesem Zusammenhang zu untersuchen, inwiefern die Paradoxien, die am Ursprung der exakten Wissenschaften verworfen werden mußten, damit diese sich entfalten konnten (beispielsweise in der Mathematik oder in der Physik), nun gemäß Lacans psychosemiologischem Ansatz im Realen dieser Wissenschaften (Heisenbergsche Unschärferelation, Einsteins Relativitätstheorie etc.) wiederkehren. Entsprechend interessant ist es in der vorliegenden Arbeit, die Fixierung der Systemtheorie auf die „Paradoxie allen Beobachtens" festzustellen (→ Kap.: IV.3).
Das Unbewußte – möglicherweise *das* Objekt der Psychoanalyse – als der Ort des Anderen, gemäß Lacan strukturiert wie eine Sprache, Ort des aus dem Bewußtsein Verdrängten, ist für Lacan in diesem Zusammenhang wichtig, da es für die jeweilige Beziehung des Subjekts zum *Ding*

---

[359] Laplanche/ Pontalis: 1992. S::608

aufschlußreich ist. Sein Vorwurf an die Wissenschaft lautet hinsichtlich der Existenz des Unbewußten:

> „Wir kennen die falsche Scham, die die Wissenschaft diesbezüglich an den Tag legt:
> Sie geht Hand in Hand mit jenen falschen schulfuchserischen Vorstellungen, die da
> dauernd von unaussprechlichen Erlebnissen, ja sogar von «krankhaftem Bewußtsein»
> reden, um die Anstrengung zu entwerten, von der sie sich selbst dispensieren, die
> Anstrengung nämlich, die es gerade an dem Punkt braucht, wo es nicht um Unaussprechliches geht, weil eben es spricht; wo das Erlebte, weit davon entfernt, zu trennen, sich mitteilt; wo die Subjektivität ihre wahrhafte Struktur preisgibt, diejenige,
> bei der das, was sich analysieren läßt, identisch ist mit dem, was sich artikuliert."
> (Sem II/S.:109)

Lacans Vorwurf bezieht sich hierbei präzise auf jenes von dem wissenschaftlichen Diskurs als unaussprechlich Qualifizierte: hierin sieht er das von der Wissenschaft verworfene Element. Da er hingegen der Ansicht ist, dieses Unaussprechliche sei durchaus artikuliert, kann er sagen, daß es sich bei diesem Element um die beiden Signifikanten handelt, die, im wissenschaftlichen Diskurs, den Status des *Dings* erhalten, nämlich der Name-des-Vaters und – als sein (metaphorischer) Effekt – der imaginäre Phallus als die beiden Möglichkeitsbedingungen des Psychismus und zugleich als die Elemente der Urseparation. Diesen Elementen begegnet der wissenschaftliche Diskurs mit Unglauben (vgl.: Sem VII/S..161 und Sem XI/S.:250). Entsprechend seiner Theorie über die Psychosen (→ Kap.: II.2) nennt Lacan den wissenschaftlichen Diskurs daher delirant:

> „Vom selben Aussichtspunkt aus, auf den uns die delirierende Subjektivität geführt
> hat [Lacan bezieht sich hier auf seine Ausführungen über den schizophrenen Senats-
> präsidenten Schreber; Anm. N.O.], werden wir uns auch der wissenschaftlichen
> Subjektivität zuwenden: derjenigen nämlich, die der Gelehrte, der in der Wissen-
> schaft arbeitet, teilt mit dem Menschen der Kultur, von der seine Wissenschaft getra-
> gen ist. Wir werden nicht verleugnen, daß wir von der Stelle der Welt aus, wo wir
> uns aufhalten, bereits genug von den Dingen gesehen haben, um uns Gedanken ma-
> chen zu können über die Kriterien, vermittels welcher der Mensch eines Diskurses
> über die Freiheit, den man mit Recht als delirierend bezeichnen kann [...] eines Be-
> griffs des Realen, bei dem der Determinismus nur ein Alibi ist und der sofort beäng-
> stigend wird, wenn man ihn auf den Zufall ausweitet [...], eines Glaubens, der ihn für
> zumindestens die Hälfte des Universums unter dem Symbol des Weihnachtsmannes
> versammelt (was wohl niemand entgehen kann), uns davon abhalten könnte, ihn
> durch eine legitime Analogie in die Kategorie der sozialen Psychose einzureihen, die,
> wenn wir uns nicht irren, Pascal lange vor uns konzipiert hat." (Sch II/S.:109)

Interessant sind in diesem Zusammenhang die von Lacan dargestellten Parallelen zwischen dem wissenschaftlichen Diskurs und der Psychose. So gibt es beispielsweise auch in der Psychose kein Unbewußtes[360], weil hier wie im wissenschaftlichen Diskurs nichts verdrängt wird. (Luh-

---

[360] Lacan sagt: „[...] l'inconscient est là, présent dans la psychose." (P/S.:164). Das bedeutet, es gibt keine Verdrängung; das Verworfene kehrt wieder im Realen des Subjekts.

manns Insistenz darauf, daß nur systemintern entschieden wird, was zum System gehört, oder beispielsweise, daß nur in Kommunikation entschieden wird, was Kommunikation ist, verdeutlicht diesen von Lacan als Manko bezeichneten Mechanismus. In den von Luhmann so konzipierten Systemen kann nur beobachtet werden, was – psychosemiologisch ausgedrückt – bewußt ist, und gleichermaßen kann nur mit „bewußtem Material" operiert werden.) Der Andere bzw. der Name-des-Vaters, eigentlich das Unbewußte, erscheint hier im Realen wieder und prägt die „subjektive Intersubjektivität" als eine paranoide[361]. Die Wissenschaft hält sich für wissenschaftlich, und sie spricht mit voller Überzeugung von Wahrheiten, die sie entdeckt: es gibt bei ihr keine Unsicherheiten. (Anders beispielsweise als Tschuang-Tse, der träumt ein Schmetterling zu sein: „Tschuang-Tse kann, nachdem er aufgewacht ist, sich fragen, ob nicht der Schmetterling träume, Tschuang-Tse zu sein. Er hat recht, und zwar in doppelter Hinsicht, denn erstens beweist das, daß er nicht verrückt ist, er hält sich nicht für absolut mit Tschuang-Tse identisch – und zweitens, weil er sich nicht bewußt ist, daß er mit seiner Aussage so genau ins Schwarze trifft." (Sem XI/S.:82)). Auch hier handelt es sich Lacan zufolge um eine bestimmte signifikante Funktion: Der Signifikant im Anderen hat nicht die Funktion, etwas zu signifizieren, sondern ist selbst Subjekt – wiedergekehrt im Realen. Tertium comparationis zwischen dem wissenschaftlichen Diskurs und der Psychose ist demnach die Manipulation. Lacan sagt:

> „Das [...] Paradox im Verhältnis der Sprache zum Sprechen ist das des Subjekts, das in den Objektivationen des Diskurses seinen richtungsweisenden Sinn verliert. [...]
> Denn hier liegt die tiefste Entfremdung des Subjekts der wissenschaftlichen Zivilisation, und auf eben diese Entfremdung stoßen wir zuerst, wenn uns das Subjekt von sich zu sprechen beginnt. [...]
> Doch dem Subjekt bietet sich ein Ausweg aus dieser Sackgasse, in der sein Diskurs deliriert. Kommunikation kann sich ihm verläßlich herstellen in dem gemeinsamen Werk der Wissenschaft und mit der Anwendung, die sie in einer universalen Zivilisation erfordert; solche Kommunikation findet tatsächlich im Innern der ungeheuren, durch diese Wissenschaft konstituierten Objektivation statt und sie erlaubt ihm, seine Subjektivität zu vergessen. [...]
> Die Ähnlichkeit dieser Situation mit der Entfremdung des Wahnsinns freilich entsteht, sofern die gewonnene Formel gültig ist, daß nämlich im Wahnsinn das Subjekt gesprochen wird und nicht selber spricht [...]." (Sch I/S.:123 f.)

Das bedeutet, im wissenschaftlichen Diskurs wie auch in der Psychose wird die Position der Subjektivität auf die des Anderen verschoben. Es ist nicht mehr das Subjekt, das seine Frage stellt, bzw. seinen Appell an den Anderen richtet, sondern das Subjekt wird vielmehr gesprochen. Daß sich das Subjekt des wissenschaftlichen Diskurses, wie oben zitiert, „[...] an dem Punkt ansiedelt, den ich als Separationspunkt definiert habe [...]" (Sem XI/S.:278), das heißt, an dem Punkt des Seins-Verfehlens (→ Kap.: II.1), bedeutet, daß seine subjektive und konstitutive Ge-

---

[361] Lacan sagt: „Le subjectif est pour nous ce qui distingue le champ de la science où se base la psychanalyse, de l'ensemble du champ de la physique. C'est l'instance de la subjectivité comme présente dans le réel, qui est le ressort essentiel qui fait que nous disons quelque chose de nouveau quand nous distinguons par exemple ces séries de phénomènes, d'apparence naturelle, que nous appelons névroses ou psychoses.
Les choses sont-elles une série de phénomènes naturels? Entrent-elles dans un champ d'explication naturelle? J'appelle *naturel* le champ de la science où il n'y a personne qui serve du signifiant pour signifier." (P/S.:211)

spaltenheit im Realen erscheint, in der Subjektivität des Anderen (die ihm als Objektivität erscheint). Aufgrund seiner konstitutiven Gespaltenheit kann das Subjekt nach Lacan als Intersubjektivität konzipiert werden, so daß es (intrapsychisch) bereits gewissermaßen aus Subjekt und Objekt besteht: es wird zum Subjekt nur aufgrund seiner Entfremdung im Objekt. Man muß von dieser Lacanschen Akzentuierung der beiden Begriffe des Subjekts und des Objekts ausgehen[362], um seine Beschreibung des wissenschaftlichen Diskurses zu verstehen. Der Preis, den das Subjekt des wissenschaftlichen Diskurses zu zahlen hat, ist die Verwerfung der eigenen Subjektivität. Subjektivität bedeutet hierbei also nicht eine gewisse emotionale Perspektive, wie dies die normalsprachliche Verwendung des Begriffs der Subjektivität nahelegt, sondern zunächst eine bestimmte Position innerhalb des Psychismus des Subjekts. Über das psychotische Delir, in dem in ähnlicher Weise die Subjektivität (oder vielleicht: Subjekthaftigkeit) der intrapsychischen Position des Objekts (bzw. dem objektalen Anteil des Psychismus), das heißt dem Anderen, zugeschrieben wird, sagt Lacan:

> „Mais le point essentiel, qu'on ne met pas en relief, c'est que le délire commence à partir du moment où l'initiative vient d'un Autre, avec un A majuscule, où l'initiative est fondée sur une activité subjective. L'*Autre veut* cela, et il veut surtout qu'on le sache, il veut le signifier." (P/S.:218)

Lacans Vorwurf an den wissenschaftlichen Diskurs ist daher, daß „[...] die Wissenschaft eine Ideologie der Unterdrückung des Subjekts [...]" (R-T/S.:39) sei, „[...] was der Edelmann der aufsteigenden Universität sehr wohl weiß." (R-T/S.:39). Den Anspruch der Wissenschaft, wahre Aussagen zu bilden, könnte man mit dem deklaratorischen Satz: „ich weiß dies" reformulieren und behaupten, daß er eine Struktur der Identifikation enthalte. Wissenschaft, die die Gespaltenheit des Subjekts verwirft, träfe in den Wahrheiten, die sie findet, jenes abgespaltene Element wieder. Der Diskurs der Wissenschaft als Sublimierungsform des paranoischen Mechanismus entspräche so dem Wahnsinn eines Menschen, der sich für einen Menschen hält, oder wie Lacan schreibt: „[...] daß, wenn ein Mensch, der sich für einen König hält, wahnsinnig ist, ein König, der sich für einen König hält, es nicht weniger ist." (Sch III/S.:147)

Kapitel IV.2
Der psychoanalytische Diskurs als „*Hys*theorie"

Die Frage nach dem Status der Psychoanalyse als (Konjektural-)"Wissenschaft" stellt Lacan daher vor dem Hintergrund seiner Kritik am Diskurs der Wissenschaft. Dabei räumt er jedoch ein:

> „Die Psychoanalyse hat in der Ausrichtung der modernen Subjektivität eine Rolle gespielt und sie kann diese Rolle nicht aufrechterhalten, ohne sie der Bewegung der

---

[362] vgl. hierzu auch → Kap.: I.3, in dem die homolog konzipierten Eigenobjekte bei Glanville (nach von Foerster) beschrieben werden.

Wissenschaft einzuordnen, die diese Rolle erläutert[363]. Hier stellt sich nun die Frage nach den Grundsätzen, die unserer Disziplin ihren Platz unter den Wissenschaften sichern sollen: eine Frage der Formalisierung, die bisher wahrlich recht schlecht in Angriff genommen worden ist." (Sch I/S.:125)

Bei der Forderung nach einer Formalisierung der psychoanalytischen Theorie erweist sich Lacan methodologisch als Strukturalist. Vorbild einer solchen Formalisierung sind ihm dabei unter anderem die (Boolsche Logik in der) Mathematik und die Spieltheorie (vgl. hierzu zum Beispiel die Beschreibung des Gefangenen-Gleichnisses in → Kap. III.3)[364]. Lacan fordert für die Vorgehensweise der Psychoanalyse also durchaus „wissenschaftliche Strenge". Er sagt:

„Die Psychoanalyse wird ihre Theorie und Technik wissenschaftlich nur begründen können, indem sie die wesentlichen Dimensionen ihres Erfahrungsbereichs adäquat formalisiert. Das sind neben der historischen Theorie des Symbols, die intersubjektive Logik sowie die Zeitlichkeit des Subjekts." (Sch I/S.:131)

Um jedoch dem oben beschriebenen paranoischen Mechanismus, der im Diskurs der Wissenschaft sublimiert wird, zu entgehen, fügt er diesem Elemente des Diskurses der Kunst, als der Sublimierungsform des hysterischen Mechanismus hinzu, wodurch, nach Lacans Einteilung in vier Diskurstypen, der analytische Diskurs entsteht (→ Glossar: 6). Um diesen speziellen analytischen Diskurs zu bezeichnen, schlage ich den Ausdruck *Hyst*heorie vor. Ähnlich spricht Lacan in seinem SEMINAR XX: ENCORE von der „Linguisterie" (Sem XX/S.:20), um dadurch auszudrücken, inwiefern sich seine Psychosemiologie, durch Einbeziehung des Unbewußten und des Begehrens, von der Linguistik (bei der er sich vor allem auf Roman Jakobson beruft) unterscheidet. (Norbert Haas schlägt ähnlich den Begriff der „Hi(y)sto(e)rie" vor, um damit den Begriff der „Zeitlichkeit des Subjekts" mit dem Begriff der Hysterie zu verbinden[365].) Das Modell, das Lacan für diese *Hyst*heorie einführt, wird durch das Möbiusband veranschaulicht (→ Kap.: I.2).

Die Sublimierungsform des hysterischen Mechanismus manifestiert sich im Diskurs der Kunst, gemäß Lacans Einteilung in vier Diskurstypen. Diese Sublimierungsform wird eingehender in → Kap.: III.5-6 sowie in → Glossar: 6 beschrieben. Auch bei diesem Diskurstyp geht es darum, sich in eine bestimmte Beziehung zum *Ding*, das heißt zur Objektursache des Begehrens, zu setzen. Lacan sagt: „Für alle Kunst ist eine bestimmte Weise der Organisation charakteristisch, die um jene Leere herum kreist." (Sem VII/S.:160) Und im Anschluß daran:

„Sicher, die Kunstwerke ahmen die Objekte, die sie darstellen, nach, doch ihre Absicht ist gerade nicht, sie darzustellen. Indem sie eine Nachahmung des Objekts ge-

---

[363] vgl. hierzu meine in → Kap.: 0.1 beschriebene Annahme der prinzipiellen Unentscheidbarkeit, welcher Text (zum Beispiel Theorie) welchen Text (zum Beispiel literarischer Text) interpretiere.

[364] Lacan schreibt in Anlehnung an seinen Text „Die logische Zeit und die Assertion der antizipierten Gewißheit" über die intersubjektive Zeit: „An diesem Beispiel wird deutlich, wie mathematische Formalisierung, die die Logik von Boole und sogar die Mengenlehre inspiriert hat, der Wissenschaft vom menschlichen Handeln jene Struktur der intersubjektiven Zeit vermitteln kann, die die psychoanalytische Konjektur braucht, um sich der Strenge ihrer wissenschaftlichen Geltung zu vergewissern." (Sch I/S.:129)

[365] Haas, 1978. S.:9

ben, machen sie aus diesem Objekt etwas anderes. Also geben sie nur vor nachzuahmen. Das Objekt ist in ein bestimmtes Verhältnis zum *Ding* gebracht, was getan wird, um gleichzeitig einzukreisen, zu vergegenwärtigen und Abwesenheit zu erzeugen." (Sem VII/S.:173 f.)

Lacans antagonistische Beschreibung der Beziehung zum *Ding*, „zu vergegenwärtigen und Abwesenheit zu erzeugen" ist hierbei wichtig. Denn das Subjekt bei Lacan, „in innerem Ausschluß seinem Objekt eingeschlossen" (Sch II/S.:239), entsteht als Effekt in diesem „Knoten der Differenz" (Sch II/S.:235). Die Ambiguität oder der Antagonismus sind konstitutiv für seine Wahrheit. In Unterscheidung zum religiösen Diskurs kann man sagen: Die Ambiguität der Beziehung zum *Ding* entgeht dem Diskurs der Religion in gewisser Weise, da er das *Ding* verschiebt. Der Diskurs der Kunst hingegen verdrängt das *Ding*. Da das Verdrängte jedoch im Symptom wiederkehrt (– die Verdrängung und die Wiederkehr des Verdrängten sind ein und dasselbe –), bietet der Diskurs der Kunst eine Möglichkeit der Beschäftigung oder Auseinandersetzung mit dem *Ding*. In bezug auf die psychoanalytische Praxis schreibt Lacan:

> „Wir sehen hier – gerade im Akt der Aufnahme einer Analyse und also gewiß auch in ihren ersten Schritten – wie wir in empfindlichste Berührung geraten mit einer tiefen, allen Beteuerungen des Patienten anhaftenden Ambiguität und mit dem Umstand, daß diese Beteuerungen an sich ein Doppelgesicht haben. Wir sehen die Dimension der Wahrheit sich auftun, die zunächst in oder sogar mit Hilfe einer bestimmten Lüge sich einrichtet, jedoch nicht eigentlich ins Schwanken kommt, denn die Lüge als solche setzt sich selbst in dieser Dimension der Wahrheit." (Sem XI/S.:144)

Deutlich wird diese konstitutive Ambiguität im hysterischen Diskurs, als dem, der um das Ding kreist (→ Glossar: 6). Das Reale als Ursache eröffnet erst die Dimension der Wahrheit, und gerade dieses Erscheinen der Wahrheit aus der Ambiguität heraus artikuliert sich im Diskurs der Hysterie:

> „Die Zweideutigkeit der hysterischen Offenbarung der Vergangenheit rührt inhaltlich nicht her aus ihrem Schwanken zwischen Imaginärem und Realem, denn ihr Inhalt kommt aus diesem sowohl als aus jenem. Das soll nicht heißen, daß sie einfach lügt. Vielmehr stellt sie uns die Geburt der Wahrheit im Sprechen dar, und deshalb stoßen wir uns an der Realität von etwas, das weder wahr noch falsch ist." (Sch I/S.:94)

Damit legt Lacan gleichzeitig die Orientierung des Diskurses der Psychoanalyse fest, denn: „Kategorisch gesagt: es handelt sich in der psychoanalytischen Anamnese nicht um Realität, sondern um Wahrheit [...]." (Sch I/S.:95). In dieser auf den ersten Blick erstaunlichen Unterscheidung zwischen Realität und Wahrheit zeichnet sich Lacans Abgrenzung gegen den Diskurs der Wissenschaft ab, der diese beiden Begriffe in engste Nähe zueinander bringt. Bei Lacan handelt es sich hingegen um eine „subjektive", durch das Begehren phantasmatisch verzerrte, das heißt, insbesondere partiale bzw. „nicht-ganze" Wahrheit (→ Kap. IV.4). Lacan schreibt:

> „Man sagt nicht zuviel, wenn man sagt, daß bei der stets ausstehenden Infragestellung der Psychoanalyse, und zwar nicht nur in der öffentlichen Meinung, sondern

auch im Intimbereich jedes Psychoanalytikers, immer auch die Täuschung mit ins Spiel kommt – eine mitenthaltene, ausgeschlossene Präsenz voll Ambiguität, gegen die die Psychoanalytiker sich mit Hilfe gewisser Zeremonien, Förmlichkeiten, Riten zu schützen suchen." (Sem XI/S.:277 f.)

Es geht also nicht um eine abstrakte oder ideale Vorstellung der Wahrheit, sondern um die Wahrheit des Subjekts – in bezug auf seine Geschichte und sein Begehren. Diese Idealismus-Kritik bezieht sich gleichermaßen auf die gesamte ethische Ausrichtung der Lacanschen Psychosemiologie. Hans-Dieter Gondek schreibt in seinem Ausblick: LACAN UND DIE ETHIK DER PSYCHOANALYSE: „Es ist die Wendung gegen das Ideal, so wie es als rationalisierende Fiktion dem Realen entgegengesetzt wird; es ist die Hinwendung zum *Realen* als dem eigentlichen Bezugspunkt einer Ethik [...]." [366] Da das Begehren auf die Objektursache zielt, handelt es sich also um die Wahrheit als Ursache, und diese Wahrheit ist zutiefst geprägt von Ambiguität. „Es ist die Ursache: die Ursache, nicht als Kategorie der Logik, sondern als die ganze Wirkung verursachend. Die Wahrheit als Ursache [...]." (Sch II/S.:248) Daher spricht Lacan auch von den „[...] konstitutiven Paradoxien unseres gegenwärtigen Vorhabens [...]." (Sch I/S.:124)

Der Diskurs der Kunst als Sublimierungsform des hysterischen Mechanismus bietet den größtmöglichen Zugang zu dem *Ding*, gerade weil er es verdrängt. Wie ich in → Glossar: 2 ausführe, kann das Verdrängte, wiedergekehrt im Symptom, dechiffriert werden, weil es, bis auf einen irreduziblen Kern des Realen, symbolisiert worden ist. Der Diskurs der Kunst kann insofern als symptomatisch charakterisiert werden (→ Glossar: 6). Obwohl der Diskurs der Psychoanalyse alle drei Diskurstypen in sich vereinigt und berücksichtigt, ist es deshalb der Diskurs der Kunst, der für das psychoanalytische Vorhaben am wertvollsten ist. Die (ursprüngliche) Ambiguität der Objekte, das heißt, der Repräsentanten des Begehrens, erfordert von dem Diskurs der Psychoanalyse Relativismus hinsichtlich der ethischen Verfassung des Subjekts, um die es ihr wesentlich geht, so daß sie vor die Begriffe der Wahrheit, des Wissens und des Guten stets die Zusätze des Subjektiven und des „Nicht-Ganzen" zu stellen hat.

Kapitel IV.2.1

Unterstelltes Wissen und Ethik

Wenn sich die Psychoanalyse, und insbesondere die Psychosemiologie Lacans, mit der Wahrheit des Subjekts beschäftigt, und mit Subjekten, die mit einer gewissen Erwartung an sie herantreten, so stellt sich auch die Frage nach der Ethik der Psychoanalyse. Diese Frage ergibt sich jedoch nicht allein aus dem Anspruch der Psychoanalyse, Heilung oder Erleichterung von Leiden verschaffen zu können, sondern aus der Kondition des Psychismus selbst. Denn Lacan sagt über das Unbewußte, also das verdrängte Begehren: „Das Unbewußte, das sich auf der ontischen Ebene so zerbrechlich zeigt, ist tatsächlich ethisch verfaßt." (Sem XI/S.:39) In seinem Seminar über DIE ETHIK DER PSYCHOANALYSE beschäftigt sich Lacan mit verschiedenen Begriffen, die üblicherweise im Schilde der Ethik geführt werden. Unter diesem Blickwinkel problematisiert er zum

---

[366] Gondek, 1994. S.:217 f.

Beispiel den Begriff der Wahrheit. Konkret fordert Lacan für den Diskurs der Psychoanalyse eine gewisse Bescheidenheit. Der Analytiker, dem vom Subjekt, also dem Patienten, der ihn aufsucht, „Wissen" unterstellt wird, das heißt, Antwort auf seine Frage zu haben[367] – und das Sprechen des Subjekts ist stets Appell und Frage –, verfügt selbst nur über eine „subjektive" Wahrheit. Zizek schreibt:

> „Das, wovon der Analytiker ein Wissen besitzen sollte, ist die Bedeutung des Symptoms des Analysanden. Dieses Wissen ist natürlich eine Illusion, der Analytiker weiß in Wirklichkeit nichts von dieser Bedeutung, aber es handelt sich um eine notwendige Illusion. [...] Wir haben es hier mit einem Grundparadox des signifikanten Prozesses zu tun: die einzige Möglichkeit, eine neue Bedeutung hervorzubringen, ist der Weg durch die illusorische Voraussetzung, dieses Wissen sei schon vorhanden."[368]

Und Lacan schreibt: „Das Statut des Wissens impliziert als solches, daß es davon, Wissen, bereits gibt, und zwar im Anderen, und daß es zu nehmen ist. Darum ist es Fakt von *apprendre*." (Sem XX/S.:104) (Hier zeichnet sich erneut die retrospektive Struktur des Psychismus ab, die das Subjekt konstituiert als ein „ich werde gewesen sein", und die – wie bereits beschrieben – bewirkt, daß das Subjekt stets „verlorene" Objekte „wiederfindet": „Jedes Objekt kann den leeren Platz des Dings einnehmen, aber nur aufgrund der Illusion, daß es immer schon da war, d.h. daß es nicht von uns dorthin gesetzt wurde, *sondern dort vorgefunden wurde als «Antwort des Realen»*."[369])

Die von Lacan geforderte Bescheidenheit meint, daß der Analytiker sich dessen bewußt sein muß, daß er im analytischen Prozeß gewissermaßen nur eine Platzhalterfunktion einnimmt, nicht aber über das geforderte Wissen verfügt. Lacan stellt klar, daß es genau dieser Mechanismus ist, der üblicherweise als Übertragung bezeichnet wird:

> „Um meine Umgebung aufzuwecken, artikuliere ich diese Übertragung mit dem „Subjekt, dem Wissen unterstellt wird". Das ist Erklärung, Entfaltung dessen, was der Name nur dunkel faßt. Nämlich, daß das Subjekt, durch die Übertragung, jenem Wissen unterstellt wird, aus welchem es als Subjekt des Unbewußten besteht, und daß da das ist, was auf den Analytiker übertragen wird, nämlich dieses Wissen, insofern es nicht denkt, nicht kalkuliert, nicht urteilt, ohne deswegen weniger Effekt von Arbeit zu erbringen." (R-T/S.:81 f.)

Die psychoanalytische Situation bietet insofern eine Art Schauplatz, auf dem sich intrapsychische Konstituenten verteilen können: Der Analytiker nimmt die Position von A ein, allein aufgrund der Tatsache, daß der Patient mit einem Appell an ihn herantritt – gemäß Lacans Ausdruck: „kein Gebet ohne Gott" (R-T/S.:18). Die von Lacan geforderte Bescheidenheit bezieht sich auf den

---

[367] Lacan nennt den Analytiker das „sujet supposé savoir" (Sem XI/S.:283 et passim). Daß der Analytiker damit die Position des groß Anderen einnimmt, ist eine Konsequenz, die sich aus der Struktur des Psychismus selbst ergibt (die Ausnahme bildet natürlich der psychotische Psychismus) (→ Kap.: II).

[368] Zizek, 1991. S.:134

[369] Zizek, 1992b. S.:49

Analytiker, der diese Position nicht ausnützen dürfe. Über den Prozeß der Analyse schreibt Lacan daher:

> „Das Symptom wie ein Palimpsest zu behandeln, ist in der Psychoanalyse eine Bedingung von Effizienz. Das besagt aber nicht, daß der Signifikant, der durch sein Fehlen den Zug von Wahrheit macht, gelöscht worden sei, denn wenn wir wissen, was Freud sagt, gehen wir davon aus, daß der Signifikant verdrängt worden ist und daß hier der Punkt ist, von dem aus an den unerschöpflichen Fluß von Bedeutungen appelliert wird, der in das Loch stürzt, das er produziert. Interpretieren, das heißt sicher, dieses Loch zu schließen. Aber die Interpretation soll nicht eher wahr als falsch sein. Sie soll richtig sein, was letzten Endes darauf hinausläuft, diesen Sinnappell versiegen zu machen, auch wenn es den Anschein hat, als würde er im Gegenteil noch aufgerührt."[370]

Die sich hier abzeichnende Struktur des psychoanalytischen Prozesses in bezug auf das Wissen hat also dieselbe retroaktive Struktur, wie die des Psychismus selbst oder beispielsweise die des Symptoms (→ Glossar: 2). Die Tatsache, daß das dem Analytiker unterstellte Wissen zugleich notwendig und illusorisch ist, markiert die Abgrenzung des Lacanschen Konzepts des psychoanalytischen Diskurses (der *Hys*theorie) gegenüber dem wissenschaftlichen Diskurs. Dieser nämlich würde das vom Analysanden geforderte Wissen verabsolutieren[371]: Lacan beschreibt dies – wie weiter oben bereits erläutert – als der „Kategorie der sozialen Psychose" (Sch II/S.:109) zugehörig:

> „Daß eine solche Psychose sich als durchaus vereinbar zeigt mit dem, was man die gute Ordnung nennt, ist nicht zu bezweifeln; das berechtigt aber den Psychiater, sei er auch Psychoanalytiker, noch keineswegs dazu, an seine eigene Vereinbarkeit mit jener Ordnung zu glauben, um sich in Besitz einer adäquaten Vorstellung der *Realität* zu wähnen, von der sein Patient abweichen würde." (Sch II/S.:109 f.)

Entsprechend schreibt Millot:

> „Es ist hier an die paradoxe Behauptung Lacans zu erinnern: «Die Normalität, das ist die Psychose», das heißt diese subjektive Position, für die die Allmacht des Anderen (also auch die Sprache) nicht durch die Grenze gemildert ist, die zu setzen die Funktion des Namens des Vaters ist (des «Nom du père», der auch ein «non», ein *Nein* bedeutet)."[372]

---

[370] Lacan, 1978. S.:13

[371] Lacan schreibt über diesen Unterschied zwischen Psychoanalyse und Wissenschaft: „Einzig der Diskurs, der sich definiert aus dem Dreh, den ihm der Analytiker gibt, manifestiert das Subjekt als anderes, gibt ihm nämlich den Schlüssel seiner Teilung zurück - während die Wissenschaft, das Subjekt zum Herrn zu machen, es entwendet, dermaßen, daß das Begehren, das ihm Platz macht, wie dem Sokrates, sich daranmacht, es mir zu barren ohne Remedur." (R-T/S.:14) Die Teilung bleibt „draußen", das Begehren kann sich nicht im Psychismus einrichten.

[372] Millot, Catherine (1994): Das totalitäre Phänomen. In: Die Rückkehr der Psychoanalyse über den Rhein. Lacan und das Deutsche. hrsg. v. J. Prasse und C.-D. Rath. Kore Verlag. Freiburg i. Br. S.:160-166. hier S.:165 f.

Bescheidenheit meint also auch dies: es geht in der Psychoanalyse nicht darum, daß Analytiker und Analysand sich auf eine Wahrheit einigen, denn dies könnte nur in Hinblick auf ein Ideal oder eine Norm geschehen.

Obgleich sich diese Ausführungen konkret auf die psychoanalytische Praxis beziehen, sollen sie hier vor allem dazu dienen, die Struktur des psychoanalytischen Diskurses zu skizzieren. Gerade ihre Abgrenzung gegen den wissenschaftlichen Diskurs, wie Lacan ihn definiert, soll wissenschaftstheoretisch eine neue Perspektive eröffnen. Über die „wissenschaftliche" Fundierung der Konjekturalwissenschaften sagt Lacan daher:

> „Es gibt keine Wissenschaft des Menschen, was etwa so aufzufassen ist wie: aus nichts wird nichts. Es gibt keine Wissenschaft des Menschen, weil es nur das Subjekt, nicht aber den Menschen der Wissenschaft gibt. Bekanntlich hege ich seit je eine Abneigung gegen die Bezeichnung Humanwissenschaften; sie scheint mir der Appell der Unterwerfung schlechthin zu sein." (Sch II/S.:237)

Natürlich ist das Subjekt der psychoanalytischen „Wissenschaft" in diese Konzeption subjektiver Wahrheit eingeschlossen. Lacan sieht hierin gerade den Vorteil gegenüber den exakten Wissenschaften, da eine solche Konzeption das *Ding* weder verwirft, noch es dem Anderen aufbürdet, es also verschiebt[373]. Daher postuliert er:

> „Eine Ethik wäre zu formulieren, welche die Freudschen Eroberungen auf dem Gebiet des Begehrens miteinbezöge: An deren Spitze wäre die Frage nach dem Begehren des Analytikers zu stellen." (Sch I/S.:205)

Gerade diese Frage zu stellen, so lautet Lacans Vorwurf an den Diskurs der Wissenschaft, habe dieser versäumt. Und, nebenbei gesagt, ist es dieses Postulat, das Lacan methodologisch vom Strukturalismus abhebt.

Unter dieser Perspektive einer Psychosemiologie, die es mit der Ambiguität der subjektiven Wahrheit zu tun hat, wird das Lacansche Vorhaben riskant. Er selbst fordert jedoch programmatisch das damit verbundene Risiko:

> „Die große Komplexität der Begriffe, die auf unserem Gebiet ins Spiel gebracht werden, bringt es mit sich, daß wie nirgendwo sonst jemand, der ein Urteil abgibt, ganz und gar kein Risiko mehr eingeht, sich als unfähig zu entlarven.
> Die Konsequenz daraus sollte unser erster, wenn nicht gar einziger Vorschlag sein: man muß zu einer generellen Freigabe von wissenschaftlichen Behauptungen aufgrund einer Klärung ihrer Prinzipien gelangen." (Sch I/S.:75)

---

[373] Lacan sagt: „Der analytische Diskurs hat in dieser Hinsicht ein Privileg. [...] - es ist vielleicht nicht so sehr auf das *ich*, daß der Akzent gesetzt werden muß, nämlich auf das, was *ich* vortragen mag, als auf das *von*, das heißt auf von wo das kommt, diese Lehre, wovon ich der Effekt bin." (Sem XX/S.:32) Für den Diskurs der Psychoanalyse würde demgegenüber die Akzentuierung des „Ich" bedeuten, daß sie einen Anderen des Anderen unterstellen müßte, da sie ja schon - qua Illusion des Analysanden - die Position des Anderen einnimmt, dem Wissen unterstellt wird. Lacan betont aber: „Es gibt keinen Andern des Andern." (Sch II/S.:188 et passim)

Zur Klärung dieser Prinzipien gehört dabei zuvorderst Lacans Annahme der „subjektiven Wahrheit" – die Existenz des Unbewußten und des Begehrens.

Kapitel IV.2.2
Das „Nicht-Ganze" und die Hehlerei des Guten

Daraus ergibt sich für die analytische Situation – darüber hinaus aber auch generell für den Diskurs der Psychoanalyse – eine zweifache „Unwissenheit"[374]. Zum einen das erwähnte illusorische Wissen, das dem Analytiker, oder allgemein dem Anderen unterstellt wird.(In diesem Falle ist der Andere mit Majuskel gemeint, denn es geht hierbei nicht um ein phantasmatisches Objekt, sondern um den Andern jenseits meiner selbst, um den Andern als (prinzipieller) Adressat meiner (prinzipiellen) Frage.) Zum anderen schreibt Lacan:

> „Der Grund ist, daß der Analytiker in einem gewissen Sinn sich sehr deutlich bewußt ist, daß er nicht wissen kann, was er in der Analyse tut. Es gibt einen Teil an diesem Handeln, der ihm selbst verhüllt bleibt." (Sem VII/S.:347)

Die subjektive Wahrheit, zu der das Subjekt gelangen soll, kann sich nur vermittels dieser zweifachen Unwissenheit als Effekt einer Interaktion herstellen. „*Das einzige Objekt*, das dem Analytiker zugänglich ist, *ist die imaginäre Beziehung*, die ihn mit dem Subjekt als Ich (moi) verbindet." (Sch I/S.:92) [Hervorhebungen von mir; N.O.]. In → Kap.: I.3 erläutere ich die Glanvillesche Konzeption der Interaktionen von Black Boxes, aufgrund derer „Weiße" erzeugt werden kann. Eine Homologie zu dem von Lacan vorgeschlagenen analytischen Verfahren besteht darin, daß diese „Weiße" bzw. die subjektive Wahrheit ohne Referenz auf eine externe Norm erzeugt wird, sondern allein in der Interaktivität entsteht. Daher fordert Lacan für die analytische Beziehung „[...] im Gegensatz zur zwanghaften Intrasubjektivität eine hysterische Intersubjektivität [...]." (Sch I/S.:93)[375]. Der (metaphorische) Begriff der Weiße muß dabei allerdings relativiert werden – Glanvilles Begriff der Stabilität ist weniger irreführend: denn es geht nicht darum, eine endgültige Antwort zu finden. Das Begehren soll anerkannt, nicht jedoch vollständig befriedigt werden[376], denn dies würde das Ende des semiotischen Begehrensprozesses bedeuten. Der irreduzible „schwarze" Kern, so könnte man Glanvilles Modell interpretieren, wird bei ihm durch den infiniten Regreß angedeutet, so daß jede White Box aus zwei Black Boxes besteht. Über das

---

[374] Diese zweifach Unwissenheit kann gut mit dem Black Box-Modell Glanvilles dargestellt werden. Weiter unten beschreibe ich diese zweifache Unwissenheit als Voraussetzung für den psychoanalytischen Diskurs als den Diskurs der Liebe. Lacan schreibt: „Um hier das Türchen zu drehen, möchte ich sagen, daß das Wichtige an dem, was der psychoanalytische Diskurs enthüllt hat, darin besteht, [...] daß das Wissen, das aus einer spezifischen Kohabitation heraus das Sein, das spricht, strukturiert, das engste Verhältnis hat mit der Liebe. Alle Liebe stützt sich auf ein gewisses Verhältnis zwischen zwei unbewußten Wissen." (Sem XX/S.:157)

[375] Mit dem Ausdruck der hysterischen Intersubjektivität ist zugleich die Nähe zum Diskurs der Kunst als Sublimierungsform des hysterischen Mechanismus indiziert: Er rechtfertigt gleichermaßen meinen Vorschlag, den Diskurs der Psychoanalyse „Hystheorie" zu nennen. (→ Glossar: 6)

[376] Ähnlich weist Lacan auch darauf hin, daß es im Traum um die Realisierung des Begehrens geht, nicht jedoch - wie man in der Nachfolge Freuds oft geschrieben hat - um eine Wunscherfüllung.

„Nicht-Ganze" der subjektiven Wahrheit und des über sie zu erlangenden Wissens antwortet Lacan auf eine diesbezügliche Frage:

> „Daß sie [Wissen und Wahrheit; Anm. N.O.] gemeinsam leiden, und das eine vom anderen: das ist die Wahrheit.
> Aber was Sie sagen wollen, wenn ich Ihnen das zuschreiben darf, ist, daß Wahrheit und Wissen nicht komplementär sind, nicht ein Ganzes machen. Entschuldigen Sie: das ist eine Frage, die ich mir nicht stelle. Weil es kein Ganzes gibt.
> Weil es kein Ganzes gibt, ist nichts ganz.
> Das Ganze, das ist der Index der Erkenntnis." (R-T/S.:42 f.)[377]

Das *Ding* als Ursprung und (abgewehrtes) Ziel des begehrenden Subjekts gewährleistet das Nicht-Ganze seines Wissens und seiner Wahrheit.

Neben dem Begriff der Wahrheit ist der des Guten ein weiterer Begriff, der von der Ethik transportiert wird. Lacan sagt, auch die Psychoanalyse, die für sich einen Anspruch auf Heilung bzw. auf eine gewisse Erleichterung von Leiden reklamiere, „[...] stellt sich gewöhnlich unter den Titel und die Autorisierung des Guten [...]" (Sem VII/S.:263). Auch dieser Begriff wird bei Lacan daher einer kritischen Prüfung unterzogen, wobei Lacan ankündigt, daß er „[...] nicht nur Gutes vom Guten zu sagen [...]" (Sem VII/S.:263) haben werde. Insofern sich das Gute, um das es dabei geht, auf das Reale bezieht, weil es gewissermaßen als Transkription der Objektursache des Begehrens fungieren kann, kann es, gemäß Lacans Einteilung in drei Diskurstypen, verdrängt, verschoben oder verworfen werden.

Lacan bringt den Begriff der Wahrheit zunächst auf eine überraschende Weise mit dem Begriff des Guten in Zusammenhang:

> „Wenn die Wahrheit, die wir suchen, befreiende Wahrheit ist, dann ist es eine Wahrheit, die wir am Punkt einer Hehlerei unseres Subjekts suchen müssen. Es ist eine partikulare Wahrheit." (Sem VII/S.:33)

Lacan stellt die Verbindung des Begriffs des Guten hierbei durch den Ausdruck der Hehlerei her: gehehlt wird aber mit Gütern. Er sagt:

> „Das Begehren eines Menschen guten Willens ist es, gut zu tun, das Gute zu tun, und der, der zu Ihnen kommt, möchte, daß er gut sei, sich in Einklang mit sich selber befinde, um so identisch, konform mit irgendwelcher Norm zu sein." (Sem VII/S.:285)

Gleichzeitig hat dieser Mensch guten Willens (notwendigerweise) entsprechend den Eindruck, die anderen seien glücklicher als er, mehr im Einklang mit sich selbst, so daß sich sein Begehren, gut zu tun, als „*Lebensneid**" (Sem VII/S.:285) enthüllt. Lacan bringt diesen Lebensneid in Verbindung mit der Privation (→ Kap.: II.1), daß heißt, mit der Vorstellung des Subjekts, eines (realen) Objekts beraubt worden zu sein. Das Gute ist demnach in erster Linie ein Gut, dessen man beraubt werden kann, und insofern potentielles Machtmittel. Damit leitet Lacan den Begriff

---

[377] vgl. hierzu auch → Kap.: IV.4

des Guten her aus der ambigen imaginären Beziehung des Subjekts im Spiegelstadium: der Begriff des Guten geht aus der dualen Beziehung hervor, die zu weiten Teilen ein Machtkampf ist, und deren Mechanismen im Psychismus des Subjekts persistieren.

> „Die wirkliche Natur des Guten, sein tiefer Doppelcharakter liegt darin, daß es nicht schlicht und einfach ein natürlich Gutes ist, die Antwort auf ein Bedürfnis, sondern mögliche Macht, Macht zu befriedigen. Deshalb organisiert sich jedes Verhältnis des Menschen zum Realen der Güter durch das Verhältnis zur Macht, die die Macht des anderen ist, des imaginären anderen, ihn derselben zu berauben." (Sem VII/S.:281)[378]

Dies ist die Achse, um die Lacan den Begriff des Guten wendet. Der Dienst am Guten und mithin der Dienst an den Gütern geschieht stets in Hinblick auf eine bestimmte Norm, die das Begehren des Subjekts aufschiebt und perpetuiert. Es geht in der Psychoanalyse also darum, das verworfene, entfremdete Begehren wieder zu „subjektivieren". Kritisch heißt es bei Lacan:

> „Ein Teil der Welt hat sich entschieden am Dienst an den Gütern orientiert und hat alles verworfen, was das Verhältnis des Menschen zum Begehren betrifft – man nennt das die postrevolutionäre Perspektive. Das einzige, was man da sagen kann, ist, daß es nicht so aussieht, als würde man sich Rechenschaft davon geben, daß man, wenn man die Dinge so formuliert, nur die ewige Tradition der Macht perpetuiert, nämlich das – *Fahren wir fort zu arbeiten, und was das Begehren betrifft, kommen Sie nochmals vorbei.*" (Sem VII/S.:379 f.)[379]

Im Dienst an den Gütern wird das Begehren, das auf das Gute zielt, also verschoben oder verworfen. Gutes zu tun, im Sinne der von der Ethik geforderten Nächstenliebe, ist nach Lacan deswegen gleichfalls eine Sackgasse. Er sagt:

> „Die Dinge im Namen des Guten zu tun und, mehr noch, im Namen des Wohls des anderen, ist weit davon entfernt, nicht allein vor Schuld, sondern vor allen Arten innerer Katastrophen Schutz zu bieten. Insbesondere schützt es uns nicht vor der Neurose und deren Folgen." (Sem VII/S.:381)

Beim Vorhaben, Gutes zu tun am anderen, muß das Subjekt in Kollision geraten mit diesem anderen, da in diesem anderen der ursprüngliche andere persistiert, der das Subjekt des Guts (potentiell) beraubt. Der Konflikt ist im Grunde ein intrapsychischer Konflikt, der aus der Gespaltenheit des Subjekts und der Ambiguität, die diese hervorruft, resultiert:

---

[378] Zu dem Thema der Nächstenliebe, in dem sich der (christliche) Wunsch gut zu sein und Gutes zu tun, artikuliert, sagt Lacan kategorisch: „[...] dem Menschen ist *der Nächste* [...] *eine Versuchung, seine Aggression an ihm zu befriedigen* [...]." (Sem VII/S.:224)

[379] An anderer Stelle formuliert Lacan seine Kritik noch schärfer: „Was proklamiert Alexander, als er in Persepolis, was Hitler, als er in Paris ist? Die Präambel besagt wenig - *Ich bin gekommen, um Euch von diesem oder jenem zu befreien.* Das Wesentliche besteht darin - *Arbeiten Sie weiter. Die Arbeit darf nicht unterbrochen werden.* Was heißt - *Eines muß klar sein, es ist in keinem Fall eine Gelegenheit, das geringste Begehren zu zeigen.* Die Moral der Macht, des Dienstes an den Gütern ist - *Was die Begierden angeht, da werden Sie nochmals vorbeikommen müssen. Die können warten.*" (Sem VII/S.:375 f.)

„Dabei können wir uns darauf stützen, daß ein jedes Mal, wenn Freud wie schaudernd vor der Konsequenz des Gebots der Nächstenliebe einhält, jene tiefe Bösartigkeit auftaucht, welche in dem Nächsten wohnt. Dann aber wohnt sie aber auch in mir selbst. Und was ist mir näher als dieses Innerste in mir, das das Innerste meines Genießens ist, dem ich mich nicht zu nähern wage? Sowie ich mich ihm nähere – das ist der Sinn des *Unbehagens in der Kultur* –, erscheint jene unergründliche Aggressivität, vor der ich zurückweiche, die ich gegen mich wende und die dann, an der Stelle des ohnmächtigen Gesetzes eben, ihr Gewicht an das abtritt, was mich hindert, eine bestimmte Grenze an der Schranke des *Dings* zu überschreiten." (Sem VII/S.:225 f.)

Denn, so argumentiert Lacan, „Wenn nämlich die Dinge um des Guten willen zu tun sind, muß man sich in der Praxis wohl immer fragen, um wessen Gut es dabei geht." (Sem VII/S.:381) Auch hier wird das Subjekt nur auf eine gewisse Norm hin verpflichtet, die neurotische Mechanismen nur unterstützen kann, und das Subjekt daher von der Realisierung seines Begehrens entfernt. Im Gegensatz dazu, formuliert Lacan die Ethik der Psychoanalyse in Form eines Paradoxes:

> „Ich behaupte, daß es nur eines gibt, dessen man schuldig sein kann, zumindest in analytischer Perspektive, und das ist, abgelassen zu haben von seinem Begehren. [...] Letztlich besteht das, wessen sich das Subjekt wirklich schuldig fühlt, wenn es Schuld auf sich lädt, es mag dem Beichtvater gefallen oder nicht, im Grunde darin, daß es von seinem Begehren abgelassen hat." (Sem VII/S.:380 f.)

Das Subjekt heranzuführen an sein Begehren, an seine subjektive Wahrheit, ist daher die ethische Aufgabe der Psychoanalyse.

> „Im Tragikomischen liegt die Erfahrung des menschlichen Handelns, und weil wir die Natur des Begehrens, das im Zentrum dieser Erfahrung ist, besser erkennen können als die, die uns vorausgegangen sind, ist eine Revision der Ethik möglich, ist ein ethisches Urteil möglich, das sich in der folgenden Frage darstellt, die den Wert eines Jüngsten Gerichts hat – Habt Ihr konform mit Eurem Begehren gehandelt, das Euch innewohnt?
> Es ist nicht leicht, diese Frage aufrechtzuerhalten. Ich behaupte, daß sie anderswo niemals in dieser Reinheit gestellt worden ist und nur im analytischen Kontext zu stellen ist." (Sem VII/S.:374 f.)

Das so vorgezeichnete Programm der Psychoanalyse zielt also darauf, zu dechiffrieren, was das Unbewußte sagt, denn die subjektive Wahrheit ist vollkommen artikuliert, jedoch zum Teil verdrängt. „Die Dinge funktionieren von ganz allein weiter, der Diskurs artikuliert sich weiter aber *außerhalb des Subjekts*. Und dieser Ort, dieses Außerhalb-des-Subjekts, ist im strengen Sinne das, was man das Unbewußte nennt."[380] Die subjektive Wahrheit darf demnach nicht mit Erkenntnis verwechselt werden:

---

[380] Lacan, 1992. S.:294

„Wonach wir Freud zufolge streben sollen, ist nicht das, was Gegenstand einer Erkenntnis sein kann, sondern das, was mein Wesen ausmacht, und was ich, wie er uns
lehrt, viel eher bezeuge in meinen Launen, in meinen Verirrungen, in meinen Phobi-
en und in meinen Fetischen als in meiner nur vage polizierten Persönlichkeit." (Sch
II/ S.:53)

Das bedeutet, es geht im psychoanalytischen Prozeß nicht darum, eine neue (oder ideale) Wahrheit zu eröffnen, sondern vielmehr darum, dem Subjekt die Möglichkeit zu geben, zu seiner subjektiven Wahrheit zu gelangen, die immer schon da war, zu der jedoch der Weg verstellt ist. Lacan sagt über den Psychoanalytiker, er sei „[...] kein Erforscher unbekannter Kontinente oder
großer Tiefen, er ist ein Linguist [...]."[381] Die besondere Form von Sublimierung, die die Psychoanalyse anstrebt, läßt sich daher in sprachwissenschaftlicher Terminologie ausdrücken[382]:

„In der Definition der Sublimierung als einer Befriedigung ohne Verdrängung gibt es
implizit oder explizit einen Übergang vom Nichtwissen zum Wissen, ein Anerkennen
dessen, daß das Begehren nichts anderes ist als die Metonymie des Diskurses des Anspruchs. Es ist der Wechsel als solcher. Ich bestehe darauf – dieses im eigentlichen
Sinne metonymische Verhältnis eines Signifikanten zum anderen, das wir Begehren
nennen, ist nicht das neue Objekt, auch nicht das Objekt von früher, es ist der Wechsel des Objekts in sich selbst." (Sem VII/S.:350)

Lacan bezieht sich mit seinem linguistischen Ansatz vor allem auf Saussure und Roman Jakobson, methodologisch also auf den Strukturalismus. Wie weiter oben bereits erwähnt, konzipiert er
jedoch in Abgrenzung gegen den Strukturalismus eine „Linguisterie" (Sem XX/S.:20), die eine
Kombination des wissenschaftlichen Diskurses mit dem Diskurs der Kunst darstellt. Denn in der
Form des Strukturalismus kann die Linguistik nur einen Teilbereich des sprachlich Strukturierten
erfassen. Lacan schreibt:

„Die Linguistik liefert das Material der Analyse, ja sogar den Apparat, mit dem in ihr
operiert wird. Aber ein Bereich läßt sich beherrschen nur aus seiner Operation. Das
Unbewußte kann, wie ich sagte, die Bedingung der Linguistik sein. Trotzdem hat
diese nicht den geringsten Zugriff auf es.

---

[381] Ebd. S.:293

[382] Alain Juranville beschreibt diese spezifische Form der Sublimierung im psychoanalytischen Diskurs als eine, die
die anderen Sublimierungsformen durchläuft: „Die vier Zeiten, die nun gleich angezeigt werden, sind die der
ethischen Arbeit, der Durchlauf der gesamten neurotischen, für den Menschen konstitutiven Struktur, die es
wiederzuwollen gilt. In der Ausdrucksweise des Borromäischen Knotens ist es 1. das Imaginäre oder die tatsächlich im Akt hervorgebrachte Konsistenz (für die Ethik im allgemeinen ist das die Religion); 2. das Symbolische des Wissens, worin diese Konsistenz hergestellt wird (die Philosophie); 3. da beide Termini im neurotischen Imaginären des Ideals vermischt sind, braucht es ein supplementäres Symbolisches, das Symptom, das die
ethische Forderung ist (auf der allgemeinen Ebene ist das die Psychoanalyse); 4. das Reale schließlich des
schöpferischen Aktes, des Schuldigwerdens (die Ethik trifft hier mit der Kunst zusammen). Diese quaternäre
Bewegung wird sich auf allen Stufen der Analyse wiederfinden lassen." (Juranville, Alain (1992): DIE ETHIK
MIT DER PSYCHOANALYSE. In: Frag-Mente. Schriftenreihe zur Psychoanalyse. Nr. 39/40: Das andere Denken.
Zur Ethik der Psychoanalyse. hrsg. v. Wissenschaftliches Zentrum für Psychoanalyse, Psychotherapie und psy-
chosoziale Forschung (WZ II) der Gesamthochschule Kassel. Verlag Senior und Pressler. Kassel. S.:23-42. hier
S.:25)

Denn sie läßt weiß, was hier Effekt macht: das Objekt *a*, von dem her, indem ich zeigte, daß es der Einsatz des psychoanalytischen Akts ist, ich gedacht habe, jeden anderen Akt zu erhellen." (R-T/S.:13)

Der Diskurs der Psychoanalyse verbindet Theorie (resp. „Wissenschaft") mit dem Diskurs der Kunst als der Sublimierungsform des hysterischen Mechanismus, um auf diese Weise die „Karenz des Linguisten" (R-T/S.:13) zu kompensieren. Er insistiert auf der Frage nach dem Begehren des Subjekts. Und um die Notwendigkeit dieser Kompensation drastischer zu formulieren sagt Lacan:

> „Die Psychoanalyse ist keine Wissenschaft, sie ist ein Diskurs, ohne den der Diskurs der Wissenschaft nicht haltbar ist durch das Sein, das zu diesem Diskurs seit mehr als drei Jahrhunderten Zugang hat; im übrigen hat der Diskurs der Wissenschaft erstikkende Auswirkungen auf das, was man die Menschheit nennt. Die Analyse ist die künstliche Lunge, mit deren Hilfe wir versuchen zu verantworten, was wir an Genießen im Sprechen finden müssen, damit die Geschichte fortfährt." [383]

Genau an diesem Punkt setzt Lacan auch seine Kritik an der Konzeption der Linguistik von Saussure an, dessen Begriff der Arbitrarität der Zeichen er als eine Konzession an den Diskurs der Wissenschaft betrachtet. Lacan schreibt:

> „Es, dies Besondere, als arbiträr qualifizieren, ist Lapsus, den Saussure begangen hat, daraus daß, widerwillig gewiß, aber dadurch um so mehr dem Stolpern ausgesetzt, er sich da «verschanzte» (denn man bringt mir bei, daß das ein Wort von mir ist) hinter dem universitären Diskurs, von dem ich gezeigt habe, daß der *Hehl* eben dieser Signifikant ist, der den Diskurs des Herrn beherrscht, den des Arbiträren." (R-T/S.:14) [Hervorhebung von mir; N.O.]

Der Diskurs der Psychoanalyse will demgegenüber das *Ding*, den irreduziblen Rest (das Reale), der sich jeder Symbolisierung widersetzt, nicht zum Gegenstand einer „Hehlerei" machen, das heißt, dem „Dienst an den Gütern" (vgl. Sem VII/S.:387 et passim) unterwerfen: Die zentrale Leere, die dieses *Ding* repräsentiert, ist im Diskurs der Psychoanalyse Möglichkeitsbedingung und Ursprung von Sprache und mithin der subjektiven Wahrheit des Subjekts (insofern dieses dem Gesetz des Signifikanten unterworfen ist). Daher kreist der Diskurs der Psychoanalyse, ähnlich wie der Diskurs der Kunst, um jene zentrale Leere, die das *Ding* repräsentiert:

> „Es ist klar, daß wir den Akzent auf das setzen, was an Irreduziblem vorhanden ist im Trieb, auf das, was sich am Horizont einer Vermittlung als das zeigt, was die Verdinglichung nicht einzuschließen vermag. Indem wir jedoch im Kreis um dieses Etwas herumgehen, umkreisen wir jenes leere Bild." (Sem VII/S.:165)

---

[383] Lacan, Jacques (1994): „Déclaration à France-Culture à propos du 28ème Congrès de psychoanalyse", Paris, juillet 1973. In: Le Coq Héron. no. 45-46. 1974. S.:5. Zitiert nach: Lebrun, Jean-Pierre: Sexuierung, Tyrannei und Totalitarismus. In: Die Rückkehr der Psychoanalyse über den Rhein. Lacan und das Deutsche. hrsg. v. J. Prasse und C.-D. Rath. Kore Verlag. Freiburg i. Br. S.:149-159. hier S.:159

In der so formulierten Ethik der Psychoanalyse zeichnet sich die Lacansche Konstitution des Subjekts ab. Manfred Frank faßt zusammen, daß die Repräsentation bei Lacan nicht auf ein transzendentales Subjekt verweise, was er als „[...] das auffälligste Ärgernis, das der klassischen Hermeneutik durch Lacans eigenwillige Definition zugemutet wird [...]"[384] bezeichnet. Wie ich zu Beginn dieses Kapitels bereits erwähnt habe, geht Lacan davon aus, daß das Objekt *a* „[...] in die Teilung des Subjekts zu inserieren sei [...]" (Sch II/S.:242). Frank sagt:

> „[...] das Subjekt selbst enthüllt sich als die reflexive Lücke, als das Intervall eines geregelten Verweisungsspiels zwischen (wenigstens) zwei Signifikanten, die sich positiv in ihrer Präsenz und Bestimmtheit vor dem leeren Hintergrund konturieren, in dessen Tiefe das Subjekt sich verflüchtigt und gleichsam nichtet."[385]

Deshalb postuliert Lacan: „Ohne die Theorie des Objekts *a* ist, wie wir sehen werden, eine korrekte Integration der Funktion der Wahrheit als Ursache im Hinblick auf das Wissen und das Subjekt nicht möglich." (Sch II/S.:255)

Lacan kann daher die Frage nach der Wissenschaftlichkeit der Psychoanalyse in Hinblick auf die Annahme des Objekts *a* und des *Dings* (dem Realen) reformulieren als Frage nach der Möglichkeit der Psychoanalyse als einer „[...] Wissenschaft des Unmöglichen [...]"[386]. Er schreibt paradox: „Das Feld, das wir erforschen, unser Feld, ist in gewisser Weise das Objekt einer Wissenschaft." (Sem VII/S.:386) Das bedeutet, der Gegenstand der Psychoanalyse als Wissenschaft ist das Objekt: dieses aber nicht als Gegenstand der Wissenschaft, sondern präzise als jenes Objekt, das von der Wissenschaft verworfen wird:

> „Dieser Korpus der Wissenschaft ist in seiner Bedeutung nur begreifbar, wenn wir erkennen, daß er in subjektiver Relation das Äquivalent dessen ist, was ich hier das Objekt klein *a* genannt habe." (Sem XI/S.:279)

Kapitel IV.3
Versuch der Systemtheorie, das *Ding* zu codieren

Lacans Konzeption des Begehrens und des Objekts klein *a* kann beschreiben, warum sich die Systemtheorie als Differenztheorie sozusagen gerne mit dem Problem der Paradoxie beschäftigt. Die Paradoxie ist für die Systemtheorie das *Ding*, das verworfen wurde, und nun im Realen wiedererscheint: entweder im Problem einer Letztbegründungsinstanz oder im Problem der Unerreichbarkeit eines Systems für sich selbst untergebracht[387].

---

[384] Frank, Manfred (1978): „Das"wahre Subjekt" und sein Doppel. Jacques Lacans Hermeneutik. In: Der Wunderblock. Zeitschrift für Psychoanalyse Sondernummer: Lacan Lesen. Ein Symposium. hrsg. v. N. Haas, V. Haas, L.M. Mai, Ch. Schrübbers. Verlag Der Wunderblock. Berlin. S.:12-37. hier S.:20

[385] Ebd. S.:20

[386] Lacan, 1978. S.:12

[387] Gerade mit dem Aufkommen differenztheoretischer Überlegungen steigt die Beschäftigung mit diesen Problemen stark an. Vgl.: Baecker (Hrsg)(1993a): Kalkül der Form; und ders. (1993b): Probleme der Form; Luh-

Systemtheoretisches Beobachten (Bezeichnen der einen Seite der Form) ist Codieren: Beobachtbar ist nur, was codiert ist[388]. „Die binäre Struktur von Codes tranchiert die Welt."[389]. Die Systemtheorie erzeugt somit Beobachtbares als System: entweder Bewußtsein oder Kommunikation. Im systemtheoretischen Universum ist, in einer Abwandlung des Wittgensteinschen Satzes, alles, was codiert ist. Was sich der Beobachtung entzieht ist nicht der Fall[390]. Nicht beobachtbar ist alles, was im systemtheoretischen Sinn nicht systematisierbar ist. Auf das kann, gemäß Luhmann, jedoch per Symbol bezug genommen werden: „Wovon wird sich das sich selbst programmierende Kunstwerk unterscheiden, wenn nicht mehr von dem Unzugänglichen, das es symbolisiert, oder von dem Gegenstand, den es bezeichnet, indem es ihn imitiert?"[391] Damit ist das Problem jedoch nur verschoben, denn ungeklärt bleibt, was „bezugnehmen" sei. In dem Text VOM ZEITZAUBER MUSIK setzt sich Peter Fuchs mit diesem Problem auseinander. Dabei geht er von der Unbeobachtbarkeit von Musik aus. Fuchs formuliert die Differenztheorie als eine „von dem Kopf auf die Beine gestellte" Systemtheorie, die es erlaubt, Unbeobachtbarkeit als Differenz von Identität und Differenz zu fassen und somit das Unbeobachtbare (als Differenztheorem) als Grundlage allen Beobachtens zu konzipieren:

> „Hier wird vorgeschlagen, Ton direkt intervallförmig, das heißt: differenztheoretisch zu begreifen, als eine auf Differenz gestimmte Einheit der Musik, so daß Selbstbezug eines Tons nur über die Einheit von Identität und Differenz – formal analog zu basaler Selbstreferenz – erfaßt werden kann."[392]

Daher kann man „[...] Musik nicht hören, wenn man sie hört."[393] Fuchs versucht, das Unbeobachtbare, nicht Codierbare, die „Randverwaschenheiten"[394], oder in älterer Terminologie das Inkommensurable, als das Differente zu setzen. Schwierig wird es dann jedoch sein, die Differenz selbst zu bestimmen. Ist ein Ton different a) zu sich selbst (im Sinne basaler Selbstreferenz), b) zu anderen Tönen (im Sinne einer informationstheoretischen Differenzierung), c) zu Geräusch (kontextuell) oder d) als Ton different zu Bewußtsein, weil ein Ton dort nur als Gedanke, nicht aber als Ton prozessiert wird. Keine dieser Lösungen scheint befriedigend. Das jeweils different Gesetzte wird gerade durch solche Differenzierung in gewisser Weise bestimmbar, es wird aber hinsichtlich dadurch ausgeblendeter Differenzierungsmöglichkeiten schlich indifferent. Und in diese Indifferenz wird genau das, was man das Inkommensurable von Kunst genannt hat, jeweils hineinverschoben. Zumindest mit der letzten Lösung wäre das Unbeobachtbare schon immer als Möglichkeitsbedingung des Beobachtbaren eingeschlossen: „Musik werde im Bewußtsein prozessiert als etwas, was sie nicht sei, und so merkwürdig sich das anhört: diese These ist angesichts einer Theorie autopoietischer Systeme nichts weniger als von trivialer Rich-

---

mann, Niklas; Fuchs, Peter (1992): Reden und Schweigen. 2. Aufl. Suhrkamp Verlag. Frankfurt/Main; und viele andere in der vorliegenden Arbeit herangezogene Texte mehr.

[388] Luhmann, N.; Fuchs, P. (1992): Reden und Schweigen. S.:71

[389] Zur Differenz zwischen Bezeichnen und Codieren siehe → Glossar: 3.

[390] Demgegenüber die Bühlsche Kritik: „Als geschlossen kann im übrigen nur die *autopoietische* Konfiguration im System gelten, neben der aber noch *allopoietische* und schlicht *indifferente* Komponenten anzunehmen sind." (Bühl, 1992. S.:226)

[391] Luhmann, 1996. S.:332

[392] Ebd. S.:219

[393] Ebd. S.:226. Fuchs spricht damit ein Problem an, das sich m.E. dem systemtheoretisch Beobachtbaren entzieht.

[394] Ebd. S.:214

tigkeit."[395] Dies trifft jedoch auf alles zu, was im Bewußtsein wahrgenommen und prozessiert wird. Das spezifische Unbeobachtbare von Musik – in Abgrenzung zum Unbeobachtbaren in bildender Kunst oder Literatur (um nun meinerseits einen Kontext zu wählen) – kann dadurch nicht beschrieben werden. Es wäre einfach nicht beobachtbar:

> „Das Bewußtsein arbeitet, wenn es mit Musik arbeitet, für einige Zeit indifferent gegen die Unterscheidung von Fremdreferenz und Selbstreferenz und muß, wenn Musik aufhört, geradezu geweckt werden."[396]

Plausibel wird diese Konzeptualisierung der Zeitdimension, in der Bewußtsein operiert, und die ich mit dem Ausdruck der „Sekundarisierung des Primären" zu charakterisieren versucht habe. Die Indifferenz gegenüber Selbst- und Fremdreferenz kann jedoch nicht für das Phänomen Musik spezifiziert werden. Hinter den Differenzierungen, die man (sukzessive) vornehmen kann, bleibt, davon unberührt: das Musikerlebnis[397]. Es bleibt also zu fragen, inwieweit der Differenzbegriff an das Problem der ästhetischen Erfahrung heranreicht. Und es stellt sich die Frage, ob der systemtheoretische Differenzbegriff nicht aus methodologischen Gründen in totalisierende Figuren (Beobachtbares – Unbeobachtbares) münden muß. Es scheint sich bei solchen Figuren dann genau um die Umgangsweise zu handeln, die Lacan dem Diskurs der Wissenschaft unterstellt, nämlich, daß diese „[...] zwar das *Ding* setzt, doch mit ihm nicht rechnet." (Sem VII/S.:162) Bühl wirft infolgedessen der Systemtheorie ganz allgemein diese Schwäche vor:

> „Diese binäre Kodierung hat den Vorzug, daß sie zu einer totalen Kategorisierung der Welt und ihrer Ereignisse führt, und dennoch das System schön geschlossen bleibt. Die Kommunikationen sind so immer weiter ausdifferenzierbar, es gibt keine dritten Möglichkeiten, damit kein Zögern, keine Unentschiedenheit und keine Dunkelheiten, aber eben auch keine Ahnungen, keine Fusionen und Gestaltumschläge."[398]

Die Differenztheorie bildet somit methodologisch den Komplementärbegriff zur Systemtheorie, da sie sich, aus der anderen Perspektive, nur in Relation zum Systembegriff konstituiert. Damit kann Differenz jedoch nicht das Indifferente bezeichnen. Die Differenz konstituiert die „Spiegelbeziehung" der Systemtheorie.

Die Psychosemiologie Lacans kann dieses Problem durch die Annahme des Unbewußten sowie die nicht-linear verlaufende, subjektive Zeit angehen. Das Unbewußte gewährleistet, daß Lebens-umweltliches bzw. Indifferentes (die Außenseite, die nach Luhmann nicht bezeichnet wird und also nicht systematisch ist) nicht nur virtuell gegeben ist, sondern wirkt (→ Glossar: 2). In

---

[395] Ebd. S.:227
[396] Ebd. S.:229 f.
[397] Ein ähnliches Problem wird bei Wittgenstein angesprochen: „Es gibt allerdings Unaussprechliches. Dies zeigt sich, es ist das Mystische." (Wittgenstein, 1963. S.:115) Ähnlich jedoch auch der Text „Reden und Schweigen" von Luhmann/Fuchs: „Die These ist, daß das topographische Stillstellen der Paradoxie im Falle der Mystik, obwohl sie vom Schema aus operiert, nicht gelingt. [...] Sie blickt wie hypnotisiert auf die Differenz von Immanenz und Transzendenz (statt: von ihr aus zu agieren) und blickt damit auf das Problem der Einheit durch." (Luhmann, Fuchs, 1992. S.:73)
[398] Bühl, 1992. S.:231

→ Kap.: III beschreibe ich die Aktualisierung des Unbeobachtbaren als Beobachtbares als die Sekundarisierung des Primären. In Lacanscher Terminologie ist damit die Verfassung des Subjekts in einem Status des „wird gewesen sein" gemeint. Davon, daß Lebensumweltliches wirkt, zeugen hingegen die neurotischen Symptome. Die Metonymie ist der Modus des Unbewußten, nach dem die Verschiebungen des Subjekts verlaufen, denen es unterworfen ist. Der Unterschied zwischen der Systemtheorie und der Psychosemiologie läßt sich vielleicht präzise in dem Status des Subjekts festmachen: Der Beobachter bei Luhmann suggeriert stets die Vorstellung eines Agens, der souverän unterscheidet und selektiert, und Beobachtungen ausführt oder nicht (gleichgültig, ob es sich dabei tatsächlich um einen Beobachter oder um ein beobachtendes System handelt). Das Subjekt bei Lacan hingegen ist dem Signifikanten unterworfen – in der Psychose tritt deutlich zutage, daß das Subjekt gesprochen wird (→ Kap.: II.2). Die Schwierigkeit, diese Lacansche Konzeption nachzuvollziehen, beschreibt Safouan auch für die psychoanalytische Methodologie:

> „Vor allem zum Beispiel wird aus der Frage des Unbewußten die Frage der Beziehung des Subjekts, d.h. des sprechenden Subjekts, zum Signifikanten, der bis dahin als Ausdrucksmittel dessen, was es denkt, betrachtet wurde und das sich jetzt als etwas herausstellt, das ein Denken ohne Denken enthält. Das ist ein enormes Problem. Und selbst die Beziehung dieses Subjekts zur Wahrheit wird zu etwas höchst Problematischem. [...] Nach und nach mußte die gesamte Struktur, das Gleichgewicht der psychoanalytischen Theorie, wieder in Angriff genommen werden." [399]

Das Subjekt bei Lacan ist Effekt des Signifikanten-Prozesses:

> „Wenn der Mensch deshalb die symbolische Ordnung zu denken sucht, so ist er in ihr zunächst in seinem Wesen einbegriffen. Die Illusion, er habe sie durch sein Bewußtsein gebildet, rührt daher, daß er aufgrund eines spezifischen Aufklaffens seiner imaginären Relation zu seinem Nächsten in diese Ordnung als Subjekt einzugehen vermochte." (Sch I/S.:52)

Der Begriff des Beobachters bei Luhmann ist nicht überzeugend motiviert. (Gemäß seiner Differenzierung der Sinndimension in eine Zeit-, Sach- und Sozialdimension scheint bei der Betonung des Beobachters die Sozialdimension die anderen beiden in den Schatten zu stellen. Genauso gut könnte man das Operieren von Systemen allein mit Hilfe der Zeit- oder Sachdimension rekonstruieren[400].) Da Lacan hingegen von dem Signifikanten ausgeht (dessen Effekt das Subjekt ist), kann der Beobachter begrifflich dadurch gerechtfertigt werden, daß sich die Operationen, die bei Lacan vollzogen werden, auf sprachlicher Ebene abspielen: Operationen sind Diskurstatsachen. Lacan schreibt:

> „Die Tatsachen, von denen ich Ihnen spreche, sind Diskurstatsachen, Diskurs, dessen Ausgang wir in der Analyse betreiben, im Namen wessen? – der Lösung von anderen Diskursen.

[399] Safouan, Moustapha (1994): Eröffnung. In: Die Rückkehr der Psychoanalyse über den Rhein. Lacan und das Deutsche. hrsg. v. J. Prasse und C.-D. Rath. Kore Verlag. Freiburg i. Br. S.:28-34. hier S.:31
[400] vgl. Luhmann, 1991. S.:112 ff. Wenigstens Peter Fuchs betont die Wichtigkeit der Zeitdimension.

Durch den analytischen Diskurs manifestiert sich das Subjekt in seiner Kluft, nämlich in dem, was sein Begehren verursacht." (Sem XX/S.:15)

Glanvilles Black Box-Modell, das einen infiniten Regreß erzeugen kann, illustriert Lacans Konzeption des Subjekts als Sprachwesen, das stets als Effekt eingebettet ist in das Signifikantensystem, in „lalangue"[401]. Es ist nicht die Unhintergehbarkeit der Paradoxie, die Lacan an sich interessiert. Es ist vielmehr der Regreß selbst, der sich nach Maßgabe der drei Bereiche des Psychismus und der Begehrensstruktur des Subjekts entfaltet. Anders ausgedrückt: Die Systemtheorie
beschäftigt sich mit der Unbeobachtbarkeit der Paradoxie als Ausgangsmoment oder als Horizont. Lacans Psychosemiologie beschäftigt sich mit den Effekten der Paradoxie als Ursprung und
Ziel des Begehrens des Subjekts. Sie beschreibt die Paradoxie als ebenso konstitutiv wie konstruiert   (→ Kap.: III.3). Die Paradoxie hat drei Erscheinungsweisen: im groß Anderen, im
(imaginären) Phallus und – am radikalsten – im *Ding*. Diese drei Bezugspunkte existieren nicht,
gleichwohl bewirken sie Effekte.
Weil die Systemtheorie kein Unbewußtes kennt, bleibt sie in der binären Codierung stecken und
damit auf die Paradoxie fixiert. Überspitzt und provokant könnte man ihre Situation, Küchen-
hoff/ Warsitz ergänzend sagen:

> „Diese binäre schizophrene Oszillation zwischen kokonartiger Versteinerung [Fixie-
> rung auf das Problem der Paradoxie; Anm. N.O.] und äußerstem Selbstverlust [Kon-
> zept einer allgemeinen Theorie, die jedes soziale Phänomen beschreiben könne;
> Anm. N.O.] spiegelt sich – hier bereits narzißtisch stabilisiert – in der Antithesis von
> Größen- und Verfolgungswahn wider."[402]

Als GRUNDRIß EINER ALLGEMEINEN THEORIE leidet die Systemtheorie keinen Mangel (→ Kap.:
II.2). Der Beobachter Willke empfindet „[...] ein bleibendes Erstaunen darüber, was unter Soziologie alles abgehandelt wird, und wie."[403] In seinem Vorwort zu dem Band THEORIE ALS
PASSION nennt Willke Luhmann mehrfach einen „passionierte[n] Wissenschaftler"[404]. Doch was
ist Luhmanns Begehren, wenn nicht letztendlich, die Welt zu tranchieren? Möglicherweise trifft
auf Luhmanns Systemtheorie das Wort Lacans zu: „Die Forscher haben jedoch einen so starren
Begriff vom Wirklichen, daß sie nicht bemerken, daß ihre Untersuchung es in ihr Objekt umwandelt." (Sch I/S.:24)

---

[401] „Lalangue" ist das, was das Sprachwesen vor Tieren auszeichnet, die gleichwohl kommunizieren können: „Man
vergißt nämlich, daß das Sprechen nicht die Sprache ist, und daß komischerweise die Sprache das Wesen zum
Sprechen bringt, das sich nun aus dieser Sprecherei spezifiziert. Es liegt auf der Hand, daß meine Hündin sprechen kann und daß sie, indem sie es tut, sich sogar an mich wendet. Daß ihr jedoch die Sprache fehlt, das ändert alles. Anders gesagt: die Sprache ist nicht auf Kommunikation reduzierbar." (Lacan, 1978. S.:11)

[402] Küchenhoff, Joachim; Warsitz , Peter (1991): Psychotische Erfahrungen und Übergangsphänomene. Therapeutische Wege einer Umkehr der Verwerfung. In: Frag-Mente. Schriftenreihe zur Psychoanalyse. Heft 37: Die
Psychosen. Einschlüsse und Auswege. hrsg. v. Wissenschaftliches Zentrum für Psychoanalyse, Psychotherapie
und psychosoziale Forschung (WZ II) der Gesamthochschule Kassel. Verlag Senior und Pressler. Kassel.
S.:61-80. hier S.:73

[403] Willke, Helmut (1987): Vorwort. In: Theorie als Passion. Niklas Luhmann zum 60. Geburtstag. hrsg. v. D.
Baecker et al. Suhrkamp Verlag. Frankfurt/Main. S.:9-13. hier S.:13

[404] Ebd. S.:9

Kapitel IV.4

Die schlechte Unendlichkeit der Psychosemiologie

> „Vielleicht ist die Wahrheit ein Weib, das Gründe
> hat, ihre Gründe nicht sehen zu lassen?"[405]

Die Notwendigkeit einer Integration des Begriffs des Begehrens in die Theorie ist in der vorliegenden Arbeit unter verschiedenen Aspekten aufgezeigt worden. Im folgenden soll abschließend eine Kombination von Psychosemiologie und Systemtheorie vorgeschlagen werden. Damit soll gleichzeitig eine Rückkoppelung an die Einleitung der vorliegenden Arbeit ermöglicht werden, die mit Lacans Aussage beginnt: „Ich bleibe dabei: Es ist Liebe, die sich ans Wissen richtet." (Sch II/ S.:13)

Ohne näher auf die Hegelsche Logik eingehen zu wollen[406], möchte ich doch auf dessen Begriff der schlechten und der guten (bzw. wahren) Unendlichkeit hinweisen, der die unterschiedliche Umgangsweise mit den von der Systemtheorie herausgearbeiteten Paradoxien des Beobachtens einerseits, und dem Lacanschen Umgang damit andererseits verdeutlichen kann.

In der vorliegenden Arbeit vertrete ich den Standpunkt, daß die Systemhaftigkeit eines Systems durch ein (paradoxes) Element garantiert wird, das durch das System selbst nicht einholbar, bzw. das nicht systematisierbar ist.

Luhmanns Systemtheorie beschäftigt sich seit seiner letzten methodologischen Umorientierung, nämlich der Einführung der Unterscheidung nach Spencer-Brown und dem Umschalten auf eine Differenztheorie, vorwiegend mit den (logischen bzw. philosophischen) Folgeproblemen dieser Paradoxie. Die einzige Alternative zum Postulat einer Paradoxie ist, so scheint es, der infinite Regreß, so daß andersherum die Setzung einer Paradoxie bei Luhmann als die einzige Möglichkeit erscheint, den infiniten Regreß allen Beobachtens aufzuhalten. Auf den Vorwurf Wagners beispielsweise, Luhmanns Systemtheorie basiere immer noch auf einer „metaphysischen Prämisse", verbleibe also im „identitätslogischen Denken Alteuropas"[407], antwortet Luhmann:

> „Es ist richtig, daß man angesichts einer Differenz nach der Einheit der Differenz
> fragen kann und fragen muß, wenn die Theorie eine Ausschöpfung ihres Problemati-
> sierungspotentials erreichen möchte. Aber die Einheit der Differenz muß nicht als
> Identität begriffen werden, sondern als Paradoxie; denn wenn man die Differenz
> „identifizieren", also bezeichnen wollte, müßte man sie ihrerseits unterscheiden usw.,
> ad infinitum."[408]

---

[405] Nietzsche, Friedrich (1930): Die fröhliche Wissenschaft («La gaya Scienza»). Alfred Kröner Verlag. Leipzig. S.:10

[406] Homolgien zwischen dem Denken Hegels und Lacans werden in der Literatur häufig hervorgehoben (vgl. insbesondere: Zizek, Slavoj (1992c): Der Erhabenste aller Hysteriker. Psychoanalyse und die Philosophie des deutschen Idealismus. übers. v. I Charim. 2. erw. Auflage. Verlag Turia und Kant. Wien. sowie ders.: Hegel mit Lacan. (1995).

[407] Wagner, Gerhard (1994): Am Ende der systemtheoretischen Soziologie. Niklas Luhmann und die Dialektik. In: Zeitschrift für Soziologie. Jg. 23. Heft 4. Enke Verlag. Stuttgart. S.:275-291. hier: S.:275

[408] Luhmann, Niklas (1989): Gesellschaft und Differenz. Zu den Beiträgen von Gerhard Wagner und Alfred Bohnen in der Zeitschrift für Soziologie Heft 4: In.: Zeitschrift für Soziologie. Jg. 23. Heft 6. Enke Verlag. Stuttgart. S.:477-481. hier S.:477

Die von Luhmann in diesem Aufsatz folglich getroffene Unterscheidung zwischen Gegensatz (zum Beispiel: System/System-Unterscheidungen) und Unterscheidung (zum Beispiel: einer Form vom „unmarked space") läßt sich meiner Ansicht nach durch die Begriffe der guten bzw. der schlechten Unendlichkeit reformulieren. Die in der Systemtheorie nicht eindeutig differenzierte Verwendung der Begriffe der (System-)Umwelt und des (System-)Horizonts lassen sich hierzu nutzbar machen.

Obwohl Luhmann – soweit ich seine Texte überblicke – nirgends eine entsprechende Unterscheidung expliziert, nehme ich an, daß der Begriff eines (System-)Horizonts nur für einen „zweiten Beobachter", das Problem einer (System-)Umwelt für einen (hypothetischen) „ersten Beobachter" gegeben ist.

Ich möchte in diesem Zusammenhang versuchen, die beiden Begriffe des ersten und des zweiten Beobachters als Beobachtungspositionen zu reformulieren, so daß sich der zweite Beobachter stets in der Problematik des infiniten Regresses, der erste Beobachter hingegen in der Problematik der Paradoxie befindet[409]. In seinem Text, LACAN UND DIE SCHLECHTE UNENDLICHKEIT, schreibt Antonello Sciacchitano:

> „Schlecht ist das Unendliche als potentielles, unvollendetes. Es ist das Unendliche der endlosen Zahlenreihe: eins zwei drei Pünktchen Pünktchen Pünktchen. Wahr ist dagegen das Unendliche in actu, als effektives, ein für alle Mal gegebenes, vollendetes. Es ist das Unendliche der Punkte auf einer Kugel, ohne Pünktchen. Das schlechte Unendliche ist arithmetisch. Es wird gezählt. Das Ein, das zu den anderen Ein hinzugefügt wird, läßt es immer offen. Das wahre Unendliche ist geometrisch. Es ist durch das Gesetz gegeben, das es in sich selbst schließt, wie eben die Kugel, Ort der unendlich vielen Punkte, die denselben Abstand zum Mittelpunkt haben."[410]

Unter diesem philosophischen Blickwinkel gesehen, beschäftigt sich Luhmann also mit der Unterscheidung zwischen guter und schlechter Unendlichkeit, wobei die gute Unendlichkeit bei ihm durch die Paradoxie, die schlechte Unendlichkeit hingegen durch den infiniten Regreß repräsentiert wird. Diese Unterscheidung ist auch für das Denken Lacans relevant, wobei Lacan mit seinem Begriff des Begehrens (das immer sexuelles Begehren und immer Begehren des Anderen ist) die schlechte Unendlichkeit rehabilitiert. Sciacchitano schreibt:

> „Lacan schlägt eine Lösung vor, die zwischen den Maschen der formalen Logik hindurchschlüpft. Die Sexuierung ist Wirkung zweier verschiedener universaler Operatoren, von denen der eine allgemein in der Mathematik gebraucht wird, der andere entschieden weniger: *Alle* und *Nicht-alle*, der erste männlich, der zweite weiblich."[411]

Er erläutert:

---

409 Dabei verwende ich die beiden Positionen des ersten und des zweiten Beobachters approximativ: Der Begriff des hypothetischen ersten Beobachters soll dabei alle psychosemiologischen Implikationen enthalten, nämlich die Reduktion auf den (dualen) imaginären Bereich, die Nähe zur Paranoia bzw. Psychose (→ Kap.: II.2) sowie die Tatsache, daß man ihn diagnostisch nur von „außen" beschreiben kann.

410 Sciacchitano, (1994). S.:142

411 Ebd. S.:145

„In unserer Terminologie sagen wir, daß das *Alle* das Unendliche in actu, das einheitliche, gute, und sagen wir es ruhig, männliche Unendliche, generiert. das *Nichtalle* generiert das Unendliche als Potentielles, das nicht Einheitliche, Schlechte und, es tut mir leid, es zu sagen, das Weibliche." [412]

Lacan seinerseits schreibt: „Es gibt also die männliche Art, darum zu kreisen, und dann die andere, die ich nicht anders bezeichne [...] wie, auf die weibliche Art, sich das herausarbeitet. Es arbeitet sich heraus aus dem Nicht-Alles." (Sem XX/S.:62) Dabei merkt Lacan an: „Man kann sich auch stellen auf die Seite des nicht-alle. Es gibt Männer, die so gut sind wie die Frauen. Das kommt vor." (Sem XX/S.:83) Definitorisch legt Lacan fest, was ihm (aufgrund eines Mißverständnisses) häufig zum Vorwurf gemacht wurde:

„Es gibt nicht *Die* Frau, bestimmter Artikel, um zu bezeichnen das Universale. Es gibt nicht *Die* Frau, denn – ich habe den Ausdruck bereits riskiert, und weshalb sollte ich da zweimal hinschauen – ihrem Wesen nach ist sie nicht alle." (Sem XX/S.:80)

Lacan sagt: „Was ich dieses Jahr angehe, ist das, was Freud ausdrücklich beiseite gelassen hat, das *Was will das Weib?*" (Sem XX/S.:87) Die Unterscheidung zwischen der Paradoxie und dem infiniten Regreß läßt sich somit beschreiben, als Unterscheidung zweier Operatoren, deren erster – in Lacanscher Terminologie – sich mit dem Objekt, und deren zweiter sich mit dem *Ding* (→ Glossar: 5) beschäftigt. Sciacchitano schreibt:

„Die Stimme des Windes ist das Objekt, das die leere Unendlichkeit ausfüllt. Das bestimmte Objekt im Gegensatz zum unbestimmten Ding ist das wahre Unendliche im Gegensatz zum schlechten Unendlichen. Die Dichte, die das imaginäre Gefäß füllt. Es ist nicht grenzenlos, sondern alles, seit jeher da." [413]

Über die Beschäftigung der „*Hys*theorie" mit dem *Ding* schreibt Lacan:

„Doch indem ich die Wissenschaft ins Register des hysterischen Diskurses einschreibe, lasse ich mehr verstehen, als ich davon gesagt habe.
Der Zugang zum Realen ist schmal. Und es ist daraus, ihn immer wieder aufzusuchen, daß die Psychoanalyse sich profiliert." (R-T/S.:34)

Die Beschäftigung mit dem Objekt, mit allen (Lacanschen) Implikationen, die das Objekt mit sich führt, wäre gleichzusetzen mit Beobachtungen erster Ordnung, da sie sich in einer Duplizität ereignet[414]. Sie wird repräsentiert durch das Modell eines Systems und seiner Umwelt, als – nach

---

[412] Ebd. S.:145
[413] Ebd. S.:144
[414] Dabei ziele ich auf eine „Erscheinungweise" des Objekts, wie sie für die Psychose charakteristisch ist, nämlich als das Element, das die fundamentale Gespaltenheit des Subjekts verdeckt als „Mangel an Mangel" (→ Kap.: II.2). Zizek schreibt: „Dies ist die dritte und letzte Bestimmung der Psychose nach Lacan, die die vorangehenden - das Verhaftetsein im Spiegelbild, das Paradigma der paranoischen Instanz; Verwerfung des Namens-des-Vaters - ergänzt und so die Reihe schließt, deren innere Logik der Triade Imaginäres-Symbolisches-Reales folgt. [...] Das Subjekt ist in seinem Spiegelbild insofern verhaftet, als ihm die Wirksamkeit des zentralen Signi-

Luhmann – Unterschiedenem, das aber gerade dadurch, daß es nur unterschieden wird, die (nicht „identifizierbare") Einheit der Differenz ist. Die Beschäftigung mit dem *Ding* hingegen, kann nur potentiell, unendlich, unabschließbar geschehen. (Wie ich in → Glossar: 5 beschreibe, ist der Zugang zum *Ding* schon deshalb unmöglich, da das *Ding* weder imaginierbar, noch symbolisierbar ist.) Sie zielt nicht auf die Wahrheit, sondern auf das Wissen, „[...] das die Wahrheit als Vermutung, Konjektur, beherbergt."[415] Sciacchitano erläutert: „Die immer phallische Deutung ist auf der Seite des Alles, die Konstruktion auf der des *Nicht-alles*. In Mailand arbeiten wir an der Hypothese, daß die erste in bezug zur Wahrheit steht, die zweite in bezug zum Wissen [...]."[416] Und sie wäre Beobachtung zweiter Ordnung insofern sie sich in der schlechten Unendlichkeit des infiniten Regresses befindet und diesen generiert. Sie wird repräsentiert durch das Modell eines Systems mit einem Horizont[417]. Über Lacans Psychosemiologie schreibt Sciacchitano, sie mache sich damit eine gewisse Schwäche nutzbar:

> „Die Paradoxe der Mengenlehre zeigen die Schwäche der versuchten Rationalisierung. Unnötig zu sagen, daß eben da, in der Schwäche, der Psychoanalytiker zu Hause ist. Es geht mir hier um die Wiederentdeckung der Fruchtbarkeit dieser Schwäche durch Lacan."[418]

---

fikanten, der Name-des-Vaters, fehlt, der ihm ermöglicht, Distanz gegenüber der imaginären Beziehung zu wahren, d.h. sie durch ihren symbolischen Kontext zu vermitteln; der Name-des-Vaters ist im Grunde nichts anderes, als die Bezeichnung des zentralen Lochs, um das sich die symbolische Ordnung strukturiert und öffnet, wenn der Überschuß-Fleck aus dem Rahmen der ›Realität‹ entfernt wird." (Zizek, 1993. Fußnote 94. S.:202)

[415] Sciacchitano, 1994. S.:147

[416] Ebd. S.:146 f.

[417] Ich würde daher den Horizont ähnlich konzipieren wie das (neurotische) Symptom: lesbar, aber im Maße seiner Dechiffrierung unendlich zurückweichend gegen den Fluchtpunkt des Realen (→ Glossar: 2). Demgegenüber würde ich den Versuch, das Paradox selbst beobachtbar zu machen, worauf letztlich die Insistenz auf der Paradoxie hinausläuft, nach Zizek als psychotisch beschreiben: das Paradox „verstopft" gleichsam den Fluchtpunkt des infiniten Regresses. Zizek schreibt am Beispiel eines Films: „In Hitchcocks *Marnie* spielt ein gewaltiger Schiffsrumpf am Ende der Straße, wo Marnies Mutter lebt, die Rolle des phantasmatischen Elements, das das Loch in der Realität zusammenflickt: Er ist aufgemalt, wie deutlich zu erkennen ist, und zerstört dadurch den Tiefeneffekt. Darin besteht die elementare, formale Definition der Psychose: die massive Präsenz irgendeines Realen, das für die ›Realität‹ konstitutive perspektivische Öffnung ausfüllt und verschließt." (Zizek, 1993. S.:150 f.) Unter diesem Gesichtspunkt erklärt sich Lacans Klassifizierung des Diskurses der Wissenschaft als der Sublimierungweise des paranoischen Mechanismus. Über den Unterschied zwischen „Wissenschaft" und Psychosemiologie als „Konjekturalwissenschaft" schreibt er: „Wenn man sich jedoch bewußt wird, daß eine geglückte Paranoia ebensogut auch als Abschluß der Wissenschaft erscheinen würde [...] - wenn man andererseits anerkennt, daß es zum Wesen der Psychoanalyse gehört, den Namen-des-Vaters wie-der in die wissenschaftliche Betrachtung einzuführen, dann findet man hier die gleiche, offensichtliche Sackgasse wieder, aber man hat das Gefühl, gerade von dieser Sackgasse aus weiterzukommen und sehen zu können, wie das Chiasma, das dem engegenzustehen scheint, sich irgendwo auflöst." (Sch II/S.:254) Der Übersichtlichkeit wegen stelle ich schematisch folgende Begriffe gegenüber:

gute Unendlichkeit	versus	schlechte Unendlichkeit
Luhmann		Lacan
Paradox		Regreß
Umwelt		Horizont
Objekt		*Ding*
Alle		„Nicht-Alle"

[418] Sciacchitano, 1994. S.:145

Die Fruchtbarkeit dieser Schwäche liegt dabei in der Entfaltung der Paradoxie gerade durch die Generierung des infiniten Regresses (durch Zeit). (In → Kap.: I.2 erläutere ich Lacans und Glanvilles Ansatz als Perspektivenwechsel vom Luhmannschen Ansatz.)

Das Beobachten der Paradoxie – vielmehr: das Setzen der Paradoxie, denn sie ist nicht beobachtbar – ist ein Effekt des Regresses selbst, ein autologischer Schluß, der sich aus der Entfaltung des Regresses ergibt. Das impliziert bereits die Möglichkeit der Unterscheidung zwischen Gegensatz und Unterscheidung. Daß Luhmann aus der Figur bzw. der Bewegung des Regresses letztlich nicht herausgelangt (vgl. hierzu → Kap.: I und → Glossar: 3), beschreibt Sciacchitano als conditio sine qua non des (nicht-psychotischen) Subjekts:

> „Der Analytiker sagt, daß das Subjekt sich setzt, um zu verschwinden, vor dem Objekt seines Phantasmas zu schwinden. Tatsächlich dauert alles nur einen Nu. Die Welle der schlechten Unendlichkeit kehrt zurück und überspült alles."[419]

Im Unterschied zu Luhmanns Systemtheorie verfolgt die Lacansche Psychosemiologie aus diesem Grunde den konstruktiven Weg des Wissens (nicht den deutenden Weg der Wahrheit), wie er auch bei Glanville vorgeschlagen wird, als eine Möglichkeit,

> „[...] einen infiniten Regreß durch eine Objektbeschreibung zu produzieren, die einen infiniten Regreß erzeugt, und nicht durch die Beschreibung des Regresses selbst."[420]

Sciacchitano übernimmt Lacans kritische Haltung dem Diskurs der Wissenschaft gegenüber:

> „Der Idealismus ist die reinste Form des Herrendiskurses. Dessen Grundlagen zu analysieren: zu analysieren, auf welche Signifikanten er sich stützt, welche Objekte er produziert, ist die eigentliche Aufgabe des Analytikers. Dem homogenisierenden Antrieb, den seine Institutionen aufzwingen, zu widerstehen, ist die Aufgabe der Politik des Analytikers. Seinem autoritären Gesetz das Gesetz des Begehrens, das keine Gesetze a priori hat, entgegenzusetzen, ist die Aufgabe seiner Ethik. Mit dem Operator *Nicht-alle*, mit dem weiblichen Operator, hat uns Lacan ein Werkzeug in die Hand gegeben, um nicht nur klinisch, sondern auch an unserer Position in der Gesellschaft zu arbeiten. *Nicht-alle* zu sein, nicht alle in einer Kirche, in einer Schule, in einer Armee, kurz: in einer Assoziation zu sein, kann eine Art darstellen, den Imperativ zu realisieren, den Lacan uns gegeben hat: nicht abzulassen vom Begehren."[421]

Eine interessante Entdeckung ist in Spencer-Browns Text DIESES SPIEL GEHT NUR ZU ZWEIT zu machen: Er wurde zuerst 1971 veröffentlicht und stellt eine Reihe von Texten zusammen, mit denen Spencer-Brown die Entstehungsbedingungen der LAWS OF FORM erläutert: Er schreibt dort ausdrücklich, die LAWS seien aus Liebeskummer entstanden. Und er hält die LAWS OF FORM in einer gewissen Hinsicht für einseitig: „In „Laws of Form" versuchte ich, die maskuline Seite der Dinge so weit ich konnte darzulegen [...]."[422] Und er erläutert:

---

[419] Ebd. S.:144
[420] Glanville, 1988. S.:25
[421] Sciacchitano, 1994. S.:148
[422] Spencer-Brown, 1994. S.:111

„Nur das männliche Prinzip repräsentiert sich selbst in der Perfektion und mit der Durchschlagskraft des Entweder/Oder, der Methode aller Argumentation. Das weibliche Prinzip ist das Aufnehmen und die Vollständigkeit des Beide/Und, der Verkörperung allen Lebens."[423]

Die Paradoxie als Effekt des infiniten Regresses, in dem sie entfaltet werden kann, beschreibt die Lacansche Perspektive als eine generative. Es ist gerade der retrospektive Charakter der Psychosemiologie (und des durch sie beschriebenen Psychismus) – der jedoch seinen Ursprung auslöscht – der es gestattet, subjektive Realität zu erzeugen, ohne in die Struktur der Binnendifferenzierung zu geraten, die die Systemtheorie kennzeichnet. Die Systemtheorie, so könnte man zusammenfassen, findet in der Differenztheorie eine komplementäre Entsprechung, die es ihr ermöglichen soll, im (männlichen) Denken der guten Unendlichkeit zu verbleiben. Die Lacansche Psychosemiologie hingegen, die diesem wissenschaftlichen Denken den „weiblichen Operator" des „Nicht-Ganzen" hinzufügt, arbeitet in der schlechten Unendlichkeit. Dieser „weibliche Operator" stellt keine komplementäre Ergänzung zum „männlichen Operator" dar, weil er „[...] ein klein wenig das andere [einführt], nämlich die Differenz." (Sem XX/S.:78) Lacan schreibt: „Sie werden bemerken, daß ich gesagt habe *supplementär*. Wenn ich gesagt hätte *komplementär*, wo wären wir da! Man fiele zurück in das Alle." (Sem XX/S.:80)
Die Ethik der Psychoanalyse, die verlangt, von seinem Begehren nicht abzulassen, beschreibt Lacan als die „Tugend", Schuld auf sich zu nehmen – und zwar die ursprüngliche Schuld, die aus dem Durchschreiten des Ödipuskomplexes hervorgeht [424]:

„Die Tugend, die ich mit der fröhlichen Eswissenschaft bezeichne, ist das Beispiel dafür, weil sie zeigt, worin sie besteht: nicht verstehen, nicht in den Sinn stoßen, sondern ihn so nahe streifen, wie das möglich ist, ohne daß er zum Vogelleim für diese Tugend wird, und dafür die Lust des Dechiffrierens geniessen *(jouir)*, was einschließt, daß die fröhliche Eswissenschaft am Ende daraus nur den Fall, die Rückkehr zu Sünde, macht. [...]
Das Subjekt ist glücklich." (R-T/S.:77)[425]

Nun ist es aber die Liebe, die sich an das Wissen richtet (→ Kap.: 0). Lacan sagt: „Von Liebe zu sprechen, in der Tat, nichts anderes tut man im analytischen Diskurs." (Sem XX/S.:90) Und die Liebe ist der „weibliche Operator". Die Psychoanalyse, auf diese Art in Verbindung gebracht mit dem „weiblichen Operator", strebt die vollständige Sublimierung, das heißt die Realisierung des Begehrens an. Juranville erläutert:

„Die Frau ist diejenige, die sublimiert hat oder die es nicht zu tun braucht; der Mann derjenige, der zu sublimieren hat. Indem er sublimiert, gelangt das sprechende Sein,

---

[423] Ebd. S.:112

[424] Baas schreibt: „Das *Schuldgefühl** ist also nicht Produkt einer Erfahrung von Schuldigsein, sondern im Gegenteil seine Ursache." (Baas. Bernhard (1994): Das öffentliche Ding. Die Schuld (an) der Gemeinschaft. In: Ethik und Psychoanalyse. Vom kategorischen Imperativ zum Gesetz des Begehrens: Kant und Lacan. hrsg v. H.-D. Gondek und P. Widmer. Fischer Verlag. Frankfurt/Main. S.:93-130. hier S.:102)

[425] Mit dem Begriff der „fröhlichen Eswissenschaft" spielt Lacan auf Nietzsche an (vgl. das Motto dieses Kapitels).

„homme", das es war, zu seinem Teil Frau. Ohne dass dieser Teil „Frau" jemals „ganz" werden könnte. [...]
Die Frau ist das Ding." [426]

Da sie um das *Ding* kreist, das heißt versucht, „den Sinn so nahe zu streifen, wie das möglich ist", kann Lacan sie mit dem Diskurs der Kunst als der Sublimierungsform des hysterischen Mechanismus in Verbindung bringen:

> „Die Liebe, das ist in diesem Text das Zeichen, herausgestellt als solches, daß man die Raison wechselt, und das ist es, warum der Dichter sich an diese Raison wendet. Man wechselt die Raison, das heißt – man wechselt den Diskurs." (Sem XX/S.:21)

Die Realisierung des Begehrens, das ist der Wechsel des Objekts in sich selbst (→ Kap.: IV.6), „[...] wodurch das Subjekt sich identifiziert mit seinem Begehren." (Sem XX/S.:147). Der Wechsel des Objekts in sich selbst, das bedeutet, das Objekt in die Würde des *Dings* zu erheben. Als Wissen ist es nur partial. Das Wissen als Nicht-Alles ist „zur Wahrheit exzentrisch." (Sem XX/ S.:111)
Von Foerster schreibt in seiner Rezension der Laws of Form über Spencer-Browns Bemühungen, mit Hilfe der Mathematik, „weniger und weniger über mehr und mehr zu sagen":

> „Wenn man dieser Strategie bis an ihre Grenzen folgt, werden wir in der Lage sein, nichts über alles zu sagen. Das ist natürlich der Zustand letzter Weisheit und liefert den Kern eines Kalküls der Liebe [...]." [427]

Ähnlich geht auch Glanville von dem Gedanken aus, als Architekt, „[...] wie auch andere kreative Leute (im strengsten Sinne des Wortes), [...] aus nichts etwas zu machen." [428] Es wäre interessant zu untersuchen, inwieweit dies mit Lacans Begriff des „*ex nihilo*" korreliert. Lacan schreibt: „Da ist der Liebesakt. Liebe machen, wie der Name es anzeigt, das ist Poesie." (Sem XX/S.:79)

---

[426] Juranville, 1994. S.:45

[427] Foerster, Heinz von (1993): Die Gesetze der Form. In: Kalkül der Form. hrsg.v. D. Baecker. Suhrkamp Verlag. Frankfurt/Main. S.:9-11. hier S.:11. Die Rezension wurde zuerst 1969 im Whole Earth Catalog abgedruckt. Von Foerster hat die „Laws of Form" darin begeistert begrüßt: „Endlich sind die Gesetze der Form geschrieben worden!" (Ebd. S.:9)

[428] Glanville, 1988. S.:14. Es hat den Anschein, als dächten diese Wissenschaftler so unterschiedlicher Provenienz ähnlich wie Lacan. Aus dritter Hand, also nicht abgesichert, hörte ich eine Anekdote über einen Kongreß, auf dem berühmte Vertreter der Systemtheorie und des Konstruktivismus zusammentrafen. Am Rande diese Kongresses soll Maturana Luhmann gefragt haben, warum, seiner Meinung nach, man sich hier getroffen habe. Woraufhin Luhmann das Voranbringen der Wissenschaft angeführt habe. Hierauf habe Maturana widersprochen: „No, it's because we love each other."

„Ich schreibe das, und ich schreibe nicht dahinter *fertig*, weder *Amen* noch *So-sei-es*." (Sem XX/S.:9)

Glossar 1

Der Blick

„Auge und Blick, dies ist für uns die Spaltung, in der sich der Trieb auf der Ebene des Sehfeldes manifestiert." (Sem XI/S.:79)
„Über das Auge triumphiert der Blick."
(Sem XI/S.:109)

Den Unterschied zwischen Objektbeziehungen, die das Subjekt auf dem imaginären und dem symbolischen Niveau eingehen kann, macht Lacans Beschreibung des Spiegelstadiums in Hinblick auf seine Unterscheidung zwischen dem Auge als Organ und dem Blick als Objekt *a* deutlich. Eine Beschreibung der Bedeutung des Blicks gemäß Lacan trägt zur Verständlichkeit der zirkulären Verfaßtheit des Psychismus bei. Lacan betont:

> „Das Spiegelstadium, das habe ich oft unterstrichen, ist nicht einfach ein Moment der Entwicklung. Es hat auch eine exemplarische Funktion, weil es bestimmte Beziehungen des Subjekts zu seinem Bild als dem *Urbild** des Ich enthüllt." (Sem I/S.:99)

Indem Lacan den Begriff des Spiegelstadiums wörtlich nimmt, untersucht er die optischen Strukturen, die es dem Blick ermöglicht, und demonstriert auf dieser Ebene den Übergang zwischen imaginären und symbolischen Relationen, wie sie homolog in → Kap.: I.3 der vorliegenden Arbeit dargestellt werden. Grundsätzlich verlangt er hierbei mathematische Präzision:

> „Damit es eine Optik gebe, muß jedem gegebenen Punkt eines realen Raumes ein und nur ein Punkt in einem anderen Raum korrespondieren, der der imaginäre Raum ist. Das ist die grundlegende strukturelle Hypothese." (Sem I/S.:101)

Diese Grundannahme läßt die Ambivalenz aller interaktiven Relationen erkennen, da der Beobachter „[...] nicht mehr so recht [weiß], nicht wahr, wo das Subjektive, wo das Objektive ist." (Sem I/S.:102).

Lacan beschreibt ein Experiment mit einem Konkavspiegel, vor dem ein Kasten so aufgestellt wird, daß seine Öffnung in Richtung des gewölbten Spiegels zeigt. Auf den Kasten wird eine Vase gestellt, in die Innenseite des Kastens wird ein Blumenstrauß gehängt. Durch die physikalischen Gesetze der Lichtbrechung kann für einen Betrachter, wenn er sich im richtigen Feld, das heißt in der richtigen Distanz und Position zu dem Konkavspiegel befindet, das imaginäre Bild eines in der realen Vase steckenden Blumenstraußes entstehen.

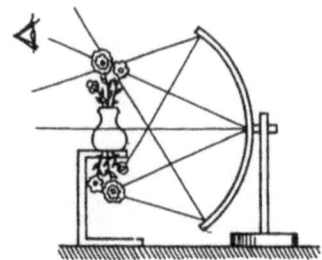

Lacan gibt nun zu bedenken, daß das Subjekt am „[...] Ursprung all das, Objekte, Triebe, Begierden, Strebungen, usw." (Sem I/S.:105) kennt, und daß das Spiegelstadium dem Subjekt eine „[...] imaginäre Beherrschung seines Körpers [verschafft], die gegenüber der realen Beherrschung verfrüht ist." (Sem I/S.:105). Daraus schließt Lacan:

> „Nun, sagen wir, daß das Körperbild, wenn man es in unser Schema einsetzt, wie eine imaginäre Vase ist, die den realen Blumenstrauß enthält." (Sem I/S.:105)

Die Oszillation zwischen Imaginärem und Realem – die Positionen von Vase und Strauß wurden im letzten Zitat vertauscht – ist notwendig: Für die Konstitution der Wirklichkeit eines Subjekts ist es von entscheidender Wichtigkeit, über jene Illusion zu verfügen, „[...] in der das Imaginäre das Reale einschließt und, gleichzeitig, formen kann, in der auch das Reale das Imaginäre einschließen und, gleichzeitig, situieren kann." (Sem I/S.:106).
Lacan hebt nun in Abgrenzung gegen die Theorie Melanie Kleins hervor, daß zwischen den Mechanismen der Projektion und Introjektion von Bildern bzw. Objekten, die wesentliche Unterscheidung zwischen imaginären und symbolischen Bildern eingeführt werden müsse:

> „Aber wie soll man das Korrelat von Projektion bezeichnen? Man müßte ein anderes Wort als *Introjektion* finden. So wie wir es in der Analyse verwenden, ist das Wort Introjektion nicht das Gegenteil von Projektion. Es wird, Sie werden das bemerken, praktisch nur in dem Augenblick verwendet, wo es sich um eine symbolische Introjektion handelt. Es wird immer von einer symbolischen Benennung begleitet. Die Introjektion ist immer Introjektion des Sprechens des andern, was eine von der Projektion vollkommen verschiedene Dimension einführt." (Sem I/S.:110)

Das bedeutet, Lacan gesteht Projektion auf dem imaginären Niveau zu, das Spiegelstadium funktioniert auf einem projektiven Plan; Introjektion ist demgegenüber wesentlich an das symbolische Niveau gebunden.
Die Introjektion von symbolisierten Bildern bedeutet also die Einführung des Signifikanten-Prozesses: Introjektion meint zeichenvermittelte Introjektion. In Übereinstimmung mit Melanie Klein beschreibt Lacan andererseits die historische Parallelität der Verifizierung einzelner Beziehungstypen auf dem imaginären wie auf dem symbolischen Plan. Er schreibt:

„Und Sie werden bemerken, daß die Außenwelt – was wir die reale Welt nennen und was nichts anderes ist als die vermenschlichte, symbolisierte Welt, geschaffen durch die vom Symbol in die primitive Realität eingeführte Transzendenz – daß also die Außenwelt sich nur konstituieren kann, wenn, am rechten Platz, eine Reihe von Zusammentreffen stattgefunden haben." (Sem I/S.:115)

Lacan insistiert an vielen Stellen seines Werkes auf dem Problem der Lokalisierung der Bezugspartner in einer Beziehung, und darauf, daß es in der zwischenmenschlichen Beziehung immer zwei Dimensionen gibt, „[...] obschon sie sich unaufhörlich umschlingen – die eine ist die des Imaginären, die andere die des Symbolischen." (Sem II/S.:138)
Er negiert keineswegs eine reale Außenwelt (wie dies in der postmodernen Diskussion populär ist, vgl. zum Beispiel: Baudrillard: Agonie des Realen[429]), aber er problematisiert die Modi des Bezugs auf diese Außenwelt. Er schreibt: „Anders gesagt, jede Stimulation tendiert dazu, eine Halluzination zu produzieren." (Sem II/S.:141). Das heißt, jede Stimulation erreicht uns zunächst auf der imaginären, phantasmatischen Ebene, die dann durch Symbolisierung korrigiert werden kann. Diese Korrekturen beziehen sich auf die Intersubjektivierbarkeit der phantasmatischen Imaginationen. Die quasi-konstruktivistische Perspektive Lacans besteht in der Annahme einer signifikanten Realität. Realität ist nicht gegeben, sondern sprachlich verfaßt.
Aufgrund dieser Annahmen problematisiert Lacan die Beziehung zwischen Auge und Blick. Er schreibt:

„Die Welt ist also gleichsam geschlagen mit einer präsumtiven Idealisierung. Es fällt der Verdacht auf sie, daß sie mir nichts als meine Vorstellungen liefere. Dem praktischen Ernst mag dies in Wirklichkeit kaum zur Last fallen, dagegen kommt der Philosoph als Idealist sich selbst wie seinen Hörern gegenüber ganz schön ins Gedränge." (Sem XI/S.:87)

Der Blick kann nach Lacan nicht mit einfachen Reflexionsverhältnissen erklärt werden. Er gehört wesentlich dem imaginären Bereich an und spielt die Rolle des Objekts klein *a*. Auf diese Weise bringt Lacan seine Konzeption des Blicks in Verbindung mit dem Kastrationskomplex in der ödipalen Phase. Er schreibt:

„Was Licht ist, blickt mich an, und dank diesem Licht zeichnet sich etwas ab auf dem Grunde meines Auges – nicht einfach jenes konstruierte Verhältnis, das Objekt, bei dem der Philosoph hängenbleibt – sondern die Impression, das Rieseln einer Fläche, die für mich nicht von vornherein auf Distanz angelegt ist." (Sem XI/S.:102)

Der Blick, auf der imaginären Ebene, erzeugt sich wie in der dualen Beziehung des Spiegelstadiums (zwischen ego und alter ego) als zutiefst ambivalente Relation: „Weil jedes menschliche Begehren auf der Kastration basiert, übernimmt das Auge eine bösartige, aggressive Funktion, nicht bloß eine täuschende wie in der Natur." (Sem XI/125 f.) Der Blick erlaubt dem Subjekt nicht, reale Objekte wahrzunehmen, sondern führt auf dem Feld des Sehens das Begehren und den Mangel ein:

---

[429] Baudrillard, Jean (1978): Agonie des Realen. übers.v. L. Kurzawa und V. Schaefer. Merve Verlag. Berlin.

„Auf der Ebene des Sehens, sofern da der Trieb hereinspielt, haben wir dieselbe Funktion des Objektes *a* wie auch in den andern Dimensionen.

Das Objekt *a* ist ein etwas, von dem als Organ das Subjekt sich getrennt hat zu seiner Konstituierung. Dieses Objekt gilt als Symbol des Mangels, das heißt des Phallus, und zwar nicht des Phallus an sich, sondern des Phallus, sofern er einen Mangel/ein Fehlen darstellt. Es muß da also ein Objekt sein – erstens abtrennbar – und zweitens mit einer gewissen Beziehung zum Mangel." (Sem XI/S.:110)

Und weiter:

„Bezüglich des Sehens wäre dieses Objekt [das privilegierte Objekt, das aus der ursprünglichen Spaltung hervorgeht; Anm. N.O.], von dem das Phantasma abhängig ist, dem das Subjekt anhängt in dem ihm wesentlichen Schwanken, Flimmern / vacillation, der Blick." (Sem XI/S.:89)

Insofern kann Lacan sagen, der Blick triumphiere über das Auge, denn der Blick als Objekt *a* ist hierbei das privilegierte Objekt der Urseparation und demnach schon in allen Relationen des Sehens enthalten. In erster Linie sind wir – wie Lacan häufig betont – aufgrund der Ambivalenz des Blicks angeblickte Wesen:

„Bloß, beim Menschen präsentiert sich das mit jener besonderen Ausprägung, die wir Bewußtsein nennen, insoweit die imaginäre Funktion des Ich ins Spiel kommt. Der Mensch gewinnt eine Ansicht dieses Reflexes vom Gesichtspunkt des anderen. Er ist ein anderer für sich selbst. Das ist es, was Ihnen die Illusion vermittelt, daß das Bewußtsein sich selbst transparent ist. Wir sind nicht im Reflex, wir sind im Bewußtsein des anderen, um den Reflex zu gewahren." (Sem II/S.:146)

In der Funktion des Objekt *a* ist der Blick trügerisch – nicht aber im philosophischen Sinne, das heißt in Hinblick auf Wahrheit, sondern aufgrund des Begehrens, das den Blick konstituiert. Als Objekt *a* (phallische Funktion) zeigt der Blick nie das, was wir zu sehen begehren: er zeigt vielmehr das Fehlen dessen, was wir zu sehen begehren. Lacan schreibt:

„In dem Maße, wie der Blick, als Objekt *a*, jenes zentrale Fehlen, das sich in der Erscheinung der Kastration ausdrückt, zu symbolisieren vermag, in dem Maße auch, wie der Blick ein seiner Natur nach auf eine punktförmige, verschwindende Funktion reduziertes Objekt *a* ist – läßt er das Subjekt in Unwissenheit darüber, was jenseits des Scheins ist [...]." (Sem XI/S.:83)

Auch auf dem Feld des Sehens funktioniert das Begehren also nur in bezug auf den Mangel (der der Mangel des Phallus im Kastrationskomplex ist) und ist daher der Täuschung preisgegeben. Denn „[...] wenn man einen Menschen täuschen will, braucht man ihm nur das Bild eines Vorhangs vor Augen zu halten, das heißt das Bild von etwas, jenseits dessen er zu sehen verlangt." (Sem XI/S.:119)

Täuschung beruht nun, Lacan zufolge, tatsächlich auf der Vorspiegelung des Bildes des (imaginären) Phallus.

Er verdeutlicht den Begriff der visuellen Täuschung am Beispiel von Mimikry. Bei Mimikry geht es nach Lacan nicht darum, daß sich ein Lebewesen einem bestimmten Untergrund oder Hintergrund so anpaßt, daß es davor „verschwindet". Er erwähnt als Beispiel ein bestimmtes Krustentier, das sich auf einem anderen quasi-pflanzlichen Lebewesen einnistet, und dort einen Fleck imitiert, der bei diesem Lebewesen durch eine periodisch auftauchende Einbuchtung der Eingeweide erzeugt wird. Hier bleibt das Krustentier also vollkommen und signifikant sichtbar. Anhand dieses Beispiels sagt Lacan:

> „Immer dann, wenn es um Nachahmung geht, müssen wir uns davor hüten, sofort an einen andern zu denken, der nachgeahmt werden soll. Nachahmen heißt ganz gewiß: ein Bild reproduzieren. Aber im Grunde heißt es, daß das Subjekt sich in eine Funktion einrückt, bei deren Ausübung es erfaßt wird." (Sem XI/S.:106)

Diese Funktion ist natürlich die phallische Funktion. Was jedoch sichtbar ist, ist nicht das Objekt *a*, auf das sich das Begehren richtet. Es ist nur eine Art optische Täuschung, Halluzination, wie weiter oben bereits beschrieben. Der Blick, schreibt Lacan, ist das Instrument „[...] mit dessen Hilfe das Licht sich verkörpert [...]." (Sem XI/S.:113). Die phallische Konnotation ist hierbei nicht zu übersehen: der Blick, als Objekt *a*, läßt das Phantasma des Phallus erscheinen. „Wie kommt es, daß hier noch nie jemand an einen ... Erektionseffekt gedacht hat?" (Sem XI/S.:94)

Der Blick in der Lacanschen Theorie läßt sich verstehen als eine Begegnung des Subjekts mit seiner Imago, seinem Phantasma des (verlorenen) Phallus. Er bewirkt die eindringliche und faszinierende Begegnung mit einem Phantasma, das gleichwohl unsichtbar bleibt: zu sehen ist nur ein Fleck[430]. Aber der schräge Einfallswinkel des durch das Begehren geleiteten Blicks, läßt diesen Fleck sich zum Objekt *a* formen.

Dies ist die paradoxe Formation der Verbindung zwischen dem imaginären und symbolischen Bereich: die Symbolisierung des Erblickten. Bei Lacan heißt es:

> „Der Augenblick des Sehens kann hier nur als Nahtstelle auftreten, als Verbindung zwischen dem Imaginären und dem Symbolischen, er wird wiederaufgenommen in einer Dialektik, in jener Art zeitlichem Progreß mit dem Namen Hast, Elan, Vorwärtsbewegung, die sich über dem *fascinum* schließt." (Sem XI/S.:125)

Der Blick bildet also ein Paradoxon, das zwar nicht aufgelöst werden kann (im analytischen Sinne), aber das durch die Symbolisation überschritten werden kann, bzw. das den Prozeß der Symbolisation initiiert. Über diese Überlappung des faszinierenden Blicks mit der progressiven Symbolisation schreibt Lacan: „Beides deckt sich, ist aber nicht identisch, denn das eine ist initial, das andere terminal." (Sem XI/S.:124) Der Blick als paradoxer Ausgangspunkt für die Symbolisation wird bei Lacan metaphorisch mit dem Nabel verglichen, wobei Lacan mit diesem Vergleich an die Freudsche Theorie anknüpft:

---

[430] Und in dem selben Maße - aufgrund der Ambivalenz bzw. der Reziprozität der durch den Blick bewirkten Relation - bildet das Subjekt selbst einen Fleck auf der Szene, die durch den Blick beherrscht wird. Lacan schreibt über sich selbst in einer entsprechenden Situation: „Oder vielmehr: Ich fiel aus dem Bild heraus/ je faisais tant soit peu tache/ ich machte mehr oder weniger einen Fleck im Bild." (Sem XI/S.:102)

„In einem Traum, sagt Freud, gibt es immer einen absolut unfaßbaren Punkt, der zum Bereich des Unerkannten gehört – er nennt das den Nabel des Traums. [...] Daß heißt, daß es einen Punkt gibt, der nicht faßbar ist im Phänomen, den Punkt des Auftauchens der Beziehung des Subjekts zum Symbolischen." (Sem II/S.:138)

Auf dem Feld des Sehens bildet der Blick die Nahtstelle, diesen Nabel zwischen dem imaginären und symbolischen Bereich.

Die visuelle Täuschung, das Verkennen dessen, was das Subjekt sieht, führt die Dimension des Symbolischen ein, denn bei der Täuschung handelt es sich nicht mehr unmittelbar um ein Objekt, sondern um einen Signifikanten. Die symbolische Introjektion meint genau dies: das Subjekt sieht nicht das, was es zu erblicken begehrt – was es mit seinem Blick einfängt, das sind Signifikanten. Lacan schreibt:

„Der Projektion des Bildes folgt konstant die des Begehrens. Dementsprechend gibt es eine Re-introjektion des Bildes und eine Re-introjektion des Begehrens. Schaukelspiel, Spiegelspiel." (Sem I/S.:228)

Glossar 2

Symptom und Trauma

Den Unterschied zwischen Neurose und Psychose erläutert Lacan häufig unter Verweis auf den Text ÜBER DIE VERNEINUNG von Freud. Lacan betont dabei, daß etwas, das verneint, das heißt verdrängt werden kann, zuerst schon bejaht worden sein muß. Verdrängtes ist daher insofern immer schon symbolisch, da es beides, bejaht und verneint wurde Die Ambivalenz, die das sprachliche Zeichen aufgrunddessen mit sich führt, positiv (bejaht) oder negativ (verneint) erscheinen zu können, verweist auf die Präsenz und Wirksamkeit des Unbewußten im Psychismus, so daß es tatsächlich stets fraglich ist, mit welchem „Vorzeichen" ein Signifikant jeweils erscheint:

> „Le *Oui* inaugural a bel et bien un sens, lié à une espèce d'ambiguïté qui reste dans le mot *oui* en français. Il n'est pas nécessaire d'avoir affaire à une femme du monde pour s'apercevoir que *oui* veut parfois dire *non*, et *non* parfois *peut-être*." (P/S.:297)

Lacan verweist außerdem auf den Begriff der Verwerfung, den er dem Freudschen Text entnimmt[431]. Anders als bei der Verneinung bzw. Verdrängung wird bei der Verwerfung etwas der Symbolisierung nicht unterzogen, das heißt, es gelangt nicht in den Status eines Signifikanten und es kann keine Bedeutung erhalten bzw. nicht ins Signifikat übergehen.

In Lacans Schema R übertragen fehlt bei der Neurose ein Element aufgrund der Verneinung in klein *a*, bei der Psychose aufgrund der Verwerfung in groß A (→ Kap.: II.2).

Das neurotische Symptom hat seine Ursache in einem Trauma. Die Beziehung zwischen der traumatischen Ursache und dem Symptom selbst verdeutlicht einerseits die Beziehung des Subjekts zum „unmöglichen Genießen" (das heißt: zu dem Realen) und andererseits den retroaktiven Charakter der Konstitution des Psychismus und damit Lacans zentrale These, daß das Subjekt keine lineare Geschichte bzw. Genese durchläuft.

Lacan bezieht sich auf den Freudschen Text über den WOLFSMANN, in dem das Trauma mit dem Begriff der Prägung erklärt werde[432], die vor aller Symbolisierung stattfindet. Lacan schreibt:

---

[431] Die Bedeutung, die Lacan dem Begriff der Verwerfung in bezug auf die Psychose verleiht, kann ich dem Freudschen Text jedoch nicht entnehmen (vgl. hierzu den ausführlichen Kommentar in: Laplanche, Pontalis, 1992a. S.:608 ff.).

[432] Freud betont in diesem Text die Wichtigkeit infantiler Momente - er spricht dabei von Urszenen - für die „Neurosenwahl", die er beim „Wolfsmann" bereits im Alter von 1 1/2 Jahren ansetzt. Der Begriff der Prägung, den Lacan hervorhebt, indem er ihn in deutscher Sprache wiedergibt, verlangt dennoch eines Kommentars. In dem von Lacan interpretierten Text über den „Wolfsmann" taucht er nur an einer einzigen Stelle, und dort in einem anderen Zusammenhang auf. Freud spricht dort von Begriffsprägungen, in denen sich in einer Sprache bestimmte sexuelle Phantasien ausdrücken lassen. (vgl. Freud, 1989a. S.:218) Auch bei einer Durchsicht wei-terer Freudscher Texte zu diesem Thema, kann ich den Begriff der Prägung nicht finden, der sich wohl insbesondere in der Verhaltensforschung, nicht aber in der Psychoanalyse durchgesetzt hat. Er findet sich gleichfalls weder im „Vo-

„Diese *Prägung** – Freud erklärt es uns aufs klarste – situiert sich zunächst in einem nicht-verdrängten Unbewußten – wir werden diesen approximativen Ausdruck später präzisieren. Sagen wir, die *Prägung** ist nicht ins verbalisierte System des Subjekts integriert worden, nicht einmal zur Verbalisierung und nicht einmal, man kann das sagen, zur Bedeutung gelangt. Diese *Prägung**, streng auf das Gebiet des Imaginären begrenzt, taucht im Lauf des Fortschritts des Subjekts in einer immer organisierteren symbolischen Welt wieder auf." (Sem I/S.:243)

Der Ursprung eines Traumas beruht also auf einer Erfahrung, die das Subjekt (normalerweise das Kleinkind bzw. der Säugling) nicht in sein symbolisches System integrieren kann; diese Erfahrung hat insofern zu diesem Zeitpunkt noch keine, weder eine positive, noch eine negative Bedeutung. Lacan schreibt über diese „Lücke", die die Prägung im symbolischen Bereich hinterläßt:

„Beachten Sie, wovon Freud ausgeht – von der *Ätiologie der Neurosen* – und was er dabei in dem Loch, im Spalt, in der für die Ursache charakteristischen Kluft vorfindet. Er findet etwas von der Art eines *Nichtrealisierten.*" (Sem XI/S.:28)

Anstelle des Begriffs der Prägung finde ich bei Freud den der Fixierung, der meines Erachtens dasselbe meint. Trauma und Fixierung werden bei Freud unterschieden, sind jedoch beide konstitutiv für die Entwicklung einer Neurose. Das Trauma wird ökonomisch, als zufälliges Ereignis einer Reizüberflutung beschrieben. Es ist somit der mögliche Auslöser für den Ausbruch einer Neurose, deren Wurzel jedoch in einer Entwicklungshemmung, das heißt, in einer Fixierung, zu suchen ist[433]. Das traumatische Ereignis ruft insofern eine Erinnerung an die erste Szene, auf die sich die Fixierung bezieht, wach, so daß die traumatische Wirkung eigentlich nachwirkend von der Erinnerung ausgeht, die jetzt eine Anflutung von sexuellen Reizen auslöst. Das traumatische Ereignis der Reizanflutung wird nachträglich auf die erste Szene bezogen: erst durch diese Verbindung wirkt das Trauma pathogen.

Die Bedeutungslosigkeit des Traumas wird bei Lacan radikaler als Fehlstelle beschrieben. Als nicht-symbolisierter Kern, als Lücke bietet das Trauma die Möglichkeit, daß sich in der Folge, das heißt, in der Folge der fortschreitenden Symbolisierung der Welt des Subjekts, Symptome darum anlagern, durch die sich diese sexuellen Reize artikulieren. Lacan sagt:

„Das Trauma, sofern von ihm eine Verdrängungshandlung ausgeht, tritt *nachträglich** ein. In diesem Augenblick löst sich vom Subjekt in der symbolischen Welt, die er zu integrieren im Begriff ist, etwas ab. Fortan wird das ein nicht mehr zum Subjekt Gehöriges sein. Das Subjekt wird es nicht mehr aussprechen, es nicht mehr integrieren. Nichtsdestoweniger wird es da, irgendwo, bleiben, gesprochen, wenn man so sa-

---

kabular der Psychoanalyse" (Laplanche, Pontalis, 1992a) noch in deren Text über die „Ur-phantasie" (Laplanche, Jean; Pontalis, J.-B. (1992b): Urphantasie. Phantasien über den Ursprung, Ursprünge der Phantasie. übers. v. M. Looser. Fischer Verlag. Frankfurt/Main.) Mit der Lacanschen Verwendung des Begriffs der Prägung verhält es sich demnach ebenso wie mit dem Begriff der Verwerfung (→ Kap.: II.2).

[433] vgl.: Freud, Sigmund (1973): Die Disposition zur Zwangsneurose (Ein Beitrag zum Problem der Neurosenwahl). In: Studienausgabe Bd. VII. Zwang, Paranoia und Perversion. hrsg. v. T.v. Uexküll, I. Gumbrich-Simitis. 5. Auflage. Fischer Verlag. Frankfurt/Main. S.:105-117

gen kann, von etwas, worüber das Subjekt keine Herrschaft ausüben kann. Das wird der erste Kern dessen sein, was man in der Folge seine Symptome nennen wird. [...] Die Verdrängung beginnt, sobald sie ihren ersten Kern gebildet hat. Von nun an gibt es einen zentralen Punkt, um den sich in der Folge die Symptome, die sukzessiven Verdrängungen organisieren können und zugleich – da die Verdrängung und die Wiederkehr des Verdrängten dasselbe ist – die Wiederkehr des Verdrängten." (Sem I/ S.:244)

Das Symptom ist der Versuch einer nachträglichen (symbolischen) Erklärung eines Ereignisses, das gewissermaßen nur als das Fehlen eines Ereignisses eine Lücke im symbolischen Netz des Subjekts hinterlassen hat. Diese Erklärungen werden verneint, sie fallen der Verdrängung anheim, weil sie notwendig die Erklärung des traumatischen Ereignisses verfehlen.

Slavoj Zizek legt dar, daß das Trauma als nicht- symbolisierbares und nicht-imaginierbares Element, ein Element des (unmöglichen) Realen ist. Das Symptom als Anzeichen für den verdrängten Erklärungsversuch dieses Traumas beschreibt Zizek demzufolge als einen Signifikanten,

> „[...] der nicht in ein Netz integriert ist, der kein Subjekt für einen anderen Signifikanten repräsentiert, sondern unmittelbar mit dem Genießen verwoben ist: ein grauenhaftes Körpermal, das nur stumm ein ekelhaftes Genießen bezeugt, ohne irgendetwas oder irgendwen zu vertreten."[434]

Den Zusammenhang zwischen dem Realen und dem Genießen stellt Zizek dadurch her, daß es gerade das unmittelbare Genießen (ohne Mangel und ohne Begehren) sei, welches das Subjekt durch den Symbolisierungsprozeß und seine zweifache Gespaltenheit verliert (→ Kap.: II.1) Zizek schreibt: „Man sollte aber nicht vergessen, daß bei Lacan das Reale par excellence das Genießen ist: die Grenze, an die die symbolische Ordnung stößt, ist nicht nur der Tod, sondern auch der Genuß als ein nicht symbolisierbares Trauma."[435]. Die Symptome verleihen den Versuchen des Subjekts, sich diesem unmöglichen Genießen zu nähern, einen entstellten, als häßlich empfundenen Ausdruck, denn sie tragen die Züge des Traumas, als einem Element sinnlosen Genusses. Zizek schreibt:

> „Das Symptom im analytischen Sinn, wenigstens beim Lacan der letzten Jahre, ist keine Chiffre, die anderswo hinverweist, es ist vielmehr die Sache selbst, das einzige, das wahrhaft existiert, das der Realität ihre Konsistenz gerade insofern verleiht, als es aus ihr als eine Art Fremdkörper herausfallen muß. Und insofern im Symptom ein Kern des Genießens persistiert, der jeder Interpretation widersteht, ist vielleicht auch das Ende der Analyse nicht in einer interpretativen Auflösung des Symptoms zu suchen, sondern in einer *Identifikation* mit ihm, in einer Identifikation des Subjekts mit diesem nicht-analysierbaren Punkt, mit diesem partikularen „pathologischen" Tick, der letztendlich die einzige Stütze des Daseins bildet."[436]

---

[434] Zizek, 1991. S.:22
[434] Ebd. S.:39
[436] Ebd. S.:26 f. Diese Formulierung gestattet einen Vergleich mit dem Paradox der Letztbegründungsinstanz in der Systemtheorie als unhintergehbarem Element, das außerhalb der der Theorie liegt, aber die Systemhaftigkeit der (Super-)Theorie gleichwohl gewährleistet.

Unter diesem Blickwinkel lassen sich die herkömmlichen psychoanalytischen Kategorisierungen, wie die des hysterischen oder des zwangsneurotischen Symptoms, als verschiedene Weisen beschreiben, auf welche mit der Unmöglichkeit des Genießens umgegangen wird (→ Kap.: IV sowie → Glossar: 6). Der Zwangsneurotiker, so erklärt Zizek, bezieht beispielsweise einen „Mehrgenuß" aus der Unmöglichkeit des Genießens, indem er diese Unmöglichkeit noch zusätzlich verbietet – für ihn ist das Reale das, „[...] was unmöglich ist, was nicht *existiert*, was aber hinsichtlich seiner Eigenschaften trotzdem *verboten* ist."[437]:

> „Das elementare Modell dafür ist natürlich das Inzestverbot. Es gibt aber eine Menge anderer Beispiele, etwa die übliche konservative Einstellung zur kindlichen Sexualität: Diese existiert nicht, Kinder sind unschuldige Wesen, deswegen muß man sie streng überwachen und gegen ihre Sexualität ankämpfen. Der berühmteste Satz der analytischen Philosophie, der letzte Satz von Wittgensteins *Tractatus*, läuft auf dasselbe Paradoxon hinaus: „Wovon man nicht sprechen kann, darüber muß man schweigen." Sofort stellt sich die dumme Frage: Wenn bereits festgestellt wurde, daß es *unmöglich* ist, über das Unaussprechliche etwas zu sagen, warum fügt man dem hinzu, daß man darüber *nicht* sprechen *darf*?"

Das Symptom ist somit die artikulierte Seite des Verdrängten, bzw. die Art und Weise wie das Verdrängte „wiederkehrt". Lacan sagt über das Verdrängte: „Le refoulé est toujours là, et s'exprime d'une façon parfaitement articulée dans les symptômes [...]."(P/S.:21) Das Trauma zeitigt im Symptom zwei Effekte: als Kern des Symptoms bleibt das Trauma auch durch die Analyse bestehen. Einerseits verschwindet das Symptom, wie Zizek sagt, in der Analyse nicht völlig,

> „[...] weil der Signifikant nur eine seiner zwei Seiten ist: das Symptom ist nicht nur ein signifikantes Gebilde, es ist gleichzeitig auch die Weise, in der sich das Subjekt sein Genießen organisiert – das ist jenes „Reale" des Symptoms, sein objektives Moment, das sich der Interpretation widersetzt; deshalb liebt das Subjekt, wie J. A. Miller bemerkt, „sein Symptom wie sich selbst"."[438]

Andererseits verschwindet das Symptom nicht, weil es, als Signifikant, die Wiederkehr von etwas Verdrängtem ist. Die Bedeutung dieses Verdrängten, sein Sinn, wird jedoch „[...] von der Analyse nicht aufgedeckt, sondern konstruiert."[439] Die Interpretation des Symptoms löst es nicht auf, sondern verleiht ihm eine andere signifikante Funktion bzw. einen anderen signifikanten Modus.

Dieser Aspekt des Symptoms erklärt die Nachträglichkeit seiner Konstituierung. Lacan sagt: „Das Symptom stellt sich uns zuerst als eine Spur dar, die nie etwas anderes sein wird als eine Spur [...]." (Sem I/S.:205) Das Symptom ist eine Spur, da es aus mißlungenen Versuchen besteht,

---

[437] Ebd. S.:132

[438] Ebd. S.:20

[439] Ebd. S.:9. Auf den konstruktiven Charakter der Analyse weist bereits Freud hin: „Diese Infantilszenen werden in der Kur - soweit meine Erfahrung bis jetzt reicht - nicht als Erinnerungen reproduziert, sie sind Ergebnisse der Konstruktion." (Freud, 1989a. S.:168) vgl. hierzu auch → Kap.: I.3.

das unmögliche (reale) Genießen zu symbolisieren. Diese Symbolisierungen stehen aber für nichts, weil eben das, wofür sie stehen sollen, unmöglich ist. In seinem konzisen Text HEGEL MIT LACAN beschreibt Zizek die retroaktive oder zirkuläre Verfaßtheit des Traumas:

> „Hierin besteht der *circulus vitiosus* des Traumas: Das Trauma ist die Ursache, das die reibungslos laufende Maschine der Symbolisierung aus dem Takt bringt; es verursacht eine unauslöschliche Inkonsistenz im symbolischen Feld. Aber trotz allem hat das Trauma keine ihm eigene, der Symbolisierung vorgängige Existenz; es bleibt eine amorphe Entität, die ihre Konsistenz erst im Rückblick erlangt, aus einem innerhalb des symbolischen Horizonts gelegenen Blickwinkel – es gelangt zu seiner Konsistenz aus der strukturalen Notwendigkeit der Inkonsistenz des symbolischen Feldes. [...] Um dieses Paradox der traumatischen Objekt-Ursache (das Lacansche Objekt *a*) zu begreifen, benötigt man daher ein topologisches Modell, in welchem *die Grenze, die Innen von Aussen trennt, mit der inneren Grenze zusammenfällt.* [...] Doch in dem Augenblick, in dem wir „hinaustreten", um das Trauma so zu fassen, wie es an sich ist und nicht als seine verzerrten Reflexionen innerhalb des symbolischen Raums, verflüchtigt sich das traumatische Objekt ins Nichts."[440]

Das Symptom, das innerhalb der symbolischen Ordnung als „verzerrte Reflexion" erscheint, läßt sich an Lacans Beispiel des Bildes *Die Gesandten* von Hans Holbein verdeutlichen. Anhand dieses Beispiels bespricht Lacan in erster Linie den Blick und die Tatsache, daß das Subjekt ein zunächst angeblicktes Subjekt ist (→ Glossar: 1). Dennoch bietet sich dieses Beispiel zur Beschreibung des vorliegenden Problems der Nachträglichkeit der Bedeutungs-Konstruktion des Symptoms an. Das Bild zeigt zwei Männer, die rechts und links eines Tisches stehen, auf dem sich verschiedene Gegenstände befinden, die Attribute der Wissenschaften und der Künste jener Zeit darstellen. Im Vordergrund des Bildes schwebt ein länglicher, verzerrter Fleck, von rechts oben nach links unten leicht abfallend. Dieser Fleck fügt sich in das Bild nicht ein, denn es ist nicht möglich, zu erkennen, was er darstellt. Er steht in deutlichem Widerspruch zu der ansonsten realistisch gemalten Szene. Lacan schreibt über den Effekt beim Betrachten dieses Bildes:

> „Was aber ist, im Vordergrund dieser Monstration einer Welt des Scheins in ihren faszinierendsten Formen, dieses teils schwebende, teils abwärtsgeneigte Objekt? Sie können es nicht wissen – denn Sie wenden sich ab, um der Faszination des Bildes zu entgehn.
> Gehen Sie langsam aus dem Raum, in dem das Bild Sie gewiß lange festhielt. Dann, wenn Sie im Weggehen sich wenden [...] erblicken Sie – einen Totenschädel." (Sem XI/S.:94 f.)

Lacan betont jedoch, daß dieser Totenschädel zunächst „[...] durchaus nicht als solcher [erscheint] [...]" (Sem XI/S.:95), sondern in seiner anamorphotischen Verzerrung eher an „etwas Phallisches", an das „[...] Phallussymbol, das anamorphotische Phantom [...]" (Sem XI/S.:95) denken läßt.
Die Faszination geht also von einem Objekt aus, das undeutlich bleibt, unverständlich und verzerrt. Es gewinnt etwas Obszönes, da es Raum bietet für das Phantasma des Phallus: das heißt,

---

[440] Zizek, 1995. S.:57

ähnlich wie im Falle des Symptoms gibt es hier eine Überlappung zwischen dem unmöglichen (weil nicht-symbolisierbaren), realen, phallischen Genießen und dem lesbaren Text, den das Symptom darstellt. Dabei ist der Totenschädel, den das Subjekt nicht direkt erblicken kann, in Analogie zu setzen mit dem verdrängten Text des Symptoms, und der anamorphotische Fleck mit dem Trauma, das – wie der unerklärliche Fleck in dem Bild Holbeins – „keine Statt hat" bzw. „nicht stattfindet". Lacan schreibt:

> „All das zeigt, daß Holbein im Zentrum der Epoche selbst, in der sich das Subjekt abzeichnet und die geometrale Optik gefunden wird, etwas sichtbar macht, was nichts anderes ist als: das Subjekt als ein genichtetes – genichtet in einer Form, die jenes *Weniger-Phi* [-φ] der Kastration bildhaft inkarniert, die für uns die gesamte Organisation der Begierden quer durch den Rahmen der Grundtriebe zentriert." (Sem XI/S.:95)

Der traumatische Kern, der phallische Fleck, ist zwar da, präsent im Bild, was er darstellt ist aber nicht sichtbar, nicht symbolisierbar. Das Symptomatische an diesem Fleck ist der Totenschädel, der nur als Effekt dieses anamorphotischen Flecks erscheint, sobald sich der Betrachter von ihm abwendet. Der lesbare Text (Totenschädel) gibt dem Trauma nachträglich (im Abwenden vom Bild) Bedeutung und zwar eine, die das phallische Genießen durch das Symbol des Todes sanktioniert, das heißt seine Unmöglichkeit feststellt. Die Lacansche Beschreibung dieses Bildes läßt sich insofern als Erläuterung der wechselseitigen Konstitution von Trauma und Symptom lesen.

Das Symptom erscheint als Effekt des Traumas, einerseits als artikulierter, lesbarer Effekt, andererseits behaftet mit einer Art asignifikantem Rest, einem Rest, der weder symbolisierbar ist noch etwas symbolisiert. Die Analyse des Symptoms (des lesbaren, analysablen Aspekts des Symptoms) konstruiert ihrerseits erst das Trauma. Anders ausgedrückt: das Trauma erhält erst rückwirkend durch das Symptom, also durch seinen Effekt Konsistenz, denn das Trauma an sich ist gerade der nicht-symbolisierbare Kern des Symptoms. Es wird negativ durch die Effekte, die es bewirkt, konstituiert[441]. Zizek schreibt:

> „Dieses Paradox des Traumas *qua* Ursache, die ihren Effekten nicht vorausgeht, sondern selbst von ihnen retroaktiv „gesetzt" wird, impliziert eine Art zeitlicher Schleife: *Durch seine „Wiederholung", durch seine Echos innerhalb der Signifikanten-Struktur, wird die Ursache nachträglich zu dem, was sie immer schon war.*"[442]

Da das ursprüngliche traumatische Ereignis nur ein „Loch" bildet, das heißt, die Inkonsistenz des symbolischen Netzes ausmacht, ist das Symptom, das sich um dieses Loch herum anlagert, ein mißlingender, verzerrter Symbolisierungsversuch. Lacan schreibt:

> „Kurz: Ursache ist nur, wo es hapert.

---

[441] Zizek schreibt: „Ja, die Wirkung kann ihrer Ursache vorangehen: das Symptom ist wortwörtlich die Wirkung von etwas, das sich erst später, nachträglich, durch seine Symbolisierung konstituiert, es ist die Spur einer zukünftigen Wahrheit." (Zizek, 1991. S.:10) Ähnlich schreibt Glanville über die „zirkuläre Kausalität": „Die Ursache ist die Wirkung der Ursache der Wirkung [...]." (Glanville. 1988. S.:209)

[442] Zizek, 1995. S.:57 f.

Nun, ich möchte Ihnen wenigstens ungefähr zeigen, daß das Freudsche Unbewußte genau an diesem Punkt anzusiedeln ist, also da, wo es zwischen der Ursache und dem, was die Ursache affiziert, hapert, und zwar immer. [...]
Das Unbewußte zeigt uns vielmehr die Kluft, über die die Neurose mit einem Realen verbunden ist – einem Realen, das selbst nicht determiniert sein muß." (Sem XI/ S.:28)

Der symbolische Prozeß – in diesem Fall die Wiederkehr des Verdrängten im Symptom – vollzieht damit, Zizek zufolge, die Bewegung einer

„[...] Schlinge, in der an einem gewissen Punkt („Steppunkt") nachträglich über die Bedeutung der vorgängigen Glieder entschieden wird. Wenn wir es aber mit dem Realen zu tun haben, dann wirkt eine solche Logik nicht, das Reale bleibt auf seinem Platz, auch „wenn die ganze Welt zusammenbricht". [...] Und in der Perspektive des späten Lacan ist das Symptom genau ein solcher Kern des Genießens, das als Überschuß weiterbesteht und jenseits aller Versuche, es durch eine Explikation, eine Verbalisierung seines Sinns aufzulösen, stets zurückkehrt."[443]

Die Wiederkehr, die Wiederholung (und der Wiederholungszwang) des Verdrängten verleiht dem Psychismus seinen topologischen Charakter. Das Subjekt durchlebt nicht eine kontinuierliche, lineare Geschichte, sondern ewige Wiederholungen und Uminterpretationen einer Geschichte, durch die es sein wird, was es immer schon gewesen ist.

„Das «Nachträglich» (wir erinnern daran, daß wir als erste das Wort aus dem Text von Freud herausgelöst haben), demzufolge das Trauma sich ins Symptom kleidet, weist eine Zeitstruktur höheren Ranges auf." (Sch II/S.:217)

Das Symptom als Objekt-Ursache des Begehrens ist also kein pathologisches Element, sondern vielmehr Konstituent des Subjekts selbst[444]. Zizek schreibt:

„Das Objekt *a* als Ursache ist ein An-sich, das sich der Subjektivierung-Symbolisierung widersetzt, doch weit davon entfernt ist, „unabhängig vom Subjekt zu sein"; vielmehr ist es *stricto sensu* der Schatten des Subjekts unter den Objekten, eine Art Platzhalter für das Subjekt, eine reine Form, die jeder eigenen Konsistenz entbehrt."[445]

Und er fährt fort:

„Mit anderen Worten, „Wechselwirkung" bezeichnet denselben *circulus vitiosus* der realen Ursache und ihrer signifizierenden Effekte, aus denen das Subjekt auftaucht,

---

[443] Zizek, 1991. S.:19 f.
[444] Über das Ich, als dem einen, „stupiden" Konstituenten des Psychismus (→ Kap.: 0.3), schreibt Lacan: Das „[...] Ich ist genauso wie ein Symptom strukturiert. Im Innern des Subjekts ist es bloß ein privilegiertes Symptom. Es ist das menschliche Symptom par excellence, es ist die Geisteskrankheit des Menschen." (Sem I/S.:24)
[445] Zizek, 1995. S.:59

das heisst jenen Kreis, in dem das symbolische Netz der Wirkungen nachträglich seine traumatische Ursache setzt. So gelangen wir zur konzisesten Definition des Subjekts: Das Subjekt ist ein Effekt, der seine Ursache zur Gänze selbst setzt.“[446]

Die Beschreibung des Symptoms dient Lacan demnach nicht nur zur Erklärung der Neurose, sondern zur Erklärung des Psychismus im allgemeinen. Es gibt eine Strukturhomologie zwischen dem Verhältnis von Trauma/Symptom und dem von Urseparation/Psychismus (→ Kap.: II.1). An einer Stelle seines Werkes bringt Lacan diese zirkuläre, retroaktive Funktion seines eigenen Diskurses zur Sprache. Er schreibt:

> „Was Gutes, nicht wahr, in dem, was ich erzähle, ist, daß es immer dasselbe ist. Nicht daß ich mich wiederhole, das ist da nicht die Frage. Es ist, weil das, was ich früher gesagt habe, seinen Sinn annimmt nachher.“ (Sem XX/S.:40)

Die Analyse des Symptoms ist die Konstruktion ihrer Begründungen – nicht ihres Grundes, denn dieser ist unheinholbar –, die sich nur operativ bzw. perspektivisch im Verhältnis zur Analyse zeigen. Die analytische Methode hebt sich dadurch strukturell von der systemtheoretischen Methode ab. Die Systemtheorie setzt das unhintergehbare Paradox und beschäftigt sich selbstreferentiell mit dieser Setzung. Die Psychosemiologie Lacans hingegen beschäftigt sich mit den Beziehungstypen, die das Subjekt zu diesem Paradox unterhält. Sie betrachtet diese Relationen als die einzige Realität, mit der sie zu tun hat, die Effekte erzeugt, und die interpretierbar ist. Diese Orientierung der Psychosemiologie wird in → Kap.: 0.1 sowie in → Kap.: IV.3-4 eingehender erläutert.

---

[446] Ebd. S.:68

Glossar 3

Das Problem der Paradoxie oder:

Das Unbehagen in der Systemtheorie

Der Begriff der Form wird bei Luhmann in dem Text DIE KUNST DER GESELLSCHAFT in ähnlicher Weise doppeldeutig verwendet, wie der der Außenseite der Form bzw. der Begriff der Kontingenz (→ Kap.: I.1). Da der Begriff der Form für das Verständnis des Spencer-Brownschen Formkalküls von entscheidender Bedeutung ist, werde ich Luhmanns Konzeption im folgenden erläutern.

Auch in diesem jüngeren Text legt Luhmann seinen Überlegungen die Axiome des Formkalküls von George Spencer-Brown zugrunde, um eine systemtheoretische Kunsttheorie zu entwickeln. Der Begriff der Unterscheidung, wie ihn Spencer-Brown vorschlägt, soll dadurch systemtheoretisch operabel werden[447]. Dieses Vorhaben soll im folgenden kritisch dargestellt werden, da sich hier methodologische Probleme kristallisieren, die sich diesem Versuch entgegenstellen, und die nach meiner Auffassung von dem Lacanschen Ansatz eleganter gelöst werden (→ Kap.: III.1-4 sowie Kap.: IV.3-4).

Eine erste Schwierigkeit, die der Text DIE KUNST DER GESELLSCHAFT enthält, besteht darin, die Begriffe der Operation, der Beobachtung und der Bezeichnung, mit denen auf die Form bezug genommen wird, auseinanderzuhalten. Der extensionalere Begriff ist bei Luhmann der der Operation, wobei die Beobachtung ein besonderer Fall von Operation wäre[448]. Was unter dem Begriff der Operation noch subsumiert wird, werde ich weiter unten besprechen – zunächst beschäftige ich mich mit dem Begriff der Beobachtung. Dezidiert sagt Luhmann:

> „Das Begriffspaar von Operation und Beobachtung soll diese Unterscheidung relativieren. Wir führen diese Unterscheidung auf ein Gemeinsames zurück, nämlich auf den operativen Gebrauch einer Unterscheidung zur Bezeichnung der einen (und nicht der anderen) Seite, also auf ihren Gebrauch als Form. Wir nennen diesen Formgebrauch Beobachten. [...]
> Jede Beobachtung ist natürlich eine Operation, anders käme sie nicht vor; aber nicht jede Operation impliziert das Mitsehen der anderen Seite, nicht jede Operation ist eine Beobachtung."[449]

---

[447] Auch in „Die Kunst der Gesellschaft" gilt also die Frage, die Luhmann bereits seinem Text „Die Paradoxie der Form" vorangestellt hat: „Was geschieht, wenn man die andere Seite der Unterscheidung, also Materie, Substanz, Inhalt, einfach wegläßt und die Form also solche zu denken und zu manipulieren versucht?" (Luh-mann, 1993a. S.:197)

[448] In der vorliegenden Arbeit werden die Begriffe der Operation, der Beobachtung und der Bezeichnung bzw. der Codierung weitgehend gleichgesetzt. Die Unterscheidung, die Luhmann zwischen ihnen trifft, hängt mit begriffslogischen Notwendigkeiten zusammen, die sich aus seinem Theoriedesign ergeben.

[449] Luhmann, 1996. S.:65 f.

Beobachtung ist zunächst der operative Gebrauch einer Unterscheidung zum Zwecke der Bezeichnung der einen Seite der Form. Von der Beobachtung wird aber außerdem die Bezeichnung differenziert. Denn wenn durch Beobachtung nur die eine Seite der Form bezeichnet werden kann, so kann doch die andere Seite der Form „mitgesehen" werden. Das muß bedeuten, daß es sich hierbei um eine zweite Art von Beobachten handelt. Mit dieser Annahme verläßt Luhmann das Formkalkül Spencer-Browns. Ich komme weiter unten darauf zurück. Luhmanns mehrdeutige Formulierung, aus der der Status der Form selbst nicht klar wird, resultiert aus seiner Auslegung des Spencer-Brownschen Formbegriffs. Luhmann geht ihn aus zwei verschiedenen Richtungen her an, nämlich zum einen aus der Entwicklung seines Beobachterbegriffs, und zum anderen aus der Entwicklung des Begriffs der Differenztheorie.

Luhmann unterscheidet einen Beobachter erster von einem Beobachter zweiter und sogar dritter Ordnung (→ Kap.: I.1). Jeder dieser Beobachtertypen ist zugleich immer auch ein Beobachter erster Ordnung, da dies bedeutet, Beobachtungen anzustellen, indem der Beobachter Unterscheidungen trifft, um die eine Seite einer Form zu bezeichnen. Der Beobachter zweiter Ordnung kann jedoch zusätzlich die Beobachtung des Beobachters erster Ordnung als Einheit der Differenz beobachten[450]. Seine eigene Unterscheidung ist für ihn jedoch gleichermaßen unbeobachtbar. Erst ein Beobachter dritter Ordnung kann autologisch schließen, daß er einer analogen Beobachtungssituation unterworfen ist:

> „Für das Beobachten zweiter Ordnung wird mithin die Unbeobachtbarkeit des Beobachtens erster Ordnung beobachtbar – aber nur unter der Bedingung, daß nun der Beobachter zweiter Ordnung seinerseits sein Beobachten und sich als Beobachter nicht beobachten kann. Darauf kann ein Beobachter dritter Ordnung hinweisen, der dann den autologischen Schluß zieht, daß all das auch für ihn selbst gilt. [...] Keine weitere Reflexion führt darüber hinaus."[451]

Die Korrelation des Luhmannschen systemtheoretischen Ansatzes mit dem Formkalkül Spencer-Browns verschleiert hierbei jedoch ein Detail: Wenn der Beobachter zweiter Ordnung die Beobachtung des Beobachters erster Ordnung als Einheit der Differenz beobachten kann, das heißt, beide Seiten dieser Form beobachten kann, dann handelt es sich hierbei um eine andere Operation als die der Beobachtung bzw. Unterscheidung bei Spencer-Brown. Diese Operation ist bereits keine Unterscheidung im Spencer-Brownschen Sinne mehr, sondern entspricht dem, was bei Luhmann als Codierung beschrieben wird[452]. Man könnte sagen, der Beobachter zweiter Ordnung codiert die Einheit der Differenz des Beobachters erster Ordnung.

Ein weiterer – aber nur nebensächlicher – Einwand ist, daß die Annahme eines Beobachters dritter Ordnung vermutlich nicht notwendig ist. Er scheint vielmehr als formallogischer Garant dafür eingesetzt zu sein, den infiniten Regreß immer weiterer zweiter Beobachter einzuhalten. Damit

---

[450] Oder auch: Beobachtungen beobachten. Auf dieser logischen Ebene können Beobachter und Beobachtung gleichgesetzt werden. Indem Luhmann die Beobachtung Form nennt, sagt er: „Die selbstreferentielle Geschlossenheit der Form schließt die Frage nach dem Beobachter als dem ausgeschlossenen Dritten ein. [...] Deshalb kann man auch sagen: die Form ist der Beobachter." (Ebd. S.:92)

[451] Ebd. S.:102 f.

[452] Codes werden bei Luhmann als zweiwertig beschrieben, an deren beiden Seiten Operationen angeschlossen werden können: „Binäre Codes garantieren die Autopoiesis von Systemen." (Luhmann, 1989. S.:310)

gibt Luhmann der Theorie einen theoretischen, jedoch keinen tatsächlichen Abschluß. Auch Luhmann wendet an anderer Stelle ein: „Die Unbeobachtbarkeit der Operation des Beobachtens ist die transzendentale Bedingung seiner Möglichkeit."[453]

Es ist nicht notwendig, für diese logische Folgerung eine dritte Ebene einzuführen. Einen ähnlichen Umbau der Theorie kann man bei Lacan am Beispiel des Konzepts des groß Anderen beobachten: Während Lacan in dem Seminar über Psychosen (aus den Jahren 1955-56) noch von einem Anderen des Anderen ausgeht (P/S.:287 et passim), kommt er später (1960) zu der Überzeugung: „Es gibt keinen Andern des Andern." (Sch II/S.:188) Ich nehme an, daß die Vorstellung eines Anderen des Anderen aus vergleichbaren Gründen fallengelassen wurde.

Aus Luhmanns Differenz der Beobachtungen erster und zweiter Ordnung jedenfalls folgt eine Differenz des Begriffs der Form selbst, die bei Luhmann nicht expliziert wird[454].

Um die systemtheoretischen Axiome unter dem Formbegriff Spencer-Browns unterbringen zu können, schlägt Luhmann einen Umbau des (systemtheoretischen) Formbegriffs vor:

> „Ein differenztheoretischer Umbau des Formbegriffs verschiebt den Schwerpunkt vom (geordneten) Inhalt der Form auf deren Differenz. Damit wird das, was als Zufall gesehen war, erweitert auf eine »andere Seite« der Form und letztlich jede Differenz, sofern sie als Einheit markiert wird, unter dem Formbegriff subsumiert."[455]

Luhmann erläutert diesen Umbau, indem er dessen Formbegriff gegen andere Theoriedesigns abgrenzt:

> „Unterscheidungen nehmen Teil an der Welt, indem sie sie teilen und nur noch das, was sie bezeichnen, zur Beobachtung freigeben. Das [...] widerspricht aber auch dem zeichentheoretischen Ansatz der Semiotik, wonach man eine Form begreifen müßte als ein Zeichen, das auf etwas anderes verweist. [...] Eine Verweisung auf »nichts« würde, wie in der Ontologie, dem Zeichen seine Bedeutung nehmen. Die differenztheoretische Formentheorie behandelt dagegen Formen als reine Selbstreferenz, ermöglicht nur dadurch, daß die Form selbst durch eine Grenze markiert ist, die zwei Seiten trennt, also als Form eigentlich eine Grenze ist. Die Form gibt die Möglichkeit der Grenzüberschreitung."[456]

Auch hier wirkt widersprüchlich, daß einerseits, aufgrund von Unterscheidungen, nur noch das zur Beobachtung freigegeben werden soll, was bezeichnet wird, also eben nur die eine Seite der Form, und andererseits Formen als Grenzen behandelt werden sollen. Denn Behandeln kann in diesem Zusammenhang nur in irgendeiner Weise Beobachten sein. (Die andere Möglichkeit der „einfachen" Operation – sie wird weiter unten als Wahrnehmen erläutert – kommt als Alternative

---

[453] Luhmann. 1996. S.:96

[454] So sagt Luhmann: „Die Beobachtung zweiter Ordnung verändert alles." (Ebd. S.:112) Deutlich wird dabei jedoch nicht, daß dies bei ihm vor allem die Umstellung von (Form-) Unterscheidungen zu (Form-)Codierungen bedeutet.

[455] Ebd. S.:49

[456] Ebd. S.:50

nicht in Frage, denn sie kann eine Grenze nicht als Grenze behandeln: sie kann nur Unterscheidungen treffen.)

Luhmanns Klärung seines Begriffs-Inventars muß dahingehend ergänzt werden, daß unter dem Oberbegriff der Operation, Beobachtung eine bestimmte Art der Operation wäre[457], und daß Beobachtung selbst als Oberbegriff fungiert, unter dem Bezeichnung und Codierung zwei unterschiedliche Arten von Beobachtung wären. Denn, so müßte es heißen, eine Bezeichnung ist zwar immer eine Beobachtung, doch nicht jede Beobachtung ist eine Bezeichnung. Soweit ich den Text überblicke, ist Beobachtung immer dort, wo sie nicht (nur eine Seite der Form) bezeichnet, Codierung.

Die beiden distinkten Begriffe der Bezeichnung und der Codierung implizieren auch auf dieser Ebene zwei verschiedene Arten von Form: eine Form, wie sie von Spencer-Brown konzipiert wird, die durch eine Unterscheidung entsteht und deren Außenseite „unmarked space" ist (und unhintergehbar bleibt) (→ Kap.: I.1)[458]. Diese Form kann bezeichnet werden. Luhmanns Formulierung, daß nur ihre eine Seite bezeichnet werden könne, ist insofern pleonastisch. Und es gäbe eine zweite Art von Form, die Luhmann auch ausdrücklich Zwei-Seiten-Form nennt, auf deren beiden Seiten operiert werden kann. Diese Form entsteht durch binäre Codierung.

In DIE KUNST DER GESELLSCHAFT wird diese Unterscheidung jedoch nirgends expliziert, so daß Luhmann beide Arten von Form folienartig aufeinanderlegt, und dadurch verwischt, wann es jeweils um welche Art von Form geht. Dies zieht Folgeprobleme nach sich und führt zu Widersprüchlichkeiten. So heißt es bei Luhmann:

> „Um in dieser Frage weiterzukommen, greifen wir zunächst auf den bereits vorgestellten Begriff der Form zurück, der die Markierung einer Unterscheidung mit zwei Seiten bezeichnet. [...] Die Form selbst ist eine Zwei-Seiten-Form und setzt die Simultanpräsenz der beiden Seiten voraus. Eine Seite allein wäre keine Seite, eine Form ohne andere Seite würde sich in den unmarked state wiederauflösen, wäre also nicht zu beobachten."[459]

Mit dieser Äußerung lehnt Luhmann das Formkalkül Spencer-Browns für die Konzeption seines Formbegriffs pauschal ab, denn bei Spencer-Brown geht es präzise um eine Unterscheidung, die nicht zwei Vergleichsgrößen konstituiert, sondern um eine radikal selbstreferenzielle Unterscheidung: „distinction is perfect continence"[460]. Gleich im Anschluß heißt es bei Luhmann:

---

[457] Andere Operationen fährt Luhmann regreßhaft hinunter als Bedingungen der Möglichkeit: Wahrnehmung ist die Form der Operation des Systems Bewußtseins als die Bedingung der Möglichkeit von Kommunikation; Bedingung der Möglichkeit des Systems Bewußtsein sind dann biologische, physikalische, chemische Systeme etc.

[458] Wobei es bereits irreführend ist, bei der Spencer-Brownschen Unterscheidung von einer „Außenseite" zu sprechen. Die Spencer-Brownsche Unterscheidung trennt nicht zwei Bezugsgrößen sondern sie unterscheidet sich in sich selbst.

[459] Ebd.: S.:109

[460] Spencer-Brown, 1979. S.:1. Ranulph Glanville betont in seinem Text „Your Inside is out and your outside is in" das Konzept eines Eigenobjekts, das die Spencer-Brownsche Unterscheidung erzeugt: „[...] das Selbst (sollte es eins geben) ist nur in sich selbst unterschieden, als eine Selbstunterscheidung ohne Innenseite und Außenseite [...]." (Glanville, 1988. S.:172) (vgl. hierzu auch → Kap.: I.3) Auch Luhmann spricht von Formen als „reiner Selbstreferenz" (Luhmann, 1996. S.:50) (siehe weiter oben). Er entwickelt diesen Gedanken jedoch nicht weiter. Luhmann differenziert jedoch zwischen Referenz und Beobachtung in dem Sinne, daß Selbstreferenz keine

„Andererseits sind die Seiten nicht äquivalent. [...] Diese Asymmetrie ist nicht leicht zu interpretieren. [...] Soviel ist jedoch klar: sie besagt, daß immer nur eine Seite der Unterscheidung bezeichnet werden kann, denn wollte man beide Seiten zugleich bezeichnen, würde das die Unterscheidung selbst aufheben."[461]

Es drängt sich der Eindruck auf, daß Luhmann an dieser Stelle selbst über die implizit mitgeführte Differenzierung des Formbegriffs stolpert, die er scheinbar nicht beobachtet. In bezug auf → Kap.: IV.1.2 der vorliegenden Arbeit möchte ich behaupten, daß hier ein Moment sichtbar wird, in dem ein verworfenes Element (konkret: die Spencer-Brownsche Unterscheidung und mithin die Differenziertheit des Luhmannschen Formbegriffs) im Realen der Luhmannschen Theorie wiederkehrt. Und zwar so, daß Luhmann die Paradoxie nicht beobachtet, sondern daß sie im Text präsent ist.

Der Begriff „formcodierter Systeme" demonstriert, wie der Begriff der Form unmerklich unter die Vorstellung binärer Codierung subsumiert wird:

> „Aber es gibt formcodierte Systeme, Systeme, die eine binäre Unterscheidung wie wahr/unwahr, Eigentum haben/nicht haben, Amtsträger sein/nicht sein als Code verwenden können, um dann, ohne das System zu verlassen auf beiden Seiten der Unterscheidung operieren können."[462]

Nachdem sich Luhmann der Spencer-Brownschen Unterscheidung entledigt hat, bleibt unklar, warum und in welchem Sinne dennoch die Unterscheidung, zum Zwecke der Bezeichnung der einen Seite der Form, mitgeführt wird.

Dem Begriff der Form ist damit ein methodologischer Widerspruch inhärent, den Luhmann auch in der Ausarbeitung einer Kunsttheorie mitführt, so daß sich ständig eigenartige Kippmomente in der Begriffsverwendung ergeben.

Zunächst hält Luhmann an der Annahme fest, das Kunstwerk sei „hergestellt", also nicht natürlich[463]. Diese Grundannahme ist für seinen Ansatz notwendig, weil er dem Kunstwerk Eigenschaften zuschreibt. Eigenschaften beschreibt er abstrakt als Formen (– diese Konzeption ist unglücklich, weil sie in der Folge die Schwierigkeit mit sich bringt, Eigenschaften anders als substanziell, anders als Bezugsgröße auszudrücken. Der Begriff der Eigenschaft enthält die Implikation des Codes: ein Objekt/eine Form kann eine Eigenschaft nur haben oder nicht haben bzw. sein oder nicht sein.):

> „Dazu muß er [der Beobachter zweiter Ordnung; Anm. N.O.] das Kunstwerk an Hand der Formen beobachten, die in das Werk selbst eingearbeitet sind. Auch dies sind immer Differenzformen mit der Besonderheit, daß auf der einen Seite etwas festgelegt ist, was auf der anderen Seite den Spielraum des Beliebigen nimmt oder

---

Bezeichnung impliziert, Beobachtung hingegen schon. Die Möglichkeiten, die eine Weiterverfolgung des Begriffs der Selbstreferenz nach Glanville enthält, wird in → Kap.: I.3 beschrieben.

[461] Ebd. S.:109 f.
[462] Luhmann. 1996. S.:110
[463] Ebd. S.:48

doch einschränkt. Er wird die Erfahrung machen, daß eine Mehrzahl von Unterscheidungen so zusammenspielen, daß die andere Seite der Unterscheidung (also zum Beispiel das, was eine einmal gezogene Linie von der Bildfläche übrig läßt) als die eine Seite einer anderen bearbeitet ist."[464]

Auch hier scheinen sich die beiden Formbegriffe zu überlagern: zwar wird jeweils nur auf der einen Seite dieser Formen etwas bezeichnet, hier aber so, daß der „Spielraum" der anderen Seite (die nach Luhmann nicht bezeichnet wird) eingeschränkt wird. Das bedeutet, daß hier zumindest negativ auch die andere Seite bezeichnet werden kann. Dann kann es sich jedoch wiederum nur um eine Codierung handeln, so daß auf der unterschiedenen bzw. bezeichneten Seite, nämlich der des Kunstwerks, Codierungen getroffen werden können, im Sinne von „dies, aber nicht das". Luhmann beschreibt diese Codierung in seinem Beispiel selbst, wobei unklar bleibt, wie das „Zusammenspiel" von Unterscheidungen interpretiert werden soll. Man gewinnt den Eindruck, Luhmann ersetze Leitdifferenzen, die über Kunstwerke urteilen sollten, wie ästhetisch/nicht-ästhetisch oder neu/alt, durch eine ebenso diffuse Leitdifferenz von passend/nicht-passend – diesmal bezogen auf das „Zusammenspiel" von in das Kunstwerk „eingearbeiteten" Formen. Über den Produktionsprozeß eines auf diese Weise entstehenden Kunstwerks sagt Luhmann an anderer Stelle: „Die Möglichkeiten, etwas noch dazu Passendes zu finden, nehmen ab, die Schwierigkeiten des Weitermachens nehmen zu."[465]

Die Ambiguität des Status der ersten „Unterscheidung" taucht in der Folge immer dort auf, wo Luhmann mit Leitdifferenzen arbeitet. Er sagt: „Wenn eine neue Operationsreihe mit einer Differenz beginnt, die sie selber macht, beginnt sie mit einem blinden Fleck."[466] Luhmann reduziert die Spencer-Brownsche Unterscheidung infolgedessen auf das Grundparadox jeder Operation, das zwar angenommen bzw. gesetzt werden muß, in der Folge jedoch irrelevant für weitere Operationen oder Beobachtungen wird:

> „Die durch eine (irgendeine) Festlegung erzeugte Unterscheidung bietet auf ihrer anderen Seite eine doppelte Möglichkeit. Man kann die andere Seite in ihrem Unbestimmtsein als »unmarked space« belassen."[467]

Letztendlich betrachtet Luhmann die Systemtheorie als nicht zuständig für das Problem der ersten Unterscheidung. In ihr wird „[...] die Ausgrenzung des umarked space mitgeführt – und vergessen. Sie kann der Religion überlassen werden."[468] Trotz dieser Verbannungen taucht das Paradox der ersten Unterscheidung aber ständig wieder auf.

---

[464] Ebd. S.:119 f.

[465] Ebd. S.:63

[466] Ebd. S.:51

[467] Ebd. S.:53

[468] Ebd. S.:82. Dieselbe Delegation dieses Problems an die Religion schlägt Luhmann beim Begriff der Kontingenz vor (→ Kap.: I.1). In → Kap.: IV.1 werden die einzelnen Diskurstypen diskutiert, die Lacan als Sublimierungs- und Abwehrformen eben jenes Paradoxons unterscheidet. Luhmanns Verweis auf die Religion erscheint unter diesem Blickwinkel als intuitiv nicht schlecht gewählt. Die Alternative, das *Ding* (die Parado-xie) zu respektieren aber zu verschieben, wird für die Systemtheorie akzeptabler sein, als die symptomatische Alternative des Diskurses der Kunst, der zu einem gewissen Grade die eigene Subjektivität, das Begehren, das Unbewußte und das Nicht-Ganze einbekennt.

Um seine Kunsttheorie zu präzisieren, führt Luhmann seine aus früheren Texten bekannte Unterscheidung von Medium und Form ein. Das Verhältnis zwischen Medium und Form kann hier verglichen werden mit dem linguistischen Verhältnis zwischen langue und parole, so daß die Form eine strikte Kopplung im Medium als loser Kopplung ist. Das Verhältnis ist ein operatives, insofern das Medium, je nach Perspektive, immer auch als Form beobachtet werden kann[469].

Eine Form entsteht bereits bei der ersten Unterscheidung. Die Ambiguität des Luhmannschen Formbegriffs zeigt sich darin, daß Form als Zwei-Seiten-Form behandelt wird, deren Außenseite das Medium ist. Medium und Form werden homolog definiert wie System und Systemumwelt, und über diese Homologie wird implizit wieder das Problem der nicht bezeichenbaren Außenseite miteingeführt. In → Kap.: I.2 beschreibe ich die Gründe, aus denen beispielsweise Glanville und Lacan das Bild des Möbiusbandes präferieren, um mit diesem Paradox umzugehen. Die Vorstellung einer Form mit einer Innen- und Außenseite suggeriert bei Luhmann das Bild eines Kreises. Hiergegen wendet Glanville ein:

> „Man erinnere sich, daß eine Unterscheidung eine Form ist: die Paradoxien betreffen alle die intuitiv wahrgenommenen Innenseiten Außenseiten, die mit solchen Formen einhergehen. Diese Vorstellungen gründen in einer besonderen (Euklidischen) geometrischen Präferenz, nämlich der Präferenz für einen in einer Ebene gezeichneten Kreis. [...] Bleiben wir bei einer zweidimensionalen Ebene, dann können wir uns im Gegensatz zum Kreis ein Möbiusband vorstellen [...]. Im Gegensatz zum Kreis hat ein Möbiusband weder Innen noch Außen. Das heißt aber: wenn wir nicht an die Bedeutungen von Innen und Außen gebunden sind, dann verschwinden unsere Paradoxien natürlich, denn sie sind nichts als eine Konsequenz dieser Vorstellung von Innen und Außen.“[470]

Luhmann hält in bezug auf die Unterscheidung zwischen Medium und Form an der Konzeption der Zwei-Seiten-Form fest:

> „Das ist nur eine andere Fassung für die Einsicht, daß es auf die *Unterscheidung* von Medium und Form ankommt; daß es sich also um zwei Seiten handelt, die nicht voneinander gelöst, nicht gegeneinander isoliert gedacht werden können. Und das führt zu der Einsicht, daß die Unterscheidung von Medium und Form selbst eine Form ist – eine Form mit zwei Seiten, die auf der einen Seite, der Form-Seite, sich selbst enthält.“[471]

Kunst wird infolgedessen als Medium, und zwar als Kommunikationsmedium beschrieben. Es legt einerseits nicht fest „[...] wie Künstler und Betrachter durch das Kunstwerk gekoppelt wer-

---

[469] Ein Problem sehe ich in der Entwicklung dieses Medium-Begriffs aus dem früherer Luhmannscher Texte. Dort wird beispielsweise Macht als das Medium von Politik oder Geld als das Medium der Wirtschaft beschrieben. Wären dann zum Beispiel Kaufhandlungen Formen des Mediums Geld im System Wirtschaft? Dann würden mit dieser Medium-Form-Unterscheidung wiederum nur Operationen auf der einen Seite einer Form (System) beschrieben.

[470] Glanville, 1988. S.:169 f.

[471] Luhmann, 1996. S.:169

den [...]"[472]. Die Form wäre hier also die Kopplung zwischen Künstler und Betrachter und Kunstwerk[473]. Andererseits ist Kunst

> „[...] Kommunikation mit Hilfe von Unterscheidungen, die im Kunstwerk selbst lokalisiert sind. Mit Hilfe von Formen, können wir auch sagen, denn der Formbegriff im hier gebrauchten Sinn unterstellt, daß es sich um eine Form mit zwei Seiten, also um eine entscheidbare Form handelt."[474]

Luhmann löst das Problem von loser und strikter Kopplung mit Hilfe des Begriffs der Operation. Wenn Operation nicht Beobachtung ist, wie ich eingangs erläutert habe, dann bleibt noch die andere Möglichkeit, daß Operation Wahrnehmung ist. Luhmann schreibt, daß „[...] Wahrnehmen mit ungeformten Unterscheidungen auskommt [...]."[475] Koppelt man, wie Luhmann, das System Kommunikation von einem Aktanten (der kommuniziert) ab, so muß man weitere Systeme annehmen, die die Bedingung der Möglichkeit eben dieses Systems Kommunikation gewährleisten. In diesem Falle ist dieses System das Bewußtsein, das Wahrnehmung ermöglicht:

> „Alle Kommunikation hängt folglich von Wahrnehmung ab [...]. Wahrnehmung ist eine Spezialkomponente des Bewußtseins, ja sogar seine eigentliche Fähigkeit. [...] Die wahrgenommene Welt ist mithin nichts anderes als die Gesamtheit der »Eigenwerte« neurophysiologischer Operationen." [476]

Somit ergibt sich auch auf dieser Ebene wieder eine Luhmannsche Zwei-Seiten-Form, wobei die Innenseite der Form „Operation" Beobachtung und die Außenseite Wahrnehmung ist. Operation codiert Beobachtung. Kunst kann dann beschrieben werden als eine Möglichkeit, Wahrnehmung für Kommunikation verfügbar zu machen[477]:

> „Die Unterscheidung von Operation und Beobachtung hat für uns fundamentalen Charakter, was sich schon an ihrer selbstimplikativen Struktur zeigt. Sie ist einerseits selbst als Unterscheidung Instrument eines Beobachters; und sie bezeichnet andererseits auf ihren beiden Seiten eine Operation – eine bloße Operation, könnte man sa-

---

[472] Ebd. S.:76
[473] In → Kap.: III.2 beschreibe ich die Glanvillsche Konzeption eines Thermostats als Beispiel für einen Regelmechanismus. Der Thermostat regelt die Raumtemperatur, die Raumtemperatur regelt aber gleichermaßen den Thermostat, so daß sich die Frage ergibt, wer wen regelt bzw. kontrolliert. Diese interessante Fragestellung wird in → Kap.: 0 ausgeweitet auf die Frage, ob zum Beispiel Theorie einen Text interpretiert, oder ob ein Text Theorie interpretiert. Die Frage, nach Medium und Form, resp. wer wen kontrolliert, wird in → Kap. III.1 reformuliert als Frage nach dem „Primären" und dem „Sekundären".
[474] Luhmann, 1996. S.:89
[475] Ebd. S.:50
[476] Ebd. S.:14 f.
[477] vgl. Ebd. S.:82. In → Kap.: III und → Kap.: IV beschäftige ich mich mit dem, was Luhmann meint, wenn er die Funktion der Kunst darin sieht, „[...] etwas prinzipiell Inkommunikables, nämlich Wahrnehmung, in den Kommunikationszusammenhang der Gesellschaft einzubeziehen." (Ebd. S.:227) Lacan beschreibt es als *Ding* (→ Glossar: 5). Im Kommunikationszusammenhang wird Wahrnehmung bei Luhmann wieder in Formcodierungen aufgelöst, wodurch man dem *Ding* Wahrnehmung nicht näher kommt.

gen, auf der einen und eine beobachtende Operation auf der anderen Seite. Derart intrikate Begriffsverhältnisse können wir im Moment jedoch unanalysiert lassen."[478]

Was Luhmann hier als intrikat bezeichnet, ist das Paradox der ersten Unterscheidung, dessen er nicht habhaft wird. „Der blinde Fleck wird nur verschoben [...]."[479] Der „unmarked space" bleibt „unzugängliche Voraussetzung"[480], womit man methodologisch wieder beim status quo ante wäre. Die Unterscheidung Spencer-Browns, die Luhmann operabel zu machen versucht, bleibt in letzter Konsequenz in dem Status des blinden Flecks als Grundparadox, das jeder Operation vorausgeht:

> „Das In-der-Welt-Sein des Kommunikationssystems wird durch eine laufende Kopplung von Selbstreferenz und Fremdreferenz erzeugt, und folglich wird die Welt zum Medium für die laufende Bildung (Erzeugen, Vergessen, Erinnern eingeschlossen) spezifischer Formen, zum selbst nicht faßbaren »Horizont« von Konstruktionen, der als Medium deren Wechsel überdauert."[481]

An einer Stelle formuliert Luhmann eine Definition von Kunst: „Niemand sonst macht das, was sie macht."[482] Was dies jedoch ist, löst Luhmann in ein Modell von Formcodierung auf:

> „Das Kunstwerk macht sich, zusammenfassend gesagt, beobachtbar als eine Seite von ineinander verschlungenen Unterscheidungen, wobei die jeweils andere Seite der Unterscheidung zu weiteren Unterscheidungen auffordert."[483]

Ich bezweifle jedoch, ob dies charakteristisch für Kunst ist. Luhmanns Annahme, daß die „[...] Konsequenzen einer Umstellung auf differenztheoretische Analyse [...] den Begriff der Welt betreffen und ihn radikal ändern."[484], wird in den Konzepten Glanvilles und Lacans wirkungsvoller umgesetzt. Denn bei Luhmann läuft diese Umstellung auf die kunsttheoretische Frage hinaus, wovon das „[...] Kunstwerk unterschieden [werden könne], wenn nicht mehr von dem Unzugänglichen, das es symbolisiert [...]?"[485]. Diese Frage rechtfertigt nicht den Aufwand einer systemtheoretischen Untersuchung, insbesondere nicht die Einführung der Spencer-Brownschen Unterscheidung.

Die Psychosemiologie Lacans stellt eine andere Frage, die sich aus den Ansprüchen an die eigene Theorie ergeben: die Psychosemiologie ist keine Supertheorie (→ Kap.: 0). Dies erlaubt ihr einen anderen Umgang mit der ursprünglichen Paradoxie allen Beobachtens, dem die vorliegende Arbeit gewidmet ist. Lacan fragt nicht nach dem „schlechthin Inkommensurablen". Er stellt es fest, und beobachtet – als das durch die Psychosemiologie einzig Beobachtbare – die möglichen Beziehungen, die Subjekte diesem *Ding* gegenüber einnehmen. Die Psychosemiologie versucht

---

[478] Luhmann, 1996. S.:69 f.
[479] Ebd. S.:52
[480] Ebd. S.:59
[481] Ebd. S.:22
[482] Ebd. S.:218
[483] Ebd. S.:123
[484] Ebd. S.:40
[485] Ebd. S.:332

nicht, das *Ding* zu beobachten. Sie kann aber zum Beispiel die Bemühungen der Systemtheorie (und deren Effekte), dieses *Ding* zu beobachten, beobachten. Ausgehend von der Grundannahme, daß Beobachten immer schon Interpretieren bzw. Übersetzen sei (Sekundarisierung des Primären), werden dadurch Relationen (Beobachtungsweisen bzw. Perspektiven) als allein wesentlich beobachtbar.

Glossar 4
Psychopathologie der Psychosen.
Überblick über die psychoanalytische Forschung

Den größten Teil der Literatur über Schizophrenie macht die Psychopathologie aus, das heißt, die Beschreibung ihrer primären und sekundären Symptome und deren Auswirkungen auf die Erlebnis- und Ausdrucksweise der Erkrankten. Ihre Befunde lassen sich mit der „Strukturanalyse" der Psychose, wie sie Lacan vorschlägt, weitgehend in Übereinstimmung bringen (→ Kap.: II.2). Allerdings finden sich in der psychoanalytischen Theorie äußerst selten Hinweise auf eine Lacan-Rezeption. Lacan hat, soweit ich die einschlägige Forschungsliteratur überblicke, Aufnahme in das psychoanalytische Denken in Frankreich, mit dem Akzent auf antipsychiatrische Konzepte (Deleuze/Guattari, Mannoni, Dolto, Kristeva, Laplanche/Pontalis etc.) gefunden, und in Deutschland, mit dem Akzent auf der semiotischen Dimension der Lacanschen Theorie (insbesondere die beiden Autoren Feuling und Kleiner werden daher in → Kap.: II.2 exemplarisch herangezogen)[486]. Diese Gruppierungen bleiben jedoch von der herkömmlichen psychoanalytischen Forschung und Praxis isoliert. Moustapha Safouan schreibt rückblickend:

> „Besonders seit 1966, als seine [Lacans; Anm. N.O.] *Écrits* publiziert und dann übersetzt worden sind, hat es Leute gegeben, die in den 60er, 70er, 80er Jahren dieselbe Anziehung verspürt haben wie einer wie ich in den 40er Jahren. Das ist völlig normal, da die gleichen Gründe vorlagen und weil sich zudem außerhalb dieser Bewegung der Lacanianer nichts tat. Es war nur Wiederholung auf eben den Schienen, die ich anfangs genannt habe: der Ich-Psychologie oder auch dem Kniff, der darin besteht, die Widerstände zu analysieren." [487]

In dem „linguistischen Zugang" Lacans zum Problem der Psychosen wird der in der psychoanalytischen Terminologie Bewanderte kaum Ähnlichkeiten mit herkömmlichen Darstellungen der psychotischen Symptome wiederfinden. Deshalb soll an dieser Stelle ein Brückenschlag zwischen der Lacanschen Psychosemiologie und der traditionellen Psychopathologie der Psychosen unternommen werden. Auch hier geht es also um den Versuch einer Übersetzung deskriptiver Beschreibungen (durch die traditionelle Psychoanalyse) in eine strukturanalytische Erklärung der Psychosen (durch Lacan). Dadurch soll der Lacansche Ansatz psychoanalytisch konsolidiert werden.

Der markanteste Begriff, der in der traditionellen Psychoanalyse zur Psychopathologie der Schizophrenie resp. der Psychose verwendet wird, ist der der Spaltung als das grundlegende schizo-

---

[486] Autoren, die sich (propädeutisch) mit der Interpretation von Lacans Werk beschäftigen, wie beispielsweise Samuel Weber, Malcolm Bowie oder auch Slavoj Zizek, berücksichtige ich in diesem Zusammenhang nicht.
[487] Safouan, 1994. S.:33

phrene Symptom. Der Begriff der Schizophrenie wurde von E. Bleuler eingeführt, um das Symptom der Spaltung schon begrifflich anzuzeigen.

Auf Batesons double bind-Theorie, als die einzige plausible psychopathologische Alternative, die deswegen in der psychoanalytischen Forschung große Aufmerksamkeit gefunden hat, verweise ich kurz in → Kap.: II.1. Wie ich in → Kap.: II.2 anmerke, beschreibt sie, meiner Meinung nach, einfach die Situation der Spiegelbefangenheit des imaginären Bereichs, das heißt den Zustand der ambivalenten Duplizität, der an sich nicht pathologisch ist, sondern ein bestimmtes Entwicklungsniveau darstellt, das mit dem Ödipuskomplex überwunden werden sollte. Auch der Befund einer Doppelbindung verbleibt im rein Deskriptiven. Dieses Manko stellt Kudszus fest:

> „Statt, wie es die Schulpsychiatrie fordert, nach möglichst vielen und fest definierbaren Doppelbindungen zu suchen, frage ich mich, was ich in dieser Hinsicht sagen, zur Sprache bringen könnte. Den konkreten Nachweis werde ich deshalb nicht verschmähen – er ist für die Doppelbindung besonders aus kommunikationstheoretischer Richtung geliefert worden; nur kann es mir nicht darauf ankommen, mich einer Empirie zu unterwerfen, die über ihrer Faktenfreude die Frage nach den eigenen Grundlagen vergißt und unterdrückt." [488]

Begriffe wie die der Ambivalenz, des Rückzugs der Libido von Objekten, des (schizophrenen) Wahns, der Halluzination und der Entdifferenzierung beschreiben Austragungsweisen der schizophrenen Spaltung.

Eine eindringliche aber auch bestürzende Schilderung gibt Gaetano Benedetti mit seinem Text TODESLANDSCHAFTEN DER SEELE, den ich daher im folgenden auch vorzugsweise zitieren werde. Benedettis Erklärung des Ausdrucks „Todeslandschaften" kommt Lacans Beschreibung dessen, worum es bei der Psychose geht, äußerst nahe:

> „Unter Todeslandschaften verstehe ich Leerräume, in denen gewisse menschliche Fähigkeiten nicht zur Entwicklung gelangen und existentiell unentbehrliche Grundmuster sich nicht konfigurieren können; überdies mangelt es an elementaren Urerfahrungen, die das amorphe Ich sukzessive strukturieren sollten. So fehlt es an Verdrängungsmechanismen (wie sie uns von der klassischen Psychoanalyse gezeigt wurden). Hingegen zeichnen sich im Unbewußten „stumme Zonen" ab, eine fehlende psychische Strukturierung, die man, um einen aus der modernen Astronomie stammenden Begriff zu verwenden, „schwarze Löcher" nennen könnte." [489]

Was Benedetti als „schwarze Löcher" bezeichnet, sind Effekte des mangelnden Namen-des-Vaters. In Benedettis Theorie fehlt mithin genau dieses Element: das konstitutive Paradox des Psychismus, das in der Psychose unvollständig geblieben ist.

Benedettis Text bietet auch einen repräsentativen Überblick über die in der traditionellen Psychoanalyse verwendeten Begriffe. Ich werde mich dabei bemühen, auf die von Lacan herausgear-

---

[488] Kudszus, Winfried, G. (1980): Literatur und Schizophrenie. In: Austreibung des Geistes aus den Geisteswissenschaften. Programme des Poststrukturalismus. hrsg. v. F. A. Kittler. UTB Schöningh. Paderborn, München, Wien, Zürich. S.:175-187. hier S.:182. Vorläufig scheint es für Kudszus bei der Frage zu bleiben.

[489] Benedetti, 1991. S.:51

beiteten strukturellen Veränderungen, die die Psychose mit sich bringt, anhand exemplarischer, deskriptiver Begriffe kurz hinzuweisen.

Die verschiedenen Begriffe kreisen alle um einen für die Psychose symptomatischen Komplex, so daß sich ein Begriff durch den anderen erklären läßt. Lacans Vorstellung von einem Mangel des Namen-des-Vaters und der *forclusion*, als dem eigentlichen psychose-auslösenden Moment, scheint mir diesen Komplex am präzisesten zu benennen. Die Psychoanalyse hat sich nach Freud von dessen Betonung der sprachlichen Strukturen abgewendet, denen der Psychismus unterworfen ist (Verschiebung und Verdichtung). Vielleicht kann in dieser Tatsache eine Erklärung gesehen werden, warum Lacans – noch radikaler semiotisch orientierter – Ansatz in der Psychoanalyse bisher nur wenig Beachtung gefunden hat. – Entsprechend dürfte Lacans Vorstellung einer adäquaten Ausbildung zum Psychoanalytiker derzeit eine Ausnahme darstellen:

> „So wie es um die psychoanalytische Ausbildung heute bestellt ist – Medizinstudium und dann eine Psychoanalyse, eine sogenannte Lehranalyse durch einen qualifizierten Analytiker –, fehlt etwas Wesentliches, ohne das, ich bestreite das jedenfalls, man kein wirklich ausgebildeter Psychoanalytiker sein kann: der Erwerb von Kenntnissen in sprachwissenschaftlichen und historischen Disziplinen, in Religionsgeschichte usw. Um seine Gedanken zur Ausbildung zu umreißen, erweckte Freud selbst jenen alten Begriff wieder zu Leben, den ich gerne aufgreife: den der «universitas litterarum».“ [490]

Auf der deskriptiven Ebene der Symptombeschreibung stellt sich für die traditionelle Psychoanalyse ein Problem, das Macho in seinem Text ZEICHEN AUS DER DUNKELHEIT zusammenfaßt:

> „Darin besteht auch nach Ansicht mancher Psychologen – die *differentia specifica* zur Neurose: ein Neurotiker kann sich zu seinen Zwangsvorstellungen in ein Verhältnis setzen, sogar *während* er ihnen folgt. Der Psychotiker hingegen kann nur wissen, daß er ein Psychotiker ist, solange er dem Sog widersteht, der zur Auflösung der Grenzen treibt, zur Verflüssigung von Ich und Welt. [...] Psychose kann also nur *von außen* oder *von nachher* betrachtet werden. [...] Die diagnostische Kategorie »Psychose« entspringt dem Jenseits der erlebten, der wirklichen Psychose.“[491]

Lacans Unterscheidung zwischen imaginärem, symbolischem und realem Bereich ermöglicht ihm, dieses Dilemma präziser zu formulieren:

> „Für das Kind gibt es zunächst das Symbolische und das Reale, im Gegensatz zu dem, was man glaubt. Alles, was wir in der imaginären Ordnung sich zusammensetzen, sich anreichern und diversifizieren sehen, geht von diesen beiden Polen aus. Wenn Sie glauben, das Kind sei dem Imaginären verhafteter als dem Rest, dann haben Sie in gewissem Sinne recht. Das Imaginäre ist da. Aber es ist uns absolut unzugänglich.“ (Sem I/S.:276 f.)

---

[490] Lacan, 1992. S.:305

[491] Macho, Thomas. H. (1993): Zeichen aus der Dunkelheit. Notizen zu einer Theorie der Psychose. In: Wahnwelten im Zusammenstoß. Die Psychose als Spiegel der Zeit. hrsg. v. R. Heinz, D. Kamper, U. Sonnemann. Akademie Verlag. Berlin. S.:223-240. hier S.:224: ,

Wenn die Psychose die Unfähigkeit des metaphorischen Übergangs zwischen symbolischem und imaginärem Bereich bedeutet und der Wahn einen Restitutionsversuch des Subjekts[492], dann muß ein anderer Modus des „Lesens" und Beschreibens der Psychose gefunden werden, da sie den Regeln der Signifikation nicht gehorcht. Lacan nähert sich dem Problem der Psychose auf strukturellem Wege und verbleibt nicht in den metaphorischen (wenn auch häufig sehr eindringlichen) Beschreibungen „a posteriori", auf die sich die Psychoanalyse ansonsten verlassen muß. Er kann beschreiben, warum und inwiefern das psychotische Geschehen sich der Beschreibung entzieht. Dies hängt nicht mit dem rätselhaften Charakter der Psychose zusammen, sondern damit, daß auf dem Niveau des Imaginären keine Signifikation, keine (triadische) Semiose stattfindet. Das was sprachlich verfaßt sein sollte (im Symbolischen) ist in der Psychose real. Insofern muß ein anderer Modus der Interpretation gefunden werden. Kleiner schreibt: „[...] in der Psychose ist die Realität nicht sprachlich verfaßt, sondern die Sprache ist im Realen, sie wird nicht gesprochen, sie geschieht."[493] Die Psychopathologie, die nicht nach einem strukturell veränderten Zugangsweg sucht, kann daher nur deskriptiv und metaphorisch ihre eigenen Beobachtungen beschreiben.

Spaltung

Unter der Spaltung wird allgemein der Kohärenzverlust des Subjekts verstanden. Synonym, oder nur geringfügig nuanciert, werden Begriffe wie Ichentgrenzung, gespaltene Identität, Verlust der Ich-Grenze verwendet. Benedetti schreibt:

> „Diese Spaltung bzw. Auflösung zeitigt als weiteres Charakteristikum, daß die voneinander abgespaltenen Teile im Sinne einer nachträglichen Verdichtung, Kontaminierung und Zusammenballung verschmolzen werden (schizophrene Neomorphismen und Neologismen; »Wortspiele«)."[494]

Die intrasubjektive Kommunikationssituation zwischen dem Subjekt und dem moi, wie sie Lacan beschreibt, bietet hierfür eine Erklärung. Sie gründet jedoch nicht auf einer Spaltung des Subjekts, sondern genaugenommen auf der mißlungenen Spaltung, durch den nicht erfüllten Ödipuskomplex. Anders ausgedrückt: die doppelte bzw. gespaltene Persönlichkeit, als die der Psychotiker beschrieben wird, resultiert aus dem Mangel einer wirklichen Gespaltenheit und aus seiner Reduktion auf einen dem Imaginären verhafteten, entfremdeten, dualen Status. Die Spaltung hat durch den Mangel des Namen-des-Vaters nicht den Abschluß gefunden, der es ermöglichen würde, durch diesen Signifikanten repräsentierbar zu werden.
Die Psychoanalyse beobachtet verschiedene Folgeerscheinungen dieser Spaltung und beschreibt deren katastrophale Wirkungen in eindringlichen Bildern:

---

[492] So Küchenhoff/Warsitz: „Der Wahn ist nicht mehr die Katastrophe selbst, sondern bereits ihr Heilungsversuch, der wahrscheinlich zum Scheitern verurteilt bleibt." (Küchenhoff, Warsitz, 1993. S.:165)

[493] Kleiner, 1991. S.:172

[494] Benedetti. 1991. S.:19

„Es ist erschütternd, erleben zu müssen, wie der gleiche Patient, der sich dem Transitivismus und der Appersonierung zufolge mit seiner sozialen Umwelt dauernd verwechselt, zu einer Kommunikation mit ihr unfähig ist und undurchdringliche Barrieren gegen sie aufrichtet."[495]

Dabei bleibt die psychoanalytische Beschreibung bei der Deskription der Symptome. Da die Psychoanalyse nur feststellen kann, daß das Subjekt gespalten ist, muß sie erschüttert vor diesem Phänomen stehenbleiben. Für den Rezipienten einer Psychopathologie der Psychosen stellt sich dabei dasselbe Problem, das Klaus Conrad in seinem Text DIE BEGINNENDE SCHIZOPHRENIE. VERSUCH EINER GESTALTANALYSE DES WAHNS beschreibt:

„Eine Unsumme von Banalitäten wird berichtet, bei denen man immer fragen möchte: Nun und? Man erwartet, sie seien die Präambel für das Eigentliche. Aber es kommt nichts Eigentliches nach, weil alle diese banalen Begebnisse dem Kranken im abnormen Lichte der Apophänie erschienen, ohne daß er irgendeine Erklärung dafür hätte."[496]

Auch wenn ich damit keineswegs behaupten will, die Psychopathologie der Psychosen beschreibe nur Banalitäten (insofern damit die Symptome der Erkrankten gemeint sind), so bleibt doch die Erwartung des „Eigentlichen", nämlich der Erklärung der Psychosen unbefriedigt.
Ähnlich unbefriedigend wirkt die geringe Problematisierung der Begriffe von Subjekt und Objekt, mit denen – verglichen mit dem Theorieniveau beispielsweise der Systemtheorie – beinahe naiv umgegangen wird:

„Die Objekt-Subjekt-Spaltung, die uns Geistesgesunde von der Welt trennt, trennt indessen den Kranken von sich selbst, während er sich umgekehrt von der Welt nicht mehr deutlich unterscheiden kann."[497]

Eine solche Aussage enthält – implizit – richtige Aspekte. Sie erklärt diese jedoch nicht, wenn sie nicht erklärt, was das Subjekt, was das Objekt und was Welt sei (vgl. → I.1 und → Kap.:II.1). Der traditionellen psychoanalytischen Theorie steht ein herkömmliches und einigermaßen triviales, ontologisches Modell von Wirklichkeit bzw. Welt im Wege, das keinen explikatorischen Wert für psychische Prozesse hat.

---

[495] Ebd. S.:26

[496] Conrad, Klaus (1992): Die beginnende Schizophrenie. Versuch einer Gestaltanalyse des Wahns. hrsg. v. W. Scheid und U.H. Peters. Sammlung psychiatrischer und neurologischer Einzeldarstellungen. 6. unver. Aufl. Georg Thieme Verlag. Stuttgart. New York. S.:56

[497] Benedetti. 1991. S.:37

Ambivalenz

Aus der Spaltung der Persönlichkeit resultiert beim psychotischen Subjekt das Gefühl der Ambivalenz. Benedetti schreibt:

> „Die Ambivalenz gehört zu einem der bekanntesten Begriffe von E. Bleuler, mit dem er das Wesen der doppelgerichteten, gespaltenen Affektivität treffend geschildert hat."[498]

Diese Duplizität wird von den Autoren übereinstimmend beschrieben. Bei Benedetti heißt es: „Die »doppelte Buchführung« (E. Bleuler 1911), diese Koexistenz von Sein und Nicht-Sein, ist für die Schizophrenie kennzeichnend, wie für kein anderes psychisches Leiden."[499] Für die Ambivalenz auf dieser Ebene wird das Überich verantwortlich gemacht, sowie die Ich-Schwäche, aufgrund derer das Ich nicht mehr zwischen dem Es und den grausamen Forderungen und Verfolgungen des Überichs vermitteln könne.

Nach Lacan ist hingegen der imaginäre Bereich für die Ambivalenz verantwortlich zu machen. Da der symbolische Bereich nur „scheinentwickelt" ist, und beim Ausbruch der Psychose zusammenbricht, reduziert sich die Welt des Psychotikers auf das Subjekt und das klein andere, das heißt auf eine vom imaginären Bereich regierte Struktur. Wie ich bereits → Kap.: II.1 beschrieben habe, konzentriert sich im imaginären Bereich das Begehren des Subjekts auf das verloren gegangene Objekt klein *a*, und führt einen rivalisierenden, haßerfüllten und gleichzeitig von narzißtischen Gefühlen begleiteten Kampf. Ego und alter ego konstituieren sich wechselseitig und reziprok, so daß die Frage des Subjekts hinsichtlich seines Standortes innerhalb dieser Duplizität völlig ungeklärt bleibt. Ähnlich schreibt Benedetti: „Jede räumliche Struktur gerät aus den Fugen; es gibt kein Oben, kein Unten mehr, weder Ich noch Nicht-Ich; aufgehoben sind die Unterschiede zwischen Gegensätzlichem und Ähnlichem."[500]

Reduziert sich die Welt des Psychotikers auf diesen imaginären Bereich, so ergänzen er und die Welt sich in eben diesem Wechselverhältnis. Benedetti schreibt:

> „Gehen wir des weiteren davon aus, eine absolute Unfähigkeit des Ich, sich zwischen zwei gegensätzlichen Situationen zu entscheiden, verwandle die Existenz in ein Dauerproblem: dann wird der banalste Gedanke von seiner Gegenvorstellung negiert."[501]

In der herkömmlichen Psychoanalyse wird der aggressive Anteil dem Überich zugeschrieben. Gerade diese Instanz ist Lacan zufolge jedoch auf das klein andere geschrumpft, auf den rivali-

---

[498] Ebd. S.:20
[499] Ebd. S.:26
[500] Ebd. S.:85
[501] Ebd. S.:61. Die Lacansche Psychosemiologie würde hierin die Bestätigung ihrer Annahme sehen, daß das Unbewußte in der Psychose „präsent" ist: Da jeder Signifikant (latent bzw. im Unbewußten) seine Verneinung impliziert, müssen beide „Versionen" in der Psychose stets koexistieren.

sierenden „Zwilling". Hält man an der Vorstellung des Überichs fest, so gelangt man zwangsläufig zu der Annahme eines schwachen Ichs. Zur Frage nach der Beteiligung des Überichs am schizophrenen Prozeß rekurriert Benedetti auf Sullivan[502] und spricht, in Abgrenzung zur (neurotischen) Verdrängung, von einer Dissoziierung in der Psychose:

> „[...] ihr [der Verdrängung; Anm. N.O.] verdanken wir die Ausstoßung gefährlicher Inhalte aus dem Bewußtsein. Aber das geschwächte schizophrene Ich kann diesen Akt nicht mehr vollziehen."[503]

In → Kap.: IV und in → Glossar: 5 beschreibe ich die ambivalente Haltung des Subjekts seinem paradoxen Ursprung gegenüber. Das Subjekt nähert sich ihm in der Haltung einer primären Abwehr. Dieser Urverdrängung schließen sich die „normalen" Verdrängungsleistungen an, die durch die Neurosenwahl organisiert werden. Fehlt in der Psychose jedoch die Urverdrängung, so ist das Subjekt mit eben jenem Punkt konfrontiert, dem die primäre Abwehr galt. Benedetti schreibt, bei der Beobachtung des Erkrankten

> „[...] merken wir, wie sich das Ich des Kranken vor etwas zu schützen versucht, mit dem es sich gleichzeitig identifiziert. Hierin verbirgt sich nun die Gefahr des lauernden Verfolgers, wie sie sich im schizophrenen Wahn artikuliert. Seine Allgegenwärtigkeit erklärt sich aus der Tatsache, daß der Patient dem unbewußten Zwang erliegt, ausgerechnet das suchen zu müssen, vor dem er sich am meisten fürchtet."[504]

In → Kap.: II und in → Glossar: 5 beschreibe ich Lacans Theorie, derzufolge es die Annäherung an das „Loch", an die Fehlstelle des Namen-des-Vaters ist, die panische Angst auslöst. Da sich der psychotische Psychismus aus Subjekt und klein a konstituiert, müssen alle (antagonistischen) Gefühle der Liebe und des Hasses auf diese beiden Positionen verteilt werden. Der „unbewußte Zwang", aufgrund dessen der Psychotiker das suchen muß, was er am meisten fürchtet, kann mit Lacan psychosemiologisch ausgehend vom Fehlen des privilegierten Signifikanten (Name-des-Vaters) in der symbolischen Ordnung erklärt werden.

Das Nichts

Die primäre Abwehr wird in der Psychose gleichfalls nach Maßgabe der Möglichkeiten des imaginären Bereichs, das heißt ambivalent verarbeitet. Sie wird herkömmlicherweise mit der Koexistenz von Größenwahn und Verfolgungsangst beim Psychotiker beschrieben. Lacan erklärt diese Koexistenz radikalster Selbsterfahrung durch die Totalität des Erlebens im imaginären Bereich. Wenn sich die Welt des Psychotikers auf eine Dualität zwischen ego und alter ego reduziert und zugleich die „Rollenverteilung" zwischen beiden ungeklärt bleibt, so bleibt nur die Möglichkeit der Selbst-Konstitution an den Extremen der beiden Pole von „Alles oder Nichts", die Vorstel-

---

[502] vgl.: Sullivan. H.S. (1962): Schizophrenia as a Human Process. Norton. New York.
[503] Benedetti, 1991. S.:76
[504] Ebd. S.:77

lung völlig „gemacht" zu sein, oder aber der Schöpfer der Welt. Die eine Variante, nichts, völlig gemacht zu sein (als extreme Steigerung des Gefühls der Manipulation), wird in der herkömmlichen psychoanalytischen Literatur oft mit dem Ausdruck der „negativen Existenz" umschrieben. Gemeint ist damit die Fragmentierung der Psyche, bzw. ihre Auflösung in „Nichts". Der Psychotiker sei der beängstigenden Erfahrung des „Nichts" ausgesetzt. Benedetti schreibt:

> „Bei diesem Nichts handelt es sich offensichtlich nicht um eine Abwehr der Angst:
> vielmehr ist die Angst eine Folgeerscheinung des Nichts.
> Die Abwehr gegen die Nicht-Existenz muß erst in gemeinsamer Arbeit mit dem Patienten entwickelt und aufgerichtet werden, denn primär ist sie einfach nicht vorhanden."[505]

Lacan führt dieses „Nichts" auf den Mangel des Signifikanten des Namens-des-Vaters zurück (→ Kap.. II.2). Die herkömmlichen psychoanalytischen Beschreibungen können nur die Selbstbeschreibungen der Erkrankten nachvollziehen. Ungeklärt bleibt dabei jedoch der Begriff des „Nichts".
(Bei Lacan ist es der Mangel eines Signifikanten selbst, das heißt der Mangel von einem systematisch feststellbaren Element. Das „Nichts" im „normalen" Psychismus ist hingegen Lacans *Ding*, das Paradox des konstitutiv asignifikanten Signifikanten. Benedetti zitiert einen Erkrankten, der unter der quälenden Vorstellung litt, daß seine „«Gedankengänge immerfort abrissen»"[506]. Benedetti verwendet diese Selbstbeschreibung zur Veranschaulichung des „Nichts", ohne darauf einzugehen, daß es sich bei „Gedankengängen" um Signifikanten, also um etwas sprachlich Verfaßtes handelt.) Auch bei diesem Begriff bleibt die Psychoanalyse auf dem Niveau metaphorischer Deskription:

> „Die existentielle Lücke, wie sie sich in der Schizophrenie zu erkennen gibt, sprengt die Dimensionen bloß neurotischer Lücken bei weitem. Sie ist auch mehr als nur ein Defizit an vitaler Lebenserfahrung, mehr als eine Mangelerscheinung im affektiven Bereich: Sie läßt sich einzig und allein als *Ich-Lücke* definieren, die in der *negativen Halluzination* offen zutage tritt. Ein klassisches Beispiel dafür ist der Schizophrene, der sich im Spiegel betrachtet und vergebens auf dessen Antwort wartet: *Er sieht nichts.*"[507]

Benedetti scheint implizit dem Lacanschen Ansatz nahezustehen: Er schreibt von der „Antwort", die vom Spiegel erwartet wird, das heißt, er beschreibt metaphorisch, was nach Lacan tatsächlich unmetaphorisch sprachlich strukturiert ist: Auf den Appell des Psychotikers antwortet kein Signifikant. Die traditionelle Psychoanalyse ignoriert indessen, daß es bei der Psychose um ein Problem der Signifikanten und der Signifikation geht.

---

[505] Ebd. S.:50
[506] Ebd. S.:49
[507] Ebd. S.:115

Rückzug der Libido von Objekten

Ausgehend von Freuds Theorie, derzufolge in der Schizophrenie die Libido von den Objektvorstellungen abgezogen und statt dessen die Wortvorstellungen besetzt werden[508], konnte die Psychoanalyse eine Fülle von Selbstbeschreibungen Kranker sammeln, die diese Beobachtung bestätigen. Die Sprache der Psychotiker besteht dann aus endlosen Repetitionen, der Zusammenhang zwischen Wort und Bedeutung scheint verloren gegangen zu sein. Benedetti schreibt über den Psychotiker: „Seine Worte erscheinen uns wie ein Leerlauf, sie haben keine Konsistenz und verlieren sich im Labyrinth der Psychose [...]."[509]

Aufgrund des „Strukturverlusts"[510] in der Psychose kann die Symbolbildung nicht mehr nachvollzogen werden, das heißt, das Subjekt kann keine Metaposition seiner Symbolbildung gegenüber einnehmen. Dadurch verlieren die Symbole ihre „Transparenz"[511]:

> „Im Gegensatz dazu [zur „normalen" Symbolbildung; Anm. N.O.] entzieht sich der
> Prozeß schizophrener Symbolbildung der Reflexion des Subjekts. Der Kranke kann
> nicht, wie im Normalfall, über das Symbol verfügen, *denn das Symbol ist zu seiner
> Seinsweise geworden*: Die Ichstruktur kann nicht anders, als mit dem Neugebildeten
> völlig kongruent sein. Und letzteres wird dadurch zu der einzig bestehenden Realität
> des Ich."[512]

Wie ich in → Kap.: II.2 erläutere, führt Lacan dieses Unvermögen auf das Nicht-Gelingen der Vatermetapher zurück. In der Psychose gibt es Signifikanten ebenso wie Signifikate. Gestört ist die Möglichkeit des metaphorischen Umschlagens des Signifikanten ins Signifikat, das heißt die Signifikation. Daher kann der Psychotiker zwischen beiden nicht unterscheiden, sondern behandelt beide als „Realitäten". Wie ich weiter oben bereits bemerkt habe, erscheint das, was im symbolischen Bereich verworfen wurde im Realen wieder. Nach Lacan läßt sich daher das „Symbol als Seinsweise" des Subjekts als Effekt der Verwerfung beschreiben. Das, was symbolisiert sein sollte (sprachlich verfaßt), erscheint im Realen wieder.

Psychose und Kreativität

An diese Beobachtungen der herkömmlichen Psychoanalyse schließt eine breite Debatte über den Zusammenhang kreativer bzw. künstlerischer Tätigkeit und Schizophrenie an. Der Streitpunkt hierbei liegt in der Frage, ob die Tätigkeit psychisch Kranker als kreatives Schaffen anerkannt werden könne und damit mit Kunstproduktion gleichzusetzen wäre (zur Geschichte dieser Debatte vgl. etwa: Peter Gorsen: KUNST UND KRANKHEIT. METAMORPHOSEN DER ÄSTHETISCHEN

---

[508] Freud, Sigmund (1989c): Das Unbewußte. In: Psychologie des Unbewußten. Studienausgabe Bd. III. hrsg. v. Th. v. Uexküll und I. Grubrich-Simitis. 6. Auflage. Fischer Verlag. Frankfurt/Main. S.:119-167. hier S.:160 ff.
[509] Benedetti, 1991. S.:264
[510] Ebd. S.:104
[511] Ebd. S.:104
[512] Ebd. S.:103

EINBILDUNGSKRAFT[513] oder derselbe: LITERATUR UND PSYCHOPATHOLOGIE HEUTE. ZUR GENE-ALOGIE DER GRENZÜBERSCHREITENDEN BÜRGERLICHEN ÄSTHETIK[514]). Spätestens seit der Veröf-fentlichung von Prinzhorns BILDNEREI DER GEISTESKRANKEN[515] wird diese Debatte mit dem Ziel der öffentlichen Anerkennung der kreativen Leistungen psychisch Kranker geführt. Insbesondere die Bemühungen Leo Navratils (DIE KÜNSTLER VON GUGGING[516], ALEXANDERS POETISCHE TEXTE[517] etc.) aber auch von Hanna Segal (WAHNVORSTELLUNG UND KÜNSTLERISCHE KREATIVI-TÄT[518]) müssen in diesem Zusammenhang erwähnt werden. Aufgrund dieser Debatte konnten auch Texte Schizophrener als künstlerische Texte veröffentlicht werden (Adolf Wölfli: VON DER WIEGE BIS ZUM GRAAB. ODER DURCH ARBEITEN UND SCHWITZEN, LEIDEN, UND DRANGSAL BETTEND ZUM FLUCH[519]; Daniel Paul Schreber: DENKWÜRDIGKEITEN EINES NERVENKRANKEN[520] etc.).

Wie ich in → Kap.: 0 bereits ausgeführt habe, bleibt die Bestimmung der schizophrenen Produk-tion, sobald man sie als potentiell künstlerisch zuläßt, denselben Kriterien unterworfen, wie an-dere kreative Erzeugnisse. Die vorliegende Arbeit verfolgt nicht das Ziel, einen Beitrag zu dieser Debatte zu leisten. Die Lacansche Psychosemiologie stellt jedoch ein semiotisches Instrumenta-rium zu Verfügung, das es ermöglicht, die Frage nach der Kunsthaftigkeit bzw. der Literarizität präziser zu stellen. Mit Hilfe dieses Instrumentariums läßt sich beschreiben, nach welchen se-miotischen Strukturen die psychotische Ausdrucksweise funktioniert. Zusammenfassend kann man sagen, daß das Subjekt in der Psychose auf den metonymischen Verweisungszusammenhän-gen der Signifikanten „entlanggleitet", ohne die Möglichkeit der metaphorischen „Anheftung" an das Signifikat, das heißt ohne die Möglichkeit einer wirklichen Signifikation zu haben.

Unter diesem Gesichtspunkt muß daher zwischen der kreativen Hervorbringung psychotisch Er-krankter und deren Rezeption differenziert werden. Möglicherweise wird hier als Metapher ver-standen, was metonymisch hervorgebracht wird. Auch in diesem Zusammenhang zeigt sich die Notwendigkeit einer relativistischen Perspektive der theoretischen Reflexion.

Die in → Kap.: III beschriebene Konzeption ästhetischer Erfahrungen geht von der Grundan-nahme aus, daß Eigenschaften weder im Objekt, noch im Beobachter, sondern allein in der Be-ziehung liegen, die beide herstellen. Eine solche Konzeption könnte der Kreativitäts-Debatte um schizophrene Hervorbringungen in zweierlei Hinsicht relativieren: Sowohl die Diagnose der Schizophrenie als auch deren Ausdrucksweise (metaphorisch versus metonymisch) sind Zu-schreibungen eines Beobachters.

[513] Gorsen, Peter: KUNST UND KRANKHEIT. METAMORPHOSEN DER ÄSTHETISCHEN EINBILDUNGSKRAFT. Europäische Verlagsanstalt. Frankfurt/Main. 1980.

[514] Gorsen, Peter (1977): Literatur und Psychopathologie heute. Zur Genealogie der grenzüberschreitenden bürgerli-chen Ästethik. In: Kudszus, Winfried (Hrsg.): Literatur und Schizophrenie. Theorie und Interpretation eines Grenzgebiets. Tübingen. S:13-68

[515] Prinzhorn, Max (1922): Bildnerei der Geisteskranken. Springer Verlag. Berlin.

[516] Navratil, Leo (1983): Die Künstler von Gugging. 2. Aufl. Medusa Verlag. Wien, Berlin.

[517] Navratil, Leo (Hrsg.) (1977): Alexanders poetische Texte. München.

[518] Segal, Hanna (1992): Wahnvorstellung und künstlerische Kreativität. Ausgewählte Aufsätze. übers. v. A. Lösch. Klett-Cotta Verlag. Stuttgart.

[519] Wölfli, Adolf (1985): Von der Wiege bis zum Graab. Oder. Durch arbeiten und schwitzen, leiden und Drangsal bettend zum Fluch. hrsg. v. der Adolf-Wölfli-Stiftung. Kunstmuseum Bern. 2 Bde. Fischer Verlag. Frankfurt/Main.

[520] Schreber, 1985.

Glossar 5
Das *Ding*

Die Beschreibung des Begriffs des *Dings* zeigt exemplarisch den hypothetischen Charakter aller Konstituenten des Psychismus in der Lacanschen Psychosemiologie: „[...] jeder Begriff kann nur durch seine topologische Beziehung zu den andern bestehen [...]." (Sem XI/S.:96) Es *gibt* den Anderen genausowenig wie die Objekte klein *a* (die sind stets verloren bzw. verfehlt). Es *gibt* die Kastration genausowenig wie den Vatermord (der ist ein Mythos). Das *Ding* ist das hypothetische, wenngleich konstitutive Element im Psychismus par excellence.

Es ist schwierig, bei der Bestimmung des Lacanschen *Dings* esoterische Beschreibungsformen zu vermeiden. Ich möchte dennoch versuchen aufzuzeigen, inwiefern das *Ding* dem „blinden Fleck" bzw. dem unhintergehbaren, konstitutiven Element der Systemtheorie in einer bestimmten Perspektive oder Funktion entspricht.

Das *Ding* beschreibt Lacan als das bei der Urverdrängung verlorengegangene Objekt, bzw. als die Objektursache des Begehrens. Mit dem Ausdruck des *Dings* bezieht sich Lacan auf den Text Freuds und verwendet diesen Ausdruck auf deutsch, um damit bestimmte Konnotationen hervorzuheben[521]. Man könnte sagen, das *Ding* ist das bei der Urseparation verlorengegangene Objekt in einer bestimmten Funktion: Lacans SEMINAR VII: DIE ETHIK DER PSYCHOANALYSE bietet einen Zugang zur Funktion dieses *Dings*, der Ausgangspunkt einer psychosemiologischen Ästhetik sein könnte (→ Kap.: III.6). Lacan skizziert dabei eine Ästhetik nicht über qualitative Kriterien sondern operational, als eine bestimmte psychische Funktion. Das heißt, er geht nicht von bestimmten Objekten aus, die schön, wahr oder gut seien (um nur einige der Qualitäten zu nennen, durch die das Ästhetische, ähnlich wie das Ethische[522], definiert wurde und zum Teil noch wird (– auch beispielsweise Luhmann bietet keine überzeugende Alternative an), sondern vielmehr von einer bestimmten Position, die das Subjekt seiner eigenen Möglichkeitsbedingung als Subjekt gegenüber einnimmt.

Eine ästhetische Erfahrung ist Lacan zufolge also nicht objektabhängig, sondern die Frage einer bestimmten Perspektive. Bei der ästhetischen Erfahrung handelt es sich um die Beziehung des Subjekts zu dem Freudschen *Ding*, dem ursprünglich verlorengegangenen Objekt. Diese ästhetische (bzw. ethische) Perspektive ist für den „Diskurs der Psychoanalyse" maßgeblich (→ Kap.: IV.2).

Da der Verlust (der aus der Urseparation hervorgeht) Anlaß ist für die Bildung des imaginären und des symbolischen Bereiches, also des Psychismus, ist dieses *Ding* zugleich der unzugängli-

---

[521] vgl. Sigmund Freud (1989f): Über die Verneinung. In: Psychologie des Unbewußten. Studienausgabe, Bd. III. hrsg. v. A. Mitscherlich, A. Richards, J. Strachey. 6. Aufl. Fischer verlag. Frankfurt/Main. S.:373-377

[522] Es existiert eine Forschungsliteratur, die sich mit der Frage beschäftigt, inwieweit das Lacansche *Ding* mit dem Kantschen Ding „an sich" zu vergleichen ist, und damit eine Lacansche Ethik begründen könnte. Eine Erörterung dieser Literatur würde jedoch den Rahmen der vorliegenden Arbeit sprengen. Exemplarisch sei hier nur hingewiesen auf: „Ethik und Psychoanalyse. Vom kategorischen Imperativ zum Gesetz des Begehrens: Kant und Lacan". hrsg. v. Gondek u. Widmer. 1994, sowie: „Das andere Denken. Zur Ethik der Psychoanalyse". Frag-Mente. Schriftenreihe zur Psychoanalyse. Bd. 39/40. hrsg. v. Wissenschaftliches Zentrum II für Psychoanalyse. Psychotherapie und psychosoziale Forschung der Gesamthochschule Kassel. Kassel. 1992

che Rest (als Ursprung) des Realen des Subjekts, das heißt gewissermaßen ein paradoxer Kern des Realen im Innersten des Subjekts. Lacan schreibt:

> „*Das Ding** ist ursprünglich, was wir das Signfikats-Außerhalb nennen möchten. Als Funktion dieses Signifikats-Außerhalb und in einem pathetischen Verhältnis zu ihm bewahrt das Subjekt seine Distanz und konstituiert sich in einer Art Verhältnis oder Primäraffekt, der aller Verdrängung vorausgeht." (Sem VII/S.:69)

Da dieses *Ding* als „Signifikats-Außerhalb" angenommen wird, ist es ein Objekt von höchster Ambivalenz – im Grunde eigenschaftslos: als (unmögliches) Element des Realen ist es an sich weder gut noch schlecht – es wird allein gesucht, weil es verloren ist. Dieses bei der Urverdrängung verlorengegangene Element ist nicht aufgrund von Verdrängung im eigentlichen psychoanalytischen Sinne verlorengegangen; vielmehr bilden die späteren Formen der psychischen Verdrängung ein Muster, nach dem sich das Subjekt zu diesem Element in Beziehung setzt. Die Formen der Annäherung an das Reale als dem (traumatischen) Ursprung des Psychismus sind dabei gleichermaßen durch Anziehung und Abwehr geprägt:

> „Die Intuition, die das ganze selbstanalytische Forschen Freuds beseelt, drückt sich nicht anders über die Annäherung an das Reale aus. Noch das Fortschreiten desselben vollzieht sich zunächst nur auf dem Wege einer primären Abwehr. Die tiefe Ambiguität der vom Menschen geforderten Annäherung ans Reale schreibt sich zunächst in Termen der Abwehr ein. Abwehr, die da ist, noch bevor sich die Bedingungen der eigentlichen Verdrängung formulieren." (Sem VII/S.:41)

Der Bereich des Realen wird bei Lacan als transzendenter, unmöglicher Bereich jenseits des Imaginären und Symbolischen konzipiert und ist gleichermaßen der (topo-)logische Ursprung des Imaginären und Symbolischen. Dies charakterisiert zugleich die Lacansche Version einer „Realitäts-Konzeption": Welt bzw. Wirklichkeit bildet bei Lacan weder den Horizont des Beobachtbaren noch die Umwelt, sondern das Reale ist zugleich Möglichkeitsbedingung des Subjekts (das heißt dessen logischer Ursprung) und sein projektiv anvisierter, jedoch nie beobachtbarer Horizont. (Das Trauma (→ Glossar: 2) ist eine andere – perspektivische – Bezeichnung des *Dings*. Das Trauma, die „Saussuresche Barre" und das *Ding* sind nur verschiedene Funktionalisierungen des Realen als Rest, der weder symbolisierbar noch imaginierbar ist.)
Daher kann das, „[...] was wir als den zentralen Ort, die intime Exteriorität, die Extimität beschreiben, die das *Ding* ist [...]." (Sem VII/S.:171) als Ursprung mit dem Lust-Ich und als Horizont mit dem Real-Ich des Subjekts korreliert werden:

> „Es handelt sich um jenes ausgeschlossene Innere [...]. Im Innern wovon? Von etwas, das sich, sehr präzise in diesem Moment, als *Real-Ich** artikuliert, was heißen will: das letzte Reale der psychischen Organisation, real, aufgefaßt als hypothetisch, in dem Sinne, in dem es notwendigerweise unterstellt wird als *Lust-Ich**." (Sem VII/S.:126)

Das Reale ist hypothetisch, weil unmöglich, das heißt, der menschlichen Erfahrung nicht zugänglich – es kann nur, im günstigsten Fall, auf dem imaginären oder symbolischen Niveau „entstellt" bzw. „zerniert" (Sem VII/S.:146) werden. Von Repräsentation zu sprechen wäre irreführend, da dieser Begriff die Möglichkeit des bedeutungshaften Bezugs impliziert. Es kann weder durch den imaginären noch durch den symbolischen Bereich auf das *Ding* unmittelbar bezug genommen werden:

> „Wäre das *Ding* nicht ein zutiefst verborgenes, würden wir zu ihm nicht die Art Verhältnis haben, das uns nötigt – wie der gesamte Psychismus genötigt ist –, es zu zernieren, das heißt, es nur umrißhaft zu entwerfen, um einen Begriff davon zu haben. Da, wo es affirmiert wird, wird es in domestizierten Feldern affirmiert." (Sem VII/S.:146)

Das *Ding* ist nach Lacan das (hypothetische) reale Objekt, das schon immer verlorengegangen ist, sobald das Subjekt erscheint. Als verlorengegangenes Element wird es vom Subjekt zuerst im Spiegelstadium als dem ersten Niveau, auf dem das Subjekt sich als „ex-sistierendes" konstituiert, imaginiert. Lacan sagt:

> „Das *Ding** ist das Element, das im Ursprung durch das Subjekt isoliert wird in seiner Erfahrung des *Nebenmenschen** als eines von Natur aus *Fremden**." (Sem VII/S.:66)

Dabei geht es darum, daß das Subjekt aufgrund der Existenz des „Nebenmenschen" erwartet, dieses Element wiederfinden zu können. Lacan erläutert:

> „Der Objektkomplex besteht aus zwei Teilen, es ist da Teilung, Differenz auf dem Annäherungswege des Urteils. Alles, was am Objekt Qualität ist, läßt sich als Attribut formulieren, geht ein in die Besetzung des Systems ψ und bildet die primitiven *Vorstellungen**, um welche sich das Schicksal dessen abspielen wird, was nach den Gesetzen von *Lust** und *Unlust** geregelt ist in den, wie man sagen kann, primitiven Anfängen des Subjekts. *Das Ding** ist etwas vollkommen anderes." (Sem VII/S.:66)

Denn durch das Anerkennen eines „Nebenmenschen" taucht die Möglichkeit auf, daß er, der „Nebenmensch", das *Ding* sei oder im Besitz des verlorengegangenen Objekts sei. So sagt Lacan:

> „Es ist das, was Freud uns anzeigt, indem er sagt, daß «der erste und nächste Zweck der Realitätsprüfung nicht ist, in der realen Wahrnehmung ein Objekt zu finden, das dem entspreche, was das Subjekt sich im Augenblick vorstellt, sondern es wiederzufinden, sich zu überzeugen, daß es noch vorhanden ist in der Realität».
> Das *Ding** als *Fremdes**, gelegentlich sogar Feindliches, jedenfalls als das erste Außen, ist das, woran sich der ganze Weg des Subjekts orientiert. Es ist ohne jeden Zweifel ein Weg der Kontrolle, der Referenz, im Verhältnis wozu? – zur Welt seiner Begehren." (Sem VII/S.:66 f.)[523]

---

[523] Wörtlich heißt es bei Freud: „Der erste und nächste Zweck der Realitätsprüfung ist also nicht, ein dem Vorgestellten entsprechendes Objekt in der realen Wahrnehmung zu finden, sondern es *wiederzufinden*, sich zu überzeugen, daß es noch vorhanden ist." (Freud, 1989f. S.:375)

Das *Ding* ist demnach ein hypothetisches und eigenschaftsloses Element, das nur die Funktion einer gewissen Orientierung hat, und zwar einer Orientierung des Subjekts auf seine Objekte und sein Begehren hin. So wird das *Ding* bei Lacan als operationaler Begriff eingeführt: es ist nicht positiv bestimmbar, sondern nur durch seine funktionale Notwendigkeit im Psychismus. Lacan sagt dabei:

> „Gewiß, das Wort *operational* hat hier wie bei jedem Denkfortschritt seinen Wert. *Das Ding** wird nicht vollkommen durchleuchtet, auch wenn wir uns seiner bedienen. Das Etikett *operational* mag Sie in gewisser Weise komisch unbefriedigt lassen, da das, was wir deutlich machen möchten, genau das ist, womit wir es, jeder und alle, auf die unoperationalste Weise zu tun haben." (Sem VII/S.:129)

Es ist ein paradoxes Element, insofern es nur als wiederzufindendes, jedoch für immer verlorenes Element existiert:

> „Dieses Objekt wird da sein, wenn alle Bedingungen erfüllt sind, letztlich – klar ist freilich, daß das, was es zu finden gilt, nicht wiederzufinden ist. Es ist die Natur des Objekts, als solches verloren zu sein. Es wird nie wiedergefunden sein. Etwas ist da, in der Erwartung eines Besseren oder in der Erwartung eines Schlechteren, aber eben in Erwartung." (Sem VII/S.:67)

An anderer Stelle formuliert Lacan noch paradoxer: „Seiner Natur nach ist das Objekt ein wiedergefundenes Objekt. Daß es verloren sei, ist die Konsequenz – jedoch nachträglich. Und also ist es wiedergefunden, ohne daß wir anders als aus diesen Wiederfindungen wüßten, daß es verloren ist." (Sem VII/S.:147) Als wiedergefundenes Objekt zeigt sich, daß es verloren ist, bzw. daß das wiedergefundene Objekt ein Objekt, aber nicht das *Ding* ist.

Das *Ding* – man könnte sagen es befinde sich in einem Zustand der Latenz – fungiert also allein in Hinblick auf eine gewisse Erwartung und auf eine gewisse Orientierung des Subjekts. Das bedeutet: es ist nicht nur latent, sondern affektiv besetzt. In gewisser Weise kann man sagen, daß es (hypothetisch) existiert, allein aufgrund des Begehrens, das nach ihm verlangt. Sowohl Erwartung als auch Orientierung des Subjekts können jedoch in dem imaginären und symbolischen Bereich (bzw. Modus) ihren Ausdruck finden: daher ist die Beziehung des Subjekts zum *Ding* durch das signifikante System determiniert, obwohl das *Ding* selbst weder imaginierbar noch symbolisierbar ist. Die Asignifikanz des *Dings* als Möglichkeitsbedingung der imaginären und symbolischen Ordnung des Subjekts illustriert Lacan, indem er darauf hinweist, daß es auch Freud unmöglich ist, das *Ding* als solches zu artikulieren:

> „*Das Ding** ist in der Tat mit dem *Wiederfinden**, der Neigung wiederzufinden gleichzusetzen, in der für Freud die Objektorientierung des Menschensubjekts begründet ist. Von diesem Objekt wird uns, wohlgemerkt, nicht einmal gesprochen. [...] es ist bemerkenswert, daß das Objekt, um das es geht, daß Freud es nirgendwo artikuliert." (Sem VII/S.:74)

Und weiter:

„*Das Ding**, das ist, was – logisch und gleichzeitig chronologisch am Ausgangspunkt der Organisation der Welt im Psychismus – sich darstellt und abhebt als der fremde Term [...]. Und um dieses *Ding** dreht sich der gesamte Fortschritt der Anpassung, der so besonders ist beim Menschen, weil der symbolische Prozeß sich als unentwirrbar in ihn eingewirkt zeigt." (Sem VII/S.:73 f.)

Die Annäherungen an das *Ding* können also nur auf dem imaginären und symbolischen Niveau geschehen, so daß das *Ding* immer nur in spezifischen Täuschungseffekten erscheint, die es verzerren und verstellen. Diese Effekte sind die Lacanschen Objekte klein *a* des imaginären Phantasmas:

„In geschichtlich und gesellschaftlich spezifizierten Formen überdecken und täuschen die Elemente *a*, die imaginären Elemente des Phantasmas, das Subjekt im Punkt von *das Ding** selbst." (Sem VII/S.:123)

Für die Positionen, die das Subjekt dem *Ding* gegenüber einnehmen kann, führt Lacan drei Diskurstypen ein, die sich um diese Beziehung strukturieren.
Lacan geht dabei davon aus, daß das *Ding* nicht positiv bestimmt werden kann. Seine „Repräsentation" geschieht daher über Formen der Sublimierung. Er sagt:

„Dieses *Ding*, dessen durch den Menschen geschaffene Formen sämtlich ins Register der Sublimierung gehören, wird stets durch eine Leere repräsentiert sein, weil es nicht durch anderes repräsentiert werden kann – oder genauer, weil es repräsentiert werden kann allein durch anderes." (Sem VII/S.:160)

Da das *Ding* bei Lacan nicht positiv definiert werden kann, sondern nur in Hinblick auf eine bestimmte Position der Erwartung und der Orientierung des Subjekts zu ihm, anders gesagt: da das *Ding* nur hypothetisch existiert als Möglichkeitsbedingung des imaginären und symbolischen Bereichs des Psychismus, setzt Lacan es als „zentrale Leere".
Die drei Formen der Sublimierung, die Lacan in Referenz auf Freud angibt, beziehen sich auf bestimmte psychische Dispositionen, wobei er für den Mechanismus der Hysterie den Diskurs der Kunst, für den Mechanismus der Zwangsneurose den Diskurs der Religion und für den Mechanismus der Paranoia den Diskurs der Wissenschaft als Formen der Sublimierung angibt. (vgl. Sem VII/S.:159 f.) Lacan beschreibt diese Formen psychischer Disposition damit nicht anhand beobachtbarer Symptomenkomplexe, sondern allein durch die jeweilige Beziehung, die in ihnen dem *Ding* als jener zentralen Leere gegenüber eingenommen wird. Er schreibt über die Sublimierungsform der Hysterie: „Für alle Kunst ist eine bestimmte Weise der Organisation charakteristisch, die um jene Leere herum kreist." (Sem VII/S.:160) Der Diskurs der Kunst verdrängt das *Ding*. Über die Sublimierungsform der Zwangsneurose hingegen heißt es: „Die Religion besteht in allen Weisen, dieser Leere aus dem Weg zu gehen." (VII/S.:160). Der Diskurs der Religion verschiebt das *Ding*. Und über die die Sublimierungsform der Paranoia schreibt Lacan schließlich:

„Was [...] den Diskurs der Wissenschaft [angeht], sofern der Ursprung desselben für unsere Überlieferung im Diskurs der Weisheit, im Diskurs der Philosophie liegt, so kommt in ihm das Wort voll zur Geltung, das Freud bei der Paranoia und ihrem Verhältnis zur Realität verwendete – *Unglauben*.*" (Sem VII/S.:160)

Und er erläutert:

„Was den Unglauben angeht, gibt es da, aus unserer Sicht, eine Position des Diskurses, die sehr genau zu begreifen ist im Verhältnis zum *Ding* – das *Ding* wird in ihr verworfen im eigentlichen Sinne der *Verwerfung**.
Ebenso wie es in der Kunst eine *Verdrängung** des *Dings*, in der Religion vielleicht eine *Verschiebung** gibt, geht es im Diskurs der Wissenschaft, eigentlich gesprochen, um *Verwerfung**. Der Diskurs der Wissenschaft verwirft die Präsenz des *Dings*, insofern, aus seiner Sicht, sich das Ideal des absoluten Wissens abzeichnet, das heißt das Ideal von etwas, das zwar das *Ding* setzt, doch mit ihm nicht rechnet. Jedermann weiß, daß diese Sicht sich in der Geschichte letztlich als ein Scheitern herausstellt.
Der Diskurs der Wissenschaft ist von dieser *Verwerfung** bestimmt, deshalb wahrscheinlich – was vom Symbolischen verworfen wird, erscheint nach meiner Formel im Realen – läuft er auf eine Sicht hinaus, in der, am Ende der Physik, ein so Rätselhaftes wie das *Ding* sich abzeichnet." (Sem VII/S.:162)

Die Entfaltung seiner Konzeption einer Ästhetik nach dem Diskurs der Kunst wird ausführlich in → Kap.: III beschrieben, die anderen beiden Diskurstypen in → Kap.: IV.1.
Diese Zuordnung bestimmter psychischer Dispositionen zu bestimmten Relationen dem *Ding* gegenüber ist für Lacans Werk maßgeblich. So wird die Beziehung der hysterischen Position als eine des Umkreisens des *Dings* auf dem Niveau des Blicks aufgegriffen (→ Glossar: 1). Die zwangsneurotische (religiöse) Position, die in einer metonymischen Verschiebung des *Dings* besteht, findet sich bei Lacan als grundlegende Position für das Fortschreiten des Subjekts nach Maßgabe seiner Begehren, beispielsweise in seinem Geschlechtsverhältnis[524]. In dieser Position findet man den gesamten Komplex des „Seinsverfehlens" wieder (→ Kap.: II.1) sowie Lacans grundsätzliche Behauptung: „[...] so lange etwas gesagt werden wird, wird die Hypothese Gott da sein." (Sem XX/S.:50).
Die Position, die Lacan die paranoische (wissenschaftliche) nennt, wird bei ihm vor allem in seiner Kritik an dem Wissenschaftlichkeitsanspruch der Psychoanalyse verdeutlicht (→ Kap.: IV.1.2). In → Kap.: I.1 wäre das *Ding* gleichzusetzen mit dem ursprünglichen Paradox, aus dem Spencer-Brown, Glanville und Lacan eine Semiotik entwickeln, das beispielsweise hingegen von

---

[524] Nach Lacan gibt es kein Geschlechtsverhältnis, insofern ein Element stets fehlt, bzw. aufgeschoben wird: „[...] warum sollten die Materialisten, wie man sagt, sich entrüsten, daß ich, warum nicht, Gott als Dritten setze im Geschäft der menschlichen Liebe? Selbst die Materialisten, es geschieht ihnen doch immerhin, sich ein bißchen auszukennen im Menage à trois, nicht?" (Sem XX/S.:77) Die metonymische Verschiebung kommt also zustande durch den Anderen, der sich „[...] inkarniert, wenn man so sagen kann, als geschlechtliches Sein, [und der] fordert dieses *eine um eine*." (Sem XX/S.:14) Hierin liegt, nebenbei gesagt, einer der Gründe, warum dieses Seminar XX *Encore* genannt wurde.

der Systemtheorie „verworfen" wird, bis es dort als manifestes Problem in der Theoriebildung auftaucht und diese insgesamt bedroht (→ Kap.: IV.3 sowie → Glossar: 3)[525].

Für die Psychoanalyse schlägt Lacan eine Adaption der hysterischen Position vor. Genaugenommen bringt er die psychoanalytische Position in die Nähe der hysterischen Position, setzt beide jedoch nicht radikal gleich. Er schreibt:

> „Der Diskurs der Hysterikerin hat ihn [Freud; Anm. N.O.] diese andere Substanz gelehrt, die voll und ganz hält in diesem, daß es Signifikant gibt. Indem er den Effekt aufnimmt dieses Signifikanten, im Diskurs der Hysterikerin, hat er gewußt ihn zu drehen zu machen um jene Vierteldrehung, die daraus den analytischen Diskurs gemacht hat.
> Der Begriff selbst von Vierteldrehung evoziert Revolution, aber sicher nicht in dem Sinn, wo Revolution Subversion ist. Ganz im Gegenteil, was sich dreht – das ist, was man Revolution nennt – ist dazu bestimmt, aus seiner Aussage selbst, die Wiederkehr zu evozieren." (Sem XX/S.:46)

Lacan vergleicht den psychoanalytischen Diskurs insofern eher mit Kunst als mit Wissenschaft:

> „Man wird sagen – Psychoanalyse ist jedenfalls Forschung. Nun, erlauben Sie mir die Bemerkung, auch an die Adresse der Behörden, denen der Ausdruck «Forschung» als Schibboleth für so manches dient – ich habe so meine Bedenken bei dem Ausdruck «Forschung». Ich selbst habe mich nie als Forscher betrachtet. Wie Picasso einmal zum großen Ärgernis seiner Umgebung sagte – *Ich suche nicht, ich finde.*" (Sem XI/S.:13)

Tatsächlich macht Lacan in bezug auf die psychoanalytische Praxis den Begriff der (künstlerischen) Schöpfung geltend. Sein gesamtes Werk kreist um den Begriff des Signifikanten (vgl. hierzu meine Annahme der „Sekundarisierung des Primären" in → Kap.:III.1). Indem er den Signifikanten in Beziehung zum *Ding* setzt, schreibt er:

> „Ich setze, daß ein Objekt die Funktion, die ihm ermöglicht, das *Ding* als Signifikant nicht zu umgehen, es vielmehr zu repräsentieren, zu erfüllen vermag, insoweit dieses Objekt ein erschaffenes ist." (Sem VII/S.:148)

Und an anderer Stelle heißt es:

> „[...] der Signifikant, besser wäre es gewesen, ihn vorzubringen von der Kategorie des Kontingenten her. Der Signifikant weist die Kategorie des Ewigen ab und dennoch, eigentümlicherweise, ist er aus sich selbst.

---

[525] Als gewagte Hypothese könnte man formulieren: Hinter der Paradoxie, die in Luhmanns neueren Texten eine immer zentralere Stellung einnimmt, so daß sich seine „allgemeine Theorie" immer weiter von der Soziologie weg und auf eine Philosophie zubewegt, verbirgt sich Luhmanns *Ding*. In → Kap.: I.1 beschreibe ich, wie das (obsessionelle) Aufspüren der Paradoxie wenn nicht Luhmanns Systemtheorie insgesamt, so zumindest deren Anwendbarkeit bedroht. (vgl. hierzu auch die Kritik Bühls an Luhmanns Systemtheorie: Bühl, 1992. a.a.O.)

Ist Ihnen nicht klar, daß er teilhat, um einem Platonischen Zugang zu verwenden, an diesem Nichts, wovon die kreationistische Idee uns sagt, daß etwas ganz und gar Ursprüngliches geschaffen worden ist *ex nihilo*?" (Sem XX/S.:45)

Anders ausgedrückt: die Schöpfung *ex nihilo* ist der reine Signifikant. Und zwar ein Signifikant, der genau diese Leere „repräsentiert". Der Signifikant als Möglichkeitsbedingung der signifikanten Wirkungen kann sich im Signifikat niederschlagen, das heißt in den Objekten klein *a*. Deswegen kann Lacan die Position des Künstlers bestimmen, der „[...] die Quelle für etwas darstellt, das ins Reale zu gelangen vermag [...] (Sem XI/S.:119):

> „Und daher erschafft der Töpfer, ganz so wie Sie, zu denen ich spreche, den Krug mit seinen Händen um diese Leere herum, erschafft ihn, ganz wie der mythische Schöpfer, *ex nihilo*, vom Loch aus.
> Alle Welt witzelt über Makkaroni, die aus einem Loch bestehen mit irgendwas drum herum, oder über Kanonenrohre. Daß man lacht, ändert nichts an dem, was damit ist – es gibt Identität zwischen der Ausformung des Signifikanten und der Einführung einer Kluft, eines Lochs im Realen." (Sem VII/S.:151)

Auch diese Definition liefert keine positive Beschreibung des *Dings*. Lacan kann auf diese Weise jedoch die Position angeben, in der sich das *Ding* befindet:

> „Und der Begriff der Schöpfung *ex nihilo* ist der genauen Lage des *Dings* als solchen koextensiv." (Sem VII/S.:151)

Das *Ding* bei Lacan ist somit ein perspektivisches Element, von dem die Organisation des Psychismus abhängt, und ihn den drei wesentlichen psychischen Dispositionen, der Hysterie, der Zwangsneurose und der Paranoia zuweisbar macht. Je nachdem, ob das *Ding* verdrängt (aber umkreist), verschoben (aber respektiert) oder verworfen (bzw. nicht geglaubt) wird. Das heißt, je nachdem, welche Art von Beziehung das Subjekt dem *Ding* gegenüber einnimmt, wird diese über seine psychische Disposition, das „Nachdrängen" bzw. die „Neurosenwahl" entscheiden.

Das *Ding* ist demnach ein Element im Psychismus des Subjekts, das eine ähnlich konstitutive Position einnimmt, wie der Name-des-Vaters und der (imaginäre) Phallus (→ Kap.: II.1). Gemäß der drei Bereiche des Psychismus kann man sagen: Der Name-des-Vaters ist ein reiner Signifikant, er ist nicht imaginierbar und nicht real. Der Phallus ist imaginär (bzw.: die Möglichkeitsbedingung für Bedeutung), er ist nicht symbolisierbar und nicht real. Das *Ding* hingegen ist real, es ist weder imaginierbar noch symbolisierbar. Es ist eine Funktionalisierung des unmöglichen Realen. Das *Ding* ist diejenige perspektivische Funktionalisierung des Realen, die dem Subjekt eine Annäherung an das Trauma seiner ursprünglichen Gespaltenheit gestattet, um auf diese Weise sein Begehren zu realisieren (→ Kap.: III.6 sowie → Kap.: IV.2)[526], wobei Trauma und ursprüngliche Gespaltenheit die zwei anderen perspektivischen Funktionalisierungen des Realen sind.

---

[526] Über das Reale, das zugleich das asignifikante, wunschlose, stumme Genießen bedeutet, auf das sich das Begehren letztlich richtet, schreibt Lacan: *„Die Realität wird angegangen mit den Apparaten des Genießens."* (Sem XX/S.:61)

Der wissenschaftliche Diskurs als Sublimierungsform des paranoischen Mechanismus rückt ihn in engste Nähe mit der Psychose. Dabei geht es wesentlich darum, daß in beiden Diskursen etwas verworfen wird, das heißt, um den homologen Relationstyp. In der Psychose wird der Name-des-Vaters verworfen, im wissenschaftlichen Diskurs das *Ding*. Inwieweit sich dadurch homologe Effekte ergeben, die Lacan immer wieder hervorhebt, wird insbesondere in → Kap.: IV dargestellt.

Glossar 6

Kunst als Sublimierungsform des hysterischen Mechanismus

Die Bestimmung des Diskurses der Kunst als Sublimierungsform des hysterischen Mechanismus (vgl.: Sem VII/S.:159) ist eine definitorische, kunsttheoretische Aussage Lacans, die im Rahmen der vorliegenden Arbeit nicht unkommentiert bleiben kann. Einer der im übrigen seltenen Hinweise Lacans auf dieses Thema ist seine Behauptung: „Für alle Kunst ist eine bestimmte Weise der Organisation charakteristisch, die um jene Leere herum kreist." (Sem VII/S.:160)[527]. Lacans Ansatz einer Ästhetik wird in → Kap.: III.5-6 am Konzept ästhetischer Erfahrung ausgearbeitet. Im folgenden möchte ich versuchen, die Fragen zu beantworten, inwiefern Kunst mit Hysterie zu tun hat und wie ihre spezifische Beziehung zu jener Leere konkret aussieht. Über Kunst sagt Lacan:

> „Sicher, die Kunstwerke ahmen die Objekte, die sie darstellen, nach, doch ihre Absicht ist gerade nicht, sie darzustellen. Indem sie eine Nachahmung des Objekts geben, machen sie aus diesem Objekt etwas anderes. Also geben sie nur vor nachzuahmen. Das Objekt ist in ein bestimmtes Verhältnis zum *Ding* gebracht, was getan wird, um gleichzeitig einzukreisen, zu vergegenwärtigen und Abwesenheit zu erzeugen." (Sem VII/S.:173 f.)

Lacan erläutert diese Darstellung am Beispiel der Malerei Cézannes:

> „In dem Augenblick, in dem die Malerei einmal mehr auf sich selbst zurückkommt, in dem Augenblick, in dem Cézanne Äpfel malt, macht er, indem er Äpfel malt, offenkundig etwas ganz anderes, als daß er Äpfel malt – obwohl seine letzte Weise, sie nachzuahmen, die die packendste ist, am weitesten an einer Technik der Vergegenwärtigung des Objekts orientiert ist. Je mehr indessen das Objekt vergegenwärtigt ist als nachgeahmtes, um so mehr erschließt es uns die Dimension, in der die Täuschung zerbricht und auf etwas anderes zielt." (Sem VII/S.:174)

Und in einem anderen Zusammenhang erklärt Lacan noch deutlicher:

> „Wenn die Vögel sich auf die von Zeuxis mit Pinselstrichen bearbeitete Fläche stürzen und so das Bild für Trauben ansahen, müssen wir bemerken, daß der Erfolg dieses Unternehmens durchaus nicht davon abhängt, daß die Trauben auf jene wundervolle Art wiedergegeben waren, wie wir sie etwa bei jenen Trauben beobachten können, die sich im Korb von Caravaggios *Bacchus* in den Uffizien befinden. Wären die Trauben von der Art gewesen, wäre es sogar sehr unwahrscheinlich, daß sich die Vö-

---

[527] Diese Leere nennt Lacan das *Ding* als Objektursache des Begehrens: es bezeichnet den paradoxalen Kern allen Beobachtens. Das *Ding* wird in → Glossar: 5 eingehender beschrieben.

gel hätten täuschen lassen, denn wie sollten Vögel in solch forcierter Malweise Trauben erkennen? [...] Dagegen zeigt das Beispiel von Parrhasios, wenn man einen Menschen täuschen will, braucht man ihm nur das Bild eines Vorhangs vor Augen zu halten, das heißt das Bild von etwas, jenseits dessen er zu sehen verlangt." (Sem XI/S.:118 f.)

Lacans Formulierung, wonach die künstlerische Nachahmung „aus ihrem Objekt etwas anderes mache", gestattet einen Vergleich mit der Hysterie, präziser mit der Konversionshysterie, die Slavoj Zizek als die „elementarste Form der Hysterie"[528] bezeichnet. Ähnlich heißt es über die Hysterie beispielsweise im VOKABULAR DER PSYCHOANALYSE von Laplanche und Pontalis:

> „Neurosengruppe, die ein sehr unterschiedliches klinisches Bild bietet. Die beiden am besten herausgearbeiteten Formen sind die Konversionshysterie, bei der der psychische Konflikt sich in den verschiedensten körperlichen, paroxymal auftretenden Symptomen [...] und in dauerhaften Symptomen [...] symbolisiert, und die Angsthysterie [...]."[529]

Die Konversionshysterie bezeichnet demnach einen Mechanismus, der dem vergleichbar ist, der sich in der Neurose abspielt, wie sie in der vorliegenden Arbeit charakterisiert wird. Der Unterschied liegt in der Konversion, die die Symptome als Wiederkehr des verdrängten Begehrens erfahren.

Die Konversionshysterie

In der Konversionshysterie wird ein verdrängtes Element in ein körperliches Symptom konvertiert (zum Beispiel Lähmung, Schmerz an einer gesunden Körperstelle etc., insbesondere jedoch der pantomimische hysterische Anfall[530]), daß heißt: „[...] der psychische Inhalt, der im Medium der Alltagssprache nicht bezeichnet werden kann, verschafft sich Gehör in der verzerrten Form einer »Körpersprache«."[531] Tatsächlich kann man hierbei von einer Dramatisierung im Sinne einer körperlichen Inszenierung sprechen, da das Symptom – und damit das verdrängte Begehren – sich gewissermaßen als körperliches Mal zur Schau stellt. Über den genauen Mechanismus der Konversionshysterie schreibt Zizek:

> „Lacan zufolge ist die grundlegende Erfahrung des Menschen als Sprachwesen (parl-'etre), daß sein Begehren gehemmt, konstitutiv unbefriedigt ist: Er »weiß nicht, was er wirklich will«. Die hysterische »Konversion« vollbringt gerade eine Umkehrung

---

[528] Zizek, 1992c. S.:173
[529] Laplanche, Pontalis. 1992a. S.:180
[530] vgl. Freud Sigmund (1971a): Allgemeines über den hysterischen Anfall. In: Studienausgabe Bd. VI. Hysterie und Angst. hrsg v. A. Mitscherlich. A. Richards. J. Strachey et al. 7. Auflage. Fischer Verlag. Frankfurt/ Main. S.:197-203. hier S.:199
[531] Zizek, 1992c. S.:173

dieser Hemmung: Dadurch konvertiert das gehemmte Begehren in das Begehren der Hemmung; das unbefriedigte Begehren in das Begehren nach Unbefriedigtheit, in ein Begehren, das unser Begehren »offen« hält; [...] Darin besteht das grundlegende Paradox des hysterischen Begehrens: es begehrt vor allem, daß sein Begehren unbefriedigt bleibt, anders gesagt: daß es als Begehren lebendig bleibt."[532]

Dies korrespondiert mit Lacans Beschreibung:

„Das Betragen der Hysterikerin verfolgt beispielsweise den Zweck, einen durch das Objekt zentrierten Zustand wiederzuschaffen, insofern dieses Objekt, *das Ding**, wie Freud irgendwo schreibt, Anhaltspunkt einer Abneigung ist. Das spezifische *Erlebnis** der Hysterikerin richtet sich dann nach dem Umstand, daß das erste Objekt Objekt einer Unbefriedigung ist." (Sem VII/S.:68)

Der Unterschied zu dem neurotischen Symptom, wie es in der vorliegenden Arbeit beschrieben wird (→ Glossar: 2), besteht bei der Hysterie resp. beim hysterischen Anfall in der antagonistischen Struktur des wiedergekehrten Verdrängten. Die Hysterie beruht nämlich auf zwei verdrängten sexuellen Phantasien, die sich widersprechen. Freud präzisiert: „Ein hysterisches Symptom ist der Ausdruck einerseits einer männlichen andererseits einer weiblichen unbewußten sexuellen Phantasie."[533] Beide Phantasien finden in dem hysterischen Anfall ihren Ausdruck. Dadurch läßt sich ein Bezug des hysterischen Anfalls zu einem Zeitpunkt vor der „Separation" (in der Urverdrängung; → Kap.: II.1), also der Teilung des Subjekts in eines von zwei Geschlechtern herstellen. Gerade diese Teilung wird in der Konversionshysterie negiert, was jedoch nur im konfliktuösen hysterischen Anfall Ausdruck finden kann. Das hysterische Symptom dient dabei gleichzeitig einer sexuellen Wunscherfüllung. Freud betont, das hysterische Symptom entstehe

„[...] als Kompromiß aus zwei gegensätzlichen Affekt- oder Triebregungen, von denen die eine einen Partialtrieb oder eine Komponente der Sexualkonstitution zum Ausdrucke zu bringen, die andere dieselbe zu unterdrücken bemüht ist."[534]

---

[532] Ebd. S.:175

[533] Freud Sigmund (1971b): Hysterische Phantasien und ihre Beziehung zur Bisexualität. In: Studienausgabe Bd. VI. Hysterie und Angst. Hysterie und Angst. hrsg v. A. Mitscherlich, A. Richards, J. Strachey et al. 7. Auflage. Fischer Verlag. Frankfurt/Main. S.:187-195. hier S.:194. Ein anschauliches Beispiel zeigt Freuds Beispiel einer Kranken, die „[...] gleichzeitig beide Rollen der zugrundeliegenden sexuellen Phantasie spielt, also zum Beispiel wie in einem Falle meiner Beobachtung, mit der einen Hand das Gewand an den Leib preßt (als Weib), mit der anderen es abzureißen versucht (als Mann)." (Ebd. S.:194 f.) Freud sieht in der Hysterie eine Bestätigung seiner Annahme der „bisexuelle[n] Anlage des Menschen" (Ebd. S.:194). Dies entspricht Lacans Ausdruck der „Separation" als der Teilung des Subjekts in eins von zwei Geschlechtern, die erst im Ödipuskomplex vollzogen wird. Gerade hierdurch läßt sich die Differenz des hysterischen Diskurses zum Diskurs der Wissenschaft verdeutlichen. Der Diskurs der Wissenschaft als Sublimierungsform des paranoischen Mechanismus wehrt die ursprüngliche Ambivalenz bzw. Koexistenz - auch der Geschlechter - ab: „Wir weisen lediglich darauf hin, daß die Paranoia [bei Freud; Anm. N.O.] in ihren verschiedenen Wahnformen durch ihren Abwehrcharakter gegenüber der Homosexualität definiert wird." (Laplanche, Pontalis, 1992a. S.:367)

[534] Freud, 1971b. S.:193

250

Wichtig ist also die antagonistische Struktur des hysterischen Symptoms sowie seine Funktion der (teilweisen) sexuellen Befriedigung einer verdrängten Phantasie. Denn diese Struktur erklärt die von Lacan beschriebene Fähigkeit Anwesenheit und zugleich Abwesenheit zu erzeugen und um die Objekturursache des Begehens zu kreisen. Daß in der Hysterie der Patient „sein Symptom liebt, wie sich selbst" zeigt Freuds Beschreibung der Abwehr gegenüber der Analyse des Symptoms in der Praxis:

> „Auch kann man bei der Behandlung solcher Fälle beobachten, wie der Kranke sich der Bequemlichkeit bedient, während der Analyse der einen sexuellen Bedeutung mit seinen Einfällen fortwährend in das Gebiet der konträren Bedeutung, wie auf ein benachbartes Geleise, auszuweichen."[535]

Aus diesem Grunde ist der hysterische Mechanismus nach Lacan für den psychoanalytischen Diskurs konstitutiv: Die Ethik der Psychoanalyse besteht darin, das Subjekt dahin zu bringen, von seinem Begehren nicht abzulassen (→ Kap.: IV.2). Bei der Konversionshysterie geht es also nicht um den „neurotischen Kompromiß" (Verdrängung + Symptom), sondern um das Aufrechterhalten des Begehrens in seiner ursprünglichen Ambivalenz. Man kann hierbei noch weiter gehen und sagen, daß die Verdrängung und die Wiederkehr des Verdrängten ein und dieselbe Sache, derselbe Prozeß sind. Lacan schreibt: „C'est bien ce qui nous fait toucher du doigt que le refoulement et le retour du refoulé sont une seule et même chose, l'endroit et l'envers d'un seul et même processus." (P/S.:72) Das hysterische Symptom vereinigt in sich die antagonistischen Merkmale der Anwesenheit und der Abwesenheit. Daher sagt Lacan über die Homologie zwischen Hysterie und dem Diskurs der Kunst, daß es „[...] in der Kunst eine *Verdrängung** des *Dings* [...]" (Sem VII/ S.:162) gibt, wohingegen es im wissenschaftlichen Diskurs eine Verwerfung und im religiösen Diskurs eine Verschiebung des *Dings* gibt. Kunst ist die Sublimierungsform des hysterischen Mechanismus aufgrund einer gewissen Hartnäckigkeit, mit der sie sich darum bemüht, sich mit dem *Ding* zu konfrontieren, anstatt es entweder zu verwerfen, das heißt, einer Beschäftigung oder Konfrontation mit dem *Ding* radikal auszuweichen, oder es zu verschieben, das heißt, es in endlosen metonymischen Bewegungen zu transzendieren, und damit eine Konfrontation gleichfalls zu vermeiden[536]. Lacan sagt über diesen Versuch des Diskurses der Kunst, das *Ding* einzukreisen, am Beispiel der Malerei Cézannes:

> „Jeder weiß, daß ein Geheimnis ist in der Art und Weise, wie Cézanne Äpfel malt, denn das sich dergestalt in der Kunst erneuernde Verhältnis zum Realen läßt das Objekt in einer Weise auftauchen, die lustrativ ist, eine Erneuerung seiner Würde

---

[535] Ebd. S.:195

[536] Es wäre in diesem Zusammenhang interessant zu untersuchen, inwiefern sich das in den systemtheoretischen Theoriedesigns ergebende Problem des infiniten Regresses mit diesem Verschiebungsmechanismus des religiösen Diskurses vergleichen ließe. Schließlich kommt auch Luhmann angesichts des innerhalb seines Ansatzes nicht lösbaren Problems des infiniten Regresses zu der Frage: „Wenn nicht die Logik eine Letztzuständigkeit für die Paradoxie der Form in Anspruch nehmen kann, dann vielleicht die Religion?" (Luhmann1993a. S.:212) Möglich wäre es also, für die Probleme der Paradoxien des logischen Denkens anzunehmen, daß man einen Ausweg (vor der paranoiden Position) im religiösen Diskurs sucht. Das bedeutet den Versuch, das *Ding*, das hier als Paradoxie im Realen erscheint, durch einen Diskurswechsel zu verschieben. Ähnlich weist auch Glanville auf die von Gödel nachgewiesene „[...] Notwendigkeit des Glaubens an Axiome [...]" hin. (Glanville, 1988. S.:47)

darstellt, wodurch auf eine neue Weise diese imaginären Einrückungen, wenn ich so sagen kann, *datisiert* werden. Wie man bemerkt hat, sind diese nämlich nicht von den Anstrengungen der vorausgehenden Künstler abzulösen, um ihrerseits das Ziel der Kunst zu verwirklichen." (Sem VII/S.:174)

Lacan weist im folgenden auf die Gefahren hin, die der Begriff der Kunstgeschichte birgt. Dabei zielt seine Kritik an dem Begriff der Kunstgeschichte in ähnliche Richtung wie die der Foucault-schen Archäologie: Er weist darauf hin, daß Geschichte retrospektiv erzeugt wird und deswegen denselben imaginären Verzerrungen unterworfen sei, wie jede andere Beobachtung. Er zeigt, indem er statt dessen den Ausdruck *„datisiert"* verwendet, jedoch zweierlei: zum einen, inwie-fern die Anstrengungen der Kunst, das *Ding* einzukreisen fehlschlagen müssen, da Kunst stets nur Objekte darstellen kann, die aufgrund ihrer Prägung durch die imaginäre Ebene phantasma-tisch verzerrt sind, nicht jedoch das *Ding* selbst, denn dieses wird, wie Lacan sagt, „[...] stets durch eine Leere repräsentiert sein, weil es nicht durch anderes repräsentiert werden kann [...]." (Sem VII/S.:160) (→ Glossar: 5), und inwiefern die Darstellungen des Objekts daher – im allge-meinsten Sinne – gesellschaftlich oder historisch determiniert sind. Zum anderen zeigt er eine gewisse unspezifische Zieldrift, der Kunst in jeder Epoche und in jeder Stilrichtung folgt, da die-se durch das Begehren erzeugt wird, und die gleichfalls durch historische „Datisierung" bis zu einem gewissen Grade konkretisiert wird[537]. Diese Determinierung hängt, wie Lacan in DIE ETHIK DER PSYCHOANALYSE erläutert, vor allem mit dem Begehren und seinen Sublimierungs-möglichkeiten zusammen:

> „Halten Sie fest, daß die Sublimierung in der Kunst unmöglich korrekt in Anschlag zu bringen ist ohne Rücksicht darauf, daß eine jede künstlerische Produktion, beson-ders in den Schönen Künsten, historisch datiert ist. Man malt in der Epoche Picassos nicht so, wie man in der Epoche von Velasquez gemalt hat; man schreibt auch nicht 1930 einen Roman, wie man ihn in der Zeit von Stendhal geschrieben hat. Dies ist ein absolut wesentliches Element, das wir im Augenblick nicht unter dem Register des Kollektiven oder des Individuellen zu notieren haben – setzen wir es ins Register des Kulturellen. Welche Befriedigung kann die Gesellschaft daran wohl finden?" (Sem VII/S.:133)[538]

Wie in → Kap.: IV.1 beschrieben wird, basiert die Sublimierung zum einen Teil auf der gesell-schaftlichen Akzeptanz. Kunstwerke definieren sich insofern zum Teil als „[...] Objekte gesell-

---

[537] Diese historische Determinierung formuliert Lacan in anderem Zusammenhang als eine dramatische Situation: „Alle Epochen haben geglaubt, auf dem höchsten und schärfsten Punkt einer Konfrontation mit ich weiß nicht was an Letztem, an Jenseits der Welt angekommen zu sein, das für die Welt eine spürbare Bedrohung darstell-te." (Sem VII/S.:129)

[538] Hier läßt sich ein grundsätzlicher Unterschied der Lacanschen Psychosemiologie zu der Luhmannschen Sy-stemtheorie aufzeigen. Da die Systemtheorie kein Begehren kennt (→ Kap.:II.2 sowie → Kap.: IV.3), muß sie die Annahme einer Zieldrift aufgeben. Luhmann schreibt: „Was man aufgeben muß, ist die Vorstellung einer teleologischen Struktur der Operationen des Kunstsystems, die Vorstellung eines Endziels des künstlerischen Handelns [...]." (Luhmann, 1996, S.:313) Unklar bleibt, ob Luhmann hierbei zwischen Kunstsystem und künst-lerischem Handeln differenziert. Bei Lacan taucht das Begehren zusammen mit dem gespaltenen Subjekt auf: Es ist konstitutiv für Semiose überhaupt und findet in dem Diskurs der Kunst nur seinen prägnantesten bzw. am wenigsten verhüllten Ausdruck.

schaftlichen Werts, [...] Objekte, die von der Menge gebilligt werden, weil es Objekte öffentlichen Nutzens sind." (Sem VII/S.:117), zum anderen Teil jedoch auf der narzißtischen, imaginären Beziehung des Subjekts zu seinen Objekten. Es geht Lacan dabei also um die Organisation der Begehrensstruktur einer jeweiligen Gesellschaft, die darüber bestimmt, welche Objekte als Kunstwerke gebilligt werden, und aufgrund welcher Kunstwerke „datisiert" werden können.

Charakterisierung von Moderne und Postmoderne nach Zizek

Soweit ich die einschlägige Literatur überblicke, ist Slavoj Zizek der einzige Autor, der den Versuch unternimmt, Kunst aus der Perspektive der Lacanschen Psychosemiologie zu beobachten, um dadurch zu Aussagen über die Begehrensstruktur im künstlerischen Diskurs zu gelangen. Üblicherweise beschäftigt sich die Psychoanalyse in der Literaturwissenschaft mit der Persönlichkeit des Autors, der Protagonisten im Text oder des Lesers. Paradigmatisch für die psychoanalytische Kunstdiskussion erscheint mir die PSYCHOANALYTISCHE THEORIE DER KUNST von Richard Kuhns. Kuhns beschäftigt sich vor allem mit der kulturellen Funktion von Kunst aus psychoanalytischer Sicht. Er vertritt dabei einen Standpunkt, der eine Welt voller Objekte voraussetzt, mit denen das Subjekt interagiert. Die Rolle, die die psychoanalytische Deutung von Kunst einnimmt, sieht Kuhns im wesentlichen in der Interpretation von verdrängtem Material. Er schreibt:

> „Der Beitrag der psychoanalytischen Theorie [...] erscheint mir darum wesentlich, weil sie eine Methode bereitstellt, verdrängtes Material wiederzuentdecken. [...] Während dieser Wiederentdeckung, die eine Interpretation möglich macht, kann verdrängtes, latentes Material wieder an seinen Platz gerückt werden." [539]

Dieser Anspruch einer psychoanalytischen Theorie der Kunst scheint mir – im Vergleich mit dem Vorhaben Lacans – sehr bescheiden, da er eigentlich keine Aussage über Kunst trifft, sondern Kunst nur als Anlaß zur psychoanalytischen Deutung nimmt. Hierbei erweckt Kuhns' Text allerdings dann den Eindruck, die Psychoanalyse mache auf dieser kulturellen Ebene therapeutische und mithin normierende Kompetenz geltend:

> „Es mag in der Tat sein, daß eine der Voraussetzungen der Moderne in dem Verlust einer Tradition kulturell verpflichtender Darstellungen besteht und daß wir derartige Darstellungen wieder als kulturell signifikante Ereignisse einsetzen müssen, um den vielleicht früher vorhandenen Zusammenhalt erneut zu erlangen und jene kulturelle Desintegration zu vermeiden, von der Freud fürchtete, daß sie uns befallen habe. Findet dies nicht statt, so kann die moderne Gesellschaft psychisch nicht gesund sein." [540]

Gerade diese Art Psychoanalyse wird von Lacan in schärfster Weise angegriffen:

---

[539] Kuhns. Richhard (1986): Psychoanalytische Theorie der Kunst. übers. v. K. Laermann. Suhrkamp Verlag. Frankfurt/Main. S.:151 f.
[540] Ebd. S.:85

„Es erscheint jedenfalls unbezweifelbar, daß die Auffassungen der Psychoanalyse in den Vereinigten Staaten uminterpretiert wurden zu einer Anpassung des Individuums an seine soziale Umgebung, [...] zu der ganzen Objektivierung, die der Begriff *human relations* impliziert. Besonders im Begriff des *human engineering*, der dort entstanden ist, drückt sich jene privilegierte Haltung aus, die den Menschen als Objekt ansieht." (Sch I/S.:82)

Zizeks psychoanalytische Beschreibung von Kunst schlägt einen völlig anderen Weg ein. Zizek rückt die Frage nach der Beziehung des Begehrens zum *Ding* in den Mittelpunkt. Obgleich mir die bei Zizek vorgenommenen Zuschreibungen problematisch erscheinen, werde ich sie im folgenden kurz referieren, da ich in ihnen, zusammen mit Lacans fragmentarischen Äußerungen zu diesem Thema, einen Ausgangspunkt für eine „psychosemiologische Kunsttheorie" sehe. Die Schwierigkeiten, die bei den kunsttheoretischen Aussagen Zizeks auftauchen, haben mit dem Begriff der Repräsentation zu tun, das heißt, mit dem Problem, bei Objekt-Beschreibungen ohne attributive Zuschreibungen auszukommen.
Die verschiedenen Ausprägungen - oder, um im analytischen Vokabular zu bleiben, die Symptomatiken – der Kunst beschreibt Slavoj Zizek in seinem Text GRIMASSEN DES REALEN. Dort vergleicht er insbesondere die Moderne mit der Postmoderne und sagt, die Verfahrensweise der Moderne bestünde in einer „symptomalen Lektüre"[541]:

„Das Grundaxiom der Moderne besagt nun, daß die Details immer einen Überschuß enthalten, der den universellen Rahmen der ›offiziellen‹ Wahrheit sprengt. Ein typischer Film der Moderne charakterisiert sich also dadurch, daß seine materielle Textur (seine ›Schrift‹) gleichsam eine andere Geschichte erzählt, die die ›offizielle‹ Geschichte durch Querverbindungen und Resonanzen unterminiert und verdoppelt."[542]

Zizek geht also davon aus, daß die Moderne in jenen Details die Symptome selbst, bzw. das Symptomatische am Diskurs der Kunst sichtbar macht, auch wenn diese nur als Verzerrungen dargestellt werden oder als zweite Textebene das Werk unterminieren[543]. Denkt man beispielsweise an die Werke des Expressionismus, so scheint Zizeks Beobachtung durchaus plausibel, derzufolge sich die Moderne gewissermaßen zum Symptomatischen bekennt und es darstellt. Dies impliziert jedoch, daß die moderne Kunst aus einer Perspektive beobachtet, die zwischen „Gesundheit" und Neurose (bzw. Hysterie) unterscheidet und diesen Unterschied thematisiert. Wenn der Diskurs der Kunst jedoch die Sublimierungsform des hysterischen Mechanismus ist, so erscheint es mir fragwürdig, ob es der Kunst gelingen kann, (notwendig von einem transzendenten Punkt aus) ihre eigene Symptomhaftigkeit zu artikulieren. Anders ausgedrückt: die Symptomhaftigkeit kann im künstlerischen Diskurs ihrerseits nur symptomatisch, daß heißt in der

---

[541] Zizek. 1993. S.:152
[542] Ebd. S.:152
[543] Zizek beschreibt hierbei ein herkömmliches Verfahren der Kunst, nach dem zum Beispiel ein Text heterogene Bedeutungsebenen (*Isotopien*. vgl.: Schulte-Sasse. J.; Werner, R. (1977): Einführung in die Literaturwissenschaft. 4. Auflage. Wilhelm Fink Verlag. München) transportieren kann. Seine Betonung legt Zizek darauf, daß in der Moderne diese unterschwellige Bedeutungsebene eine dezidiert symptomale sei, bzw. daß die Moderne auf dieser unterschwelligen Bedeutungsebene ihre eigene (hysterische) Begehrensstruktur thematisiert.

Darstellung eines Objekts, das zur Würde des *Dings* aufsteigt, durch Erzeugung von gleichzeitiger Anwesenheit und Abwesenheit, artikuliert werden. Lacan scheint ähnlich eine kunsttheoretische Abgrenzung der Moderne (beispielsweise gegen die Postmoderne) in Frage zu stellen, wenn er sagt:

> „Sie sehen, es ist, wie man sagen kann, immer voll Blick dahinter. Nichts Neues ist in dieser Beziehung dazugekommen in der Epoche, die André Malraux als moderne unterschieden hat, diejenige, in der vorherrschend wird, was er das *Ungetüm ohnegleichen* nennt, der Blick des Malers nämlich, der sich als einer aufzwingen möchte, der, er alleine, Blick ist. Es hat immer Blick dahinter gegeben. Jedoch – dies ist der heikelste Punkt – von wo kommt dieser Blick?" (Sem XI/S.:120)

Als Symptom ist das Symptom unhintergehbar. Es kann sich darstellen, nicht aber als Symptom dargestellt werden. Denn die (bewußte) Darstellung, wäre die Interpretation bzw. die Deutung, also schon nicht mehr das Symptom selbst.

Als sichtbares Symptom ist das Detail in der Moderne nach Zizek zunächst eine Spur[544], es übernimmt die Funktion eines subversiven Rands. So beschreibt er das, „Was in der Moderne als subversiver Rand erschien, als Symptom, in dem die verdrängte Wahrheit der ›falschen‹ Totalität zum Vorschein kommt [...]"[545] als eben die „symptomale Lektüre" der Moderne, die den Anspruch erhebt, „[...] die Textur der diskursiven (symbolischen) Praktiken, die eine substantielle Totalität als imaginären Effekt zum Ergebnis haben, ausfindig zu machen [...]"[546].

Die postmoderne Perspektive wäre nach Zizek demgegenüber eine, die versucht, das *Ding* selbst in das Zentrum ihrer Darstellung zu rücken. Zizek beschreibt diesen Perspektivenwechsel als eine Verschiebung „[...] von der Achse Imaginäres-Symbolisches zur Achse Symbolisches-Reales."[547]. Denn das Symptom ist artikuliert und kann durch Symbolisation bis zu einem gewissen Grade neutralisiert werden (→ Glossar: 2). Der Versuch jedoch, das *Ding* selbst zu beobachten, ist der, mit dem Realen in Berührung zu geraten. „In der Postmoderne", so schreibt Zizek, gibt es daher eine „[...] Ausweitung der anamorphotischen [...] Verzerrung auf die ontologischen Bedingungen der Realität als solcher [...]"[548]. Er sagt: „Kennzeichnend für die Postmoderne ist demgemäß ihr obsessives Verhältnis zum *Ding*, zum Fremdkörper in der sozialen Textur."[549] Im Mittelpunkt der Postmoderne steht somit ein nicht-symbolisierbarer, traumatischer Kern. Daher beschreibt Zizek das Verhältnis zum *Ding* in der Postmoderne als ein zutiefst anta-

---

[544] Als Beispiel hierfür nennt Zizek Edvard Munchs Darstellungen anamorphotisch verzerrter Männer, die an einen „Homunculus" oder an einen „Fötus" erinnern, und dadurch die Nähe der Objektursache des Begehrens veranschaulichen sollen (zum Beispiel: *Der Schrei* oder *Madonna*). Er weist außerdem auf die „spermienarti-gen Tropfen" hin, mit denen der Rand des Bildes *Der Schrei der Madonna* verziert ist. Auch diese gelten ihm als Indiz für das „perverse Genießen" als Kennzeichen des Realen. (vgl. hierzu: Zizek, 1993. S.:151)

[545] Ebd. S.:158

[546] Ebd. S.:159

[547] Ebd. S.:159

[548] Ebd. S.:168

[549] Ebd. S.:157

gonistisches Verhältnis: „Wir entsagen dem *Ding* und verstoßen es, gleichzeitig übt es aber eine unwiderstehliche Anziehung auf uns aus [...].""[550]

„Zernierung" des *Dings* oder psychotisches Erleben bei Mark Rothko

Ein beeindruckendes, zugleich jedoch auch bestürzendes Beispiel für diese postmoderne Perspektive stellt die Interpretation des Werks von Mark Rothko in Zizeks Text MEHR-GENIEßEN dar. Dort schreibt Zizek über Rothkos Bilder aus dessen letzter Schaffensperiode:

> „Diese Bilder haben alle das gleiche »Thema« – sie zeigen bloß verschiedene Farb-Variationen im Schema der Beziehung zwischen Realem und Realität [...]: ein simples schwarzes Quadrat auf weißem Hintergrund. Die »Realität« (die weiße Fläche des Hintergrunds, das »befreite Nichts«, der offene Raum, in dem sich Objekte zeigen können) erhält ihre Konsistenz nur durch das »schwarze Loch« in ihrem Zentrum (das Lacansche *Ding*, das der Substanz des Genießens Körper verleiht), d.h. durch die Ausschließung des Realen, durch einen Statuswandel vom Realen zu einem zentralen Mangel. Alle späten Bilder Rothkos sind Manifestationen eines Ringens um die Aufrechterhaltung der das Reale von der Realität trennenden Barriere, d.h. Versuche zu verhindern, daß das Reale (das schwarze Viereck in der Mitte) die gesamte Fläche überflutet [...].""[551]

Zizek beschreibt im Anschluß das progressive Scheitern dieses Ringens und interpretiert Rothkos schließlichen Suizid als verzweifelten Versuch, dem bevorstehenden psychotischen Zusammenbruch[552] zu entgehen.

Der hier dargestellte Grenzfall einer Annäherung an das *Ding* (als dem Realen), der schließlich dazu führt, daß die Abwesenheit (der Verdrängung) zugunsten der „negativen" Anwesenheit aufgegeben wird und somit das Reale die Realität überflutet, erscheint mir problematisch, da er letztlich einen kontinuierlichen Übergang der Neurose, bzw. der Konversionshysterie zur Psychose andeutet. In der einschlägigen Literatur kann ich die Möglichkeit eines solchen Übergangs jedoch nirgends bestätigt finden[553]. Zizek schreibt selbst, daß Rothko diesen Kampf „[...] als Farbspannung zwischen einem grauen Hintergrund und der schwarzen Fläche im Zentrum

---

[550] Ebd. S.:158

[551] Zizek, 1992b. S.:31 f.

[552] vgl Ebd. S.:33

[553] So schreibt auch Max Kleiner in seinem Text „Einige Bemerkungen über die psychotische Realität": „Auch in der psychoanalytischen Theorie kann die Sache der Psychose offensichtlich nicht anders zur Sprache kommen denn als das Andere des Gleichen, des Normalen, des Neurotischen." (Kleiner, 1991. S.:171) Es herrscht vielerorts Einigkeit darüber, daß der zukünftige Psychotiker lange Zeit ein „normales" Leben führen kann - und das schließt normale und neurotische Verdrängungsleistungen ein - der Ausbruch der Psychose weist jedoch scheinbar auf eine von vornherein bestehende entsprechende psychische Disposition hin, die bis dahin im Zustand der Latenz war. Wie ich in → Kap.: II.2 darstelle, wird in der Neurose etwas verdrängt, in der Psychose hingegen verworfen. Allein aufgrund dieser Minimalunterscheidung halte ich es für ausgeschlossen, daß sich aus einer Neurose eine Psychose entwickelt, wenn der entscheidende Signifikant (der Name-des-Vaters) nicht verworfen wurde.

[...]"[554] *darstellt*, daß mithin Imagination und Symbolisation in diesem Konflikt noch nicht versagt haben. Verwirrend wirkt hierbei, daß Zizek an dieser Stelle scheinbar einen weit gefaßten Psychose-Begriff verwendet, der mehr oder weniger einfach Realitätsverlust meint, obgleich Zizek ansonsten als Lacan-Interpret dessen präzise Unterscheidung zwischen Neurose und Psychose übernimmt (→ Kap.: II.2) (Auch ich gehe bei einer ästhetischen Erfahrung von der Möglichkeit relativ spontanen psychose-homologen Erlebens aus. Wichtig erscheint mir jedoch die grundsätzliche Lacansche Unterscheidung, nach der in der Psychose etwas verworfen wird, in der Neurose hingegen verdrängt. Das Verworfene, das nie symbolisiert wurde, kann folglich auch nicht repräsentiert werden.)

Bei der Insistenz auf der Konfrontation mit dem *Ding* handelt es sich um etwas anderes. Das *Ding* ist das urverdrängte Element des Psychismus. Die Psychose bedeutet die Wiederkehr des Verworfenen im Realen, der hysterische Diskurs der Kunst bedeutet hingegen nur eine größtmögliche Annäherung an das *Ding* als Reales: das *Ding* wird „zerniert". Bei dieser Annäherung kann es zu einem strukturell psychose-ähnlichen Effekt kommen. In → Kap.: III.5-6 stelle ich die subversive Kraft einer ästhetischen Erfahrung dar, die tatsächlich mit einem psychotischen Zustand verglichen werden kann, weil in ihr die symbolischen und imaginären Möglichkeiten der Identifikation suspendiert sind.

Da Zizek für seine Argumente Beispiele allein aus dem Bereich der Kunst auswählt, muß, um Mißverständnisse zu vermeiden, außerdem betont werden, daß die mögliche Begegnung mit dem *Ding* meiner Meinung nach kein „Privileg" bzw. keine Errungenschaft der Postmoderne und – wie ich in → Kap.: III ausführe – grundsätzlich kein Privileg der Kunst ist. Der Diskurs der Kunst als Sublimierungsform des hysterischen Mechanismus ist sicher nicht an Kunst gebunden, sondern beschreibt eine bestimmte Begehrensstruktur in der Beziehung des Subjekts zum *Ding*.

Mit einem strukturell ähnlichen Einwand wie bei der Moderne möchte ich daher Zizeks Charakterisierung der Postmoderne problematisieren: Das *Ding* ist – wie auch Zizek bemerkt – nicht darstellbar, denn jede Art der Darstellung befindet sich im Bereich des Imaginären und Symbolischen. Insofern können in der Kunst nur die Effekte des *Dings* bzw. Objekte, die in die Würde des *Dings* erhoben sind, dargestellt werden. Mißverständlich wirkt daher, wenn Zizek in MEHR-GENIEßEN beispielsweise über die Darstellung von Nebel in einem Roman schreibt:

> „Dieser »graue und gestaltlose Nebel, der langsam pulsierte, wie erfüllt von primitivem Leben«, was ist er anderes als das *Lacansche Reale*, das Pulsieren der präsymbolischen Substanz in ihrer horriblen Vitalität?"[555]

Allenfalls handelt es sich hierbei um eine Repräsentation oder Symbolisierung, das heißt um ein Objekt, nicht jedoch um das *Ding* selbst bzw. um das Reale.

Da Zizek fortlaufend Beispiele aus Kunst und Populärkultur der Postmoderne anführt, in denen Repräsentationen des Realen, als der „genießenden Substanz", die Ekel erregt, gegeben werden, muß derselbe Zweifel angemeldet werden, wie der an der „symptomalen Lektüre" der Moderne, daß nämlich jener traumatische, nicht symbolisierbare Kern, als konstitutives Element des Psychismus sich der Symbolisation und damit der Repräsentation entzieht. Realität – oder die Hyperrealität der Postmoderne, wie Zizek sagt – ist nach Lacan stets zu verstehen als „Grimasse des

---

[554] Zizek, 1992b. S.:32
[555] Ebd. S.:26

Realen" (R-T/S.:64). Wenn sich, nach Zizek, die Postmoderne genau darum bemüht, das *Ding* zu beobachten, dann müssen die Repräsentationen des Realen in höchstem Grade phantasmatisch sein. In diesem Sinne sagt auch Zizek über die „Grimassen des Realen", der Lacansche Ausdruck, den Zizek auch als Titel seines Textes wählt:

> „[...] vielmehr sollte man das Monster als eine Art Bildschirm des Phantasmas auffassen, auf dem die vielfältigen Bedeutungen erscheinen und um ihre Hegemonie kämpfen. [...] Die entscheidende Frage lautet aber nicht: ›Wofür steht das Phantom?‹, sondern ›Wie wird der Raum konstituiert, in dem Entitäten wie das Phantom erscheinen können?‹ [...].“[556]

Moderne und Postmoderne sind, so könnte man korrigierend formulieren, die aktuellen Methoden, das *Ding* zu umkreisen. Lacan sagt: „Wenn man konkret die Position des Malers in der Geschichte festhalten will, erkennt man, daß er die Quelle für etwas darstellt, das ins Reale zu gelangen vermag [...].“ (Sem XI/S.:119) Das bedeutet, daß der Zugang zum Realen, den die Kunst anstrebt, nicht an bestimmte Epochen gebunden ist. Variabel sind allein die Strategien, mit denen dieses Ziel verfolgt wird. Lacans kunsttheoretische Aussagen beschreiben also stets bestimmte Perspektiven des Subjekts dem *Ding* gegenüber. Diese Perspektiven erzeugen verschiedene Verzerrungen (Grimassen) als Objekte, die die Würde des *Dings* erlangen.

Zizek scheint in seiner Beschreibung von Moderne und Postmoderne demselben Mechanismus zu unterliegen, der allgemein an Theoriedesigns beklagt wird: die Ununterscheidbarkeit, ob Theorie ihre Gegenstände, oder ob Gegenstände die Theorie interpretieren. Zizeks Interpretation von Moderne und Postmoderne suggeriert die Annahme, erst diese beiden Kunstrichtungen würden sich dezidiert mit dem Symptom und dem *Ding* beschäftigen. Tatsächlich stellt die Psychosemiologie jedoch nur ein weiteres Theoriedesign dar, das mit Objekten in ein Wechselverhältnis eintritt. (Mit dem Instrumentarium der Psychosemiologie läßt sich eine ästhetische Erfahrung als eine bestimmte Beziehung des Begehrens zur Objektursache beschreiben: Diese Beschreibung – Zizek wählt Moderne und Postmoderne – kann sicher an jeder Epoche verifiziert werden.) Zizeks Interpretation dieses Wechselverhältnisses führt wieder in die Kategorie attributiver Urteile. Die suggestive Interpretation der Bilder Rothkos als unmittelbare Versuche, das Reale bzw. die Realität im psychosemiologischen Sinne darzustellen, ist irreführend. Sicher macht Rothko nichts anderes als beispielsweise Cézanne – er macht es nur anders.

Eine psychosemiotische Kunsttheorie muß ohne attributive Urteile auskommen, da sie den „Gegenstand" der Kunst grundsätzlich aus der Ordnung der Repräsentation ausschließt. Das für die Hermeneutik Inkommensurable der Kunst stellt für die Psychosemiologie eine Notwendigkeit dar, die sich aus der Struktur des Psychismus selbst ergibt. Die psychosemiologische Version einer Kunsttheorie kann begründen, warum das Unaussprechliche unaussprechlich ist: weil es, als das *Ding*, die Möglichkeitsbedingung des Aussprechbaren ist. Aus der psychosemiologischen Perspektive ist dieses *Ding*, insofern das Subjekt ein Sprachwesen ist, die Möglichkeitsbedingung des Subjekts selbst und damit der intimste bzw. „extimste" Kern des Psychismus: „Das Subjekt ist, wenn man so sagen kann, in innerem Ausschluß seinem Objekt eingeschlossen.“ (Sch II/S.:239). Der Diskurs der Kunst als Sublimierungsform des hysterischen Mechanismus beschreibt eine spezifische Perspektive zu dem *Ding*, das anders in der Systemtheorie (die ich in

---

[556] Zizek. 1993. S.:176

der vorliegenden Arbeit dem Diskurs der Wissenschaft als Sublimierungsform des paranoischen Mechanismus zuordne) jenes (paradoxe) Element ausmacht, das durch die Theorie selbst nicht einholbar ist.

Regressive Tendenzen der Wiener Gruppe

Die Eigenschaften, mit denen Zizek Moderne und Postmoderne charakterisiert, können möglicherweise auf der Seite der Produktion als bestimmte Haltungen reformuliert werden, die insbesondere in den Avantgarden eingenommen werden. Dabei gehe ich davon aus, daß eine ästhetische Erfahrung weder auf der Produktionsseite noch auf der Rezeptionsseite kalkulierbar ist[557]. Ähnlich kann auch keine Verwerfung kalkuliert werden: Die Verwerfung, die Lacan für den (späteren) Ausbruch einer Psychose verantwortlich macht, ereignet sich im Vollzug des Ödipuskomplexes. Kalkulierbar und somit thematisierbar bzw. inszenierbar ist demgegenüber jedoch die narzißtische Selbstbezüglichkeit, die es dem Künstler erlaubt, in gewisser Weise auf das imaginäre Niveau zu regredieren. Daß die Avantgarden kalkulieren, wird durch ihre koextensive theoretische Selbstreflexion – so könnte man interpretieren – belegt. Georg Jäger schreibt über die Avantgarde im Gegensatz zum bürgerlichen Kunstsystem:

> „Seine Leistung [die Leistung des Werk- und Stilbegriffs; Anm. N.O.] übernimmt der kritische und theoretische Diskurs, der als Dauerreflexion über die Frage ›Was ist Kunst?‹ Anschlußhandlungen konditioniert. Dadurch tritt auch der dem Werkbegriff komplementäre Interaktionsbegriff zurück. Der Selektionstransfer muß nicht länger als Handlungszusammenhang asymmetrisiert werden, was zur Folge hat, daß die Handlung als Material freigesetzt wird." [558]

Eine breitere Diskussion dieses Aspekts kann hier nicht geleistet werden. Exemplarisch soll jedoch auf die Selbststilisierung der Wiener Gruppe hingewiesen werden[559].

---

[557] Ähnlich schreibt Luhmann: „Und auch der Künstler kann nur sehen, was er gewollt hat, wenn er sieht was er gemacht hat." In der Fußnote hierzu heißt es: „»Erst durch das Kunstwerk erfährt er (der Künstler N.L.), was er mit seiner Thätigkeit gewollt hat« liest man bei Karl Wilhelm Ferdinand Solger, Vorlesungen über Ästhetik, hrsg. v. Karl Wilhelm Ludwig Heyse, Leipzig 1829, Nachdruck Darmstadt 1973, S. 115." (Luhmann, 1996. S.:44) Mit Lacan könnte man diese Feststellung für den Diskurs der Kunst sowie für den Diskurs der Psychoanalyse verallgemeinern.

[558] Jäger, Georg (1991): Die Avantgarde als Ausdifferenzierung des bürgerlichen Literatursystems. Eine systemtheoretische Gegenüberstellung des bürgerlichen und avangardistischen Literatursystems mit einer Wandlungshypothese. In: Studien und Texte zur Sozialgeschichte der Literatur. hrsg. v. W. Frühwald, G. Jäger, D. Langewiesche, A. Martino, R. Wohlfeil: Modelle des literarischen Strukturwandels. hrsg.v. Michael Titzmann. Max Niemeyer Verlag. Tübingen. S:221-244. hier S.: 233

[559] vgl hierzu etwa Fischer/Jäger: „Bayer seinerseits hat ja, unabhängig von Artmann, vermutlich aber durch ihn bestärkt, eine persönliche Form der Selbststilisierung kultiviert; er galt vielen als Inbegriff des „Dandy", der aus seinem Umkreis alleine schon durch seine sorgfältig gewählte, gepflegte Kleidung, aber auch durch seine Arroganz hervorstach. Bayer hat sicher um die historischen, in die englische und französische Romantik zurückreichenden Ausprägungen des Dandyismus Bescheid gewußt, doch ging es in der Distanzhaltung seines dandyhaften Auftretens [...] um das existentielle Bedürfnis nach Beherrschung der Situation [...]." (Fischer, Ernst; Jäger, Georg (1990): Von der Wiener Gruppe zum Wiener Aktionismus - Problemfelder zur Erforschung der

Ein kurzer Exkurs über die regressiven Tendenzen in der Wiener Gruppe soll das Kalkül narziß-tischer Selbstbezüglichkeit verdeutlichen.

Wiener Gruppe und Wiener Aktionismus haben die „Entsemantisierung" und die Entautomatisie-rung von Denkgewohnheiten extrem weit vorangetrieben. In ihren Cabarets verwirrten sie ihr Publikum dadurch, daß „[...] niemand sagen [konnte], welches ereignis zur aufführung gehörte und welches nicht."[560] In erster Linie sollen also Ordnungskategorien aufgelöst werden. In dieser Hinsicht bildet die Wiener Avantgarde ein Extrem: Sie begnügt sich nicht mit der Aufbrechung der Grenzen zwischen „Kunst und Leben", sondern versucht Ordnungskategorien aller Art – ins-besondere der eigenen Körper-Geist-Relation – zu destruieren.. Die Entsemantisierung, die Re-gression auf narzißtische Selbstthematisierung wird dabei von der Wiener Gruppe (und später vom Wiener Aktionismus) programmatisch verfolgt. (Die Wiener Avantgarde wird von zahllo-sen Programmen und Manifesten begleitet[561].) Fischer/Jäger schreiben:

> „Die Entwicklung der Wiener Avantgarde zwischen 1950 und 1970 bringt zuneh-mend ans Licht, was das Signum ihrer Verfahren und Wertmaßstab ihrer Produktio-nen ist: sie entbindet Kalkül und Exzeß, setzt beide gegeneinander und wendet sie aufeinander an. Kalkül und Exzeß bilden Steigerungsformen eines dynamischen Pro-zesses, der bei der Distanzierung von Vorstellungen, Wahrnehmungen und Empfin-dungen auf der einen, ihrer Beobachtung, Reflexion und experimentellen Herstellung auf der anderen Seite beginnt."[562]

Aber auch der Versuch, das Kalkül auszuschließen, muß stets selbst kalkuliert werden[563]. Dies wird beispielsweise in der Interpretation des für die Wiener Avantgarde maßgeblichen Textes DER KOPF DES VITUS BERING von Konrad Bayer[564] deutlich:

> „In Bezug auf den «Kopf» wird die Bewußtseinsreise destruktiv wie konstruktiv aus-gelegt. Der Sturz des Kopfes meint Befreiung von Autorität – von den Hierarchien und Ordnungen in Staat, Gesellschaft und Sprache –, doch deutet das Abschneiden des Kopfes andererseits auf Erweiterung des Bewußtseins, auf Gewinnung spirituel-ler Fähigkeiten. Auf den zu erringenden Zustand weisen Begriffe wie Ekstase, Epi-lepsie, Schizophrenie oder Schamanismus."[565]

Nach Lacan kann die Befreiung von Autorität (durch den „Sturz des Kopfes") als Befreiung vom Namen-des-Vaters interpretiert werden, und der angestrebte Zustand mithin als Regression auf

---

Wiener Avantgarde zwischen 1950 und 1970. In: Die österreichische Literatur. Ihr Profil im 20. Jahrhundert. hrsg. v. H. Zeman. Graz. S.:617-683. hier S.:624 f.) Das „Bedürfnis nach Beherrschung" kann psychosemiolo-gisch mit dem „Kampf um Prestige" im imaginären Bereich interpretiert werden.

[560] Rühm, Gerhard (1985): Vorwort. In: Die Wiener Gruppe. Texte, Gemeinschaftsarbeiten, Aktionen. hrsg v. G. Rühm. erw. Neuausgabe. Rowohlt Verlag. Reinbeck bei Hamurg. S.: 8

[561] vgl. hierzu: Fischer, Jäger, 1990.

[562] Ebd. S.:668

[563] In → Kap.: II.2 wird die Psychose demgegenüber als Restitionsversuch der subjektiven Realität beschrieben. Die Bemühungen um ein *Sinthome* müssen als Bemühungen um eine tragfähige symbolische Ordnung (und mithin um Kalkulierbares) angesehen werden.

[564] vgl.: Bayer, Konrad (1989): der kopf des vitus bering. Klett-Cotta Verlag. Stuttgart.

[565] Fischer, Jäger, 1990. S.:654

den imaginären Bereich des Spiegelstadiums: dies würde insbesondere den destruktiven Charakter – nicht nur des Textes DER KOPF DES VITUS BERING, sondern (tendenziell) – aller Texte und Aktionen der Wiener Gruppe erklären. Die kalkulierte „Befreiung" vom Namen-des-Vaters darf jedoch nicht mit seiner Verwerfung verwechselt werden. „Befreiung" bedeutet, daß der Name-des-Vaters zuvor bereits akzeptiert worden sein muß.

Die Krampfzustände des Vitus Bering, sein Verstummen, seine Bewußtlosigkeit, das allmähliche „Blau-Werden" und Einfrieren, die ein Haupt-Topos des Textes DER KOPF DES VITUS BERING bilden, zeugen von der Erstarrung in der Duplizität der imaginären Relation. Wie eine Art negativer Narzißt wird Vitus Bering dargestellt:

> „vitus bering ist sein eigener herr
> sein kopf war nach hinten gebogen, die zähne fest aufeinandergepresst. er hatte den
> rumpf gekrümmt und arme und beine durchgestreckt. die finger waren über die ein-
> geschlagenen daumen gelegt. er atmete nicht, und sein gesicht wurde langsam
> BLAU."[566]

„Sein eigener Herr" zu sein, verweist dabei auf die selbstbezügliche Regression auf eine Beziehung zwischen Subjekt und seinem anderen (alter ego): „Schauspieler und Zuschauer, Figur und Spieler in einer Person zu sein, zählte zu den Wunschvorstellungen des Dichters [gemeint ist Konrad Bayer; Anm. N.O]."[567]

Das Gefühl, derart avancierter Avantgarde, am Ende der Kunst angelangt zu sein, läßt sich möglicherweise durch den zirkulären Charakter der narzißtischen Spiegelrelation erklären, deren Exzesse zwar wiederholt und gesteigert werden können – gemäß der Lacanschen „tutoïté" –, die jedoch in einer Art Sackgasse verbleiben, gerade weil sie auf den symbolischen Bereich (und damit den progressiven Möglichkeiten der Fremdreferenz) verzichten[568]. Sobald die symbolische Ordnung (per Kalkül) weitgehend ausgeschaltet wird, kann es entsprechend auch zu keiner ästhetischen Erfahrung bzw. zu einem ästhetischen Schock kommen, wie ich ihn in → Kap.:III.6 beschreibe: Wenn der symbolische Bereich ausgeblendet wird, kann eine Subversion dieses Bereiches auch nicht (und auch nicht nachträglich) erfahrbar werden, da die Annäherung an das *Ding*, an den „symbolischen Tod" nicht unternommen werden kann.

„Der Freitod, als die letztmögliche Distanzierung von sich selbst [...]"[569] kann demnach auch anders verstanden werden: In der suizidären narzißtischen Aggressivität des imaginären Bereichs, im rivalisierenden Kampf mit dem anderen (alter ego)[570], die den imaginären Bereich charakterisiert, und „Woraus die Unmöglichkeit jeder menschlichen Koexistenz folgt." (Sem I/S.:219), bleibt die Tötung des anderen – und damit der Suizid – der einzige Ausweg.

---

[566] Bayer. 1989. S.:55
[567] Fischer, Jäger, 1990. S.:660
[568] Das „Ende der Kunst" wird außerhalb avantgardistischer Kontexte auch nicht vermutet.
[569] Fischer. Jäger, 1990. S.:670
[570] Dieser Kampf wird beispielhaft von Brus auf der Bühne ausagiert: „brus schlug mit seinem kopf auf einen papiergefüllten, auf dem tisch liegenden papiersack, immer heftiger, schneller, ausholender, bis er nach hinten kippte und einen schrei ausstoßend steif zu boden krachte." (Wiener, Oswald (1970): warum brus so wichtig ist (patent merde, märz 69). In: wien. bildkompendium wiener aktionismus und film. hrsg v. P. Weibel. Frankfurt/Main. S.:251.

Bibliographie

Auf häufig verwendete Literatur Jacques Lacans verweise ich im fortlaufenden Text mit folgenden Siglen:

Sch I	=	Lacan, Jacques: Schriften I. hrsg. V. N. Haas. Übers. V. R. Gasché, N. Haas, K. Laermann u. P. Stehlin. 3. Korr. Aufl. Quadriga Verlag. Weinheim, Berlin 1991
Sch II	=	Lacan, Jacques: Schriften II. hrsg. v. N. Haas. Übers. V. Ch. Creusot, W. Fietkau, N. Haas, H.-J. Rheinberger u. S. M. Weber. 3. Korr. Aufl. Quadriga Verlag. Weinheim, Berlin 1991
Sch III	=	Lacan, Jacques: Schriften III. hrsg. v. N. Haas u. H.-J. Metzger. übers. v. N. Haas, F. Kaltenbeck, F.A. Kittler, H.-J. Metzger, M. Metzger u. U. Rütt-Förster. 2. Aufl. Quadriga Verlag. Weinheim, Berlin. 1986
Sem I	=	Lacan, Jacques: Freuds technische Schriften. Das Seminar Buch I (1953-1954). hrsg. v. N. Haas u. H.-J. Metzger. übers. v. W. Hamacher. 2. Aufl. Quadriga Verlag. Weinheim, Berlin. 1990
Sem II	=	Lacan Jacques: Das Ich in der Theorie Freuds und in der Technik der Psychoanalyse. Das Semiar Buch II (1954-1955). hrsg. v. N. Haas u. H.-J. Metzger. übers. v. H.-J. Metzger. 2. Aufl. Quadriga Verlag. Weinheim, Berlin. 1991
P	=	Lacan, Jacques: Les Psychoses. Le Séminaire Livre III (1955-1956). Texte établie par Jacques-Alain Miller. Édition du Seuil. Paris. 1981
Sem VII	=	Lacan, Jacques: Die Ethik der Psychoanalyse. Das Seminar Buch VII (1959-1960). hrsg. v. N. Haas u. H.-J. Metzger. übers. v. N. Haas. Quadriga Verlag. Weinheim, Berlin. 1996
Sem XI	=	Lacan, Jacques: Die vier Grundbegriffe der Psychoanalyse. Das Seminar Buch XI (1964). hrsg. v. N. Haas u. H.-J. Metzger. übers. v. N. Haas. 3. Aufl. Quadriga Verlag. Weinheim, Berlin. 1987
Sem XX	=	Lacan, Jacques: Encore. Das Seminar Buch XX (1972-1973). hrsg. v. N. Haas u. H.-J. Metzger. übers. v. N. Haas u. H.-J. Metzger. 2. Aufl. Quadriga Verlag. Weinheim, Berlin 1991
R-T	=	Lacan, Jacques: Radiophonie (übers. v. H.-J. Metzger), (1970) - Television (übers. v. J. Prasse u. H. Lühmann), (1974). hrsg. v. N. Haas u. H.-J. Metzger. Quadriga Verlag. Weinheim, Berlin 1988

Baas, Bernhard: DAS ÖFFENTLICHE DING. DIE SCHULD (AN) DER GEMEINSCHAFT. In: Ethik und Psychoanalyse. Vom kategorischen Imperativ zum Gesetz des Begehrens: Kant und Lacan. hrsg v. H.-D. Gondek und P. Widmer. Fischer Verlag. Frankfurt/Main. 1994. S.:93-130

Baecker, Dirk: VORWORT. In: Kalkül der Form. hrsg. v. D. Baecker. Suhrkamp Verlag. Frankfurt/Main. 1993. S.:7

Barthes, Roland: DIE LUST AM TEXT. übers. v. T. König. 7. Aufl. Suhrkamp Verlag. Frankfurt/Main. 1992

Bateson, Gregory et al (Hrsg.): SCHIZOPHRENIE UND FAMILIE. 1. Aufl. Suhrkamp Verlag. Frankfurt/Main. 1984

Baudrillard, Jean: AGONIE DES REALEN. übers.v. L. Kurzawa und V. Schaefer. Merve Verlag. Berlin. 1978

Baumeyer, Franz: NACHTRÄGE ZUM 'FALL SCHREBER'. In: Denkwürdigkeiten eines Nervenkranken. Mit Aufsätzen von F. Baumeyer. hrsg. v. P. Heiligenthal und R. Volk. Syndikat Autoren und Verlagsgesellschaft. Frankfurt/Main. 1985. S.:339-366

Bayer, Konrad: DER KOPF DES VITUS BERING. Klett-Cotta Verlag. Stuttgart. 1989

Becker, Stephan: OBJEKTBEZIEHUNGSPSYCHOLOGIE UND KATASTROPHISCHE VERÄNDERUNG. ZUR PSYCHOANALYTISCHEN BEHANDLUNG PSYCHOTISCHER PATIENTEN. edition diskord. Tübingen. 1990

Benedetti, Gaetano: TODESLANDSCHAFTEN DER SEELE. PSYCHOPATHOLOGIE, PSYCHODYNAMIK UND PSYCHOTHERAPIE DER SCHIZOPHRENIE. übers. v. P. Rychner. 3. Aufl. Verlag Vandenhoeck und Ruprecht. Göttingen. 1991

Bormann, Claus von: BEGRIFFSSCHICKSAL «WUNSCH - BEGEHREN». In: Die Rückkehr der Psychoanalyse über den Rhein. Lacan und das Deutsche. hrsg. v. J. Prasse und C.-D. Rath. Kore Verlag. Freiburg i. Br. 1994. S.:67-77

Bowie, Malcolm: LACAN. übers. v. K. Laermann. Steidl Verlag. Göttingen. 1994

Bühl, Walter L.: GRENZEN DER AUTOPOIESIS. In: Zeitschrift für Soziologie und Sozialpsychologie Nr. 39. 1992. S: 225 - 253

Ciompi, Luc: AFFEKTLOGIK. ÜBER DIE STRUKTUR DER PSYCHE UND IHRE ENTWICKLUNG. EIN BEITRAG ZUR SCHIZOPHRENIEFORSCHUNG. Klett-Cotta. Stuttgart 1994

Conrad, Klaus: Die beginnende Schizophrenie. Versuch einer Gestaltanalyse des Wahns. hrsg. v. W. Scheid und U.H. Peters. Sammlung psychiatrischer und neurologischer Einzeldarstellungen. 6. unver. Aufl. Georg Thieme Verlag. Stuttgart, New York. 1992

Deleuze, Gilles: Woran erkennt man den Strukturalismus? übers. v. E. Brückner-Pfaffenberger u. D. W. Tuckwiller. Merve Verlag. Berlin. 1992

Deleuze Gilles, Guattari, Félix: Anti-Ödipus. Kapitalismus und Schizophrenie I. Suhrkamp Verlag. Frankfurt/Main. 1977

Feuling, Martin: Be-Mangeln. Der Mangel als wirksames Instrumentder institutionellen Betreuung/Behandlung psychotischer Menschen. In: Frag-Mente. Schriftenreihe zur Psychoanalyse. Heft 37: Die Psychosen. Einschlüsse und Auswege. hrsg. v. Wissenschaftliches Zentrum für Psychoanalyse, Psychotherapie und psychosoziale Forschung (WZ II) der Gesamthochschule Kassel. Verlag Senior und Pressler. Kassel. 1991. S.:141-169

Fischer, Ernst; Jäger, Georg: Von der Wiener Gruppe zum Wiener Aktionismus - Problemfelder zur Erforschung der Wiener Avantgarde zwischen 1950 und 1970. In: Die österreichische Literatur. Ihr Profil im 20. Jahrhundert. hrsg. v. H. Zeman. Graz. 1990. S.:617-683

Heinz von Foerster: Erkenntnistheorien und Selbstorganisation In: Der Diskurs des radikalen Konstruktivismus. hrsg. v. S.J. Schmidt. 4. Auflage. Suhrkamp Verlag. Frankfurt/Main. 1991. S:133-158

Foerster, Heinz v.: Kybernethik. übers v. B. Ollrogge. Merve Verlag. Berlin. 1993

Foerster, Heinz von: Die Gesetze der Form. In: Kalkül der Form. hrsg.v. D. Baecker. Suhrkamp Verlag. Frankfurt/Main. 1993. S.:9-11

Fohrmann, Jürgen: Der Kommentar als diskursive Einheit der Wissenschaft. In: Diskurstheorien und Literaturwissenschaft. hrsg v. J. Fohrmann u. H. Müller. Suhrkamp Verlag. Frankfurt/Main. 1988. S.:244-257

Foucault, Michel: Die Ordnung der Dinge. Eine Archäologie der Humanwissenschaften. übers. v. U. Köppen. Suhrkamp Verlag. Frankfurt/Main. 1988

Frank, Manfred: Das „wahre Subjekt" und sein Doppel. Jacques Lacans Hermeneutik. In: Der Wunderblock. Zeitschrift für Psychoanalyse Sondernummer: Lacan Lesen. Ein Symposium. hrsg. v. N. Haas, V. Haas, L.M. Mai, Ch. Schrübbers. Verlag Der Wunderblock. Berlin 1978. S.:12-37

Freud, Sigmund: Die Traumdeutung. In: Studienausgabe Bd.II. hrsg. v. Th. v. Uexküll und I. Grubrich-Simitis. 8. Auflage. Fischer Verlag. Frankfurt/Main. 1972

Freud, Sigmund: DIE VERDRÄNGUNG. In: Psychologie des Unbewußten. Studienausgabe Bd. III. hrsg.v. A. Mitscherlich, A. Richards, J. Strachey. 6. Auflage. Fischer Verlag. Frankfurt/Main. 1989. S.: 105-118

Freud, Sigmund: DAS UNBEWUßTE. In: Psychologie des Unbewußten. Studienausgabe Bd. III. hrsg. v. Th. v. Uexküll und I. Grubrich-Simitis. 6. Auflage. Fischer Verlag. Frankfurt/Main. 1975. S.:119-167

Freud, Sigmund: JENSEITS DES LUSTPRINZIPS. In: Psychologie des Unbewußten. Studienausgabe, Bd. III. hrsg.v. A. Mitscherlich, A. Richards, J. Strachey. 6. Auflage. Fischer Verlag. Frankfurt/Main. 1989. S.:213-272

Freud, Sigmund: ÜBER DIE VERNEINUNG. In: Psychologie des Unbewußten. Studienausgabe, Bd. III. hrsg. v. A. Mitscherlich, A. Richards, J. Strachey. 6. Aufl. Fischer verlag. Frankfurt/Main. 1989. S.:373-377

Freud, Sigmund: FETISCHISMUS. In: Psychologie des Unbewußten. Studienausgabe, Bd. III. hrsg.v. A. Mitscherlich, A. Richards, J. Strachey. 6. Auflage. Fischer Verlag. Frankfurt/Main. 1989. S.:379-388

Freud, Sigmund: DER WITZ UND SEINE BEZIEHUNG ZUM UNBEWUßTEN. In: Psychologische Schriften. Studienausgabe Bd. IV. hrsg. v. Th. v. Uexküll u. I. Grubrich-Simitis. 7. Auflage. Fischer Verlag. Frankfurt/Main. 1970. S.:9-219

Freud Sigmund: HYSTERISCHE PHANTASIEN UND IHRE BEZIEHUNG ZUR BISEXUALITÄT. In: Studienausgabe Bd. VI. Hysterie und Angst. Hysterie und Angst. hrsg v. A. Mitscherlich, A. Richards, J. Strachey et al. 7. Auflage. Fischer Verlag. Frankfurt/Main. 1971. S.:187-195

Freud Sigmund: ALLGEMEINES ÜBER DEN HYSTERISCHEN ANFALL. In: Studienausgabe Bd. VI. Hysterie und Angst. hrsg v. A. Mitscherlich, A. Richards, J. Strachey et al. 7. Auflage. Fischer Verlag. Frankfurt/Main. 1971. S.:197-203

Freud, Sigmund: DIE DISPOSITION ZUR ZWANGSNEUROSE (EIN BEITRAG ZUM PROBLEM DER NEUROSENWAHL). In: Studienausgabe Bd. VII. Zwang, Paranoia und Perversion. hrsg. v. T.v. Uexküll, I. Gumbrich-Simitis. 5. Auflage. Fischer Verlag. Frankfurt/Main. 1973. S.:105-117

Freud, Sigmund: AUS DER GESCHICHTE EINER INFANTILEN NEUROSE [»DER WOLFSMANN«]. In: Studienausgabe Bd. VIII. Zwei Kinderneurosen. hrsg. v. A. Mitscherlich, A. Richards, J. Strachey et al. 9. Aufl. Fischer Verlag. Frankfurt/Main. 1989. S:125-232

Freud, Sigmund: DER MANN MOSES UND DIE MONOTHEISTISCHE RELIGION: DREI ABHANDLUNGEN. In: Fragen der Gesellschaft; Ursprünge der Religion. Studienausgabe, Bd. IX. hrsg.v. Mitscherlich et al. 6. korr. Aufl. Fischer Verlag. Frankfurt/Main. 1974. S:455-581

Fuchs, Peter: VOM ZEITZAUBER DER MUSIK. EINE DISKUSSIONSANREGUNG. In: Theorie als Passion. Niklas Luhmann zum 60. Geburtstag. hrsg. v. D. Baecker et al. Suhrkamp Verlag. Frankfurt/ Main. 1987. S.:214-237

Glanville, Ranulph: OBJEKTE. hrsg. u. übers. v. D. Baecker. Merve Verlag. Berlin. 1988

Glanville, Ranulph: DAS SELBST UND DAS ANDERE: DER ZWECK DER UNTERSCHEIDUNG. In: Kalkül der Form. hrsg v. Dirk Baecker. Suhrkamp Verlag. Frankfurt/Main. 1993. S.:86-95

Goldschmidt, Georges-Arthur: MIT DER TÜR INS HAUS FALLEN. In: Die Rückkehr der Psychoanalyse über den Rhein. Lacan und das Deutsche. hrsg. v. J. Prasse und C.-D. Rath. Kore Verlag. Freiburg i. Br. 1994. S.:35-39

Gondek, Hans-Dieter: LACAN UND DIE ETHIK DER PSYCHOANALYSE. In: Ethik und Psychoanalyse. Vom kategorischen Imperativ zum Gesetz des Begehrens: Kant und Lacan. hrsg. v. H.-D. Gondek und P. Widmer. Fischer Verlag. Frankfurt/Main. 1994. S.:215-230

Gondek, H.-D. u. Widmer, P. (Hrsg.): ETHIK UND PSYCHOANALYSE. VOM KATEGORISCHEN IMPERATIV ZUM GESETZ DES BEGEHRENS: KANT UND LACAN. Fischer Verlag. Frankfurt/Main. 1994

Gorsen, Peter: LITERATUR UND PSYCHOPATHOLOGIE HEUTE. ZUR GENEALOGIE DER GRENZÜBERSCHREITENDEN BÜRGERLICHEN ÄSTEHTIK. In: Kudszus, Winfried (Hrsg.): Literatur und Schizophrenie. Theorie und Interpretation eines Grenzgebiets. Tübingen 1977. S:13-68

Gorsen, Peter: KUNST UND KRANKHEIT. METAMORPHOSEN DER ÄSTHETISCHEN EINBILDUNGSKRAFT. Europäische Verlagsanstalt. Frankfurt/Main. 1980

Haas, Norbert: VORWORT. In: Der Wunderblock. Zeitschrift für Psychoanalyse. Sondernummer: Lacan Lesen. Ein Symposium. hrsg. v. N. Haas, V. Haas, L.M. Mai, Ch. Schrübbers. Verlag Der Wunderblock. Berlin. 1978. S.:5-9

Haas, Norbert: ANTWORTEN AN POINÇON. In: Der Wunderblock. Zeitschrift für Psychoanalyse. Nr. 13. Verlag Der Wunderblock. Berlin. Juni 1985. S.:6-18

Haas, Norbert: RESTORFER GESPRÄCH ÜBER DIE LACAN-EDITION, HERBST 92. In: Der Wunderblock. Zeitschrift für Psychoanalyse. Nr. 20/21. hrsg. v. N. Haas, V. Haas, L. Mai u. H. Naumann. Verlag Der Wunderblock. Berlin. 1994. S.:73-144

Haley, Jay: DIE INTERAKTION VON SCHIZOPHRENEN. In: Bateson, G. et al. (Hg.): Schizophrenie und Familie. 1. Aufl. Suhrkamp Verlag. Frankfurt/Main. 1984. S.:81-108

Hoff, Gregor Maria: APORETISCHE THEOLOGIE. SKIZZE EINES STILS FUNDAMENTALER THEOLOGIE. Schöningh Verlag. Paderborn, Müchen, Wien, Zürich. 1997

Holenstein, Elmar: ROMAN JAKOBSONS PHÄNOMENOLOGISCHER STRUKTURALISMUS. Suhrkamp Verlag. Frankfurt/Main. 1975

Jäger, Georg: DIE AVANTGARDE ALS AUSDIFFERENZIERUNG DES BÜRGERLICHEN LITERATURSYSTEMS. EINE SYSTEMTHEORETISCHE GEGENÜBERSTELLUNG DES BÜRGERLICHEN UND AVANTGARDISTISCHEN LITERATURSYSTEMS MIT EINER WANDLUNGSHYPOTHESE. In: Studien und Texte zur Sozialgeschichte der Literatur. hrsg. v. W. Frühwald, G. Jäger, D. Langewiesche, A. Martino, R. Wohlfeil: Modelle des literarischen Strukturwandels. hrsg.v. Michael Titzmann. Max Niemeyer Verlag. Tübingen. 1991. S:221-244

Jäger, Georg: SYSTEMTHEORIE UND LITERATUR TEIL I. DER SYSTEMBEGRIFF DER EMPIRISCHEN LITERATURWISSENSCHAFT. In: Internationales Archiv für Sozialgeschichte der deutschen Literatur IASL. 19. Bd. 1. Heft. hrsg. v. W. Frühwald, G. Jäger, D. Langewiesche, A. Martino. Niemeyer Verlag. Tübingen. 1994. S.:95-125

Jakobson, Roman: POETIK. AUSGEWÄHLTE AUFSÄTZE 1921-1971. hrsg. v. Elmar Holenstein und Tarcisius Scheelbert. Suhrkamp Verlag. Frankfurt/Main. 1979

Janin, Dominique: NACH BERLIN. ZUR AUSSTELLUNG «ENTARTETE KUNST». In: Die Rückkehr der Psychoanalyse über den Rhein. Lacan und das Deutsche. hrsg. v. J. Prasse und C.-D. Rath. Kore Verlag. Freiburg i. Br. 1994. S.:236-241

Juranville, Alain: DIE ETHIK MIT DER PSYCHOANALYSE. In: Frag-Mente. Schriftenreihe zur Psychoanalyse. Nr. 39/40: Das andere Denken. Zur Ethik der Psychoanalyse. hrsg. v. Wissenschaftliches Zentrum für Psychoanalyse, Psychotherapie und psychosoziale Forschung (WZ II) der Gesamthochschule Kassel. Verlag Senior und Pressler. Kassel. 1992. S.:23-42

Juranville, Alain: DER PSYCHOANALYTISCHE DISKURS NACH LACAN. übers. v. H.-D. Gondek, A. K. Ulrich, P. Widmer. In: RISS-Extra 1. RISS-Verlag. Zürich. 1994

Kaltenbeck, Franz: WAHRHEIT ALS URSACHE. In: Der Wunderblock. Zeitschrift für Psychoanalyse. Sondernummer: Lacan Lesen. Ein Symposium. hrsg. v. N. Haas, V. Haas, L.M. Mai, Ch. Schrübbers. Verlag Der Wunderblock. Berlin. 1978. S.:38-48

Kittler, Friedrich A.: »DAS PHANTOM UNSERES ICHS« UND DIE LITERATURPSYCHOLOGIE: E. T. A. HOFFMANN - FREUD - LACAN. In: Urszenen. Literaturwissenschaft als Diskursanalyse und Diskurskritik. hrsg. v. F.A. Kittler und H. Turk. Frankfurt/Main. 1977. S:139-166

Kittler, Friedrich A.: EINLEITUNG. In: Austreibung des Geistes aus den Geisteswissenschaften. Programme des Poststrukturalismus. hrsg. v. F. A. Kittler. UTB Schöningh. Paderborn, München, Wien, Zürich. 1980. S.:7-14

Kittler, Friedrich A.: AUFSCHREIBESYSTEME 1800 - 1900. 2. erw. u. korr. Auflage. Wilhelm Fink Verlag. München. 1987

Kleiner, Max: EINIGE BEMERKUNGEN ÜBER DIE PSYCHOTISCHE REALITÄT. In: Frag-Mente. Schriftenreihe zur Psychoanalyse. Heft 37: Die Psychosen. Einschlüsse und Auswege. hrsg. v. Wissenschaftliches Zentrum für Psychoanalyse, Psychotherapie und psychosoziale Forschung (WZ II)
der Gesamthochschule Kassel. Verlag Senior und Pressler. Kassel. 1991. S.:171-186

Kleist, Heinrich von : ÜBER DAS MARIONETTENTHEATER. In: Der Zweikampf, Die heilige Cäcilie,
Sämtliche Anekdoten, Über das Marionettentheater und andere Prosa. Reclam Verlag. Stuttgart.
1984. S: 84-92

Kudszus, Winfried, G.: LITERATUR UND SCHIZOPHRENIE. In: Austreibung des Geistes aus den Geisteswissenschaften. Programme des Poststrukturalismus. hrsg. v. F. A. Kittler. UTB Schöningh.
Paderborn, München, Wien, Zürich. 1980. S.:175-187

Küchenhoff, Joachim; Warsitz, Peter: SPRACHKÖRPER UND KÖRPERSPRACHE. PSYCHOANALYTISCHE
PSYCHOSENTHERAPIE NACH LACAN. In: Arsenale der Seele. Literatur- und Medienanalyse seit
1870. hrsg.v. F. A. Kittler, G. Ch. Tholen. Bd. 1. München. 1989. S.:117-137

Küchenhoff, Joachim; Warsitz, Peter: PSYCHOTISCHE ERFAHRUNGEN UND ÜBERGANGSPHÄNOMENE.
THERAPEUTISCHE WEGE EINER UMKEHR DER VERWERFUNG. In: Frag-Mente. Schriftenreihe zur
Psychoanalyse. Heft 37: Die Psychosen. Einschlüsse und Auswege. hrsg. v. Wissenschaftliches
Zentrum für Psychoanalyse, Psychotherapie und psychosoziale Forschung (WZ II) der Ge-
samthochschule Kassel. Verlag Senior und Pressler. Kassel. 1991. S.:61-80

Küchenhoff, Joachim; Warsitz, Peter.: ZUR THEORIE DER PSYCHOANALYTISCHEN PSYCHOSEN-
THERAPIE, ODER: GIBT ES EINE UMKEHR DER VERWERFUNG DES »NAMENS-DES-VATERS«? In:
Wahnwelten im Zusammenstoß. Die Psychose als Spiegel der Zeit. hrsg. v. R. Heinz, D. Kam-
per, U. Sonnemann. Akademie Verlag. Berlin. 1993

Kuhns, Richhard: PSYCHOANALYTISCHE THEORIE DER KUNST. übers. v. K. Laermann. Suhrkamp
Verlag. Frankfurt/Main. 1986

Lacan, Jacques: DÉCLARATION À FRANCE-CULTURE À PROPOS DU 28ÈME CONGRÈS DE PSYCHANA-
LYSE, Paris, juillet 1973. In: Le Coq Héron. no. 45-46. 1974. S.:5. Zitiert nach: Lebrun, Jean-
Pierre: Sexuierung, Tyrannei und Totalitarismus. In: Die Rückkehr der Psychoanalyse über den
Rhein. Lacan und das Deutsche. hrsg. v. J. Prasse und C.-D. Rath. Kore Verlag. Freiburg i. Br.
1994. S.:149-159

Lacan, Jacques: LE SÉMINAIRE XXII, R.S.I. In: Ornicar? Nr.5. Paris. 1976

Lacan, Jacques: OUVERTURE DE LA SECTION CLINIQUE. In: Ornicar?. Nr. 9. Paris. 1977

Lacan, Jacques: DIE ÜBERSETZUNG. BEIM LESEN FREUDS... In: Der Wunderblock. Zeitschrift für Psychoanalyse Nr.1. hrsg. v. N. Haas, V. Haas, L. Mai, Ch. Schrübbers. Verlag der Wunderblock. Berlin. 1978. S.:7-14

Lacan, Jacques: „SCHLÜSSEL FÜR DIE PSYCHOANALYSE". EIN GESPRÄCH MIT JACQUES LACAN. In: Frag-Mente. Schriftenreihe zur Psychoanalyse. Nr. 39/40: Das andere Denken. Zur Ethik der Psychoanalyse. hrsg. v. Wissenschaftliches Zentrum für Psychoanalyse, Psychotherapie und psychosoziale Forschung (WZ II) der Gesamthochschule Kassel. Verlag Senior und Pressler. Kassel. 1992. S.:291-306

Laplanche, J.; Pontalis, J.-B.: DAS VOKABULAR DER PSYCHOANALYSE. übers. v. E. Moersch. 11. Auflage. Suhrkamp Verlag. Frankfurt/Main. 1992

Laplanche, Jean; Pontalis, J.-B.: URPHANTASIE. PHANTASIEN ÜBER DEN URSPRUNG, URSPRÜNGE DER PHANTASIE. übers. v. M. Looser. Fischer Verlag. Frankfurt/Main. 1992

Lefort, Robert: DISKURS DER INSTITUTION UND SUBJEKT DES DISKURSES. In: Mannoni, Maud: »Scheißerziehung« Von der Antipsychiatrie zur Antipädagogik. übers. v. G. Osterwald. Die kleine weiße Reihe Bd. 92. Athenäum Verlag. Frankfurt/Main. 1987. S.:189-207

Linnemann, Fritz; Rohlfs, Tristan: PSYCHOANALYTISCHE ZUGANGSWEGE ZUR PSYCHOSENTHERAPIE IN DER PSYCHIATRISCHEN PRAXIS. In: Frag-Mente. Schriftenreihe zur Psychoanalyse. Heft 37: Die Psychosen. Einschlüsse und Auswege. hrsg. v. Wissenschaftliches Zentrum für Psychoanalyse, Psychotherapie und psychosoziale Forschung (WZ II) der Gesamthochschule Kassel. Verlag Senior und Pressler. Kassel. 1991. S.:81-94

Lotman, Jurij: DIE STRUKTUR LITERARISCHER TEXTE. übers. v. R.-D. Keil. 2. unver. Auflage. Wilhelm Fink Verlag. München. 1986

Luhmann, Niklas: GESELLSCHAFTSSTRUKTUR UND SEMANTIK. STUDIEN ZUR WISSENSSOZIOLOGIE DER MODERNEN GESELLSCHAFT. Bd. 1. Suhrkamp Verlag. Frankfurt/Main. 1980

Luhmann, Niklas: ZWISCHEN INTRANSPARENZ UND VERSTEHEN. In: Systeme verstehen Systeme. hrsg. v. N. Luhmann u. K. E. Schorr. Suhrkamp Verlag. Frankfurt/Main. 1986. S.:72-227

Luhmann, Niklas: DIE AUTOPOIESIS DES BEWUßTSEINS. In: Selbstthematisierung und Selbstzeugnis: Bekenntnis und Geständnis. hrsg. v. A. Hahn u. V. Kapp. Suhrkamp Verlag. Frankfurt/Main. 1987. S.:25-94

Luhmann, Niklas: GESELLSCHAFTSSTRUKTUR UND SEMANTIK. STUDIEN ZUR WISSENSSOZIOLOGIE DER MODERNEN GESELLSCHAFT. Bd. 3. Suhrkamp Verlag. Frankfurt/Main. 1989

Luhmann, Niklas: SOZIALE SYSTEME. GRUNDRIß EINER ALLGEMEINEN THEORIE. 4. Auflage. Suhrkamp Verlag. Frankfurt/Main. 1991

270

Luhmann, Niklas: DIE PARADOXIE DER FORM. In: Kalkül der Form. hrsg. v. Dirk Baecker. Suhrkamp Verlag. Frankfurt/Main. 1993. S.:197-212

Luhmann, Niklas: ZEICHEN ALS FORM. In: Probleme der Form. hrsg v. Dirk Baecker. Suhrkamp Ver-lag. Frankfurt/Main. 1993. S.:45-69

Luhmann, Niklas: GESELLSCHAFT UND DIFFERENZ. ZU DEN BEITRÄGEN VON GERHARD WAGNER UND ALFRED BOHNEN IN DER ZEITSCHRIFT FÜR SOZIOLOGIE HEFT 4 (1994). In.: Zeitschrift für Soziologie. Jg. 23. Heft 6. Enke Verlag. Stuttgart. Dezember 1994. S.:477-481

Luhmann, Niklas: DIE KUNST DER GESELLSCHAFT. 2. Auflage. Suhrkamp Verlag. Frankfurt/Main. 1996

Luhmann, Niklas.; Fuchs, Peter.: REDEN UND SCHWEIGEN. 2. Aufl. Suhrkamp Verlag. Frankfurt/ Main. 1992

Macho, Thomas, H.: ZEICHEN AUS DER DUNKELHEIT. NOTIZEN ZU EINER THEORIE DER PSYCHOSE. In: Wahnwelten im Zusammenstoß. Die Psychose als Spiegel der Zeit. hrsg. v. R. Heinz, D. Kamper, U. Sonnemann. Akademie Verlag. Berlin. 1993. S.:223-240

Mannoni, Maud: »SCHEIßERZIEHUNG« VON DER ANTIPSYCHIATRIE ZUR ANTIPÄDAGOGIK. übers. v. G. Osterwald. Die kleine weiße Reihe Bd 92. Athenäum Verlag. Frankfurt/Main. 1987

Marius, Benjamin/Jahraus, Oliver: Systemtheorie und Dekonstruktion. Die Supertheorien Niklas Luhmanns und Jacques Derridas im Vergleich. LUMIS-Schriften 48. Siegen. 1997

Millot, Catherine: DAS TOTALITÄRE PHÄNOMEN. In: Die Rückkehr der Psychoanalyse über den Rhein. Lacan und das Deutsche. hrsg. v. J. Prasse und C.-D. Rath. Kore Verlag. Freiburg i. Br. 1994. S.:160-166

Müller, Harro: EINIGE NOTIZEN ZU DISKURSTHEORIE UND WERKBEGRIFF. In: Diskurstheorien und Literaturwissenschaft. hrsg. v. J. Fohrmann u. H. Müller. Suhrkamp Verlag. Frankfurt/Main. 1988. S.:235-243

Navratil, Leo (Hrsg.): ALEXANDERS POETISCHE TEXTE. München. 1977

Navratil, Leo: DIE KÜNSTLER VON GUGGING. 2. Aufl. Medusa Verlag. Wien, Berlin. 1983

Nietzsche, Friedrich: DIE FRÖHLICHE WISSENSCHAFT («La gaya Scienza»). Alfred Kröner Verlag. Leipzig. 1930

Peirce, Charles S.: PHÄNOMEN UND LOGIK DER ZEICHEN. hrsg. u. übers. v. H. Pape. 2. Aufl. Suhrkamp Verlag. Frankfurt/Main. 1993

Prinzhorn, Max: BILDNEREI DER GEISTESKRANKEN. Springer Verlag. Berlin. 1922

Rath, Claus-Dieter: ZUR EINFÜHRUNG: DIE OLYMPIADE 1936. In: Die Rückkehr der Psychoanalyse über den Rhein. Lacan und das Deutsche. hrsg. v. J. Prasse und C.-D. Rath. Kore Verlag. Freiburg i. Br. 1994. S.:11-27

Roudinesco, Elisabeth: JACQUES LACAN. BERICHT ÜBER EIN LEBEN. GESCHICHTE EINES DENKSYSTEMS. übers. v. Hans-Dieter Gondek. Kiepenheuer & Witsch. Köln. 1996

Rühm, Gerhard: VORWORT. In: Die Wiener Gruppe. Texte, Gemeinschaftsarbeiten, Aktionen. hrsg. v. G. Rühm. erw. Neuausgabe. Rowohlt Verlag. Reinbeck bei Hamurg. 1985

Safouan, Moustapha: ERÖFFNUNG. In: Die Rückkehr der Psychoanalyse über den Rhein. Lacan und das Deutsche. hrsg. v. J. Prasse und C.-D. Rath. Kore Verlag. Freiburg i. Br. 1994. S.:28-34

Scheffer, Bernd: INTERPRETATION UND LEBENSROMAN. ZU EINER KONSTRUKTIVISTISCHEN LITERATURTHEORIE. Suhrkamp Verlag. Frankfurt/Main. 1992

Schmidt, Siegfried J.: DISKURS UND LITERATURSYSTEM. KONSTRUKTIVISTISCHE ALTERNATIVEN ZU DISKURSTHEORETISCHEN ALTERNATIVEN.In: Diskurstheorien und Literaturwissenschaft. hrsg. v. J. Formann u. H. Müller. Suhrkamp Verlag. Frankfurt/Main. 1988

Schreber, Daniel, Paul: DENKWÜRDIGKEITEN EINES NERVENKRANKEN. Mit Aufsätzen von F. Baumeyer. hrsg. v. P. Heiligenthal und R. Volk. Syndikat Autoren und Verlagsgesellschaft. Frankfurt/ Main. 1985

Schrübbers, Christiane: AUS DER GESCHICHTE DER PSYCHOANALYTISCHEN BEWEGUNG. ERSTE BEMERKUNGEN. In: Der Wunderblock. Zeitschrift für Psychoanalyse. Nr.1. hrsg. v. N. Haas, V. Haas, L. Mai, Ch. Schrübbers. Verlag der Wunderblock. Berlin. 1978. S.:27-33

Schulte-Sasse, J.; Werner, R.: EINFÜHRUNG IN DIE LITERATURWISSENSCHAFT. 4. Auflage. Wilhelm Fink Verlag. München. 1977

Schwanitz: ZEIT UND GESCHICHTE IM ROMAN - INTERAKTION UND GESELLSCHAFT IM DRAMA: ZUR WECHSELSEITIGEN ERHELLUNG VON SYSTEMTHEORIE UND LITERATUR. In: Theorie als Passion. Niklas Luhmann zum 60. Geburtstag. hrsg. v. D. Baecker et al. Suhrkamp Verlag. Frankfurt/ Main. 1987. S.:181-213

Sciacchitano, Antonello: LACAN UND DIE SCHLECHTE UNENDLICHKEIT. In: Die Rückkehr der Psycho-analyse über den Rhein. Lacan und das Deutsche. hrsg. v. J. Prasse und C.-D. Rath. Kore Verlag. Freiburg i. Br. 1994. S.:142-148

Segal, Hanna.: WAHNVORSTELLUNG UND KÜNSTLERISCHE KREATIVITÄT. AUSGEWÄHLTE AUFSÄTZE. übers. v. A. Lösch. Klett-Cotta Verlag. Stuttgart 1992

Šklovskij, Viktor: DIE KUNST ALS VERFAHREN. In: Striedter Jurij (Hrsg.): Russischer Formalismus. Texte zur allgemeinen Literaturtheorie und zur Theorie der Prosa. 3. Auflage. Wilhelm Fink Verlag. München. 1981. S.:3-35

Spencer-Brown, Georges: LAWS OF FORM. E.P. Dutton. New York. 1979

Spencer-Brown, Georges: DIESES SPIEL GEHT NUR ZU ZWEIT. übers. v. Andreas Baar. Bohmeier Verlag. Soltendieck. 1994

Stepak-Schwartz, Batia: WAS BLEIBT? ERINNERUNG EINES VERGESSENS ODER: DAS FEHLEN DER EINSCHREIBUNG. In: Die Rückkehr der Psychoanalyse über den Rhein. Lacan und das Deutsche. hrsg. v. J. Prasse und C.-D. Rath. Kore Verlag. Freiburg i. Br. 1994. S.:173-181

Sullivan, H.S.: SCHIZOPHRENIA AS A HUMAN PROCESS. Norton. New York. 1962

Wagner, Gerhard: AM ENDE DER SYSTEMTHEORETISCHEN SOZIOLOGIE. NIKLAS LUHMANN UND DIE DIALEKTIK. In: Zeitschrift für Soziologie. Jg. 23. Heft 4. Enke Verlag. Stuttgart. August 1994. S.:275-291

Weber, Samuel: RÜCKKEHR ZU FREUD. JACQUES LACANS ENT-STELLUNG DER PSYCHOANALYSE. Passagen Verlag. Wien. 1990

Wetzel, Michael: PSYCHOSEMIOLOGIE. ZUR ANWENDUNG ZEICHENTHEORETISCHER METHODEN AUF DIE ERFORSCHUNG PSYCHISCHER PROZESSE. hrsg v. Wissenschaftliches Zentrum II der Gesamthochschule Kassel. Kassel. 1985

Wiener, Oswald: WARUM BRUS SO WICHTIG IST (patent merde, märz 69). In: wien. bildkompendium wiener aktionismus und film. hrsg v. P. Weibel. Frankfurt/Main. 1970

Willke, Helmut: VORWORT. In: Theorie als Passion. Niklas Luhmann zum 60. Geburtstag. hrsg. v. D. Baecker et al. Suhrkamp Verlag. Frankfurt/Main. 1987. S.:9-13

Wissenschaftliches Zentrum II für Psychoanalyse, Psychotherapie und psychosoziale Forschung der Gesamthochschule Kassel. (Hrsg.): DAS ANDERE DENKEN. ZUR ETHIK DER PSYCHOANALYSE. Frag-Mente. Schriftenreihe zur Psychoanalyse. Bd. 39/40. Kassel. 1992

Wittgenstein, Ludwig: TRACTATUS LOGICO-PHILOSOPHICUS. LOGISCH-PHIOLOSOPHISCHE ABHANDLUNG. Suhrkamp Verlag. Frankfurt/Main. 1963

Wölfli, Adolf: VON DER WIEGE BIS ZUM GRAAB. ODER, DURCH ARBEITEN UND SCHWITZEN, LEIDEN UND DRANGSAL BETTEND ZUM FLUCH. hrsg. v. der Adolf-Wölfli-Stiftung, Kunstmuseum Bern. 2 Bde. Fischer Verlag. Frankfurt/Main. 1985

Zizek, Slavoj: LIEBE DEIN SYMPTOM WIE DICH SELBST! JACQUES LACANS PSYCHOANALYSE UND DIE MEDIEN. In: Peter Weibel: Perspektiven der Technokultur. Merve Verlag. Berlin. 1991

Zizek, Slavoj: EINLEITUNG: ALFRED HITCHCOCK ODER DIE FORM UND IHRE GESCHICHTLICHE VERMITTLUNG. In: Zizek, Slavoj (Hrsg.): Ein Triumph des Blicks über das Auge. Psychoanalyse bei Hitchcock. übers. v. I. Charim, Th. Hübel, R. Pfaller, M. Wiesmüller. Verlag Turia und Kant. Wien. 1992. S.:9-21

Zizek, Slavoj: MEHR-GENIEßEN. LACAN IN DER POPULÄRKULTUR. In: Wo Es war, Bd.1. Verlag Turia und Kant. Wien. 1992

Zizek, Slavoj: DER ERHABENSTE ALLER HYSTERIKER. PSYCHOANALYSE UND DIE PHILOSOPHIE DES DEUTSCHEN IDEALISMUS. übers. v. I Charim. 2. erw. Auflage. Verlag Turia und Kant. Wien. 1992

Zizek, S.: GRIMASSEN DES REALEN. JACQUES LACAN ODER DIE MONSTROSITÄT DES AKTES. hrsg v. M. Wetzel. übers. v. I. Charim, Th. Hübel, R. Pfaller, M. Wiesmüller. Verlag Kiepenheuer & Witsch. Köln. 1993

Zizek, Slavoj: HEGEL MIT LACAN. übers.v. N. Schneider. In: RISS-Extra 2. RISS-Verlag. Zürich. 1995